ISBN 978-0-282-04584-5
PIBN 10612980

1 MONTH OF
FREE
READING

at

www.ForgottenBooks.com

By purchasing this book you are eligible for one month membership to ForgottenBooks.com, giving you unlimited access to our entire collection of over 700,000 titles via our web site and mobile apps.

To claim your free month visit:
www.forgottenbooks.com/free612980

ALFRED LICHTWARK
LEOPOLD GRAFEN KALCKREUTH
HERMANN TIETGENS

IN HAMBURG

AUS FREUNDSCHAFTLICHER VEREHRUNG

An Alfred Lichtwark

Diese Sammlung, deren Gedanke mir seit langem auf- und wieder untergetaucht ist, hatte meiner Frau gehören sollen, die die Entstehung aller ihrer Bestandteile begleitet hat: nun fügt es sich, daß ihr wirklicher Abschluß in die Zeit fällt, da Ihr Jubiläum, mein lieber Freund, so- eben herannaht. Oder vielmehr, Ihr Fest gerade hat den alten, ungewissen Vorsatz erst verwirklicht: denn wir haben den lebhaftesten Wunsch gehabt, zu diesem 1. Oktober, der Ihnen so viele Zeichen des Dankes und der Feier bringt, nicht mit ganz leeren Händen vor Ihnen zu stehen. Nehmen Sie dieses Buch freundlich an, als ein Zeichen des Bekenntnisses zu Ihnen und Ihrem Werke — zu dieser 25jährigen Arbeit, in der Sie die Ham- burger Kunsthalle zu der persönlichsten und einheitlichsten und deshalb wirkungsfähigsten unserer modernen Galerien ge- macht, sie, wie alles lebendige Menschenwerk, aus einer lebendigen und starken Persönlichkeit heraus entwickelt und mit ihr durchdrun- gen haben, mit Ihrem Willen, Ihrem Glauben und Ihrer Liebe. Daß diese Arbeit, die so Vielen so Vieles gab, das Dasein Ihrer Vaterstadt segensreich befruchtet hat, hat Hamburg aus dem Bewußtsein seiner Besten heraus Ihnen in diesen Monaten werktätig und zukunftsichernd bezeugt; sie hat, wie der Kunst- geschichte Hamburgs und der des deutschen 19. Jahrhunderts, so der Kunst Ihrer eignen Tage wertvoll mitschaffend gedient: deren Denkmal wird Ihre Kunsthalle bleiben und, wir vertrauen darauf, auch in Zukunft mit ihr zusammen weiterwachsen. Ihren Freun- den aber, das können Sie uns nicht verwehren, ist sie besonders lieb, weil sie Ihr Denkmal ist, und jeder Wunsch für Ihr Werk wird uns zur freudigen Huldigung und zum persönlichen Worte an Sie selbst.

Meine Widmung hat Ihrem Namen, als Zeugnis herzlicher Verehrung und herzlicher Zuneigung, zwei andere zugesellen dür- fen, die Namen des Malers und des Kaufmanns, des Altpreußen und des Hamburgers. Beide stehen sie auch Ihnen nahe. Der eine, vor dessen starker, ernsthafter und innerlicher Kunst wir andern uns seit langem in bewundernder Anteilnahme begegnet sind, ist mit allem Eigensten Ihrer Tätigkeit und Ihres Museums nun mehr als zwanzig Jahre hindurch auf das innigste verbunden und wird es vor der Geschichte immer sein. Was der andere mir bedeutet, wissen Sie längst. Und Sie wissen es: in Ihrer Dreiheit verkörpert sich mir, untrennbar einheitlich, die Erinnerung unvergeßlicher Stunden, in Hamburg und vor Hamburgs Toren, auf Ihrer Heide, und der Gewinn geistig-persönlicher Güter, die mein Dasein hier beglückend bereichert haben. Sie wissen auch, was mich noch besonders dazu führt, diesen beiden Männern einen Kranz gerade von Bildnisversuchen dankbar mitzuzueignen, wie diese Sammlung ihn in sich schließt. Es ist mir nun, als käme ich mit ihnen zusammen an Ihrem Festtage zu Ihnen, mit allem Dank und aller Freude, allen Wünschen und allen Hoffnungen, die wir Ihnen gemeinsam entgegentragen.

❧ ❧ ❧

Zu dem Buche, mit dem ich dies tue, habe ich Ihnen wenig zu sagen. Weder das Recht und die Eigenart des Essays — des gesprochenen wie des geschriebenen — noch das Recht der Zusammenfügung einer Anzahl von Essays brauche ich vor Ihnen, dem Meister dieser Kunstform, zu begründen. Ich habe Altes und Neues zwanglos zusammengestellt, verschiedenartig im Stoff: Deutsches und Außerdeutsches, Biographisches und Sachlich-Allgemeines, Politisches und Geistiges. Ich habe auch das Ältere so gut wie ganz unverändert gelassen: das scheint mir die notwendige Voraussetzung einer solchen Sammlung zu sein. Ein jedes Stück in ihr muß sein ursprüngliches Gesicht behalten — genug, wenn es nur eines besitzt, und wenn der Verfasser nur die Absicht, die ein jedes zur Zeit seiner Entstehung belebte, noch zu verantworten vermag. Verschiedenartig ist auch diese Absicht gewesen und ist demgemäß die Form: neben knappen, festgerundeten Vorträgen und Abhandlungen, neben denen, die ihre besondere wissenschaftliche These vertraten, finden Sie Bilder, denen Anschauung und Anschaulichkeit die Hauptsache war,

und breitere Zusammenfassungen populären Charakters, die einen
großen, allbekannten Stoff einheitlich zu überschauen unternahmen.
Auch diese — ich denke an die Jubiläumsaufsätze über das alte
Preußen, über die 1848er Revolution, über William Pitt — habe
ich hier wiederholt, eben jenes Gesamtbildes wegen das sie ver=
suchten, und gewisser führender Gedanken wegen, die ich festzu=
halten wünsche. Ich habe einen Vortrag über Coligny hier zum
erstenmal gedruckt, obgleich er dereinst nur für den Augenblick und
für seine Hörer niedergeschrieben war: aber er enthält manches,
das ich bisher nicht dazu gekommen bin in umfassenderer Weise
auszusprechen. Ich habe, indem ich sammelte und ausschied, wohl
an meine Fachgenossen, mehr noch an einen allgemeinen Leser=
kreis gedacht. Entstehung und Auswahl solcher kleinen Schriften
haben ja stets etwas Persönliches und etwas Zufälliges an sich;
persönliche eigene Erinnerung begründet und entschuldigt vielleicht
die Aufnahme der Plaudereien von den Stätten der Hugenotten=
geschichte und von Friedrichsruh. Der Wunsch, meinen Lesern
auch die Gegensätze der Forschung und Auffassung wenigstens an=
zudeuten, ließ mich zwei wissenschaftliche Kritiken hinzufügen,
deren jede freilich das Stoffgebiet, dem sie angehört, zugleich all=
gemeiner und weiter umfaßt, als die Einzelbilder, neben denen sie
stehen. All das mag aus dem vorherrschenden Gesamtcharakter
der beiden Bände ein wenig heraustreten; aber auch der Leser
trifft ja in solcher Sammlung wieder seine Auswahl, wie er mag.

Diese Sammlung als ein Ganzes wird, so hoffe ich,
vielgestaltig wie sie ist, doch ihre persönliche und viel=
leicht auch ihre sachliche Einheit besitzen: aber das zu er=
weisen muß ich ihr selber überlassen. Für den einzelnen Essay
ist es ohne Zweifel das entscheidende Gebot, geschlossene litera=
rische Form mit geschlossener und womöglich mit anregungskräfti=
ger Selbständigkeit des Inhalts zu verbinden: ob die hier dar=
gebotenen es erfüllt haben — über diese Frage ihres Daseins=
rechtes müssen sie vor Ihnen, lieber Freund, und vor anderen,
minder wohlwollenden Urteilern sich ebenfalls, wenn sie es kön=
nen, selber ausweisen. „Akademisch“ werden sie ja wohl alle sein,
auch wo sie Gegenwartsfragen berühren: Erzeugnisse lediglich eines
Professors, dem allerdings wissenschaftliche Erkenntnis und künst=

lerifche Gestaltung auch innerlich immer untrennbar gewesen find;
lediglich eines Historikers, dem aus Vergangenheit und Gegenwart
wohl auch das eigene Lebensideal für Nation und Persönlichkeit
immer belebend und erwärmend entgegenleuchtet, dem aber auf
seinen Wegen die historische Gerechtigkeit und das nachfühlende,
erklärende Verständnis für alles Menschliche die oberste Pflicht
und das Ziel bleiben, das die Sittlichkeit seines Berufes ihm vor=
zeichnet.

Von diesen zwei Bänden hält der erste sein Angesicht vielleicht
mehr der Vergangenheit, der zweite vielleicht mehr der Gegenwart
zugekehrt. Doch ergab sich die Anordnung ohne Absichtlichkeit von
selbst. Sie ist, soweit es anging, rein zeitlich gehalten worden. An
die Überblicke über das hohenzollerische Königtum und über 1848,
die auf die Bilder aus dem 16. bis 18. Jahrhundert folgen, schloß
sich dabei in innerlichem Zusammenhange die Reihe der Por=
trätskizzen aus dem Kreise unserer „politischen Historiker" und
die Rede über die Heidelberger Universität. Von diesem geistig=poli=
tischen Boden her führt, zwanglos und doch nicht bloß zufällig,
der Vortrag „Goethe und Bismarck", der den 2. Band eröffnet
und den ich etwa den Mittelpunkt des Ganzen nennen dürfte, zu
den Persönlichkeiten der Reichsgründung und den Ideen, die diese
verkörpern, und zu gewissen allgemeinen Daseinsfragen des neuen
Deutschlands hinüber: Fragen des inneren politisch=kulturellen Le=
bens und Fragen der Weltstellung, der Stellung zu England vor
allem, zu Österreich daneben; Fragen auch wiederum überall der
Macht und der Kultur zugleich.

❧ ❧ ❧

Daß ich dieser Reihe auch die in Buchform bereits erschienenen
Stücke hier wieder einfügen durfte, ist nur durch die entgegen=
kommende Freundlichkeit ihrer Verleger möglich geworden. Ich
wiederhole den Verlagshandlungen von E. Winter, J. G. Cotta,
Duncker und Humblot, L. Voß und der Photographischen Gesell=
schaft dafür meinen lebhaftesten Dank. Und ganz persönlich darf
ich ihn zu guterletzt noch einmal dem Manne aussprechen, mit

VIII

dem dieses Vorwort begann und zu dem es überall hat reden wollen: Sie haben, lieber Freund, dem Verfasser, dessen Nebenabsicht Sie nicht kannten, aussuchen geholfen und haben für sein Buch den Namen gefunden. Aus 25 Jahren zufällig sind auch die Blätter entnommen, die ich zu Ihrem, so sehr viel reicheren Vierteljahrhundertstage hier zusammengebunden habe: das ergreife ich freudig als ein gutes Vorzeichen zugleich für eine innerliche Gemeinsamkeit unserer Zukunft.

Hamburg, 12. August 1911.   Erich Marcks.

Inhalt

König Philipp II. von Spanien

Antrittsrede Freiburg i. Br. 1893

Dem Historiker, dem diese Stunde das Recht gibt, sich mit einem Worte seiner Wissenschaft in den weiten Kreis dieser Universität einzuführen, würde es übel anstehen, theoretisch zu Ihnen darüber zu handeln, worin er Ziele und Wege seiner Wissenschaft erblickt — zu viele seiner Fachgenossen, und nicht die schlechtesten, sind an dem Versuche solcher Systematik traurig genug gescheitert. Der Historiker wartet seines eigensten Amtes besser, wenn er anschaut, wenn er sich an das konkrete Leben geschichtlichen Stoffes hält. Die Art der Auffassung, der Begründung, des Verständnisses und des Urteils, wie ich mich bestrebe, sie zu üben und zu verfechten, sei es mir erlaubt an einem Gegenstand praktisch zu entwickeln, der dem engeren Felde meiner Arbeiten benachbart ist, und der, wenn ich gleich in den kurzen Minuten dieser Rede das Tatsächliche seines Inhalts nur eben erinnernd wieder vor Ihr Auge rufen kann, sicherlich den einen Vorzug hat, ein Problem, ja eine Fülle von Problemen in sich zu bergen und alsbald hervorspringen zu lassen. Es ist die Geschichte und die Persönlichkeit König Philipps II. von Spanien.

Wenige geschichtliche Gestalten haben so sehr das Mißfallen aller Parteien auf sich gezogen wie dieser Philipp II. Der protestantische Republikaner Motley hat ihn nicht ärger verurteilen können als der ständisch-konservative belgische Katholikenführer Kervyn de Lettenhove. Wie ist nun Philipp in Wahrheit gewesen? Wie ist seine Persönlichkeit innerhalb seiner Umgebungen, seiner Zeit, seines Volkes zu begreifen? Wie groß ist das Maß persönlicher Schuld, das ihm wirtlich etwa zukommt? Aber weiter noch: dieser König hat 40 Jahre lang die Geschicke Europas auf das tiefste beeinflußt, er wirkt in ihnen nach bis in den heutigen Tag hinein. Wem verdankt er das? seiner Macht? seinem Genius? der Idee, die er verfocht? Das Land, das er beherrschte und führte, Spanien, ist bald nach seinem Tode von der Höhe einer ersten europäischen Großmacht in eine jammervolle Auflösung sondergleichen hinunter gestürzt — eine der ergreifendsten und rätselvollsten Entwickelungen so großen Stiles, welche die Geschichte kennt. Ist Philipp II., der den Spaniern selber für den Gipfel ihrer nationalen Geschichte galt und gilt, für dies Unheil verantwortlich? und ist er es allein?

Persönlich wie allgemein=geschichtlich stellt das Leben dieses Fürsten ernsthafte Fragen, die den Betrachter jedesmal in den großen Zusammenhang des europäischen Lebens hineinführen. Ich suche in beiden Richtungen diesen Fragen nachzugehen.

Im Jahre 1556 hat Philipp II. aus den ermattenden Händen seines Vaters, Kaiser Karls V., die Regierung des spanischen Weltreichs übernommen.

Eine große, an Macht wie an Aufgaben und Schwierigkeiten überreiche Erbschaft.

Das Haus Habsburg überschattete seit den Tagen Maximilians I. Europa durch eine beinah unermeßliche Länderfülle. Die deutsch=habsburgischen Lande, das werdende Österreich, hatten sich als eigene Macht aus ihr geschieden. Überwältigend viel war auch so noch der spanischen Linie des Kaiserhauses geblieben: die Niederlande und die Freigrafschaft Burgund; der Besitz Neapels, Siziliens, Mailands, die Herrschaft über Italien; dazu dann Spanien selber und jenseits der Meere die schrankenlos weiter=wachsende neue Welt. Länder, die kein innerliches Band vereinte, verschieden an Lage und Stammesart, an Geschichte und Inter=essen. In sich gespalten war das Hauptland Spanien selbst: nur eine Personalunion schloß seit der Ehe Ferdinands und Isabellas Aragon und Castilien zusammen; Aragon hielt sich, auf seine starke, vorwiegend adlige Sonderverfassung gestützt, unbot=mäßig genug zur Seite, die Macht des Königs war hier gering. Das eigentliche Kernland der Krone bildete nur Castilien mit seinem von den Städten allein beschickten Reichstage, den Cortes, die sich dem Königtume immer vollständiger unterordneten; jedoch auch hier, und vollends über ganz Spanien hin, fehlte es der Krone an fester, finanzieller Organisation; in Spanien war der moderne Staat fundiert — ausgebaut war er noch keineswegs. Innere Aufgaben harrten hier des Königtums in Menge.

Und neben diesem halbfertigen spanischen Hauptreich die Fülle der Nebenreiche, auseinanderstrebend, über Europa ver=streut! Ihr Herr ist der Nachbar und Rival jedes europäischen Fürsten, jeder italienischen, deutschen, britannischen Staatsgewalt:

4

überall hat er Feinde, überall begegnet er insbesondere dem großen Nebenbuhler, den die spanischen Gebiete so bedrohlich umspannten, dem Könige von Frankreich. Frankreich bestreitet ihm die Hegemonie, bestreitet ihm den Besitz der burgundischen Grenzlande und Italiens: zwei Jahrhunderte lang hat der spanisch-französische Gegensatz die europäische Politik beherrscht.

Und zu der inneren spanischen, zu dieser äußeren, der europäischen, der französischen Last erbt der Nachfolger Karls V. ein Drittes. Karl V. hatte die Kaiserkrone getragen: er hatte sie tragen wollen als Weltkaiser, als wirkliches, gebietendes Haupt der Christenheit im größten mittelalterlichen Sinne. Für diesen Traum hatte Karl gerungen und war er gefallen. Die nationalen Kräfte hatte er in die Bande seiner kaiserlichen und katholischen Einheit schlagen wollen: sie hatten die Bande zersprengt. Frankreich war aufrecht geblieben; die Ketzerei Martin Luthers hatte sich in Deutschland behauptet; der gemeinsame Feind aller Christenheit, der Türke, mit dem der Vater ein Menschenalter lang gekriegt, rüstetete sich zum Angriff auf den Sohn, auf das verwandte Österreich, auf die Küsten Italiens und Spaniens. Auch mit dieser dritten, der universalen Erbschaft hatte Philipp abzurechnen.

Man sieht es wohl: die Gefahren und Arbeiten, die seiner warteten, waren groß. Aber freilich, groß waren auch seine Mittel. Seine Kreise waren geschlossener als die seines Vaters: an Deutschland wie dieser seine Kraft stetig zu erschöpfen lag Philipp nicht ob. Seine Reiche waren ohne Einheit — aber mächtiger, glänzender als die irgend eines Herrschers in Europa. Sein spanisches Reich war das erste der Zeit. Und auf Spanien blickte bereits der europäische Katholizismus als auf seine Vormacht. Neben breitem Schatten also helles und blendendes Licht.

Ich habe den Boden rasch beschrieben, auf den Philipp II. zu treten hatte. Welche Persönlichkeit brachte nun er, der Herrscher, seinem Werke hinzu?

Dem 27jährigen Kaiser Karl war Philipp im Mai 1527 als erstes Kind geboren worden — geboren auf spanischer Erde, er selber durch seine Großmutter, Johanna die Wahnsinnige, von spanischem Geblüt. In Spanien wuchs er unter der Hut seiner edlen Mutter Isabella heran; ausgezeichnete Lehrer bildeten ihn in Wissenschaften und Künsten, in Hof= und Waffendienst. Aber der Infant Philipp nahm wenig von außen her an. Man hat beobachtet, daß sein Vater in den Zeiten, denen Philipp das Dasein verdankte, auffallend apathisch und trübe erscheint. Es ist der Zug, der später den früh gealterten Weltherrscher in den Frieden des Klosters von S. Juste getrieben hat, ein Zug von lethargischer Mattheit, der den spanischen Habsburgern eigen blieb, bis ihr Stamm in Schwäche erlosch: wie ein Stück Erbteil der wahnsinnigen Juana. Prinz Philipp hatte ihn ganz.

In sich gekehrt, würdevoll, langsam, ohne Jugendlichkeit: so zeigte er sich als Knabe. Als 12jähriger verlor er seine Mutter; sein Vater, wund und müde, durch seine europäischen Kämpfe oft und lange von ihm getrennt, zielt seitdem dahin ab, seinen Sohn früh an die Staatsgeschäfte zu gewöhnen, sich seinen Nach= folger zeitig heranzuziehen. Er läßt ihn unter dem Beirat tüch= tiger Minister Spanien als Statthalter verwalten; er unterweist ihn durch Denkschriften, Briefe, Gespräche. Er gibt ihm frühe die Gattin: mit 16 Jahren wurde Philipp Ehemann, mit 18 war er Vater und Witwer. Dann zog Karls Weltpolitik ihn in ihre weiten Kreise. Zweimal hat der Infant Jahre lang außerhalb Spaniens geweilt. Beim ersten Male versuchte Karl ihm vergeblich die Erbschaft im Kaisertum zu sichern, beim zweiten Male mußte, im Jahre 1554, der Prinz der katholischen Königin Maria von England die Hand reichen zu einem Ehe= bunde, der auch England in die habsburgischen Länder einreihen, den französischen Feind so gänzlich umfassen und erdrücken, über= dies die britische Insel dem Protestantismus entreißen sollte. Philipp hat diese große Aufgabe mit Klugheit und Maß ergriffen; aber der Plan scheiterte an den Verhältnissen. Königin Maria starb, ohne ihrem Gemahl einen Erben zu hinterlassen, England fiel der protestantischen Elisabeth, fiel dem Protestantismus an= heim; schon war es zwischen Spaniern und Engländern zu ernsten Reibungen gekommen. Philipp hatte dabei die englische Art eif= rig und geschickt umworben: auf die Dauer war auch dies erfolg= los geblieben. Auch Niederländern und Deutschen war er bemüht sich anzuschmiegen, er suchte seine spröde vornehme Weise dem

6

derben Wesen der germanischen Nordländer anzupassen, — es gelang ihm nicht, man spürte die Absicht und ward sich der inneren Fremdheit doppelt bewußt.

Trotz allem waren diese „Lehrjahre" des Spaniers geeignet, alle Hoffnung zu erwecken. Auf seines Vaters europäische Gedanken ging er verständnisvoll ein, er lernte große Politik begreifen und handhaben; er nahm Karl V. den französischen Krieg aus den Händen und führte ihn 1559 erfolgreich zu Ende: Frankreich opferte ihm das Streitobjekt Italien. Als erster Fürst der katholischen Christenheit, sieggekrönt, kehrte Philipp 1559 in seine spanische Heimat zurück. Sein Vater war im Vorjahre gestorben; schon hatte Philipps persönliche Politik sich überall betätigt. Die Zeitgenossen erwarteten eine große Regierung.

Erst 1559 aber brach in Wahrheit die eigentlichste Herrscherzeit Philipps II. an. Er hat den spanischen Boden niemals wieder verlassen. Seine Anfänge stehen unter dem Zeichen Karls V. — die 40 Jahre, die ihm noch blieben, sind ganz ihm selber eigen und zugleich ganz spanisch. Er war damals 32 Jahre alt. Als er starb, zählte er 71. Es versteht sich von selber, daß er sich in so langer Zeit, unter Erlebnissen, die die Welt erschütterten, auch innerlich fortentwickelt hat. Indessen, die Grundzüge seiner Persönlichkeit waren bereits damals gezogen. Seine Umgebung, sein Wesen blieben in allen Hauptsachen abgeschlossen. Man kann den Philipp dieser vier Jahrzehnte in einem einzigen Bilde darstellen.

Inmitten des südlichen Lebens seiner spanischen Lande führt König Philipp einen prächtigen und stolzen Hof. Er zieht die Granden Castiliens in dessen Kreise: nur als seine Diener sollen sie etwas bedeuten. Er vereinigt am Hofe die zentralen Behörden für seine vielgestaltigen Länder — am liebsten stellt er ihnen allen Castilianer an die Spitze. Castilianer pflegen auch die Mitglieder seines eigentlich höchsten Kronrates zu sein, des königlichen Staatsrats. Da stehen sich viele Jahre lang die Parteien gegenüber, die sich die Gunst des Monarchen streitig machen: der eiserne Herzog von Alba auf der einen Seite, stolz, hart und ehrgeizig, ein wahrer spanischer Grande, die rechte Verkörperung des spanischen 16. Jahrhunderts, würdevoll und düster, ganz königlich und ganz katholisch. Er vertritt die volle Unbedingtheit der Autorität in Po-

litik und Glauben; er ist der Feldherr, der ihr mit seiner gefürch=
teten Waffenkunst zu dienen weiß. Ihm gegenüber der geschmei=
dige Hofmann Ruy Gomez, Fürst von Eboli, Philipps Geschöpf
und sein Günstling; in den Welthändeln ein Mann der Vermitt=
lung, des Friedens, der Kompromisse. Dem König ist es offenbar
lieb gewesen, die zwei Minister und ihren Anhang einander be=
fehden zu sehen: um so freier blieb seine persönliche Stellung; denn
in Wahrheit, so sehr er auf sie hörte und sie ausnutzte, stand Philipp
doch über beiden. Er hütete diese seine Stellung mit Eifersucht.
Die Sitzungen des Staatsrats besuchte er selten, er ließ beraten, ab=
stimmen, sich Bericht erstatten; er hörte den Vortrag seiner Räte,
nahm ihn am liebsten schriftlich: dann zog er selber sich in seine
Stille zurück und entschied allein. Häufig erteilte er Audienzen,
dann hörte er freundlich, was man ihm sagte; er liebte es zu Boden
zu blicken, nicht dem Unterredner ins Auge zu sehen; er sprach leise
und wenig, eine Entscheidung erteilte er unmittelbar fast nie. Sie
kam wieder erst aus der Heimlichkeit seines Schreibzimmers her=
aus. Denn sein Schreibzimmer war seine Welt. Sein Hof mußte
prächtig sein — der König lebte in seiner Mitte wie ein Einsiedler.
Nicht daß er die Freuden der Welt gehaßt hätte: er spaßte mit
seinen Narren, er war den Frauen sein Lebelang eifriger zugetan,
als sich manchmal mit seiner ehelichen Treue vertrug. Allein all
das fiel zu Boden gegenüber seiner Arbeit. Tag um Tag, Stunde
um Stunde saß der König, lesend, schreibend, über den Akten.
Fleißiger ist niemals ein Herrscher gewesen. Philipp war zarten
Körpers und bedurfte reichlichen Schlafes; er hielt Haus mit seiner
Kraft, aber er wandte sie auf das eine Ziel. Nur wenn er mußte,
reiste er, so wenn er die Landtage seiner spanischen Reiche besuchte;
sonst ging er lediglich in engem Kreise von einer Residenz in die
andere, in seine Schlösser, deren größtes und charaktervollstes er
selbst erbaute, den riesenhaften düstern Mönchspalast des Escorial,
sein rechtes Werk und Wahrzeichen, groß, massig, einförmig, sein
steinernes Denkmal inmitten der Hochebene Castiliens. Er be=
suchte seine Landhäuser, denn er liebte die Ruhe des Landlebens;
die Feste verbrachte er andächtig im Kloster — aber, wo immer
er war, zog er sich zurück, und überall folgten ihm die Papiermassen
seines Kabinetts. Alles, was einlief, aus Nähe und Ferne, wollte

8

er leſen; auf den Rand der Berichte warf er dann in gekritzelten Zügen ſeine Anmerkungen, ſeinen Beſcheid.

Und da greifen wir den Kern ſeines Weſens.

Es iſt ganz einheitlich, aber langſam und ſtumm.

König Philipp II. war ein ſchlanker Mann von kleiner Mittel= größe. Er kleidete ſich mit der ſchlichteſten Vornehmheit in ſchwar= zes Seidentuch, er ging, nicht ohne Anmut, mit königlicher Würde einher. Seine getreueſten Bildniſſe zeigen ein Haupt von ange= nehmen Zügen: hellblondes Haar, einen ſchmalen blonden Voll= bart; die Naſe iſt wohlgeformt, über dem vorragenden habsburger Unterkinn ſteht, wie bei ſeinem Vater, der Mund geöffnet. Die Stirn iſt gefurcht und kraus gefaltet, die Augenbrauen ziehen ſich drohend nach oben. Und drohend iſt doch der Ausdruck des ganzen Geſichts: zwei ſchwere, ſtarre blaue Augen, die langſam und trübe blicken; es iſt gar nichts Dämoniſch=Tyranniſches in alle dem, aber eine laſtende Unbeweglichkeit.

Und ſo war Philipp II.: der treue Diener einer einzigen, eiſern feſtgehaltenen Idee, die ich gleich entwicke; in ihrem Dienſte war er logiſch unerbittlich, konſequent, getreu, ja getreu bis in die Er= mattung und in den Tod. Aber eine Natur ohne Schwungkraft des Geiſtes. Er war ſeines Vaters Sohn, trübe wie Karl V. floß ihm das Blut durch die Adern; Philipp hat ſich nicht, wie Karl, noch lebend aus den Mühen ſeines Berufes geflüchtet, aber er hatte auch nicht die zufahrende Kraft, die jener in ſeinen beſten Mannesjahren beſaß. Er zog nicht an der Spitze ſeiner Heere in den Krieg: er ſaß und ſchrieb.

Er iſt darum verhöhnt worden, von ſeinen Tagen bis in die unſrigen. Der Hiſtoriker will ihn lieber begreifen. Er mußte, daß er langſam dachte und ſich langſam entſchloß, und er fürchtete den übermächtigen Einfluß begabterer Räte: deshalb hörte er alle und entſchied dann in ungeſtörter Stille allein. Er hat das getan, ſo gut er es vermochte, und genau entſprechend dem Gebote ſeiner Natur. Wie viele Stücke habe ich ſelbſt in Händen gehabt, deren freies Papier die königliche Feder mit ihren unſicheren Buchſtaben bedeckt hatte! Faſt immer, wo ich es verfolgen konnte, hat er ſo entſchieden, wie ſein großes Prinzip es gebot, immer mit klarem, etwas trockenem Menſchenverſtande — freilich auch immer lang=

sam und recht oft zu spät. Denn seine Art brachte es mit sich, daß
er, da er alles selber machen wollte, alles verschleppte, das Größte
nicht minder als das Kleinste; er fürchtete den Entschluß; Größe,
Kühnheit, geniale Wagelust — der eigentlichste Schwung des
Herrschertumes lag ihm weltenfern. Einsam und ängstlich, bienen=
fleißig und matt, so hat er gearbeitet, ein mittelmäßig beanlagter
Mann; so hat er pflichtgetreu das Seine getan und dennoch unend=
lich dazu beigetragen, durch die Fehler seiner Art sein eigenes
Werk zu bedrohen und zu zerstören.

Man sieht wohl, diese Persönlichkeit mit den bleiernen Füßen
— ich gebrauche einen Ausdruck jener Zeit — ist von dem Philipp
der Legende, ja der Dichtung verschieden genug. Von grausamen
Härten seiner Politik habe ich noch zu handeln — seinem persön=
lichen Wesen aber war die verbrecherische Energie des großen
Despoten eigentlich ganz fremd. Er war, gleich dem anderen
Logiker Robespierre, weit mehr Pedant als Dämon. Dennoch
bleiben einige blutige Flecken auch auf dem Bilde seiner Persön=
lichkeit haften. Gegen die, die ihm am nächsten standen, die ihn in
der Selbständigkeit seiner Macht zu beengen schienen, war er
tückisch und hart: eben weil er keine souveräne Natur, weil er auf
seine Vertrautesten zugleich eifersüchtig war. Und selbst den Mord
hat er in solcher Angelegenheit nicht vermieden: den schuldlosen
Sekretär seines Halbbruders Don Juan d'Austria, den Escovedo,
hat er, soweit wir urteilen können, sicher ermorden lassen: er sah
in ihm den Helfer und Anstifter von Don Juans gefährlichem Ehr=
geiz. Die Lehre seiner Zeit erlaubte dem Fürsten nun zwar, einen
ungetreu gewordenen Untertanen auch heimlich aus dem Wege zu
schaffen. Aber gewiß, im allerbesten Falle wäre es dann ein Ju=
stizmord, dessen Philipp schuldig bliebe. Die häßlichsten Folgen
seiner versteckten Art, zu sein und sich zu wahren, treten in dieser
Tragödie und ihren Nachspielen an den Tag.

Ihn überhaupt und im ganzen zu richten, reicht diese eine
harte Schuld nicht aus. Und eine andere müssen wir ganz von
seinem Haupte nehmen: diejenige, die unserm allgemeinen Ge=
fühle am nächsten liegt, in deren düsterem Scheine wir Philipp von
Jugend auf zu sehen gewohnt sind. Dem Don Carlos gegenüber
hat eine voraussetzungslose Beurteilung Philipp II. so gut wie

10

nichts vorzuwerfen.   Ich kann es nur in zwei Worten ſagen: zwiſchen Don Carlos und Philipp handelt es ſich nicht um das Ringen zweier Weltanſchauungen, zweier Generationen, wie bei Friedrich Wilhelm I. und ſeinem Kronprinzen Fritz.   Don Carlos war von Anbeginn her ein Kranker, ein Schwachſinniger, deſſen tolles und haltloſes Treiben die Geduld ſeines Vaters jahrelang auf das Grauſamſte quälte und den kein König als ſeinen Nach=ſolger auf dem Throne eines Weltreiches, ja auf irgendwelchem Throne überhaupt hätte dulden können und dürfen.   Es mag ſein, daß der lange Kampf mit den unbezähmbaren Unarten dieſer kranken Natur in dem trüben Philipp ſchließlich die Vaterliebe zu eiſiger Kälte hat erſtarren machen; aber getan hat er gegen ſeinen Kronprinzen nur, was er mußte; als er endlich einſchritt, da — ſo leſen wir — ſprach er zu ſeinen Vertrauten, „wie niemals ein Menſch geſprochen"; nicht ohne bittere Tränen hat er dieſe ſeine Pflicht erkannt, erfüllt hat er ſie kühl und mitleidslos, aber wohl ohne Schuld.   Der Tod, den Carlos im Gewahrſam ſeines Vaters fand, ſcheint nach ärztlichem Urteil den Beſonderheiten ſeines Ge=mütsleidens völlig entſprochen zu haben, nicht dem Könige fällt er zur Laſt.

Es war ſein einziger Sohn, den der damals 41jährige Philipp damit verlor; es iſt eine Torheit zu glauben, der König würde ihn hingegeben haben ohne Not.   Und Philipp II. war, wo er es ſein konnte, ein durchaus zärtlicher Vater.   Ja, vor ſeinen Kindern vermochte er, was ihm ſonſt nirgends gelang: er vermochte es, offen und warmherzig aus ſich herauszugehen.   Seine dritte Ge=mahlin Eliſabeth von Valois, die ein Tendenzroman mit dem Don Carlos in eine ſchlechterdings falſche Verbindung gebracht hat, hatte ihm zwei Töchter geboren; den beiden Prinzeſſinnen hat Philipp in ſeinen fünfziger Lebensjahren eine Reihe von eigen=händigen Briefen geſchrieben, die uns erhalten ſind.   Als ſie be=kannt wurden, haben ſie ſelbſt milde Beurteiler des Königs in Erſtaunen verſetzt.   Denn der Philipp, wie er da mit ſeinen halb=wüchſigen Töchtern plaudert, hat von dem Tyrannen, der angeblich in ſeinem Leben nur einmal, nur bei der Kunde von der Bartholo=mäusnacht gelacht haben ſollte, doch allzuwenig.   Liebenswürdig entrollt er ſeinen Kindern ein buntes Allerlei; keine Sache iſt ihm

11

zu gering, er geht freundlich und herzlich auf sie ein; er scherzt be=
haglich, sendet Geschenke, freut sich von Herzen auf das Wieder=
sehen mit einer geliebten Schwester; und mehr als all dies —
König Philipp II. gesteht den Seinen aus dem entfernten Lissabon:
wonach ich mich am meisten sehne, das ist der Gesang der Nachti=
gallen in Aranjuez.

So mischen sich auch in dem Vielgescholtenen und Fehlerreichen
die widerstreitenden Züge zur Einheit des wirklichen Lebens. Wer
den Menschen richten will, wird den ganzen Menschen kennen
müssen; und auch, wer Philipps sachliche, geschichtliche Stellung
ermessen will, bedarf der Anschauung seiner Persönlichkeit.

Nun wird freilich diese Persönlichkeit, die uns als Ganzes
zwar gar nicht unmenschlich, aber eng und klein erschien, erst durch
ihre historischen Aufgaben erhoben und geadelt. Es ist merk=
würdig zu sehen, wie sich in Philipps Dasein mit allen Mängeln
seines eigensten Wesens eine wirkliche Größe der geschichtlichen
Wirksamkeit vereint.

Ich habe die Aufgaben beschrieben, die sich ihm, nach innen
und nach außen hin, darboten: die Regierung Spaniens, die Geg=
nerschaft gegen Frankreich, gegen die Ketzerei, gegen den Muha=
medanismus.

Philipp ergriff sie alle von Anfang an. Seit er in Spanien
ist, kämpft er mit dem Islam, fechten seine Flotten auf dem Mittel=
meere gegen die Galeeren des Sultans; der größte Sieg der da=
maligen Christenheit über die Türken, der Seesieg von Lepanto im
Jahre 1571, war zugleich Philipps stolzester Triumph über den
östlichen Erbfeind. Und nicht geringer war Philipps Erfolg schon
seit den sechziger Jahren Frankreich gegenüber. Der französische
Nebenbuhler ward durch inneren politisch=religiösen Zwist ge=
lähmt: Philipp steht als der Mächtigere über ihm; und, getreu
seiner religiösen Idee, greift er in die französischen Wirren als der
Vorfechter der katholischen Partei tief und entscheidend ein. Der
Funke des Ketzertums, in Deutschland entglommen, nach Frank=
reich übergesprungen, zündet seit 1560 auch in den Niederlanden,
in Philipps gefährdetsten Gebieten. Auch dort nahm er den Kampf
unmittelbar auf: er hat ihn von da ab bis an seinen Tod nicht
wieder von sich wälzen können. Nirgends hat Philipp so viele

12

Fehler begangen, wie in den niederländischen Fragen. Solange Nachgiebigkeit möglich schien, wollte er sie nicht gewähren; als allein noch die gesammelte Energie rücksichtslosester Anspannung helfen konnte, hat er die Kraft nicht gefunden, alles zu konzentrieren. Es trat da zutage, was sein Schicksal war, daß der internationale Charakter seiner Reiche ihm Gegner an allen Enden schuf: alle seine Rivalen griffen in den Niederlanden feindselig ein; er konnte sich nicht entschließen, das Hauptland seiner Macht, Spanien, zu verlassen und persönlich in dem niederländischen Außenlande die Verhältnisse zu ordnen: seine Schwerfälligkeit wie die allgemeine Weltlage, beides fesselte ihn an Spanien. Persönliche Mängel und sachliche Schwierigkeiten wirkten so zusammen, ihn zu lähmen. Er hat sich an diesem Kampfe verblutet. Ist er für den Starrsinn seines Verhaltens wesentlich verantwortlich? Nein! Den Ausschlag gab zwischen ihm und seinen aufrührerischen Untertanen vielmehr ein anderes, ein höheres Moment, als die Fehler und der Eigenwille Philipps, ein Moment, das übergewaltig über beiden Parteien lag: der Gegensatz zwischen ihnen war in sich selber unüberwindlich. Zwischen Philipp und den Holländern gab es keinen Vergleich und kein Verständnis. Die wesentlichsten Eigenschaften eines jeden der beiden Teile machten es ihm unmöglich, mit dem andern fortzuleben. Die starke örtliche Selbständigkeit und die schroffe niederdeutsche Stammesart der Holländer ließ ihnen in Philipps absolutem und romanischem Weltreiche keinen Platz: vor allem aber, der herrschende Gegensatz des Zeitalters ergriff sie und trieb sie in einen Widerstand, den nur die Vernichtung selber enden konnte. Es war der religiöse Gegensatz. Für ihn haben sie alles an alles gesetzt, und nicht vermocht sich zu fügen. Und auch Philipp hatte dasselbe getan: auch er konnte nicht anders als fest bleiben. Es ist der große Kampf zweier gleichberechtigter Ideen, der den holländischen Aufstand historisch so mächtig macht. Der tiefste Inhalt des Zeitalters drängt sich in ihm an den Tag.

In der Tat: die Größe wie die Tragik von Philipps historischer Stellung liegt in seinem Bunde mit der Idee seiner Zeit.

Martin Luther hatte das religiöse Banner über alle anderen Gegensätze seiner Tage hinweg entrollt; in der Geschichte Karls V., des größten Gegners, den Luther gefunden, wirken politische Interessen und das religiöse Streben eng ineinander. Im Zeitalter seines Sohnes, in den Jahrzehnten, die man allgemein-geschichtlich das „Zeitalter Philipps II." taufen darf, erhält das religiöse Element über die politischen die Führung. Die streitbare unter den protestantischen Kirchen, die eiserne Kirche Johann Calvins, sendet ihre Boten über Westeuropa hin; der aufgerüttelte Katholizismus besinnt sich auf sich selber, stählt seine Kräfte, reinigt sich nach innen und schließt sich nach außen hin kriegerisch ab: die Gegenreformation erhebt sich zu imposanter Wirkung. Und das Ringen der beiden Gewalten, des Calvinismus und der Gegenreformation, erfüllt und beherrscht die Welt. Es ist eine der Epochen, wo ein Gegensatz ganz Europa scheidet — wie in den Tagen der großen Revolution, wie heute der Sozialismus es predigt; nationale Zusammengehörigkeit schwindet vor der Einheit der internationalen Partei. Das war die Lage, in die Philipp nur eintrat: er schuf sie nicht etwa willkürlich, er wurde nur ihr Organ. Er wurde ihr historischer Ausdruck, der mächtigste Vertreter ihrer Gedanken, der Führer des streitenden Katholizismus und so über Europa hin das Haupt aller eifrigen Katholiken allerorts. Ein katholischer Franzose hat es einmal Philipp II. gegenüber ausgesprochen: „ehedem schied sich Freund und Feind nach Landesgrenzen: man nannte sich Italiener, Deutscher, Franzose, Spanier, Engländer; heute muß es heißen: Katholik oder Ketzer. Ein katholischer Fürst hat heute alle Katholiken aller Länder zu Freunden und Untertanen, ein ketzerischer alle Ketzer, seien es seine Vasallen oder diejenigen anderer."

In diesen Worten spiegelt sich die Idee des Jahrhunderts. Was man Philipp zurechnen könnte, das wurzelt im eigensten Leben seiner Zeit. Und weiter: noch tiefer wurzelt es im Innersten seines spanischen Volkes. Sieht man in Philipps kirchlicher Politik eine Tyrannei, so ist mindestens Castilien sein Mitschuldiger. Die Cortes billigen ausdrücklich, daß man an die Niederwerfung der niederländischen Unruhen alle Mittel setze; sie verdammen diesen Aufruhr wider Gott und den König.

Es kann nichts Ausgeprägteres und Packenderes geben, als den spanischen Geist des 16. Jahrhunderts. Sicherlich enthält er widerstreitende Richtungen wie ein jeder Volksgeist: aber eine wiegt in

14

ihm ganz überraschend stark vor. Niemand hat sie schärfer und geistreicher erfaßt als der teure und unvergeßliche Mann, den wir jüngst verloren haben, als Hermann Baumgarten.[1]

In langem unablässigen Ringen auf Leben und Tod hatte das spanische Mittelalter den Islam Schritt für Schritt aus der Halb= insel zurückgedrängt. Es hält schwer, die Züge, die das spanische Wesen am Einbruche der Neuzeit zeigt, anders als aus dieser ge= samten Vergangenheit zu erklären: einen Geist des Krieges und des Glaubenskrieges, der Verachtung gegen den Stammfremden und Andersgläubigen, wie er so feurig, so leidenschaftlich und aus= schließlich nirgend sonst sich erhielt. Erst 1492 hatte ein letzter Kreuzzug die letzte Maurenherrschaft vom spanischen Boden hin= weggefegt — mit der frischen, kriegerisch katholischen Inbrunst dieses Kampfes trat man in das neue Jahrhundert ein. Und nun wollte es das Geschick, daß dieses eben erst geeinte Spanien durch Wendungen der europäischen Politik sich nach Italien hinüberge= lockt sah: Neapel, Sizilien, Mailand wurden spanisches Eigen; ein spanischer König ererbte zugleich Burgund und erwarb die Kaiser= krone; spanische Waffen schritten auf allen Kampfplätzen des Erd= teils unbesieglich voran; spanische Schiffe entdeckten die märchen= hafte neue Welt, spanische Abenteurer und Helden eroberten Me= xiko und Peru. Wo war die Grenze dieses Wachstums? An den Krieg gewöhnt, von so viel Erfolgen berauscht, aus langen Nöten plötzlich in die weiteste Helle des Sieges, der Macht hinausge= rufen — so lebte sich das spanische Volk mit glühender Phantasie in den Traum einer spanischen Weltherrschaft ein. Es erschien ihm recht und natürlich, daß Spanien überall voranstehe; es ver= achtete wie erst den Mauren, so nun jeden Fremden, es drängte in alle Weiten hinaus, — mit dem Schwert: und mit dem Kreuz. Denn beides war dem Spanier eins, nationaler Ehrgeiz und lodern= der Katholizismus verschmolz sich in ihm: der Geist der Mauren= kriege blieb in dieser Verbindung lebendig. Auf solchem Boden ist als die Schöpfung eines spanischen Offiziers die kriegerische Ge= sellschaft Jesu, das „Fähnlein" Christi erwachsen, spanisch=katholisch,

---

[1] Gestorben zu Straßburg 19. Juni 1893; vgl. meine Einleitung zu seinen Auf= sätzen und Reden, 1894, 124.

gegründet zur Eroberung der Welt für die Kirche. Auf solchem Boden steht auch Karl V., steht vollends Philipp II. und seine katholische Weltpolitik.

Sie ist ganz spanisch, ebenso wie sie ganz dem Geiste der europäischen Gegenreformation entspricht. Mit dem stolzesten spanischen Selbstbewußtsein steht Philipp da; auch dem Papste gegenüber vergibt er diesem nationalen und staatlichen Gefühle nicht das Geringste; seine spanische Kirche, die reinste der damaligen katholischen Welt, will er beherrschen; römische Eingriffe weist er hart zurück. Aber er stellt seine Weltmacht dafür in den Dienst des heiligen Stuhls. Er fühlt sich als das politische Haupt der katholischen Christenheit, als ihr gewappneter Arm; ist der Papst ihm zu lau, so rüttelt er ihn rücksichtslos auf; spanische Größe und katholische Propaganda werden ihm eins. Was seiner spanischen Macht schadet, das ist ihm auch gottlos; auch Politisches, Materielles tritt ihm unter den einen Gesichtspunkt; in voller Ehrlichkeit — und wenn man will: Beschränktheit — setzt er sein Reich und die Weltkirche gleich, an deren Verteidigung und Erweiterung, an die Vernichtung des ketzerischen Drachens wie des ungläubigen Türken wagt er sein Alles. Politik und Religion geht ineinander auf. Die Nation folgt dem großen Zuge dieser Glaubenspolitik: sie will ihn, es ist i h r Herzschlag darin. Und gewiß bleibt es eine historische Erscheinung von großem Stile; an die ganz verwandte Persönlichkeit und Wirksamkeit des Zaren Nikolaus von Rußland und seinen lebenslangen Kampf mit der europäischen Revolution kann sie gemahnen: von der einen Grenze Europas her führt Philipp den Streit über den Erdteil hin, der Hort aller Altgläubigen, der Todfeind alles Neuen; sein Spanien ist die Hochburg wider Ketzer und Türken.

Am Meerbusen von Neapel, auf der Halbinsel von Sorrent und Amalfi grüßen den Besucher, dicht über dem Meer, eine Reihe schwerer, lastender Wachttürme, die, jetzt in sich zerbröckelnd, noch immer trotzig und ernst, jeder eine kleine Festung, über die Fluten schauen. Das sind die Vorposten, einst von den spanischen Statthaltern Neapels ausgestellt zur Wehr des christlichen Landes gegen die Schiffe der Ungläubigen. Ähnliche Türme, erzählt man mir, ziehen sich an Spaniens eigener Ostküste entlang. Sie sind wie ein

16

steinernes Sinnbild jener großen Monarchie: sie erinnern den
Nachlebenden an das, was dieses Spanien einmal geleistet hat, als
eine Wacht in stürmischer Zeit — sie sind ein Sinnbild zugleich
ihres unheilbaren Zerfalls.

Denn das großartige katholische Weltstreben Spaniens, auch
das muß ich sofort hinzusetzen, ist zugleich der Quell von Spaniens
Tod. Spanien ist an ihm gestorben.

Nichts wäre falscher, als wollte man in dem Spanien Phi=
lipps II. ein lebloses Land vermuten, über dem die Ruhe des Kirch=
hofs waltet, in dem die Inquisition allen Geist bleiern darnieder=
hält. Bleiern und grau mag man die Gleichmäßigkeit nennen,
die Philipp den andersartigen Nebenlanden seines Reiches, seinen
germanischen Provinzen aufzwingen wollte: dorthin paßte die
spanische Weise nicht. In Spanien selbst aber flutete das ganze
reiche Geistesleben eines südlichen Volkes rauschend dahin: die
allereigensten Ideale der großen spanischen Literatur mit ihrer
glutvollen Glaubenstreue und Königstreue, es sind genau die
Ideale Philipps II., und seine eigene Epoche gebar diese große Li=
teratur; nicht nur Cervantes hatte bei Lepanto mitgefochten und
war stolz darauf, sondern auch Lope de Vega hat auf Philipps
Flotte gegen das ketzerische England gedient. Das Spanien Phi=
lipps II. entfaltete auch geistig seinen vorbildlichen Einfluß auf
alle Völker Europas. Und die besten Kräfte Spaniens betätigten sich
ganz in Philipps Dienst: der kleinere Adel gab ihm die besten Sol=
daten und Offiziere der Zeit, der hohe Adel vortreffliche Feldherren
und ausgezeichnete Diplomaten, auch diese die ersten ihrer Welt.

Aber eben hier liegt der kranke Punkt. Die besten Elemente
Spaniens waren Soldaten und Staatsmänner. Geht man tiefer
hinab, so trifft man auf den Mangel, so berührt man die tödliche
Wunde im spanischen Körper. Die Fremden, die Spanien be=
suchten, schildern es im 16. Jahrhundert als ein Land voller Prunk
und Macht — aber ohne wirtschaftlichen Halt. Die Handarbeit
ist verachtet. Der Spanier ist voll des Stolzes, der sprichwörtlich
geworden ist. Auch habsüchtig ist er. Aber arbeiten will er nicht.
Arbeit verringert den Wert des freien Mannes, arbeiten mag der
Maurensprößling, der Fremde, der Tiefstehende, ehrenvoll ist nur
die Arbeit mit dem Schwert. Adelig oder aber geistlich will ein

jeder sein, der etwas auf sich hält. Es war jene Anschauung, den Jahrhunderten des Maurenkrieges entsprossen: zu Spaniens Unheil blieb sie bestehen. Als Spanien nach 1470 geeinigt wurde, war es ein wirtschaftlich zerrissenes und ein wirtschaftlich schwachentwickeltes Land, der Ackerbau gering, das Gewerbe ganz unerheblich, der Handel meist in ausländischen Händen. Die Herrscher, die es geeinigt, Ferdinand und Isabella, suchten es wirtschaftlich zu heben, durch Pflege der Landwirtschaft, durch Erleichterung des inneren Verkehrs, durch antreibende Unterstützung der Industrie und Abschluß gegen die erstickende ausländische Konkurrenz. In der Tat begann das materielle Leben zu erstarken, sich zu bereichern. Aber eins taten die beiden katholischen Könige nicht: den nationalen Hang, der in Waffen= und Glaubensdienst das einzige Gut sah, haben sie nicht bekämpft. Die Ausschließlichkeit des spanischen Hochmutes, der alles Fremde mißachtet und nur die spanische Eigenheit durchsetzen will, haben schon sie vielmehr gesteigert: Ferdinand lenkte die Tatenlust seines Volkes nach Italien ab; und nun folgte unter Karl V. jene beispiellose Dehnung des spanischen Reiches, der spanischen Weltmacht, von der ich eben gesprochen. Die Einseitigkeit des Spaniertums wurde dadurch unendlich erhöht: die spärlichen Keime wirtschaftlicher Mühen werden vernachlässigt, wieder und jetzt erst recht gilt nichts als Schwert und Kreuz — die innerlich noch halbfertige Nation wirft sich in die europäischen Kämpfe, stellt ihre Leidenschaft ganz in den Dienst einer Weltpolitik, die für Spanien viel Ruhm und Ehre, wohl auch Beute und Gold, aber keine innere Kräftigung brachte. Indem der noch im Wachstum begriffene, jünglingshaft schmächtige Leib des spanischen Volkes derart an der natürlichen Weiterbildung seiner Organe behindert, indem seinen noch schwachen Schultern vor der Zeit die Last einer erdrückenden und zwar einer unnatürlichen Rüstung aufgezwungen wurde, ist dieser Körper seiner Entwickelung entzogen und jener Schwindsucht ausgeliefert worden, die dann so furchtbar viele Menschenalter hindurch an ihm gezehrt hat. Ferdinand hat das begonnen, Karl V., der Weltkaiser, hat Spanien für seine weiten Pläne ausgenutzt und das Werk somit fortgeführt: daß unter ihm die spanische Wirtschaft sich wirklich und wesentlich gehoben habe, hat man kürzlich, soviel ich sehe, vergebens zu er=

weisen gesucht. Die amerikanischen Kolonien, die eine Menge
Kräfte aufsogen und die innere Vergiftung steigerten, brachten, als
ein neues Absatzgebiet, zugleich eine vorübergehende Belebung in
Gewerbe und Handel des Mutterlandes; dann entdeckte man die
Minen von Potosi, das Edelmetall der neuen Welt strömte nach
Spanien; aber die Organe der spanischen Volkswirtschaft ver=
mochten es nicht zu halten, es steigerte lediglich alle Preise, ertränkte
so die Ansätze spanischer Arbeit und flutete weiter in die entwickel=
teren Nachbarländer. Das ist der Prozeß unter Philipp II. Phi=
lipps Regierung setzt nur die Sünden der Vorgänger fort. Philipp
hielt auf eine vortreffliche, streng sachliche Rechtspflege; die Ver=
waltung seiner castilischen Länder war darin besser als die des stän=
disch regierten Aragons; er drängte die veraltenden Vorrechte des
Ständetums weiter zurück — allein die gemehrte absolute Macht
seines Staates wandte er n i c h t darauf, das spanische Leben zu
befruchten und zu erziehen. Im Gegenteil, eben er ging ja ganz auf
im Kultus des schroffsten Spaniertums und Kirchentums und in
weiten europäischen Unternehmungen. Seine Kriege verschlangen
ungeheure Summen; seine Finanzwirtschaft war schlecht, die
Steuern stiegen und stiegen, die Anleihen wuchsen erschreckend hoch
auf; er mußte den fremden Geldmächten die unheilvollsten Vor=
rechte über die spanische Wirtschaft einräumen. Zwei Staats=
bankerotte zeigten den Verfall und besserten nichts. Als Philipp
starb, lag der wirtschaftliche Niedergang Spaniens hell zutage,
das Land war in sich ruiniert.

Philipp hatte sich in den wirtschaftlichen wie in den politischen
Dingen der Zustimmung der Cortes zu erfreuen gehabt; er hatte
lediglich, und nur mit erhöhter Einseitigkeit, vollendet, was seine
Vorgänger angefangen hatten. Er steht auch hier ganz innerhalb
der Reihe. Nicht ihn allein trifft die Schuld.

Aber freilich, eine Schuld trifft ihn. Denn eben die Hingabe an
jene nationale Einseitigkeit, an das Laster der Verachtung der Ar=
beit, an die hergebrachte Verschleppung der wirtschaftlichen Le=
bensinteressen: das ist eine Schuld. Der moderne Absolutismus,
der vom endenden Mittelalter her bis an unser Jahrhundert heran
die Geschicke Europas wesentlich gelenkt hat, hat deshalb bestan=
den, weil er Aufgaben löste, weil er Pflichten erfüllte, weil er die

europäische Menschheit vorwärtsschob. Überall hat er die Völker zu wirtschaftlichen Körpern zusammengefaßt, Handel und Gewerbe gepflegt, die oftmals widerstrebenden Untertanen zur Unternehmung erzogen, und sei es mit Zwang; er hat wirtschaftlich und sozial erweiternd, ausgleichend, er hat im hohen historischen Sinne pädagogisch gewirkt. Die großen preußischen Könige, die großen französischen Minister, die das getan, haben dabei auch kämpfen müssen: nicht immer das Volk brachte ihnen die Bereitschaft zum Fortschritt entgegen. Daß die spanischen absoluten Herrscher dieses größte Werk des Absolutismus nicht geleistet haben, es vernachlässigt haben, als ihr Land eben auf der Stufe angelangt war, wo es dieser Erziehung und Erweiterung bedurfte — das ist eine Sünde von schwerster Wucht. Sie sind die Mitschuldigen der Fehler ihres Volkes; sie, die berufen waren, es zu erziehen und zu leiten, trifft diese Schuld: denn sie hatten eine Pflicht und haben sie nicht erfüllt. Die Hingabe an die einseitigen Ideale ihres Volkes hat sie den Untergang Spaniens gewaltig fördern lassen. Sie sind der rechte Ausdruck der ungesunden Entwicklung geworden, dieses tragischen Schicksals einer hochbegabten Nation, die nur den einen Zug ihres Wesens hypertrophisch ausgestaltet und so in langen Qualen vergeht.

Freilich, wie glänzend erscheint diese spanische Einseitigkeit! Das Spanien der habsburgischen Könige formt sein Leben so großartig und einheitlich aus; wie charakteristisch ist diese Monarchie, ist diese Literatur, in der Königtum und Glaube sich verherrlichen! Gleichberechtigt scheint es den germanischen Nationen der Zeit gegenüberzustehen, dem England der Elisabeth, das so anders war, dessen riesenhafte individualistische Entwicklung, derb, real, ganz germanisch, sich uns in William Shakespeares starken Menschen spiegelt; es ist, als sei in dem einen Lande die germanische, in dem andern die romanische Besonderheit zur höchsten typischen Erscheinung ausgeprägt. Das kritische Urteil über dieses Spanien und seinen König verstummt beinahe, wenn wir in der Gesamtheit des damaligen spanischen Wesens eben nur die Entfaltung der nationalen Grundeigenschaften, in dem Werke dieser einen Epoche und des einen Mannes nur das Glied einer langen Kette zu erblicken meinen.

Das bleibt doch deutlich: das Leben war nicht auf der Seite des spanischen Volkes und Reiches — das Leben war bei Frankreich, bei England, bei den Niederlanden, selbst bei dem zerfallenden Deutschland, das soeben dem dreißigjährigen Kriege entgegentrieb; da überall wirkte der pulsierende Geist, die natürliche, allseitige, freie Kraft. Spanien aber starb hin.

Und das Maß der persönlichen Mitschuld seines spanischsten Herrschers tritt wieder klarer hervor, wenn wir mit einem letzten Blicke den Ausgang von Philipps persönlichen Kämpfen überschauen. Wir haben ihn oben bis in die 1570er Jahre begleitet. Seine größte Zeit kam später. Diese langsame Natur entfaltete ihre ganze Wucht erst, als sie die Höhe des Mannesalters hinter sich hatte. Erst als 60er hat Philipp im Innern absolutistischer durchgegriffen; erst als 60er führte er nach außen hin den großen Stoß, der seine Lebensarbeit folgerecht vollenden sollte. Frankreich war durch den Religionskrieg gelähmt; sein spanischer Rival wuchs dadurch weiter empor. Unter spanischem Fittig drang überall in Europa der Katholizismus aufwärts: von Schweden und Polen bis in den ganzen Westen des Erdteils wirkte Philipps Diplomatie, sein Geld, seine Macht. Der Augenblick schien gekommen, die Ketzerei ganz zu zertreten: über das gebeugte Frankreich, über die fast erliegenden Niederlande hinweg reckte Philipp, 1588, seine Hand nach der letzten Hochburg des Protestantismus und des allgemeinen Spanierhasses aus, nach England. „Die Geschicke der Menschheit," sagt Ranke, „lagen auf der Wagschale." Wieder haben dabei die persönlichen Mängel des Monarchen verhängnisvoll eingewirkt. Aber großartig war dieser Schlag: es war ein Höhepunkt der europäischen Geschichte.

Der Schlag ging fehl. Die Armada zerschellte. Spanien, tief erschüttert, setzte alles an alles. Noch schien einmal die Eroberung des französischen Thrones selber zu winken. Aber jede neue Anstrengung brachte neue Niederlagen. Die individuellen Kräfte des aufstrebenden Frankreich und der protestantischen Welt erhoben sich und zerschmetterten den Zwingbau des alten spanischen Königs. Philipp II. sah nach zehnjährigem Widerstande, daß sein Angriff gescheitert war. Er begriff seinen Gott nicht, der seinen Dienst nicht hatte annehmen wollen. Das Papsttum kehrte sich von ihm ab, sein Volk begann zu murren. Philipp II. bestellte sein Haus, schloß Frieden mit seinem größten Gegner, dem siegreichen Heinrich IV.; er hinterließ seine Riesenaufgabe einem unfähigen Knaben, dessen Unfähigkeit er erkannte.

In diesen Jahren von 1580—1598 regierte Philipp II. ganz allein. Die Größe wie die Übertreibung in seinen einzelnen Taten, beides ist sein Eigen. Und unverändert schritt er seinem Grabe entgegen. Was den Schwergetroffenen innerlich bewegt haben mag, wissen wir nicht. Würdig hat er, nach reiflicher Vorbereitung, seine letzte Stunde getragen — er war überzeugt, daß er seinem Gotte gedient habe nach seinem besten Wissen; nicht auf staatlichem Gebiete suchte er die Sünden, die er zu bereuen habe. Aber er starb als ein gebrochener, ein geschlagener, ein von der fortströmenden Geschichte gerichteter Mann.

Freilich, den Katholizismus in Europa zu sichern, den Protestantismus zurückzudrängen hat er Unendliches getan. Die gewaltige Erhebung der Gegenreformation bleibt an seinen Namen gekettet. In Deutschland, Belgien, in Frankreich hat er die konfessionelle Entwicklung stark, vielleicht für immer entscheidend, mitbestimmt. Seine Nachwirkung ist, wie die seines Vaters, darin unermeßlich groß.

Und gewiß bleibt er, mit dem kein Mensch einen Kult zu treiben versucht sein wird, eng und düster wie er ist, dennoch eine große geschichtliche Gestalt. Und in dieser Gestalt des stummen Königs mit dem nordischen Aussehen verkörpert sich, wunderbar genug, die Tragödie seines heißen südlichen Volkes. Wie er selber aus Familie und Zeit und Nation sich begreift, das habe ich zu entwickeln gesucht; ein zusammenfassendes, schlagendes Urteil über ihn zu sprechen, entfällt dem Historiker, der ihn so im großen Zusammenhange anschaut, einigermaßen der Mut. In der Grabkirche des Escorial, die er erbaut hat, wird noch alljährlich in verschollener Einsamkeit das Totenamt für Kaiser Karl V. gehalten, dereinst gestiftet von Philipp II., seinem Sohn: man möchte darin ein Zeichen sehen. Die Spur seiner Tage ist geblieben, aber nicht am Lichte unserer Sonne tritt sie sichtbar hervor; er war ein Mensch, der gefehlt und gekämpft hat gleich anderen; in der Gesamtheit seines Daseins aber erscheint er mehr als eine Kraft des Todes denn des Lebens.

22

Im England der Elisabeth

Vortrag Leipzig 1896

Wer hat nicht einmal, wenn ihn der Weg an die ostfriesische Küste trug, mit hellem Staunen in dem prächtigen Rathause der guten Stadt Emden, dem Nebenbuhler beinahe des benachbarten Bremischen, und in der Fülle ihrer zierlichen Bürgerhäuser mit dem Rot und Weiß ihres Ziegelbaues den lebendigen Atem einer lange schlummernden Vergangenheit gespürt? Auch Emden hat dereinst, damals, als diese Zeugen holländischer Nachbarschaft aus seinem feuchten Boden emporwuchsen, seine großen Tage gehabt — damals, als hier im nordwestlichen Niederdeutschland der Kampf geführt ward gegen Philipp II. von Spanien und seine katholische Weltpolitik. Durch eine Nebentür treten wir ein in jenes stürmische Zeitalter. Hier in Emden erschien im August 1592 Graf Friedrich zu Mümpelgart, ein kleiner süddeutscher Fürst also, der indessen bereits die Anwartschaft auf den würtembergischen Herzogshut besaß: ein Jahr darauf ist er Herzog geworden; ein rechter Deutscher jener Tage, dessen Gesicht uns, über dem reichgestickten modischen Wams mit seinen geschlitzten Puffärmeln, aus dem breiten spanischen Kragen behaglich entgegenschaut: rund, würdevoll, gewichtig, mit einem erquickenden Ausdruck von gutem Appetit und gesundem Durste; aber die Augen blicken lebendig und leidlich selbstbewußt. Er hatte schon vor Längerem einmal den Osten und Norden Deutschlands besucht; er war jetzt auf der Fahrt nach England; später — nachdem er wieder Atem geholt und Geld gespart — hat er auch Italien in langer Reise durchzogen. Mehrere seiner Edelleute, ein Kapitän, ein Balbier, ein Sekretär, einige Diener geleiteten ihn, der Sekretarius Rathgeb hat dann den Bericht der Reise aufsetzen und anno 1603 in Druck geben dürfen. Reiselust und Wissensdurst hat bei diesem Herzog mit dem hohen Ehrgeize zusammengewirkt, den englischen Orden vom Hosenbande für sich zu erringen: dreimal hat er später in eigenen Gesandtschaften darum gebettelt, bis er ihn bekam. Dies erste Mal aber war ihm wohl die Reise das Wichtigste. Schon begann damals in Deutschland die Sitte sich anzubahnen, daß ein junger Kavalier die Hauptländer Europas kennen lerne; aber herrschend war sie noch nicht; die Reiseberichte fließen damals

noch nicht eben reichlich, und vollends England als Reiseziel be=
gegnet nicht allzuoft. Vorher, im Jahre 1584, ist ein pommerischer
Edelmann, der gerne die weite Welt durchzog, Lupold von Wedel,
kurz nach diesem, 1585, ein junger Ulmer, Samuel Kiechel, über
den Kanal gezogen; später, 1598, der Mentor eines schlesischen
Junkers, der seinem Zögling die Welt gezeigt und dann seine Er=
fahrungen in einer Art von Reisehandbuch ausführlich nieder=
gelegt hat, der Jurist Paul Hentzner. So haben wir aus 14 Jahren
vier Schilderungen, jede aus anderem sozialen Kreise und unabhän=
gig für sich. Bekannt sind sie längst; aber es lohnt sich doch viel=
leicht, ihren Wegen einmal nachzugehen und aus ihren Erzählun=
gen und Betrachtungen, eng und etwas schwerfällig wie sie uns
zunächst erscheinen, ein anspruchsloses Bild zusammenzusetzen —
eine historische Plauderei also nur, die doch vielleicht hier und dort
zu Charakteristisch=Lebendigem hinführt und vielleicht sogar einen
Ausblick öffnet in freiere und ernste Weiten.

Schließen wir uns, wie es sich für loyale Deutsche geziemt,
zuerst dem Grafen oder, sagen wir gleich, dem Herzoge Friedrich
an. Er hat etwas an die Erweiterung seines Weltbildes gewagt:
denn gefahrlos war das Reisen anno 1592 nicht. Da stand Hein=
rich IV. von Frankreich mit den Niederlanden, den „Staaten", ver=
eint gegen Philipp II. in Waffen; überall wogte der Krieg, auch
England stand seit Jahren mitten in dem Bunde gegen den ka=
tholischen König. Schon im Schwarzwald hatte der Herzog eine
arge Panik erlebt, kurz vor Emden war er im Wirtshause von
holländischen Soldaten überfallen worden, die Seine Herzogliche
Gnaden durchaus als einen Spanier ausrauben wollten und erst
nach stundenlanger Belagerung „mit vielem Schwören und Got=
tesläftern" und tapferem Trunke weitergingen. Die Emdener
entschädigten den Gast, indem sie ihm zeigten, was sie noch heute
zeigen, ihr neues Rathaus und ihre Rüstkammer, die sie kurz zu=
vor in dessen Oberstock ausgebreitet hatten. „Und hielten — so
heißt es leider bei Rathgeb — die Ratsherren hernach ihren Fürst=
lichen Gnaden einen Untertrunk, dergestalt, daß sie selbsten alle sehr
wohl bezecht wurden": das war das Deutschland von 1600! Dann
aber begann wieder der grimme Ernst des Lebens: die Meerfahrt.
Denn die See beherrscht der Freibeuter, Holland wie England

führen ihren Krieg wider Spanien mit zuchtlos organisierter Räuberei. Am vorsichtigsten, man geht gleich selbst auf solch ein Kaperschiff. Dem Herzog wurde es besser: der Rat von Emden verschaffte ihm sichere Überfahrt. Wie sie sonst gelang, davon will ich schweigen: Hin= und Rückfahrt hat Rathgeb, die Land= ratte, beweglich beschrieben; es war so, „als wenn wir auf dem hohen schweizer Gebürg daher fuhren"; sie fürchteten, „daß wir unser Begräbnis etwan in dem Bauche eines erschröcklichen Meer= wunders suchen sollten", und sie wurden krank und vermeinten zu sterben. Nur der Herzog blieb, wie es seine Würde forderte, immun. Und dann die Landung in Dover; dort, wie in allen Hafenplätzen, die eingehendste polizeiliche Untersuchung: schon „viel Verratherey" der Katholiken wider Königin Elisabeth, ver= sichert Kiechel, sei dadurch an den Tag gekommen. Von Dover geht es nach London: denn eigentlich dort allein sei für den Frem= den etwas Rechtes zu holen.

Sehen wir nun, was in England unseren Landsleuten vor 300 Jahren bemerkenswert erschien: es ist bei allen ungefähr das Gleiche. Wir betrachten es hier mehr des Gegenstandes, als der Beobachter halber.

Sie freuen sich der trefflichen englischen Post und ihrer Re= laispferde; der Regel nach reitet der Reisende, nur in feierlichen Fällen wird ihm ein Staatswagen, eine „Gutsche" zur Verfügung gestellt; er sieht den Frachtverkehr der großen zweirädrigen „Kar= ren" die Landstraße füllen; er muß aber wohl aufpassen, daß ihm selber nichts zustößt: die Straßen sind abends nicht sicher, zumal im Südosten des Reiches. Selbst Herzog Friedrich sieht sich ein= mal „von einem Engelländer mit bloßer Wehr" verfolgt, der „stark hinder uns hergerennt" und offenbar auf Spießgesellen rechnete; auch Hentzner wird vor Räubern gewarnt. Alles Lobes voll ist man für die englischen Gasthäuser; unerhört: eine Gesellschaft, die zusammen reist, erhält hier, wenn es angeht, ein eigenes Schlafzimmer für sich. Nur leider, die Wirte stehen manchmal im Kartell mit den Räubern, signalisieren ihnen einen guten Fang. Dabei sind die englischen Städte auffallenderweise ohne Mauer= ring: der Deutsche kann sich das nur aus der sonst allzugefährlichen Freiheitsliebe der Einwohner erklären; im Grunde erwies es doch gerade die Friedlichkeit der englischen Verhältnisse — einen der großen natürlichen Vorzüge des Insellandes vor dem stets von Feinden heimgesuchten Kontinent.

Unsäglich imponiert London den Reisenden: „eine große, fürtreffliche und gewaltige Gewerbstatt; ist eine sehr volkreiche Stadt, daß Einer schier auf den Gassen vor dem Gedreng nicht gehen kann": das sprang also schon damals in die Augen; und auch die Londoner Taschendiebe zeigten den Besuchern schon sehr nachdrücklich ihre Kunst. Ihr Staunen erregt im übrigen die Reinlichkeit und der Glanz der Straßen, die unter= und die neue oberirdische Wasserleitung: ein deutscher Techniker hatte diese an= gelegt! Sie bewundern die Auslage der Goldschmiede in deren glänzendem Viertel, die Pracht der Kleider; sie betrachten treu= herzig alles, was man ihnen zeigt — und wieder sind es oft ge= nug dieselben Dinge wie heutzutage. Sankt Paul (damals frei= lich noch die alte, gotische Kirche) und die Westminsterabtei mit ihren Königsdenkmälern; der Tower mit seinem Kronschatz, seiner Rüstkammer und seinen unheimlichen Gewölben: wer da als Staatsgefangener hineinkommt, kommt selten wieder heraus! Das war damals noch finstere Wirklichkeit; ein wenig parodistisch berührt es daneben, daß der Besucher schon damals beim Eintritte abgeben mußte, was er an Handgepäck bei sich trug: nur waren es dazumalen die Degen. Es scheint, daß die Londoner den Frem= den ihre Bewunderung nicht immer gut gelohnt haben; besonders der Handwerker, klagt unser Schwabe Rathgeb, verlacht alle aus= ländischen Nationen, und macht der Verspottete gar Miene, sich zu wehren, so sammelt sich das Volk und prügelt ihn jämmerlich. Und doch sehen wir, daß immer ein ganzer Kreis solcher Ausländer sich zusammenfand: Deutsche von Adel und deutsche Kaufleute, dazu etwa ein dänischer, ein böhmischer Edelmann mit seinem Be= gleiter; sie wallen vereinigt den Sehenswürdigkeiten nach. Und wie viele sind deren noch zu nennen! Die Paläste der Großen, der Themse entlang, bis Westminster; die Schlösser und Gärten der Königin, Whitehall, St. James; dann die Börse, die Thomas Gresham begründet hat, der Mittelpunkt des Warenverkehrs und des persönlichen Verkehrs der Kaufleute; auch das Haus der Hansa, der Stalhof, damals schon ein Zeichen vergangener Tage, wird

noch erwähnt. Über die Londoner Brücke mit den stattlichen
Häusern, die sie nach mittelalterlicher Art bedeckten, über die Themse
hinweg, die von Schwänen reich belebt ist, kommt man zum
Prachtschiffe der Königin, das man besichtigen darf; auch Francis
Drakes berühmtes Schiff, auf dem er (es war noch ganz frisch,
1577—80!) die Erde umsegelt hatte, hob man sorglich als ein na=
tionales Ehrenstück für die Nachwelt auf. Das alles spiegelte
Reichtum und Glanz; erstaunlich war es, den Festzug des Lord
Mayors, die Spiele, die er gab, sein reiches Bankett zu betrachten.
Dann aber, in jähem Wechsel, lange Jahre hindurch festgehalten,
der furchtbare Blutschmuck des Turmes auf der Londonbrücke:
auf seinen Zinnen drohen die 34 abgeschlagenen Häupter von
adligen Verschwörern wider Königin Elisabeth: wir kennen sie
aus den Versen der Maria Stuart. Unseren Landsleuten blieb es
nicht der fremdartigste und nicht der wichtigste Eindruck. Viel=
mehr, von ganz eigener „Kurzweil" der Londoner haben sie zu er=
zählen. Vor der Hauptstadt, über die Brücke hinweg, auf dem
Südufer, in Southwark, liegen die Theater, in denen unter ge=
waltigem Zulaufe alltäglich Lust= und Trauerspiele gegeben wer=
den; besonders lustig zu sehen sind der Königin Komödianten, ob=
wohl, wie Kiechel überraschend anmerkt, „einem fremdden, der
dü sprach nicht kan, es verdrüslich ist, das ers nicht verstößt". Be=
sondere Gebäude sind es, drei Gänge übereinander, und die Ein=
nahmen groß, zumal an Tagen, wo ein neues Stück agiert wird:
dann sind die Preise verdoppelt. Da kann man denn zum Schlusse
Tanz und Musik mitgenießen; man kann sich daran ergötzen oder
ärgern, wie dreist die Stutzer den anwesenden Frauen den Hof
machen; man kann sich in diesen Theatern Obst, Wein, Bier kau=
fen, und das wunderliche Schauspiel ansehen, das die Zuschauer
geben: denn überall, wo Engländer sind, da bedienen sie sich des
indianischen Krautes Nicotiana, nach amerikanischer Benennung
Tabak geheißen: sie trocknen es, stopfen es in Tonpfeifen, zün=
den es an, ziehen den Rauch durch den Mund ein und stoßen ihn
durch die Nase wieder aus, wie durch einen Schornstein; es soll
für Magen und Kopf ausnehmend gesund sein und insbesondere
den Schnupfen trefflich heilen.

Das etwa hören wir, in buntem Durcheinander, über London;

aber ein pflichtgetreuer Reisender geht weiter. Er beschaut sich die königlichen Schlösser in Windsor, Hamptoncourt, Greenwich, und verzeichnet, was sich da an kostbaren Tapeten und Bildern, an ausländischen, überseeischen Seltenheiten, an sonderbarem Laub- und Baumschmuck der Prachtsäle, an künstlichen Grotten und wohlgegliederten Renaissancegärten findet. Er wandert durch Oxford und Cambridge und nimmt eine lange, langweilige Liste ihrer reichen Collegien, wohl auch den Eindruck der Eigenart englischen Studentenlebens mit nach Hause. Ein Ehrgeiziger träumt wohl gar von einem Ausfluge von Schottland: aber die Pest schreckt ihn davon zurück. Wagt er ihn dennoch, so bringt er wunderliche Bilder mit heim von dem armen, kinderreichen, schmutzigen Nachbarreiche, von seinem dürftigen Könige, seinen inneren Streitigkeiten, von der Stadt Edinburgh und ihren düsteren Königsschlössern; wie eine Legende schwebt über alledem die entsetzliche Ermordung Darnleys, die Buhlschaft der schuldigen Königin Maria, ihre Gefangennahme, ihre lange englische Haft — in der lebte sie ja noch bis 1587!

Inzwischen hat der Reisende das grüne englische Land mit seinen Hecken und Weiden kennen gelernt; er hat auch die Eigentümlichkeit der Bewohner zu fassen gestrebt. Die Frauen natürlich hat er beobachtet: ist er höflich, wie der junge Kiechel, so weiß er zu melden, die englische Frau sei schön: „ein holdsälig und von natur mechtig schön weibsbildt, als ich mit meinen Augen kaum gesehen"; sie bemale und pudre sich nicht, meinte, im Gegensatz zu andern Zeitgenossen, dieser Ulmer Idealist; wohlgefällig berichtet er aber auch, daß in eines Bürgers Haus der Gast das Recht hat, die begrüßende Hausfrau oder Tochter zu umarmen und zu küssen: „welches des lands gebrauch; tut es Einer nicht, so wird es ihm für einen Unverstand und Grobheit geachtet und zugemessen". Reservierter hielt sich der fürstliche Sekretarius Rathgeb: die Weibsbilder — das Wort ist natürlich ganz respektvoll gemeint — haben viel mehr Freiheit als anderwärts, gehen prächtig geschmückt daher, „seind gleichsam als die Meister", so daß das Sprichwort sagt: „England sei der Weiber Paradies". Freilich gibt es auch Hexen die Menge und daher viel Hagel und Unwetter. Frei und selbstbewußt aber ist nicht nur die Frau.

Hentzner zählt die englischen Eigenschaften auf: Ernst, Prachtliebe, dabei Beweglichkeit, Lust an Tanz und Musik; sie essen appetitlicher als die Franzosen; sie sind kriegsgewaltig, freiheitsliebend und derb. Man sieht: die Attribute taumeln ein wenig durcheinander; aber was den Darstellern besonders wichtig schien, erkennt man doch: es ist die Fülle des englischen Lebens. Im Äußerlichen ist es reichlich — viel Fleisch, viel Zucker, viel Bier und ausländischer Wein, vortreffliche Austern, und im Hause möglichst viele Bequemlichkeit. Innerlich ist es saftig und grob: sie lieben den Lärm, Kanonenschüsse, Trompetengeschmetter, Glockengeläut. Ist einer in London ein wenig angeheitert, so klettert er, nach P. Hentzner, auf einen Glockenturm und bimmelt stundenlang. Aber über die Analyse des englischen Charakters hinaus, die sie selber reichlich unbeholfen versuchen, führen uns doch die tatsächlichen Angaben, die unsere Gewährsleute überliefern. Wir sind ihnen ja auf die Landstraße, die Londoner Gassen, in die Theater gefolgt; wir hören sie von der Menge der Hinrichtungen reden: 300 gebe es alljährlich in London; 18 sind neulich mit einem Male gehenkt worden; ihre Freunde beschleunigen dann, durch eigenen Eingriff, gnädig deren Tod. Wir sahen die abgeschlagenen Köpfe auf Londonbridge; und dicht bei den Theatern, in denen Shakespeare spielte, war die Bühne für Bären und Stiere. Da geht es derb her, auch gegen die Menschen: eine Rakete in Rosenform läßt Obst unter das Volk fallen, daß es sich darauf stürzt und darum schlägt, dann explodiert sie und überstreut den Menschenknäuel mit feurigen Schwärmern, daß es lustig zu sehen ist. Aber die Hauptsache gilt den Bestien: die bindet man an, hetzt Doggen auf sie, und freut sich der blutigen Kämpfe; ja, ein Bär wird geblendet und dann von Menschen gepeinigt; es geht auf Leben und Tod. Dem guten Herzog Friedrich bot Elisabeth das Schauspiel dieser Bärenhetze als besondere Freundlichkeit dar. Es ist ein rohes nordisches Gegenbild der spanischen Arena, der rechte Spiegel der englischen Art, wie sie damals war.

Und wie imponierten den Deutschen die gewaltigen und gewaltsamen englischen Seefahrer. Schon 1585 ist von Franz Drake die Rede: Kiechel hört „Zeitung wüe das der capitan Draco abermalen eine stattliche Beutt bekommen, ein groß Schiff so aus

India kam und nach Spanien wollt, welches er erobert": Gold, Silber, in Barren und Münze, kostbare Waren, wertvolle Gefangene bringt er ein. Der Seeraub stand geradezu im Vordergrunde des nationalen Lebens und vereinigte — halb Raub und Handel, halb religiöse Fehde und nationaler Krieg! — in seinem Wesen große Richtungen der englischen Zukunft.

Auch von der Wirtschaft hören wir dies und das: von der Weidewirtschaft und dem Reichtum an Wolle, von der Tuchindustrie, den Bergwerken, und eben dem Handel, der Schiffahrt, der Börse. All das geht wenig tief; auffallender noch ist, wie wenig uns vom Staatswesen erzählt wird. Wohl wird einmal die Selbstverwaltung geschildert, vom Parlament ist so gut wie gar nicht, und jedenfalls, auch wo es genannt ist, niemals charakteristisch und zutreffend die Rede. Es ist, als ob die an Landstände und Reichstag gewöhnten Deutschen diese englischen Reichsstände für etwas Selbstverständliches gehalten hätten — oder ist vielmehr das Gegenteil der Fall, und bemerkten sie, unter Elisabeths überstrahlendem Königtume, die Institution überhaupt nicht? Was sie bemerken, ist einmal der Unabhängigkeitssinn, den sie den Engländern im ganzen doch zuschreiben; im übrigen jedoch ist es nur Elisabeth und der Ruhm ihrer großen Siege. Von denen aber ist die Luft auch noch ganz erfüllt. Als die Würtemberger den Kanal durchsegeln, kommen sie über den Ort, „da vor wenig Jahren (1588 war es ja erst gewesen) die sehr starke spanische Armada von der Englischen Schiffmacht angriffen, geschlagen und getrennt worden war": noch lagen etliche Wracke am Ufer. Unter der Kriegsflotte der Königin bewundert man „das große Schiff, den Englisch Löw genannt, von welchem der spanischen Armada vergangener Jahre großer Schaden zugefügt worden", und Drakes Fahrzeug steht in höchsten Ehren. Das Hochgefühl gewaltiger Erfolge schwellt das nationale Empfinden: welcher Feind jetzt England ganz bezwingen wollte, so rühmen die Herren bei Hofe, der müßte sich auf acht Feldschlachten gefaßt machen, in jeder gegen 30—40 000 Mann.

Dieser Stolz aber verkörpert sich in K ö n i g i n E l i s a b e t h. Dreimal wallfahrtet Kiechel zu ihr, ehe er sie zu Gesicht bekommt, Wedel sieht sie bei Aufzügen, im goldenen Wagen, in heller

Pracht, anzuschauen „wie man die Gottinnen malen pfleget"; am nächsten kommt ihr Herzog Friedrich; er wird am Hoflager empfangen, vom Grafen Essex festlich begrüßt, dann tritt er vor die Königin selbst. Sie spricht ihn freundlich und gnädig an; ja, der französische Gesandte bringt „Ihre Majestät mit kurzweiligem Gespräch so weit, daß sie eines auf ihrem Instrument, welches Saiten dann von Gold und Silber seind, sehr lieblich und kunstreich geschlagen". „Denn ohngeachtet, schreibt der Sekretär, daß I. M. damalen auf die 67 Jahre alt — da tut er ihr Unrecht, sie war noch nicht 60 —, ist sie doch nach Gelegenheit ihrer Person noch solchen Ansehens gewesen, daß sie einem Jungfräulein von 16 Jahren nicht viel nachzugeben. Hat ein ganz gravitätisch königlich Ansehen und regiert ihre Königreich mit großer Bescheidenheit, in erwünschtem Frieden, Glückseligkeit und Gottsforcht; hat ihren Widerwärtigen mit göttlicher Hilfe und Beistand bishero wohl zu begegnen gewißt": die Armada bezeugt es. Wenn Gott für uns ist, wer will wider uns sein? den Spruch wiederholt sie auch dem Herzoge: auch mit ihm redet sie von der spanischen Niederlage. Recht persönlich hat sechs Jahre später Hentzner sie beobachtet, wie sie in Greenwich Audienzen erteilt. Das Zimmer ist prächtig mit kostbaren Tapeten behängt; geistliche und weltliche Würdenträger harren ihrer; in aller Fülle des Pompes tritt sie ein — die Ritter ihres höchsten Ordens gehen vor ihr her, Szepter, Schwert, Siegel werden vorangetragen, schöne Damen folgen ihr nach, 50 hochgeborene Leibwächter mit vergoldeten Hellebarden stehen zur Seite. Sie selber schritt majestätisch dahin, im ausgeschnittenen Seidenkleid, wie es der Unvermählten zustand, mit Mantel und langer Schleppe, mit Kette und Halsband. Der Schlesier, nicht ganz so galant wie sein schwäbischer Landsmann, fand, daß ihr längliches, weißes Antlitz voller Furchen sei, das Auge klein, aber dunkel und freundlich, die Nase leicht gebogen, die Lippen zusammengepreßt, die Zähne schwarz, das Haar rotblond, aber unecht. Sie redete im Einherwandeln, liebenswürdig, in mannigfachen Sprachen diesen und jenen an; der Angesprochene beugte das Knie, wohin sie blickte, sank alles nieder; einem bot sie die Hand zum Kusse: die war länglich und schmal und funkelte von Ringen und Steinen. Das Volk rief ihr zu: Gott segne Königin Elisabeth, sie antwortete ihm: ich danke dir, mein gutes Volk. So streng und hoch war das Zeremoniell; selbst der leeren Galatafel Ihrer Majestät naht das Hofgesinde nur unter Kniebeugungen: im Nebenzimmer speist sie selber; das sehen zu dürfen, ist höchste Gnade.

Das sind Äußerlichkeiten — tiefer geht die Beobachtung und das Urteil unserer Gewährsmänner nicht. Aber diese Äußerlichkeiten sind für das elisabethische England unendlich bezeichnend. Nicht jeder wird sich diese beinah göttliche Verehrung der Herrscherin vorgestellt haben, die dem — wir haben es gehört — so freiheitstrotzigen Britenvolke gebot. Und doch tritt uns darin und in alledem, was ich bisher aufgereiht habe, das eigentlichste Leben der Zeit in sprechender Frische entgegen. Unsere Deutschen sahen nicht geistreich oder tief; aber was sie sahen und niederschrieben, das gibt, in seinen harten Holzschnittlinien, ein echtes Bild der Wirklichkeit: eine Nation, stolz, emporstrebend, leidenschaftlich und roh, von rücksichtsloser Lebenskraft, selbstsüchtig und weltlich, in unaufhörlicher Erweiterung aller ihrer Kreise begriffen, in Eroberung und Gewinn daheim und draußen in der Welt. Aus blutigen inneren Fehden des XV. Jahrhunderts, aus jenen Rosenkriegen, die wir aus Shakespeare kennen, in denen sich der wilde spätmittelalterliche Hochadel zerrieb, in denen aber auch England, seine Macht, sein Wohlstand, sein Handel fast versank, aus ihnen hat sich England langsam wieder aufgerichtet; ein starkes Königtum hat ihm zuerst diktatorisch das Notwendigste, den Frieden geschafft, und unter dem Königtume der Tudors ist ein doppelter Mittelstand in Stadt und Land kräftig emporgeblüht: hier ist der Kaufmann, dort der Landedelmann stark geworden, beide einander und dem Könige verbündet, beide in heftigem Ringen siegreich über mancherlei Gegner. Die Kirche hat der König national und staatlich gemacht, ihr Gut hat ihn und jene beiden neuen Stände bereichert. Die Wirtschaft hat sich aus schweren inneren Krisen schließlich hindurchgerungen; unter Elisabeths Regiment erntet man die ersten neuen Früchte. Der Lebensstrom des 16. Jahrhunderts, der modernen Zeiten, bricht auch in England hervor, flutet auch nach England hinein, hat erst jetzt England in die Reihe der großen Wirtschafts-, der Handelsvölker hinaufgehoben. Man hat das Joch fremder Handelsherrschaft — auch der Hansen

— abgeſchüttelt, iſt ſelbſtändig geworden in Handel und Ge=
werbe, ſteigt von Jahr zu Jahr freier und höher empor. Man
hatte um 1580 und 1600 das Gefühl eines ungekannten Wohlſtan=
des; man zählte auf, wie alles anders und reicher wurde, Tracht
und Wohnung, Bettſtatt und Tapete, Speiſe und Trank, wie das
Glas die Fenſter ſicher verſchloß, die Luxuswaren des Auslandes
die Tafel herrlich zierten. Schon ſtreckte man die Arme verlangend
über die Meere aus, zunächſt in die Nähe, in die Nord= und Oſtſee,
über die Nordſee hinüber nach Deutſchland, dann griff man weiter,
auf den Ozean und über den Ozean weg, nach den Schätzen der
neuen Welt. Dem Geſchlechte, das all dieſe Wandlungen geſchaut,
erſchien nichts mehr unmöglich. Mit ſeinen Kaufleuten im eng=
ſten Bunde iſt das Königtum vorangeſchritten, den engliſchen
Handel erſt zu befreien, dann ihn hinauszuführen in alle Lande;
überall faßt man Boden; die Fernen einer weltweiten Zukunft tun
ſich auf. Inzwiſchen aber genießt man die Gegenwart; alte Feſ=
ſeln der Wirtſchaft wie des Geiſtes werden geſprengt, der ein=
zelne dringt ſelbſtherrlich in beidem vorwärts. Die alte Kirche iſt
gebrochen worden, und noch hatte bis 1600 keine erneuerte und
gereinigte Religion ſie bereits voll abgelöſt. Der offizielle Prote=
ſtantismus des engliſchen 16. Jahrhunderts iſt ſicherlich nicht ohne
religiöſen Inhalt und Zug und iſt von Jahrzehnt zu Jahrzehnt in
ſich tiefer und reiner geworden, aber ſein Urſprung lag doch
weſentlich in der Gewalt und im Staate; das lähmte ſeine
Wirkungskraft; noch waren die oberen Schichten der engliſchen
Geſellſchaft nicht wieder durch neue und ſtarke, innerliche
Seelenmächte gebändigt und gebunden. Rückſichtslos, ohne
inneres Hemmnis, durften gerade ſie noch vorwärts eilen; die
alte Zucht war zerfallen, eine neue bildete ſich erſt allgemach.
Der junge Edelmann geht nach Italien, in das Italien der Hoch=
und Spätrenaiſſance, und ſangt dort aus den überreiſen Früchten
einer geſteigerten und krankhaft übertriebenen, einer innerlich
zerſetzten, aber noch immer glänzenden Kultur vielſeitige Anregung
und ſüßes Gift; eigentümlich wird der alte Kern tiefeingeborener
nordiſcher Wildheit von dieſem raffinierenden Einfluſſe ſüd=
lichen Weſens umzogen. Am Hofe — ſo urteilt ein trefflicher
Geiſtlicher, der um 1580 ſein Heimatland liebevoll ſchilderte, ein

ehrlicher und ernster Mann von gesundem Humor und redlichem Empfinden, William Harrison — am Hofe sei man wohl reich an fürstlicher Pracht und auch an freier Bildung: die Damen verstehen, der Königin gleich, Griechisch, Lateinisch und die Sprachen der westeuropäischen Völker; sie wissen Krankheiten zu heilen, lieblich zu musizieren, und dennoch auch zu kochen. Auch die Herren des Hofes sind hochgebildet — aber wie lasterhaft sind sie zugleich! Und wir haben vom englischen Hofe und Adel hundert Beispiele vor Augen: brutale Genußsucht, widerliche Ränke und blutige Kämpfe, Drama an Drama, ein heißes und hinterlistiges Ringen um die Macht, von den Rosenkriegen und dann wieder von Heinrich VIII. ab, durch die Tage der Johanna Grey und der katholischen Maria hindurch, bis in den langen, mörderischen Zweikampf zwischen Elisabeth und Maria Stuart, bis in die Kette der Attentate und Verschwörungen hinein, die damit zusammenhingen, bis zu den höfischen Tragikomödien, die die Königin stets umspielten, zu dem Ringen des königlichen Geliebten Lord Leicester mit seinen Rivalen, wobei der Dolch so manchmal aus dem Dunkel blitzte; bis zu jener Alterstragödie der Elisabeth selbst, da die gereizte Herrin ihren jugendlichen Liebling Essex in offener Ratssitzung eigenhändig in das Antlitz schlug und dann zuletzt den stolzen, hitzigen Mann auf das Schafott trieb — überall, welch eine Fülle rücksichtsloser Gewalttat, schrankenlosen Strebens, zorniger und wilder persönlicher Leidenschaft: alte Eigenschaften mit einem neuen Zuge der Renaissance; und alles dramatisch gefaßt und dramatisch gesteigert. Und nicht anders das Volk: unser Volk, so sagt Harrison, ist stolz, frei, verschwenderisch an Leben und Blut. Furchtbar hart sind die richterlichen Strafen; dennoch wirft sich das zuchtlose Gefolge der jungen Edelleute raublustig auf die Straße; überallher erschollen die Klagen über den Verfall der Sitten; daß es ein Geschlecht von derber Genußkraft und derber Faust ist, welches sich seine Gesetze nur selber geben will, das tritt aus allem hervor. Schon aber erhebt sich aus der Tiefe der Nation der neue Geist, der diese Wirtschaft der Sünde, der Selbstsucht, der entsittlichten Persönlichkeit und ihrer Lüste zertrümmern will: der religiöse Genius, der dieses europäische Jahrhundert von innen her durchdrang, und der demokratische Groll verbinden sich gegen die herrschende aristokratische Welt dieser Renaissance, und durch den Lärm und Schimmer des Hofes, der Städte, der Edelsitze schallt immer hörbarer, drohend und streng, die ernste Predigt, das dunkle Singen, der heiße Protest des Puritaners. Auch unsere Deutschen haben diese Stimmen gehört, und Paul Hentzner erzählt von der neuen Sekte mit ihrem genferischen Geist: was sie bedeutete, wie sie das englische Leben mit ungeheurer Kraft ergreifen und umbilden sollte bis in den Grund hinein, das ahnte er nicht.

Gewiß, eine Wiedergeburt durften diese Propheten fordern: die Sünde dieser Welt war offenkundig und groß. Und dennoch — war die Welt von 1580 und 1600 etwa vermodert? war sie, bei allem Drange persönlicher und weltlicher Willkür, etwa regellos und ordnungslos? Nein! sie war fest und mächtig und groß trotz alledem. Nicht bloß, daß sie lebendig und kräftig war, frisch bis in ihr Innerstes, unaufhaltsam wachsend, nichts an ihr klein, alles, auch die Sünde, saftreich, durchdrungen von einem starken, ja einem heroischen Zuge — nicht nur das; sie fühlte sich auch einheitlich und beherrscht. All ihr Leben wird von einem starken nationalen Bewußtsein zusammengehalten. Ihre Wirtschaft strebt zum Ganzen, zum Nationalen; ihre Gesetzgebung ergreift die zuströmenden Aufgaben der neuen Verhältnisse fest und klar und hat ihnen damals für 200 Jahre haltbare, wirtschaftlich-rechtliche Formen geschaffen; ihre Politik sichert im Inneren die Autorität, trotz aller Wildheit und Selbstsucht, und führt nach außen hin Englands Geschicke unabhängig, frei, in stetigem Aufstiege empor. Indem alles da sproßt und gedeiht, so spürt man überall, daß alles miteinander zusammenhängt, daß ein einheitlicher, gesunder, nationaler Staat die englischen Kräfte wahrt und heilsam leitet. Unsere Historiker haben es mit Recht betont, wie sehr im Aufschwunge des englischen Welthandels der Staat die führende Gewalt gewesen ist, wie dieser Einheitsmacht und den ihr verwandten, übrigen nationalen Staaten West- und Nordeuropas die zersplitterten Kräfte unseres machtlosen deutschen Vaterlandes auf dem Weltmarkte, und ebenso dann im innersten deutschen Leben, haben weichen müssen; und Dietrich Schäfer hat die Lehre, die sich für unser heutiges Dasein daraus ergibt, besonders eindrucksvoll herausgearbeitet. Der heutige Deutsche kann vielleicht manchen Ähnlichkeiten nachhängen, die unser Volks= und Staatswesen in den Jahrzehnten nach 1871 mit dem England der Elisabeth verbinden: an nationalem und monarchi= schem Hochgefühle, an Siegen und an Gefahren und wachsender Opposition, an politischen wie an wirtschaftlichen und moralischen Erscheinungen wird er vielleicht, bei vieler und tiefer Ab= weichung, doch auch Wesensgleiches finden, das ihn zum Nach= denken aufruft — das ihm zum mindesten, wenn nichts anderes, so das anschauende, mitfühlende Verständnis des elisabethischen England erleichtern wird.

Des elisabethischen! Denn das bleibt eben wahr, daß alle jene positiven, einigenden und vorwärtsführenden Kräfte seines Zeit= alters sich dem Engländer damals verkörperten in seiner Herr= scherin: was unsere deutschen Reisenden da sahen, war nur der laute Ausdruck innerlichsten Bewußtseins. Nicht leicht gibt es in der Geschichte eine kompliziertere Gestalt als die der Elisabeth. Vielleicht niemals wieder haben sich in einer Persönlichkeit schrei= ende menschliche Schwächen so eigentümlich mit historischer Größe gepaart. Die Tochter des Despoten und der Frau, um derent= willen er mit Rom gebrochen und die er dann selber dem Henker ausgeliefert hat; in ihrer Jugend von hundert Gefahren umringt, in den Tower geworfen, nur eben begnadigt; durch Geburt und Geschichte die notwendige Verbündete aller nationalen und anti= katholischen Gewalten in ihrem Lande, als sie dann, 25jährig, den Thron bestieg; 45 Jahre lang Königin, und ebensolange anschei= nend und wirklich die Trägerin eines Prinzipes, das damals in Europa um sein Dasein rang, des Prinzips der geistigen und po= litischen Selbständigkeit der germanisch=protestantischen Völker. Sie selber dabei ganz Frau — wahrlich nicht in dem hohen Sinne des Wortes; ohne Adel und Wärme des Herzens und des Geistes, unrein und heiß in ihrem persönlichsten Fühlen, von der wilden Leidenschaftlichkeit des Tudorblutes in Wille und Genuß, so sehr sie mit dem Ehrennamen der jungfräulichen Königin kokettierte; ihr Lebelang eitel bis zur Lächerlichkeit, nur daß ihre Eitelkeit denen, die sie umgaben, sehr ernsthaft das Leben bedrohen konnte; beinahe grotesk in dem Spiele, das sie ihr Lebelang mit allen

möglichen Eheplänen trieb, die sie nie ernst nahm — denn sie
wollte frei bleiben — und doch nie erlöschen ließ, halb aus
Diplomatie, halb aus Gefallsucht; irreligiös und abergläubisch
durch und durch; dabei geizig bis zur Verzweiflung ihrer Staats=
männer, feige und entschlußlos, bis ihr das Wasser zum Halse
stieg, eine Kette, an der ihre großen Minister, der maßvoll kluge
Cecil Burleygh, der calvinistisch hitzige Kämpfer Francis Walfing=
ham, immer wieder entsetzlich schwer zu tragen hatten; in alledem
mehr eine Geistesverwandte der Katharina Medici als desjenigen
Gegners, dem sie doch über die halbe Welt hin den Widerpart
hielt, des spanischen Königs, den sie an Klugheit überragte, aber
an Zauderlust fast übertraf, Philipps II.: er verkörpert ein ge=
waltiges religiös=politisches Prinzip; sie erscheint aus der Nähe
fast als eine Summe von Launen und Schwächen. Und doch
wurde sie die Trägerin alles Großen, das ihr England damals
barg, die Führerin seines Lebens, die Freundin wirklich alles des=
sen, was in England lebendig war und vorwärts strebte. Doch
glich die Größe der ihr zufallenden und von ihr ergriffenen Arbeit
alle einzelnen Erbärmlichkeiten überwältigend aus. Eifersüchtig
und unberechenbar, hat sie ihren großen Helfer Burleigh doch
40 Jahre lang festgehalten. Sie hat im weiteren alle die Auf=
gaben wirtschaftlicher und politischer Art erkannt und gepackt, die
sich dem Königtume Englands boten; sie hat im einzelnen doch
stets noch den allerletzten Augenblick abwartend erfaßt, an dem
es galt, nach unendlichem Schwanken rücksichtslos zu handeln. So
hat es sich, und trotz allem keineswegs ohne ihr Verdienst, gefügt,
daß sie ihrem Volke trotz hundertfältiger Ungeduld und Klage, im
ganzen doch jederzeit der Inbegriff des Landes, seiner endlichen
Einheit, seiner lange bedrohten Freiheit, seines Wohlstandes war:
wir haben die unbeholfenen Worte gehört, in denen Rathgeb die
Wahrerin des Friedens und die Siegerin über die Armada pries.
Ihr Interesse und das englische gingen genau denselben Weg; sie
fühlte es und wollte nur mit ihrem Volke vermählt sein, und das
Volk wußte es auch. Der ernste Pfarrer Harrison rühmt sie und
die Damen ihres Hofes; ein Puritaner, wie es doch Edmund
Spenser, der Dichter, war, ein rein und hochfühlender Mensch
und eifriger Politiker, verkörpert in ihrer Gestalt das Beste, was

seine Heimat und seine sittliche Gedankenwelt ihm darbietet; der Puritaner, dem sie die Hand abschlagen läßt, mit der er ein Pamphlet gegen die Charakterlosigkeit ihrer religiösen Politik geschrieben hat, schwenkt mit der anderen den Hut und ruft: hoch lebe die Königin! Das Gefühl unverbrüchlicher Einheit überwand allen Gegensatz. Und wie strahlt uns diese Glorie vom Haupte noch der Verstorbenen herüber in dem letzten Drama, das William Shakespeares Namen trägt, in Versen, in denen, wenn nicht er selbst, so der mitarbeitende Vollender dieses Dramas die neugeborene Tochter Heinrichs VIII. durch Prophetenmund verherrlichen läßt:

> Du wirst dereinst
> Ein Muster aller Kön'ge, neben dir
> Und die nach dir erscheinen.... Der Glaube nährt sie;
> Geliebt wird sie, gefürchtet sein, gesegnet
> Von ihren Freunden;
> Die Feinde zittern gleich geschlagenen Halmen,
> Gebeugt das Haupt in Gram. Heil wächst mit ihr,
> Des Friedens heitere Klänge tönen rings;
> Gott wird erkannt in Wahrheit ....
> Sie wird zu Englands schönstem Ruhm gesegnet
> Mit hohen Jahren, viele Tage sieht sie
> Und keinen doch ohn' eine Tat des Ruhms.

Wohl ist das höfische Poesie. Aber daß sie unehrlich, ja auch nur daß sie unrichtig sei, darf man nicht sagen; es ist die höchste Sprache für das, was doch auch aus den hölzernen Worten unserer deutschen Besucher uns vernehmlich entgegenklang. Und so führen auch diese wieder den, der ihrer Schilderung nachsinnt, zu jenem Namen hin, der uns freilich noch voller und allgegenwärtiger als die große Königin, — denn als das erscheint sie, wenn nicht dem Auge des Kammerdieners oder der Kammerfrau, so doch zuletzt dem Auge des Historikers — zu dem Namen, sage ich, der uns am vollsten das England ihrer Tage in sich zusammenfaßt: dem Namen S h a k e s p e a r e s.

Gewiß sind jedem schärferen Auge längst, bei alledem, was ich erzählt und erörtert habe, immer von neuem die Gestalten, oder ist ihm auch die eigene Gestalt des Dichters emporgestiegen: Elisabeths England ist uns doch einmal Shakespeares England; weil es das ist, kennen wir es körperhaft von Jugend auf, und darf auch ich zu Deutschen davon reden, beinahe wenigstens, wie von einem Zeitalter unserer eigenen Vergangenheit.

Lassen Sie mich, zum Schlusse, die Verbindungslinien zwischen unseren Schilderungen und Shakespeare ziehen.

Da müßte ich nun freilich, einmal, alles Einzelne wiederholen: wir haben von den Theatern und ihrer herrschenden Bedeutung gehört; vielleicht hat Shakespeare auf der Bühne gestanden, als Hentzner sie studierte. Auf den Landstraßen, in den Wirtshäusern sind wir gewesen: überall bekannte Gesichter! Zwischen Rochester und London, gerade in denselben Gegenden, wo Herzog Friedrich nur eben einem Überfalle entging, nicht weit von der Stelle, wo auch Hentzner und sein Zögling Räubern zu begegnen meinten — ebenda plündert Sir John Falstaff mit seinen Spießgesellen die Kaufleute aus; es ist kein groteskes Phantasiestück, es stammt aus der täglichen Wirklichkeit. Folgen wir Falstaff in die Bürgerhäuser zu Windsor, so treffen wir Wohlstand und Gerät, Bewirtung, Sitte genau so, wie im Berichte unserer Deutschen, und Frau Flut begrüßt — wie ja auch Julia den unbekannten Romeo — den Gast vor allen Leuten mit dem schicklichen Kusse. Gerade in den „Lustigen Weibern" übrigens werden dem Gastwirte seine Pferde durch „deutsche" Fremde gestohlen, und diese Deutschen haben vorgeschützt, sie wollten nur ihrem „Herzog" entgegenreiten, der die Königin eben besuche — das geht, ich kann es nicht leugnen, wirklich auf unseren Schwabenherzog, als dessen angeblicher Gesandter ein schlauer Schwindler inzwischen allerlei Unsauberkeiten begangen hatte. Und so führen uns hundert Züge auf den alltäglichen Hintergrund der Dramen hin: auch die Karrenführer nicht zu vergessen, mit ihren groben, die Gerichtspersonen mit ihren albernen Reden, die Bärenhetze, die Börse mit ihren Antonios und Shylocks, die Shakespeare in London vor Augen sah — und vieles mehr. Wir finden weiter den Hof und den Adel wieder, wie wir sie oben geschaut haben; den Junker, der sich aus Italien Kultur und Sünde holt; die Hofherren, die in den modischen Formen der geistreichelnden, italienisch-lite-

rarischen Bildung ihre Gefühle und ihre Sätze drechseln und
schrauben: die älteren höfischen Lustspiele Shakespeares sind ja
von Geschmack und Geschmacklosigkeiten, von Esprit und Preziosi-
tät dieser aristokratischen Lebewelt ganz durchdrungen, und man
weiß, wie nahe der Dichter selbst hochgeborenen Angehörigen dieser Kreise gestanden hat. Aber mehr als dies: der Hof und die
Krone sind ihm England. Er hat es in seinen Historien oft genug
ausgedrückt: Auflehnung gegen das Recht des Königs ist ihm Verbrechen; er predigt ein reines und machtvolles, ein englisch ge-
mäßigtes, aber ein starkes Herrschertum. Monarchisch-aristokratisch
ist sein ganzes Empfinden, wie es der Hof und die Regierung der
Elisabeth war, die Masse verachtet der Dichter des Cäsar und des
Coriolan abgrundtief; er lebt und webt in der Atmosphäre der
Elisabeth. Sie war die persönliche Gönnerin, die Trägerin auch
der reichen Literatur ihrer Tage: aber das ist es nicht allein: der
sachlich nationale Stolz der Siege bricht glänzend bei Shakespeare
durch; er verherrlicht die Kriegsgewalt seiner Heimat; und wenn
er den großwortigen Spanier literarisch verspottet, so gibt er ihm
den Namen Don Armado.

Weit höher indessen steht Shakespeares unbewußte Tendenz.
Er ist, er als Ganzes, einfach selber das Spiegelbild jener Epoche
im ganzen. Natürlich ist er als schaffender Dichter vor allem er
selbst; es wäre kindisch, den Riesen in kleine Stückchen zer-
schlagen, ihn in die Eigenschaften der Zeit unpersönlich auflösen
zu wollen. Aber gerade die Stärke seiner Persönlichkeit macht ihn
fähig, alle Kraft und Überkraft des gewaltigen Zeitalters — und
darum handelt es sich hier — zu spiegeln, zu verkörpern. Wie
bricht in seiner Dichtung aus aller italienischen Übertünchung immer naturgewaltiger der mächtige Kern dieser Epoche hervor:
wilde, starke Menschen von nordischem Zuge, ganz auf sich selber
gestellt, persönlich bis zur Erhabenheit und zum Verbrechen. Wie
schwält in Antonius und Cleopatra, und so oft sonst noch, die Glut
der Verderbnis, die der Hof hinter prächtiger Hülle auch barg!
Wie entspricht das ungeheure Drängen der Shakespearischen Helden nach Macht, Besitz, Selbstdurchsetzung, das kolossale Aus-
toben kolossaler Leidenschaften alledem, was dieses England, nicht
nur zur Zeit seines Richard III., sondern gerade in Shakespeares

42

eigenem Jahrhundert geschaut hatte und immer von neuem
schaute! Hat man doch gemeint, durch die Gestalten seiner Tra=
gödie zeitgenössische Männer, Tragödienhelden wie Essex und
Raleigh, fast bildnismäßig hindurchscheinen zu sehn. Als einen
politischen Dichter hat man Shakespeare gerühmt: er ist es in
ganz bestimmtem Sinne. Gewiß, die staatlichen Hergänge ziehen
ihn, den Sohn eines lebendigen Staatslebens, bedeutsam an, und
wir sahen, er nimmt politisch Partei, als englischer Monarchist;
aber er faßt Politik, wie die Renaissance es überall tut, lediglich
und allein als ein Spiel starker Einzelmenschen und ihrer natür=
lichen Triebe auf, abgelöst vom Hintergrunde der Zustände
in Gesellschaft oder Verfassung, der allgemeinen Gewalten,
der allgemeinen Ideen. Die einzelnen sind alles; jeder eine
Welt für sich, bestrebt, sich auszuleben bis an die Grenzen und
über die Grenzen des Menschlichen hinaus, derb und rauh, tat=
kräftig und machtvoll. Und was für sein Weltbild das Letzte
und Wichtigste ist: es ist, wie rein=persönlich, so auch rein=weltlich
bis auf den Grund. Nirgends ein eigentlich religiöser Hauch:
im theologischen 16. Jahrhundert ist Shakespeare ein Dichter nicht
geistlicher, sondern nur menschlicher Kräfte. Wenn er die Sünde,
die Begier, die Ungleichheit des Besitzes, die Herzenshärtigkeit an=
klagt, wie in den erschütternden Reden des irren Lear, so dringt
wohl tiefes menschliches Mitgefühl und Urteil hindurch: ein reli=
giöses Sich=Beugen nie. Wo er die Verderbnis so bitter geißelt,
wie in „Maß für Maß", verteidigt er doch das Recht des natür=
lichen Menschen gegen die Selbstüberhebung pharisäischer Strenge.
Die Philosophie der Zeit hat ihn sicherlich berührt: aber nur mit
den Gedanken der Renaissance. Er selber hat die feinsten seeli=
schen Organe, er sieht und er sagt das Zarteste; er hat, zumal im
Hamlet, Helldunteltöne, die an Rembrandt gemahnen: auch in
ihm ist die Erbschaft aller der inneren Verfeinerung des Gefühls,
die das christliche, germanisch=romanische Mittelalter der moder=
nen Menschheit vermacht hat. Aber dennoch gehört er ganz der
Renaissance. Wir betonen heute, wie sehr die Renaissance aus
dem Mittelalter heraus entstanden ist, und gehen auch der Vor=
geschichte der Renaissance=Persönlichkeit in das Mittelalter hinauf
nach. Was dabei doch jederzeit, auch in der Frührenaissance, an

Neuem, an Gegensätzlichem, an Antikem vorhanden gewesen ist, ist hier nicht zu verhandeln: ganz sicher aber tritt in dieser nordischen Hochrenaissance an allen Stellen der starke Einfluß dieses Neuen, des Antiken, des Zeitgenössisch=Italienischen beherrschend zutage. Shakespeares königlicher Bösewicht Gloster spiegelt sich wohlgefällig in der Souveränität seines Verbrecherwillens und ruft den Macchiavelli in die Schranken: die Persönlichkeit stellt sich hier längst mit losgebundenem Selbstgefühle ihrer Umgebung, den allgemeinen Mächten, gegenüber als Macht. Das ist doch vollste Renaissance. In Shakespeares eigener Gesamterscheinung übertönt die Stärke alle die anderen Seelenkräfte, die er auch besitzt: der „männische“ Zug seiner Epoche durchdringt und bezeichnet auch seine Dichtung. Was schildert er an seinen Frauen wirklich genau und scharf? die hinreißende Leidenschaft, die Größe der Sünde, die Größe der Gefühle und der Taten, das Reife und das Starke. Das Mädchenhafte aber, und beinah das zart Frauenhafte selber, hat er fast immer nur skizziert, fast niemals wirklich ausgemalt; wie vieler Deutungen sind Ophelia und selbst Desdemona fähig und teilhaft geworden! Es ist, als ob er erst zu allerletzt, da er sich von der Stätte seines eigentlichen Wirkens, von der Stätte, wo das englische Leben sich sammelte und wild und dramatisch stieß, von dem bewegten London in sein Stratford zurückgezogen hatte, aus dieser männischen Härte der Zeit in reinere Luft und weicheres Empfinden hinübergelenkt wäre: in die zeitlosere Poesie seiner versöhnungsvollen Abschiedsdramen. Sonst aber ist es in allem das Gleiche: seine Welt ist die Welt der Elisabeth, sie ist die weltlich=persönliche der Renaissance. Und wenn man dieses Urteil — das ja nicht neu ist — wiederholt, so wird man hinzufügen dürfen: es ist der Gipfel aller Renaissance, den Elisabeths England und Shakespeares Dichtung für uns darstellt. S i e steht, inmitten ihrer Hauptstadt und ihres Hofes, sie selber ganz von der Welt= und Geistesbildung, von allen Einseitigkeiten der Renaissance beseelt, neben Lorenzo von Medici und Papst Julius II., neben Franz I. von Frankreich als die gleichhohe und die letzte der tragenden fürstlichen Gestalten dieses Weltalters da. I h m aber gesellt sich unter den Künstlern nur der allergrößte zu, der einzige Michelangelo; und fast erscheint uns die ganze Fülle des Renaissancegeistes und seiner Schöpfungskraft in dem Briten, wie in all dem Leben, das ihn umwogte, noch freier und noch vollendeter als in dem Italiener, der zerknirscht sein Haupt zuletzt im Schoße der gegenreformatorischen Kirche barg. Ganz gewiß aber ist dieses England und sein Dichter der Gipfel zum mindesten der germanischen Renaissance gewesen: wie germanisch in der derben Reckenhaftigkeit, der überflutenden Kraft ihres Daseins und ihrer Figuren! Den Einfluß der Reformation spürt man bei Shakespeare, ganz wie bei Elisabeth, im wesentlichen nur mittelbar und negativ: von ihrer befreienden Wirkung, der Loslösung von der Weltkirche, mag auch Shakespeare, wie der englische Geist seiner Tage, bereits berührt sein — aber Seine Kraft lag nicht in der Reformation. Und was damit bereits gesagt ist: von der katholischen Gegenreformation ist er erst recht frei und ist ja auch sein Vaterland immer frei geblieben. Es liegt so nahe, ihn mit Rubens zusammenzustellen, dessen hinreißende Ausdrucksmittel, dessen rauschende sinnliche Pracht und mächtige dramatische Energie ihm so ähnlich sind: wie unendlich aber überragt Shakespeare den katholischen Vlamen, den eigentlichen Maler der germanischen Gegenreformation, die ein Schüler der Renaissanceform, aber nicht ihres eigensten Geistes bleiben konnte, an Freiheit und Reichtum der Persönlichkeit, an Tiefe und eigenem innerem Leben! Nicht deutsch ist Shakespeare, zu dessen Höhen unsere bescheidenen reisenden Landsleute von 1600 uns allmählich hinaufgeleitet haben — nicht deutsch, obwohl er und seine weltlich-unbefangene Zeit dem deutschen Denken später verwandter geworden sind, als dem puritanisch beeinflußten seiner eigenen Heimat. Er bleibt, mit seiner Herrscherin zusammen, der größte Ausdruck einer starken, harten und schöpferischen Epoche Seines Volkes: nur innerhalb dieser Epoche und auf dem Boden seines Landes ist er ganz zu verstehn. Er selber aber trägt das Bild seiner Zeiten und seinen eigenen Reichtum, hoch über die Königin, in deren Schatten er einst stand, hinweg, auf ewigem Fittig in alle Zukunft unseres Geschlechtes hinüber.

Gaspard von Coligny

Vortrag in der Generalversammlung des Deutschen Hugenottenvereins
Berlin 1892

Von Gaspard von Coligny, dem Admiral, soll ich zu Ihnen sprechen. Der Mehrzahl unserer Gebildeten wird, wenn sie den Namen hören, das Blutbad der Bartholomäusnacht vor dem Geiste aufsteigen. Ihrem Kreise ist er näher vertraut. Einer Gemeinschaft von Hugenotten, ob nun im engern, ob im weitern Sinne, lebt die Geschichte des alten Hugenottentumes noch; innig fühlen die fernen Nachkommen sich den Zeiten und den Männern verbunden, an die sich die Entstehung und die beste Entwickelung des französischen Protestantismus knüpft. Mir selbst ist, wie ich ja wohl aussprechen darf, Gaspard von Coligny im Herzen lieb und wert, denn seiner und der Seinigen Geschichte gilt seit Jahren meine eigene Arbeit. Zu Ihnen darf ich von ihm reden wie von einem Ahnherrn, der Ihnen allein gemeinsam ist.

Als den vollsten Ausdruck des ursprünglichen Hugenottentumes hat man den Admiral wohl gerne bezeichnet. An der Spitze seiner hugenottischen Reiter oder inmitten der Dienerschaft seines Palastes, mit der er verkehrt wie ein Patriarch — so erscheint seine ernste Gestalt, in Schwarz gekleidet, gestrenge und getreu.

Ihn etwas körperhafter und farbenreicher vor Ihnen aufstehen zu lassen, in der Wärme seines Lebens, das wäre für die kurze Stunde, in der ich Ihnen von Coligny handeln darf, mein Wunsch. Seinen Lebensgang gleichmäßig zu beschreiben, geht nicht wohl an: die Persönlichkeit möchte ich schildern, und die Aufgabe, die seiner Persönlichkeit sich stellte und der dieser Mann seine historische Größe dankt. Ich versuche dies in breitern Zügen zu tun in einem Buche, dessen erster Band in diesen Tagen erscheinen soll; einige der wesentlichsten Fragen zur Anschauung zu bringen, um deren Lösung der Admiral zu ringen hatte, ist mir in dieser Stunde das Ziel.

Ich erinnere zuvor in kurzen Worten an das Äußerliche seines Lebens.

Es umfaßt nicht mehr als 53 Jahre. 1519 ist Coligny, unter König Franz I., zu Chatillon am Loing geboren worden, der Sprößling eines vornehmen Geschlechtes, das nicht zu den ersten in Frankreich zählte, wohl aber zu den geachteten und sichtbaren.

Sein Vater war Marschall von Frankreich, er starb frühe; seine Mutter entstammte dem glänzenden Hause der Montmorency, und der Mutterbruder, Anne de Montmorency, war es, unter dessen väterlichem Schutze die jungen Coligny den Weg in das große Leben fanden. Am Königshofe wuchsen sie auf; früh ward der älteste zum Kardinal der römischen Kirche erhoben, die zwei jüngeren aber, Gaspard und Franz, widmeten sich dem militärisch-politischen Berufe, wurden Kavaliere, Soldaten, Männer des Hofes, des Krieges und der Verwaltung. Gaspard nahm den Namen des Stammschlosses Chatillon an, Franz den einer burgundischen Nebenbesitzung, Andelot. Und nun folgten die zwei jungen Edelleute, von ihrem mächtigen Oheim gefördert und geleitet, der regelrechten Laufbahn ihres Standes. Sie machten unter Franz I. ihre ersten Feldzüge mit, dann starb der König 1547, unter seinem Nachfolger Heinrich II. wurde ihr Oheim leitender Minister, auch den Neffen fielen rasch wichtige Ämter, fiel freilich zugleich die höfische Feindschaft der Gegner Montmorencys zu. Denn Montmorency rang mit dem Hause der Guisen um die Macht. Erfolge und Niederlagen hingen seitdem für Coligny von den Schwankungen der höfischen Kämpfe ab. Er wurde Generaloberst des französischen Fußvolkes, organisierte und erzog seine Truppen, kommandierte in bedeutsamen Stellungen, wurde Statthalter zweier Provinzen, und erhielt zuletzt, ein Dreiunddreißigjähriger, das hohe Kronamt eines Admirals von Frankreich; mit dem Meere brachte es ihm nicht viele Beziehungen, unter den Dienern seines Königs hob es ihn an einen der ersten Plätze. Er diente nun als Feldherr und Verwaltungsmann und als Diplomat, schloß zwei Verträge ab, die ihm den Dank des Königs und den Tadel der Guisen eintrugen. 1556 reißen die Guisen Heinrich II. auf ihre Seite, Coligny fällt in eine Art Ungnade; er sucht vergeblich seinen Abschied nach und tut als Statthalter der Grenzprovinz im neu ausbrechenden Kriege seine Pflicht. Er hält die Festung St. Quentin mit bewundernswerter Ausdauer gegen die Spanier Philipps II.; schließlich fällt sie doch, und der Admiral muß in den Gewahrsam niederländischer Schlösser gehen. Erst 1559 wird er befreit. Nach Frankreich heimgekehrt, ist er Protestant — ich komme darauf zurück; und er findet sein Vaterland in der Erwartung der heftigsten religiösen Reaktion. Schon hat der 40jährige König Heinrich II. den Arm zur Verfolgung seiner reformierten Untertanen erhoben, da trifft ihn ein jäher Tod im Turniere, und die Reihe schwacher Regierungen bricht an, in der, von 1559—1589, die letzten Valois einander folgten: ein Menschenalter voll heißer, religiös-politischer Kämpfe, Frankreichs nicht minder furchtbarer 30jähriger Krieg. Der erste unter diesen Söhnen Heinrichs II. hat als Franz II. nur 17 Monate lang regiert: die Herrschaft führten statt seiner die Oheime seiner Gemahlin, die gewaltigen Guisen. Gegen sie sammelt sich die Gegnerschaft der katholischen Montmorency und der protestantischen Bourbonen, der Verwandten des Königshauses, die Gegnerschaft des erregten Adels und der blutig verfolgten Reformierten; gegen den Druck der Guisen schien der Widerstand erlaubt, er brach zuerst in ungeordnetem, wüstem Aufruhr hervor, 1560. Sowohl die Gewaltsamkeit wie die Kopflosigkeit dieser Angriffe aber verlieh den Guisen erst recht die Vollmacht und die Möglichkeit, sich mit siegreichen Waffen endgültig zu befestigen. Da, als sie eben daran waren, all ihre Feinde in starkem Netze zu fangen, starb im Dezember 1560, jäh und plötzlich wie sein Vater, König Franz II. Das Regiment der Guisen sank dahin, mit dem unmündigen Karl IX. hob die Epoche Katharinas von Medici an. Sie regiert ihren Sohn, den König, sie müht sich, zugleich Frankreich für ihn zu regieren, sie sucht, mit aller ängstlichen Feinheit der Frau, der schlauen Florentinerin, mit Vorsicht und Furcht und jeglichem Mittel virtuoser, diplomatischer Kunst, aber ohne einen großen Gedanken und ein hohes sachliches Bestreben, zwischen den Parteien sich hindurchzuwinden, und nur eines allezeit in ihren Händen zu behalten: die Macht.

Vom ersten Augenblicke ihrer Regierung an steht Coligny aufrecht neben ihr, als Führer der Protestanten. Nur auf die äußerlichen Umrisse der Hergänge, die nun folgten, weise ich zunächst hin. Das Jahr 1561 vergeht unter wachsendem Einflusse des Admirals und seiner rasch geschlossenen, rasch sich erweiternden Partei. Die Königin neigt sich, den übergreifenden Guisen im Herzen feind, ihm zu; der Protestantismus überströmt den königlichen Hof, eine erste klare staatliche Anerkennung der bisher verfemten Ketzerei, im Januaredikt von 1562, ist der Ausdruck und der Erfolg dieses Verhältnisses. Aber auch die Katholiken sammeln sich und finden an Philipp II. von Spanien einen europäischen Rückhalt. Sie beschließen, dem Ärgernisse der Hugenottenmacht am Hofe ein Ende zu machen, im März 1562 rückt Herzog Franz Guise mit Truppengewalt vor, der Bürgerkrieg bricht aus. Prinz Ludwig von Condé schart die Hugenotten um sich; die Seele aber seines Feldlagers wie seiner Kanzlei ist Gaspard von Coligny. Und von nun ab gehört dessen Leben dem innern Kampfe. Im ersten Religionskrieg ist Coligny, nachdem Condé Guises Gefangener geworden, zuletzt das einzige Haupt der Protestanten, Guise ihm gegenüber, sein engster Jugendfreund und der Todfeind seiner Mannesjahre, das einzige der Katholiken. Guise fällt von Mörder= hand, der Mörder war ein Spion Colignys: nur als Spion hatte dieser ihn ausgeschickt, Coligny selber ist an der Mordtat unschul= dig, allein er erklärt vor der Welt, er freue sich dieses Todes und er würde, falls er die Tat von seinem Sendling erwartet h ä t t e , ihn dennoch ausgesendet haben.

So furchtbar strömt die blutige Leidenschaft des Bürgerkrieges, des Glaubenskrieges über die Fluren Frankreichs, über die Seelen der Besten dahin.

Der Haß der Guisen blieb Coligny unversöhnlich zugekehrt. Aber der Tod des großen Herzogs Franz brachte den Frieden: einen bewaffneten Frieden, einen Waffenstillstand wenigstens. Coligny blieb auch fernerhin der Leiter seiner Religionsgenossen. Ihre Organisation läuft in seinem Schlosse zusammen, er vertritt sie bei Katharina von Medici. Aber diese entzieht sich nunmehr, nachdem sie einem ersten innern Kriege ohnmächtig gegenüber= gestanden hat, argwöhnisch der Einwirkung auch des Admirals. Sie durchreist mit dem Könige Frankreich, begegnet sich an der Grenze mit dem Abgesandten Philipps II., sucht so und in allem die eigene Macht fester zu stützen. Die Hugenotten folgen ihr mit scharfsichtigem Mißtrauen, fürchten von ihr und den Spaniern einen neuen katholischen Anschlag und beschließen, nach mehr als vierjähriger aufgeregter Ruhe, dem vermeintlich unvermeidlichen Schlage der beiden Kronen durch eignen Angriff zuvorzukommen. Aber es mißlingt ihnen, sich des Königs und seiner Mutter wirk=

lich zu bemächtigen, und der Erfolg ist lediglich der Ausbruch neuen, heftigeren, andauernden Kriegs (1567). Wieder zieht das katholische Europa den Katholiken, ziehen niederländische und deutsche Protestanten den Hugenotten zu Hilfe. In bitterem Streite verliert Coligny fast alle, die ihm nahestehen, durch den Tod: seine tapfere Gattin, sein Bruder Andelot, sein Genosse Condé sinken in das Grab. Ihm allein fällt die Führung zu, die kriegerische wie die politische; unter seiner Leitung reitet der junge Bourbone, Heinrich von Navarra, der dereinst Heinrich IV. werden sollte, ins Feld. Zwei große Schlachten gehen verloren, dennoch bleibt der Geschlagene unbesiegt. Seine unerschütterliche kühle Energie bindet ein zusammengewürfeltes Heer, das Heer einer Partei, mit stählernen Ketten an seinen Befehl; seine Spannkraft wetzt die Scharten der Feldschlacht durch weite kühne Reiterzüge aus: er ist nicht zu beugen, und so setzt denn zuletzt die Königin den Frieden mit dem fürstlichen Edelmanne durch, im August 1570 wird er abgeschlossen. Und nun beginnt jene berühmte Wendung der französischen Politik, die allgemach den Hof, den König, die Königinmutter in immer schärferen Gegensatz wider die katholischen Weltmächte treibt, bis die Geusen, die Oranier, aus den spanischen Niederlanden, und ihre Freunde, die Hugenotten, aus ihrer Trutzfeste la Rochelle am Hofe erscheinen und hervortreten, bis der ehedem geächtete Ketzerführer Coligny selber in den Rat seines Königs zurückkehrt und dort die neue, protestantische Richtung bis ans Ende durchzusetzen ringt. Krieg gegen Spanien, Befreiung und teilweise Eroberung der Niederlande — Krieg also f ü r den Protestantismus, gegen die Vormacht des alten Glaubens in Europa, das ist die Losung. Coligny sucht die deutschen, die englischen Glaubensbrüder an sich zu ziehen, König Karl IX. für seinen Krieg zu gewinnen; er wird für Katharina von Medici der erste gefährliche Rival in der Herrschaft über ihren Sohn. Die Königin will die Herrschaft über Karl behalten, sie will keinen offenen Krieg unter ketzerischer Führung, die europäischen Mächte reden mahnend auf Karl IX. ein, ein erster Schlag der Hugenotten gegen die Macht des Herzogs von Alba in den Niederlanden geht fehl — aber die Hugenotten bleiben fest. Da tritt die Katastrophe ein. Eben war die Hochzeit zwischen Katharinas jüngster Tochter und dem Protestanten Heinrich von Navarra als ein Versöhnungsfest gefeiert worden, da fällt der Schuß, der die Königinmutter von dem unbequemen und gefährlichen Nebenbuhler befreien soll, am 22. August 1572. Coligny wird nur verwundet, die Hugenotten werden unruhig, man ahnt die Anstifterin der Tat, neuer Kampf, neuer Bürgerkrieg wird nun erst ganz unausweichlich. Da schreitet die Medicäerin weiter: sie hatte die Annäherung an die Hugenotten nicht deshalb gesucht, um diese ins Netz zu locken; aber an die Möglichkeit, die neuen Freunde von 1570 auch einmal, wenn sie unbehaglich würden, um so sicherer zu überfallen, hat sie gewißlich mehr als einmal gedacht. Jetzt ist der Augenblick gekommen; die Gefahr ist da, die Führer hat sie alle in Paris beisammen. Sie ruft die Guisen, die katholischen Häupter auf: deren Absichten kommen ihr entgegen; sie wendet sich an den wilden katholischen Fanatismus der Stadt Paris. Die Bartholomäusnacht, das Morden vom 24. August, ist die Frucht, Gaspard von Coligny fällt als deren erstes und vornehmstes Opfer, und Tausende sterben dem Führer nach.

☙ ☙ ☙

Das sind, in rascher Zusammenfassung des Bekannten, die beherrschenden Ereignisse dieses tragischen Lebens. Was aber ist dessen eigentlicher Inhalt? Wir haben ihn aufsteigen, kämpfen, führen, sterben sehen. Was aber war er? und was erstrebte er? Wie wuchs mit den Jahren und den Ereignissen die Persönlichkeit? und aus welchem Grunde der Individualität sproß sie auf? Dazu: wie war das Ziel, für das sie sich einsetzte, für das sie in blutigen Leiden rang und fiel? Diese Fragen des Einganges wiederhole ich, als die eigentlich erst wichtigen, und suche sie nun innerlicher zu beantworten.

Das eine ist bereits hervorgetreten: unter dem Einflusse vielseitiger Bildung ist Coligny aufgewachsen. Er wird am Hofe Franz I. zum Jünglinge und Manne. Was bedeutet das? Es bedeutet, daß seine Jugend vom vollen Sonnenscheine der französischen Renaissance und daß sie von der ganzen Wärme des französischen Monarchismus bestrahlt und durchdrungen wurde,

wie sie sich an den Namen des glänzenden Königs Franz an=
schließen. Der helle Reichtum italienischen Geisteslebens und
italienischer Kunst flutete damals in Frankreich ein und verschmolz
sich mit der französischen Eigenart zu einem Gebilde voller Anmut
und Schimmers. Der Hof dieses Königs war die Stätte des
neuen Wesens, König Franz selber war seine Blüte, sein Gipfel.
Dem Könige gab sich die junge Welt seiner Edelleute feurig und
fraglos zu eigen. Und zugleich gewannen sie in seiner Schule den
Schliff der neuen Zeit.

Gaspard Coligny hat das alles in sich aufgenommen. Humani=
sten und Edelleute erzogen ihn, in freier umfassender Weltbildung
gestaltete er sein Wesen aus: früh ward sein Blick geschärft, ver=
feinert, früh über die Grenzen hinausgelenkt auf das Getriebe
ganz Europas. Freilich auch der fressende Unsegen dieser glanz=
vollen Jahrzehnte, die prahlende Frivolität des leichtherzigen Kö=
nigs, ist an dem zukünftigen Calvinisten nicht ganz vorbeige=
gangen: sie hat ihn berührt, indessen nicht dauernd vergiftet. Dann
folgte die weitere Schule unter Heinrich II. Ganz allseitig ward
erst da die Ausbildung vollendet: und schon zeichnen sich die
Züge des werdenden Mannes schärfer und eigener ab. Von
seinem Oheim hat er gelernt, zu organisieren; er muß Belagerun=
gen und Schlachten mitmachen und manchmal leiten; da setzt er
rückhaltlos tapfer sein Leben ein. Er verwaltet Provinzen, schirmt
sie, vertritt in ihnen den König. Nur bleibt es ihm versagt, in
rein sachlicher Hingabe an den Dienst leben zu dürfen. Der höfische
Parteikampf berührt ihn, seine Leistungen werden durch die Geg=
ner, die Guisen, angegriffen, er glaubt sich zurückgesetzt. Was tut er
da? wir hören aus seinem Munde scharfe, herbe Worte; und mehr
noch: er entweicht auf sein Schloß, er grollt. Gaspard von Co=
ligny war keine Natur für den höfischen Wettstreit; er war nicht
schmiegsam genug, er wußte sich nicht zu beugen. Und noch ein
Zweites spiegelt sich in diesem schmollenden Fernbleiben des da=
mals Dreißigjährigen. Das ist die Leidenschaft des Königsdienstes.
In diesem geht er auf, die Gnade seines Herrn gilt ihm über
alles; wo sie ihm wider Billigkeit geraubt scheint, da ist sein gan=
zes Wesen in heißem Aufruhr, und er verbirgt ihn nicht. Das
war im Jahre 1550. Damals trat eine volle Versöhnung ein. Aber

sechs Jahre später wiederholte sich der Zwist. Ich habe oben auf ihn hingedeutet: Coligny hat mit Karl V. und Philipp II. Frieden geschlossen, die Guisen sprengen diesen Frieden, und Coligny er- bittet den Abschied. Heinrich II. gewährte ihm den richt, und der Admiral diente weiter — aber mit tief verwundeter, tief enttäusch- ter Seele. Ein Brief von 1556 spiegelt sein Empfinden. Er kann es nicht verschmerzen, daß sein König sich, nachdem er durch Co- ligny den Vertrag geschlossen hat, so rasch von Treu und Glau- ben und von seinem Diener abkehrt. Coligny leidet unter dieser Ungunst und leidet unter dieser Untreue seines Herrn. Dieser Konflikt hat ihm die Freudigkeit seines Königsdienstes zerstört. Wohl blieb er im Dienste, wohl leistete er eben jetzt erst sein Höch- stes als Offizier — aber mit bitterem Herzen, das sich in bitteren Worten kundgegeben hat.

Das ist der Augenblick, wo die tiefste Bewegung des Jahrhunderts die Seele des reifen Mannes ergriffen hat. In jenem Briefe zu- erst hebt er den Blick von der Gnade seines irdischen Herrn, die er über alle Güter der Erde stellt, doch höher empor zu der Art, wie Gott belohne. Wir sind damit an die Geschichte seiner innerlichen Wandlung herangetreten. Colignys Mutter war mindestens keine schroffe Katholikin gewesen, ein milder, aber noch nicht offen pro- testantischer Humanist hatte die Kinder erzogen. Seitdem waren sie den Fortschritten des französischen Geistes, der damals auch in der Kunst ernster und fester wurde, mit lebhaftem Anteile gefolgt. Und der Jüngste zuerst, Franz von Andelot, hatte dann, als Ge- fangener der Spanier, in langer Haft seinen Sinn der Bibel, den beherrschenden Lebensfragen seines Zeitalters zugewandt. Gaspard mag früher mit Milde auf die verfolgten Protestanten geblickt haben: ihrem Geiste zugänglich ward er, soweit wir sehen können, erst jetzt, als das unreine Streben innerhalb s e i n e r Welt seinen ernsten Blick verletzt und nach innen getrieben hatte.

Von diesem Herbste des Jahres 1556 ab gären nun die neuen Empfindungen in Colignys Innerem. Schon tritt er mit Genfer Calvinisten in Berührung, wird er als einer der Protestantengön- ner am Hofe genannt; aber die Pflicht des Dienstes reißt ihn wie- der an sich. Die Belagerung von St. Quentin schleudert auch ihn in spanisches Gefängnis. Da hat er Ruhe, da sammelt er sich von

neuem, da lieſt er die Bibel und die Genfer Bücher, die ſein Bru=
der Andelot ihm zuſchickt; geiſtlich ernſte Worte der Ergebung, die
an die Ideenwelt Calvins gemahnen, kommen aus ſeinem Munde.
Allein Gaspard von Coligny war ein Mann langſamer innerlicher
Arbeit. Er wägt ſeine Entſchlüſſe lange und ſtreng; um wieviel
mehr dieſen höchſten und tiefſten aller Entſchlüſſe! Um Prote=
ſtant zu werden, mußte er brechen mit ſeiner Vergangenheit, ſei=
nem Königsdienſte; er ſetzte ſein altes Geſchlecht, Weib und Kind,
Hab und Gut, und ſchließlich das Leben ſelber auf das Spiel. Aber
mehr noch: auch aus der innerlichen Welt all ſeiner Vorfahren,
all ſeiner Freunde mußte er ſcheiden. Das Zeitliche und das
Ewige, beides war in Frage; nicht ohne tiefes Ringen faßt eine
ſchwerflüſſige Seele voll Ehrlichkeit und Strenge in ſolcher Sache
ihren Entſcheid. So iſt denn Coligny ganz allgemach erſt durch=
gedrungen; Calvin ſprach ihm zu; ſchon hielt er ſich von der Meſſe
zurück, ſchon drohte auch ihm Heinrichs II. katholiſcher Zorn; aber
noch tritt er nicht handelnd hervor. Da begegnet uns eine Kraft
der allernächſten Beeinfluſſung: ſeine Gattin, die tapfere Charlotte
von Laval, ward vor ihm erklärte Proteſtantin; ſie drängte ihn,
bot ihm ein jedes Opfer irdiſchen Gutes freudig dar. Und während
die Guiſen ſtraff katholiſch über Frankreich walteten, entſchloß ſich
nun der Admiral. An den Aufſtänden von 1560 nahm er nicht
teil; er blieb im Königsdienſte, aber ſeine innerliche Stellung ward
klar. Auch jetzt noch will er alles bis auf den Reſt in ſich verarbei=
ten: die Abendmahlslehre Calvins ergreift er ſpät und nach er=
neuter Prüfung. Aber dann ſchreitet er vor. Unter Franz II. macht
er ſich zum offenen Fürſprecher der verfolgten und verdammten
Ketzer im Angeſichte der Majeſtät; die Rache der Guiſen will auch
ihn treffen, und er weicht ihr, ſtolz und königstreu wie er iſt, nicht
aus: zum zweitenmal rettet ihn eines Königs jäher Tod. Es war
am 5. Dezember 1560, als Franz II., ein 17jähriger Knabe, ent=
ſchlief. Wir hören, daß ſich da der Admiral in tiefem Sinnen
zurückzog: er ſaß in der Winterkälte am Kamin ſeines Zimmers
und ratſchlagte mit ſich ſelbſt; er achtete es nicht, daß ſeine Schuhe
Feuer ſingen über der Flamme: er war verſunken in den Ruf,
den dieſes Königs raſches Sterben an ihn, den Gläubigen, richtete.
In dieſen Stunden entſchied ſich ſein Leben: hatte er bisher

Schritt für Schritt sich dem neuen Glauben genähert, dann sich ihm angeschlossen, offen zu ihm bekannt — jetzt stellte er sich stolz und sicher vor die Reihen. Er folgte fürder den Ereignissen nicht mehr. Er fühlte den Auftrag seines Gottes in sich. Er wurde der Führer, er ergriff die Dinge und suchte sie zu lenken: er wurde der erste unter den Staatsmännern des französischen Calvinismus.

Die Art dieses langen innerlichen Umschwungs, sie enthält die ganze Eigenart dieser treuen und gestrengen Seele. Gaspard von Coligny war damals an die 42 Jahre alt. Wir besitzen Bildnisse, die sein Äußeres beschreiben und sein Inneres spiegeln. Er war mittelgroß, schlank von Wuchs, von kränklichem und dennoch zähem Körper. Wir hören, daß er anmutig ging; sein Wesen war gehalten, aber freundlich. Sein längliches Antlitz umrahmte ein dünner, blonder Vollbart; aus einem ernsten Gesicht blickten zwei klare, graue Augen bestimmt und fest in die Welt. Oder doch eigentlich nicht in die Welt hinaus; vielmehr hat man den Eindruck, daß sie mehr noch nach innen schauen. Sie sind nachdenklich, ein herber Zug von Leiden, von starker innerer Arbeit, von durchgekämpfter Resignation liegt in ihnen; sie öffnen das Antlitz nicht, nicht voll und freudig strahlt die Seele dieses Vielgequälten in das Leben aus. Es ist das Gesicht eines überlegsam Prüfenden; davon zeugen die Falten der straffgespannten Stirn, die geschlossenen Lippen, die tiefen Linien um Nase und Mund. Man sieht es bald: diesem Manne gelingt nichts mühelos, und siegreicher Schwung wird seine Bahnen nicht bezeichnen; aber es ist ein durchgebildeter Mensch, ein ganzer Mann, ein Mann des langsamen, aber starken Willens. Dabei ein Mann von vornehmem Zuge: der Grandseigneur vom französischen Hofe spricht zu uns, der die Welt kennt und weithin überschaut. Schon hatte das Leben ihn geschult; er wußte zu denken, zu reden und zu schreiben, zu organisieren und zu kämpfen. Er trat als eine persönliche Macht in die neue Partei ein, deren natürliches Haupt er alsbald war. Aber eben daß er ihr Haupt war, das hat seine Spuren so tief in seine Züge gegraben. Denn der Eindruck seiner Bildnisse spiegelt zuletzt einen müden, gebrochenen Mann, und schon in den früheren Jahren seiner Parteiführerschaft ist es wie eine Trauer, die sie umgibt: zu

Schweres laſtete innerlich und äußerlich auf dieſem Manne; es iſt, als ob die tiefe Tragik der hugenottiſchen Geſchichte in ſeinem Antlitz ihren Ausdruck geſucht hätte für alle Zeiten.

Als er Ende 1560 ſeine proteſtantiſche Politik ergriff, mochte er noch freudiger in die Zukunft ſchauen. Aber daß er Gewaltiges unternahm, das hat er unzweifelhaft von Anbeginn her erkannt.

Und damit komme ich zu jenem Zweiten, wovon ich zu handeln habe: zu ſeinen Zielen. Was war es denn, was er unternahm? Was wollte er? Was k o n n t e er wollen?

Die Antwort darauf muß auf die innerſten Tiefen des franzö= ſiſchen Volks= und Staatslebens zurückgreifen.

Die Reformation iſt keine Schöpfung des franzöſiſchen Geiſtes. Wohl war auch in Frankreich mancherlei Angriff gegen die Krank= heiten der alten Kirche gerichtet worden, wohl hatte auch hier eine Regung evangeliſcher Art begonnen, die Rechtfertigung durch die Gnade der Allmacht der katholiſchen Prieſterkirche ſchüchtern entgegenzuhalten. Aber eben nur ſchüchtern. Die alte Kirche haf= tete gar feſt im franzöſiſchen Boden; ſeit Menſchenaltern war ſie ganz national geworden, die „gallikaniſche Kirche“ hielt treu zu König und Volk, ſie gehörte Frankreich faſt mehr zu als dem Papſte. Zudem war ſie unendlich reich, durch viele Tauſende von Wurzeln aufs engſte und tiefſte mit dem allgemeinen Leben des Landes verwachſen. Wir begegnen in Frankreich nicht ſo dem grimmen Zorn, der in Deutſchland das Gemüt des Volkes der ka= tholiſchen Kirche entfremdet hatte. Und die Reformation faßte feſteren Fuß in Frankreich erſt, nachdem ſie in Deutſchland groß geworden war: erſt die deutſche Anregung, dabei ſcheint es mir zu bleiben, hat die reformatoriſche Bewegung in Frankreich in ſtärkeren Fluß gebracht. Mächtig wurde ſie hier erſt, als der Mann kam, der ſie franzöſiſch machte, der dieſem Werke deutſchen Gemütes und Gewiſſens, der warmen Schöpfung Martin Luthers die Züge der nationalen Art unſerer Nachbarn verlieh. Wir wiſſen alle, wer der kriegeriſch geiſtliche Genius war, der die= ſes Werk vollbrachte. Johann Calvin ſchuf in ſeinem Genf ſeinen Gottesſtaat, ſeine eiſerne Theokratie, ſchroff und hart, aber groß= artig, von hinreißender Einheitlichkeit und weltbezwingender Macht. Franzöſiſch war die Syſtematik ſeiner Lehre, franzöſiſch

die übersichtliche Ordnung der Kirchengewalten, französisch die lei=
denschaftliche Konsequenz seines kalten Denkens und seines heißen
Willens. Calvin gründete die Kirche, die in den Stürmen der
katholischen Gegenreformation den Protestantismus überhaupt ge=
rettet hat: sie war, wie sie in der politischen Luft des kleinen Frei=
staates Genf erwachsen war, allerorts zu politischer Tatkraft vor=
bestimmt und geneigt. So gewappnet, in Stahl gekleidet, stürmte
sie auf Frankreich ein: das war französisches Wesen, das packte die
nationale Art.

Nicht vom ersten Anfang an indessen hat die Bewegung in
Frankreich politische Ziele gesucht. Es ist grundfalsch, zu sa=
gen, daß sie sich von vornherein auf bestimmte Stände gestützt
habe, daß sie in Opposition gegen die Krone groß geworden sei.
Vielmehr Männer und Frauen aus allen Schichten zog sie an sich;
weder sozial noch politisch, sondern rein geistlich, rein religiös war
ihr Quell und war ihr Bestreben. Allein, indem nun die neue
Kirche immer neue Anhänger gewann und immer mehr erstarkte,
indem all die Märtyrer, die auf den Scheiterhaufen verkohlten, für
sie zeugten und warben, sie selber aber unbesieglich blieb; in=
dem sie sich auswuchs zu Gemeinden und diese Gemeinden sich
untereinander einig fühlten, als die auserwählte Schar ihres Got=
tes inmitten der Irrgläubigen; indem, mit einem Worte, auch die
Calvinisten zu einer Masse wurden, sich organisierten und bald die
Hunderttausend überholt hatten — da geschah es ganz von selbst,
daß sie auch weltlich zu einer Macht wurden. Sie schufen sich 1559
für Frankreich ihr gemeinsames Bekenntnis und die nationalkirch=
liche Verfassung, sie fingen an, sich der Leitung Calvins zu ent=
ziehen, sie fühlten sich selber als eine Macht. Sie waren zu groß
geworden, als daß sie nicht mit der Welt hätten abrechnen müssen.
Mit der Welt: das heißt: mit dem Staate. Es ist nicht eine Verbil=
dung, daß die Kirche seit 1559 zugleich weltlich auftrat: es ist die
ganz natürliche Folge ihres Wachstums. Sie mußte sich mit dem
Staate auseinandersetzen, sonst konnte sie nicht bestehen. Und sie
wollte ja mehr als bloß bestehen: sie wollte ganz Frankreich er=
obern.

Da war es nun eine Macht vor allem, die ihr auf ihrem Wege
entgegentrat, das Königtum. Denn schon damals war das König=

tum der Herr über Frankreich. In jahrhundertelangem Kampfe hatten die Könige dieses Frankreich erst gemacht, geeinigt, aus neuen Nöten stets von neuem emporgezogen. Und bei jeder gro= ßen Krise der französischen Geschichte war es die Krone gewesen, an die das Heil der ganzen Nation sich geschlossen hatte. Be= kämpft aber war sie stets von neuem durch den Adel und den land= schaftlichen Sondergeist der Provinzen.

Es ist wie ein Verhängnis innerhalb der französischen Ge= schichte, daß alle, auch die edelsten Kräfte, die sich der königlichen Einheit entgegengestemmt haben, zerrieben und zerbrochen wor= den sind, wie durch übermächtige Naturgewalt. Der Grund war eben der, daß sich an das Königtum das Interesse des Ganzen knüpfte, daß es die Einheit trug und förderte; für die Einheit aber hat sich in Frankreich früh eine alles beherrschende Bewegung erhoben: logisch und unerbittlich ist die französische Entwicklung auf die allerhöchste Einheit hingegangen, sie hat den Adel zer= schlagen, weil er der Einheit widerstrebte, sie hat den Provinzen ihre Sonderart genommen; Zentralisation im Staate, Gleichheit in der Gesellschaft, das ist der Kern und das Ziel dieser Geschichte. Alle Welt weiß dies. Wie aber gehört es hierher?

Der Zusammenhang ist allzu deutlich.

Wir haben das Frankreich von 1560 auf seinem Wege zur po= litischen Einheit; das Königtum führt es dahin.

Wir haben eine machtvolle Bewegung geistlicher Art, die sich in die alten Verhältnisse eindrängt und sie sprengen will, den Calvinismus. Der Calvinismus hat den Trieb in sich, das ganze Frankreich zu gewinnen. Natürlich! Denn er konnte innerlich keine andere Religion neben sich als berechtigt anerken= nen und tat dies auch nicht. Er wollte zuerst geduldet sein, aber er wollte dann selber den Katholizismus verdrängen. Wie un= endlich stark die katholische Kirche aber in Frankreich war, habe ich geschildert.

Da blieb ihm nur ein Weg, um zu siegen. Das war die Eroberung des Königtums für die Reformation. Das Königtum war die Einheit, es war der Führer der Nation, es war die lei= tende politische Kraft. Das Königtum zu sich heranzuziehen, das mußte das Ziel eines hugenottischen Staatsmannes sein. Denn blieb das Königtum katholisch, so wurde der Calvinismus zur Opposition gedrängt und auf diejenigen Kräfte angewiesen, die dem Königtum im Wesen feindlich waren, auf den ständischen Wider= stand des Adels, auf den Partikularismus der Provinzen und Städte. So lag für Coligny die Frage.

Man hat gern gesagt, der Calvinismus sei in Frankreich eigent= lich nur eine Form der ständischen Opposition gegen den fort= schreitenden Absolutismus der Krone gewesen.

Von Hause aus war er das gar nicht. Natürlich, solange die Krone ihn verfolgte, konnte der Calvinismus nicht mit ihr in den Bund treten. Und Franz I., Heinrich II., Franz II. hatten ihn verfolgt. Jetzt aber waren die Könige tot. Ein Kind, Karl IX., ward Herrscher, eine Frau, Katharina, ward Regentin. Wie, wenn man diese zwei für den neuen Glauben gewänne? Wie, wenn dieser neue Glaube Hand in Hand mit der Krone ginge? Würde er dann nicht unbesieglich sein? Gegen die Krone zu kämpfen, das war in diesem Frankreich verhängnisvoll. Mit ihr zu sein, da lag die Möglichkeit des Sieges. Und den Sieg suchte die junge Kirche. Solange sie mit der Krone verbündet war, brauchte sie nicht gegen den übermächtigen Strom der französischen politi= schen Entwicklung zu schwimmen. Im andern Falle war sie ver= dammt, für die ständische Vergangenheit gegen die monarchische Gegenwart den aussichtslosen Strauß zu fechten.

Coligny aber ist derjenige Mann gewesen, der den Versuch gemacht hat, Königtum und Calvinismus zu vereinen. Darin sehe ich seine staatsmännische Bedeutung, die Einzigartigkeit seiner Rolle in der Geschichte des französischen Protestantismus. Sein eigenes Vorleben wies ihn darauf hin. War er doch der Zögling einer ganz königstreuen Zeit, der glänzenden Zeit Franz I.! Das Herz mußte ihm bluten, gegen die Krone angehen zu sollen. Manche seiner Genossen haben das gewollt; Colignys Bestreben war es, den König für sich zu haben.

Mir bleibt die Zeit nicht, das in den Wechselfällen seiner beweg= ten Lebensgeschichte ins einzelne hinein zu verfolgen. Aber von jenen Dezembertagen von 1560 an, die ihn an die Spitze der Partei riefen, versuchte er, so oft er die Hände frei bekam, den Bund mit der Majestät. Am sichtbarsten 1561, als er mit Katharina von

Medici zusammenstand gegen die Guisen: erst Philipps II. Macht-
gebot, erst der Schwertstreich Franz Guises trennte sie. Dann
riß der Bürgerkrieg den Admiral in seine trüben Strudel; er aber
hörte nicht auf, sich als den wahren Vorkämpfer der Absichten des
Königs darzustellen, sich an den König zu klammern. Nach dem
Frieden von 1563 kehrte Katharina — ich erinnere an die Skizze, die
ich Anfangs gab — sich von ihm ab; jahrelang konnte der Admiral
kein anderes Ziel haben, als seine Partei überhaupt nur zu erhalten, zu schirmen, ihr die bloße Duldung zu sichern. Denn es
ist ja im politischen Kampfe dem handelnden Staatsmanne selten
möglich, klar und fest auf ein einheitliches, oberstes Ziel loszuschrei-
ten; das vermag höchstens der Übermächtige. Den anderen aber bindet die Notwendigkeit der Stunde die Hand und zwingt sie, statt
ihrer höchsten innern Sehnsucht lediglich dem nachzustreben, was im
Augenblick eben erreichbar ist, was die drängende Not des Augen-
blickes zu stillen vermag. 1567 versuchte Coligny wiederum, den König an sich zu bringen. Diesmal freilich mit Gewalt, durch einen
Überfall, der mißlang. Seitdem steht er gegen den König in Waffen. Er entfaltet seine Gaben, seinen Charakter glänzender, see-
lenbezwingender als je; aber er leidet auch in der Tiefe seiner
Seele am Gräuel dieses Bürgerkampfes, dieses Kampfes mit der
Krone. Und endlich, noch einmal, sieht er freie Bahn vor sich. Der
Friede von 1570 ist geschlossen, der König ruft ihn zu sich. Und
er geht. Coligny wurde wieder und wieder gewarnt. Er war
zu klug, als daß er die Gefahren dieses Lebens unter so viel Feinden nicht hätte erkennen sollen. Aber er blieb dennoch: er setzte, mit
klarem Bewußtsein, alles an alles. Er war, nach Leopold Rankes
Worten, in diesen Jahren wohl der berühmteste Mann der damaligen Welt. Er ließ die Überlegenheit seines Wesens auf den jungen, wirren Karl IX. wirken; der königliche Jüngling lebt auf
im Lichte dieses wahren Mannes. Coligny sucht ihn zum Kriege
gegen Spanien fortzureißen. In diesem Kriege hätte er Hand in
Hand mit dem Herrscher kämpfen dürfen, da wäre Frankreich als
die Vormacht des europäischen Protestantismus einhergeschritten; da
öffnete sich zum letztenmal die Aussicht, daß der Protestantismus
die französische Regierung, die französische Krone, daß er ganz
Frankreich zu sich herüberziehen könnte. Ob das möglich, ob

es aussichtsvoll war, ist eine über die Maßen schwere Frage; genug, daß es später niemals wieder möglich geworden ist: der letzte Kampf Gaspard Colignys war zugleich der letzte Kampf, den der Calvinismus gestritten hat um die Herrschaft über Frankreich.

Wie die Ereignisse gingen, habe ich oben erzählt. Der heldenmütige Staatsmann ist an seinem Versuche gescheitert: das Leben, das er an seine Sache gewagt hatte, hat er verloren. Die Bartholomäusnacht ist mehr als eine Metzelei, der die Besten und Höchsten unter den Hugenotten zum Opfer fielen: sie ist die Katastrophe des französischen Protestantismus. Auch dessen Stern ist mit Coligny zugleich im Blute dieser Nacht versunken. Der Calvinismus verlor die Aussicht, Herr und alles in Frankreich zu werden, er wurde in die Opposition gedrängt, wurde eine Minorität; er wurde j e t z t dazu getrieben, sich an die Kräfte der Reaktion im französischen Leben zu hängen, mit Adel und partikularem Geiste zugleich wider die Krone zu stehen. Wie sich an dieser tragischen Notwendigkeit der politische Calvinismus verblutet hat, ist bekannt. Die entsetzliche Logik der französischen Geschichte, der Dämon der schrankenlosen Einheit ist aber weitergeschritten: er ist über die protestantische Kirche, den protestantischen Glauben überhaupt hinweggeschritten und hat nicht einmal ihre unschädlichen Reste auf französischem Boden dulden wollen; diese Reste freilich hat er nicht vernichten gekonnt.

Wohl ist das eine tieftragische Entwicklung. Und alle ihre Tragik fällt auch auf die Gestalt ihres vornehmsten Helden, denn das ist Coligny. Sein Werk ist gescheitert. Seine Persönlichkeit selbst ist, in den Kämpfen von 1560—72, tief von der aufrührenden Gewalt des Bürgerkrieges getroffen worden. Er litt unter der Stellung, die er, gegen Katholiken und Herrscher, doch einnehmen mußte. Er sah seine Liebsten sterben; eine zweite Gattin erhellte dann seine allerletzten Jahre mit jugendlicher Hingabe. Er trauerte über den Jammer der Kriege, über die Befleckung, die auch seine heilige Sache durch das spritzende Blut und den dicken Qualm des leidenschaftlich wilden Ringens erfuhr. Auch ihn selber hatte der Fanatismus des Verzweiflungskampfes, der Haß des Glaubensgegensatzes nicht unbefleckt gelassen.

Dennoch erweiterte und erhob sich sein Wesen in diesem letzten unendlich schweren Jahrzehnte noch. Er lebte im Angesicht Europas, seine Kraft entfaltend und immer noch steigernd, und er setzte seine Kraft für das Höchste ein, das die Menschenseele kennt: für den Besitz seines Glaubens, für den Sieg seiner Idee. Für sich selber hat er nie etwas gesucht: sein Ehrgeiz war der Sieg seiner Sache. In deren Verteidigung lebt er sich aus und wird er ein Großer unter den Staatsmännern und den Kriegsmännern seiner Zeit, ein Großer unter den Menschen aller Zeiten. In den Pausen der Kämpfe waltet er daheim zu Chatillon als ein christlicher Hausvater über seinem Gesinde, mit diesem betend und strebend. Er liebt seine Kinder in reiner Treue und weist sie empor auf das, was ihm das Oberste war. Er bleibt treu und ganz in allem; er verkörpert in seiner ernsten Gestalt die besten Kräfte der Kirche, für die er focht. —

Der allgemeinen Geschichte bleibt dieser französische Edelmann wertvoll als der bedeutendste Vertreter des politischen Protestantismus in Frankreich zu einer Zeit, deren rechten Mittelpunkt der Kampf um die Reformation ausmacht; er gehört der allgemeinen Geschichte der europäischen Reformation an ragender Stelle an. Eigner und höher jedoch mag uns der Wert erscheinen, der seinem persönlichsten Leben innewohnt. Denn es ist etwas Heiliges um die Seele, die unablässig nach ihrem Höchsten ringt; auch was sie gefehlt und gelitten hat, gehört zu ihrem menschlichen Bilde und legt sie uns an das Herz: auch die Persönlichkeit selber bleibt ein Besitz der Nachwelt. Und das wird Gaspard von Coligny bleiben, nicht nur in dieser Gemeinschaft, die sich noch heute empfinden darf als Blut von seinem Blute.

Coligny und die Ermordung
Franz von Guises

Habilitationsvortrag Berlin 1887

In der Reihe der religiösen Morde, denen in den großen Glaubenskriegen Westeuropas so viele der ersten Führer erlegen sind, zwei Guisen, zwei Könige von Frankreich, Wilhelm von Oranien und Gaspard von Coligny, nimmt nicht nur zeitlich der Tod Franz von Guises im Februar 1563 die erste Stelle ein. Man kennt das Rätsel, das die Vorgeschichte der Bartholomäusnacht stellt: aber sehr viel feiner und tiefer ist dasjenige, welches sich um des ersten Guise Tod geschlungen hat: denn hier soll der Mörder nicht eine sittlich kleine Natur wie Katharina von Medici gewesen sein, sondern der Held einer ganzen Religion, das Muster für die nachfolgenden Geschlechter der Reformierten, Coligny selber in seiner herben Strenge und ernsthaften Reinheit. Unablässig hat der Streit der Parteien denn auch diese Frage berührt, mehr als einmal ist sie klar und verständnisvoll gelöst worden, unter den Deutschen von Soldan, Polenz, von Rankes ruhiger und großer Weisheit; aber immer wieder hat ein unklares Apologententum oder ein verbitterter Haß das Problem verwirrt; der reformierte Biograph Colignys, Graf Delaborde, nicht minder als der klerikale Baron Kervyn de Lettenhove zwingen zu erneuter Nachprüfung des Sachverhaltes. Er bietet eben durch seine Zartheit so reichen Anlaß zu Mißverständnissen: der Anteil Colignys an dieser Bluttat leitet den Betrachter an eine jener seltenen Stellen, wo sich unserem Auge ein Blick zu öffnen scheint bis auf den Grund der Seele einer tiefbewegten Zeit.

Der gewaltige Ausbruch innerer Kämpfe, welcher seit dem Jahre 1560 aus Frankreich für geraume Zeit das eigentliche Schlachtfeld der europäischen Gegensätze gemacht hat, entspringt dem Zusammenwirken europäischer Fragen mit speziell französischen. In Frankreich selber waren seit Menschenaltern Kräfte herangereift, deren Zusammenstoß in irgendeiner Weise einmal vor sich gehen mußte. Hier soll nur deshalb auf sie hingedeutet werden, weil sie zeigen, wie übermächtig und allgemein, wie vielseitig die Beunruhigung war, an welcher das Land litt. In politischer Hinsicht wurzelte sie in dem Gegensatze zwischen Königtum und Ständetum, zwischen der im großen doch stetig fort-

schreitenden Einheit und der widerstrebenden Menge der land=
schaftlichen Sonderkräfte; ohne den Kämpfenden selber stets klar
bewußt zu sein, beherrschte doch dieser Gegensatz im größten die
gesamte Entwicklung. Lange hatte der Absolutismus die Leitung
in der Hand gehabt: sobald aber seine Spannung, nach Franz' I.
und gar Heinrichs II. Tode, auf einen Augenblick nachließ, brachen
sofort alle eingedämmten ständischen Kräfte wieder hervor; Adel
und Bürgertum streben gleichermaßen auf, aber nur die Oppo=
sition führt sie zusammen. Unruhe und Unzufriedenheit sind ihnen
gemeinsam, jedoch ein klares Losungswort fehlt, und erst der inter=
nationale, der religiöse Gegensatz verleiht dieses Wort, faßt alle
wirren materiellen Regungen in sich zusammen, adelt sie und fa=
natisiert sie in seiner Idee. Die französische systematische Logik der
calvinischen Lehre zwingt alle Kräfte in diesen einen Gegensatz
hinein: ihr Hauptstück, die Prädestination, mit ihrer erbarmungs=
losen Anspornung der äußersten sittlichen Energie und des härte=
sten fanatischen Eifers, schneidet stahlscharf in das alte Frankreich
hinein, und, langsam im Stillen vorbereitet, formen sich sichtbar
mit überraschender Schnelligkeit und Ausschließlichkeit in wenig
Jahren die großen Parteien, welche nun Jahrzehnte lang die fran=
zösische Geschichte beherrschen: rechts und links vom Hofe und von
dessen noch machtloser Vermittlungspolitik die Katholiken unter
der Führung des guisischen Hauses, die Hugenotten unter Ludwig
von Condé, in dessen Schatten der wahre Leiter stand, der Admi=
ral. Jeder Teil ringt danach, mit der Zustimmung des jungen Kö=
nigs und seiner Mutter Katharina die Legitimität an sich zu brin=
gen; schon scheint Coligny diesem Ziele nahe, da wirft Philipp II.
die Macht der europäischen Gegenreformation, das Schwert Spa=
niens in die Wagschale und sein Verbündeter, Franz von Guise,
zwingt mit bewaffneter Hand den französischen König auf die ka=
tholische Seite: das Blutbad zu Vassy, das Guise verschuldet hat,
entfesselt den Bürgerkrieg. Die zwei Männer aber, welche diesen
Kampf um die Zukunft Frankreichs in Wahrheit führen, sind Guise
und Coligny. In dem Gegensatze der zwei Persönlichkeiten sam=
melt sich jeder allgemeine Gegensatz: es ist unerläßlich, die zwei
auch hier einander gegenüberzustellen.

Franz von Lothringen, Herzog von Guise, hatte die Welt mit

dem Ruhme seines Namens erfüllt in den Kriegen Frankreichs ge=
gen Karl V. und gegen Philipp II., der jetzt sein Parteigenosse
war; den jungen Franz II. hatte er, als Oheim der Königin Maria
Stuart, vollkommen beherrscht; sein Ehrgeiz ging hoch: wie hoch,
vermag man mit scharfem Worte nicht abzumessen. Aber groß
war alles an ihm: hoch und königlich die Gestalt, darüber ein
Kopf mit gewaltiger Herrscherstirne, mit tiefblauen blitzenden
Augen voll trutzig selbstbewußten Blickes; eine starke gebogene
Nase, quer über die Nase und Wange eine tiefe Narbe, sein Ehren=
zeichen aus dem spanischen Kriege. Wie seine Erscheinung war
sein Wesen: 'Françoys' unterzeichnete er jahrelang seine Briefe,
als sei er ein König; er warf jeden Widerstand rasch, grausam, bru=
tal vor sich nieder; als er hörte, ein Edelmann habe drohend von
ihm gesprochen, trat er im Parke von St. Germain brüsk auf ihn
los; der andere, erschrocken, ging aus dem Wege und grüßte ihn:
hätte er's nicht getan, so würde er ihn niedergestoßen haben,
äußerte der Herzog. Das war seine Art; bei theologischem Dispute
wies er lieber gleich auf den Henker hin: ein Gelehrter sei er nicht;
aber ein Feldherr war er, von aller Welt gefürchtet, vom Solda=
ten, den er liebte, vergöttert.

Kaum über Mittelgröße empor ragte Gaspard von Coligny:
der Wuchs mager und schlank, das Gesicht länglich, streng, stumm,
von einem dünnen Barte umzogen; die Haut scharf um die Knochen
gespannt, eine lange gerade Nase, tiefe Furchen von ihr zu den
Mundwinkeln, und unter den Falten einer ausgearbeiteten Stirne,
die weder die Höhe noch die stolze Form von Guises Stirn besaß,
zwei klare, kalte, graue Augen, deren Blick scharf und fest war:
aber eine Müdigkeit scheint über dem Antlitze zu liegen, eine Spur
innerlichen Sinnens, das die tiefe Leidenschaftlichkeit dieser ver=
schlossenen Natur nur selten an den Tag treten ließ, ein Zug durch=
gekämpfter Resignation und körperlichen Leidens. Colignys Le=
ben war in ähnlichen Bahnen gegangen wie dasjenige seines Geg=
ners und Altersgenossen; den einfachen Edelmann hatte Ver=
wandtschaft und strenge Tüchtigkeit in Krieg und Verwaltung em=
porgehoben; an dem Renaissancehofe Franz' I., sagen unverdäch=
tige Berichterstatter, sei sein bester Freund gewesen der junge
Franz von Guise. Später trat Colignys Oheim Montmorency in

scharfen Gegensatz zu den Guisen, und der Admiral, den alle Seelenkräfte, der Ernst, die Logik, der mystische Zug seines Wesens dem Calvinismus zuführten, ward ein Haupt der Reformierten. Kleine Streitigkeiten sollen die alte Freundschaft in Haß gewandelt haben: man braucht die Kleinigkeiten wahrhaftig nicht zu suchen, wo die großen Momente so offen am Tage liegen. Jeder Schritt, den einer dieser zwei Männer tun konnte, führte ihn jetzt dem andern feindlich in den Weg. Und wie sehr mußte die Persönlichkeit beider den Gegensatz verschärfen: hier wie dort ein außerordentlicher Mann; aber der eine schnell, kraftvoll, eine heldenhafte Erscheinung, ein geborener Schlachtensieger; der andere prüfend, anscheinend kalt, vom Glücke gemieden, oft geschlagen, nie gebeugt, nach jedem Verluste wieder aufrecht und allezeit unbesieglich. Sie hätten sich wundervoll ergänzt, wären sie Freunde geblieben; sie mußten sich um so tödlicher hassen, da sie zerfallen waren; denn jeder sah im andern die Züge, die ihm fehlten, Kräfte, die er nicht zu packen wußte und die gegen ihn arbeiteten, und so erhob sich in ihnen ein grimmiger Haß, der Nahrung zog aus jeder Kraft ihrer Natur.

Der Krieg, der im März 1562 ausbrach, genährt von allen Nationen, voller Blut und Verwüstung, trug nur dazu bei, die zwei Männer noch ausschließlicher gegeneinander zu stellen. Auf lange Verhandlungen folgte die Schlacht von Dreux; alle übrigen Führer waren tot oder gefangen; und während der bedrängte Admiral von Orleans aus in die Normandie ritt mit seinem Reiterheere von 4000 Mann, um englisches Geld an der Meeresküste einzuholen, legte sich Guise vor Orleans, im Februar 1563. Orleans war die Hauptstadt der hugenottischen Partei, ein Gegen=Paris; in ihm wachten Condés und Colignys Frauen über ihren Kindern und über den Spitälern, befehligte Colignys Bruder Andelot, sammelte sich das beste Fußvolk, der Kern der Prediger zu Kampf und Gebet. Während Katharina von Medici Frieden machen wollte, bestand zumal Guise auf der Einnahme der protestantischen Feste; seine Schwungkraft, seine Hilfsmittel bedrohten die Belagerten aus stets gefährlicherer Nähe, und schon rühmte er sich, in 24 Stunden werde Orleans königlich sein; man sprach davon, wie blutige Rache er den künftigen Gefangenen angedroht habe. Eine Entscheidung

ftand vor der Tür: da, als der „große Herzog" mit nur zwei Be=
gleitern am Rande eines Waldes langfam einherfchritt, traf ihn
aus dem Gebüfche ein Schuß. Der Mörder hatte unter die Schul=
ter gezielt, drei Kugeln waren von hinten in den Bruftkaften einge=
drungen; und während der Hand, die nach dem Degen griff, die
Kraft verfagte, fprengte der Mörder auf rafchem Pferde in die
Dunkelheit hinein und davon.

Die Chirurgen verfchlimmerten das Leiden; am 18. Februar
war die Tat gefchehen, am 24. ftarb inmitten des jammernden La=
gers Herzog Franz; rührend erzählte ein Bifchof in einem Berichte
voll unguififcher Bibelworte, wie er Abfchied genommen habe von
den Seinigen; und gleichzeitig mit diefem Drucke, der das Mit=
leid und den Grimm über die katholifche Welt verbreitete, ging ein
zweiter aus: eine offene Anklage gegen Coligny, das Bekenntnis
Poltrots, des Mörders.

Ihn, der feine Tat mit kalter Ruhe ausgeführt, hatte das Ent=
fetzen gepackt, als er davonjagte; er ritt und ritt; nach Stunden kam
er einer Wache nahe: „Ho werdo?" rief man ihm entgegen: es
waren katholifche Schweizer. Er floh von neuem; als die Nacht
um war, fand er fich nahe dem Lager, dem er hatte entrinnen wol=
len: er war im Kreife geritten. Er legte fich in einer Meierei
fchlafen, aber fein Pferd und fein wirres Wefen erregten Ver=
dacht, und man nahm ihn feft.

Jean Poltrot de Merey war ein junger hugenottifcher Edel=
mann aus dem Angoulmois, der in den fpanifchen Kriegen mitge=
fochten und feit einem Jahre in Dienften des proteftantifchen Gro=
ßen Soubife geftanden hatte. Verwandte von ihm waren in der
Amboifer Verfchwörung gegen die Guifen gefallen; ein uner=
fchrockener Soldat, aber ein Schwätzer, ein „grand causeur", be=
richten die proteftantifchen Quelleu (und der Eindruck feiner fpä=
teren Ausfagen ftimmt zu ihrer Schilderung), hatte er fich feit
Jahren gerühmt, Guife zu erlegen; man habe es angehört wie von
einem Narren, als eine Prahlerei, wie wenn er fich verfchworen
hätte, Kaifer zu werden. Selbft Katholiken follte er, als Begleiter
eines Parlamentärs, zugerufen haben: „das ift der Arm, der
Herrn von Guife töten wird"; auch fie hätten dazu gelacht.

Ganz andere Dinge geftand aber Poltrot, als er drei Tage

nach dem Schuſſe, am 21. Februar, Katharina von Medici vorge=
führt wurde. Er erzählte, wie bereits vor drei Vierteljahren
Coligny in geheimnisvoller Umgebung, in einem Kellerſaale, ihn
aufgereizt habe zu dieſem Morde: er habe es abgeſchlagen. Als
nun aber der Admiral jetzt, bevor er von Orleans fortzog zur Nor=
mandie, ihn von neuem gedrängt, Theodor von Beza ihm verſpro=
chen habe, ſo werde er geradeswegs ins Paradies wandern, da
habe er das Unternehmen gewagt; nochmals ein Rückfall, nochmals
die Mahnungen der zwei proteſtantiſchen Führer; zugleich zwei=
malige Geldzahlungen: dann ſei er zum zweitenmal zu Guiſe ge=
ritten, ſcheinbar als Überläufer, und diesmal nicht vergebens. Im
katholiſchen Lager aber habe er Proteſtanten erblickt, die weitere
Aufträge hätten: nicht nur die Nachfolger Guiſes in der Feld=
herrnſchaft, ſelbſt Katharina und den König Karl IX. bedrohe Co=
lignys Mordſtahl: 50 hugenottiſche Edelleute ſeien zu ſeiner Ver=
fügung.

Man verbreitete eiligſt dieſe Erzählung im proteſtantiſchen La=
ger; man hoffte die deutſchen Mietlinge abzuziehen von einem
Feldherrn, der ſo Gemeines begangen haben ſollte. „Da ſeht Ihr“,
ſchrieb Katharina an eine fürſtliche Gönnerin des Admirals, „wie
dieſer Ehrenmann, der alles nur der Religion halber tut, uns bei=
ſeite ſchaffen will!“ Coligny erfuhr Guiſes Tod am letzten Fe=
bruar, „noch wußte man nicht, wer den Schlag geführt“, ſchreibt
ein proteſtantiſcher Zeuge: und das Lager der Hugenotten war
voll von Freudebezeigungen. Bald traf das Protokoll der Pol=
trotſchen Geſtändniſſe ein; Colginy verfaßte eine Gegenerklärung,
am 12. März, und forderte vor allem, daß man den Verbrecher
aufhebe zur Konfrontation.

Poltrot war inzwiſchen nach Paris geſchafft worden, wo das
Pariſer Parlament, Frankreichs höchſter Gerichtshof, ihn aburtei=
len ſollte. Wir haben die Akten des Prozeſſes vor Augen: in den
Parlamentspapieren der Nationalbibliothek habe ich ihnen vergeb=
lich nachgeforſcht; aber der proteſtantiſche Druck, in dem ſie erhal=
ten ſind, bietet nach Form und nach Inhalt — denn keineswegs
entlaſtet er Coligny vollſtändig — keinerlei Bedenken dar. Zwei=
mal, am 27. Februar und am 7. März, beſtätigte Poltrot ſeine
erſten Ausſagen; am 6. März aber ſchrieb der Gerichtspräſident an

Katharina: schon wüte das katholische Volk der Hauptstadt, man
werfe der Regierung vor, sie halte Poltrot so lange im Gewahr=
sam, nur damit er zum Widerrufe seiner Anklage gegen Coligny
gebracht werde; sie solle, rät er, bedenken, welche Wirkung es da
haben würde, wenn Poltrot tatsächlich anderes bekennte, und solle
deshalb den Prozeß möglichst beschleunigen lassen. Katharina
konnte dies Drängen nur lieb sein: denn wenn das Zeugnis Polt=
rots nicht durch eine Konfrontation mit Coligny entkräftet war, so
blieb gegen den letzteren ein Verdacht bestehen, der politisch stets
vortrefflich ausgenutzt werden konute. So sprach man denn am
18. März das Todesurteil; nachdem es Poltrot verlesen war, wi=
derrief er alle seine Geständnisse: er habe sie nur abgelegt, um sein
Leben zu fristen, um sich zu decken durch die Schuld des Größe=
ren; in Wahrheit habe er keinen Anstifter gehabt. Er begann dann
seine Geschichte von neuem ausführlich zu erzählen, so wie sie wirk=
lich gewesen sei: sein früherer Herr, Soubise, dem Poltrot den Vor=
schlag, Guise zu ermorden, vergeblich gemacht habe, habe ihn in Ge=
schäften Coligny zugeschickt; der habe ihn sofort gefragt, welche
Dienste er leisten wolle? und habe auf sein mörderisches Anerbieten
geantwortet: wohl Merey, du wirst daran denken. — Weit genug
weicht diese Darstellung bereits von jener ersten ab, wonach ihn
Coligny mühsam überredet haben sollte. — Man solterte den Gefan=
genen darauf; nichts Neues. Noch einmal ließ er am selben Tage
den Präsidenten zu sich rufen: sein Bericht sei schlecht protokolliert
worden; von neuem erzählte er: diesmal sollte Coligny, erst zwei
Tage nach Poltrots Ankunft, zu ihm gesagt haben: „je eher er's
tue, um so besser sei es". Der Verurteilte bat um Frist, weiter in
seinem Gedächtnisse nachzusuchen. Aber man führte ihn zum Scha=
fott. Da, auf dem Greveplatze vor dem Stadthause, rief er dem toben=
den Volke Drohungen zu, warnte zugleich in dunklen Ausdrücken, als
wolle er neuen Aufschub erwirken, Paris vor hugenottischen Anschlä=
gen. Man ging an die furchtbare Bestrafung, wie sie einem Königs=
mörder zugekommen wäre: Poltrot sollte zerrissen werden von vier
Pferden. Kurz ehe diese letzte Marterung begann, versicherte er
noch einmal, Coligny habe nichts gewußt; und als sie begonnen
hat, erwirkt der Unglückliche eine lindernde Pause durch neues
Sprechen: Soubise, Coligny und Andelot seien seine Mitschuldigen.

Endlich, als er dies mit vielen Worten gesagt hat, erhält er den Tod.

Es ist ein Fanatiker von schwachem Verstande und schwächerer Seele, der durch Lügen seine unseligen Tage zu verlängern strebt; ein qualvoller Anblick, wie er in den letzten Stunden Aussage auf Aussage häuft, dasselbe von neuem und mit leisen Änderungen wiederholt, in fiebernder Todesangst, schon befangen in seinen eigenen Gespinsten, alles nur, um den fürchterlichsten Augenblick um Stunden, um Tage vielleicht hinauszuschieben. Oder hoffte er, der sich trotz aller Jämmerlichkeit als Helden seiner Sache fühlte, vielleicht gar noch auf Rettung durch seine Parteigenossen? Klar ist an alledem nur eines: nach seiner Verurteilung, da sein erstes abenteuerliches Geständnis sich doch nutzlos erwiesen, entlastete er den Admiral mehrere Male ganz und gar, mehrere Male maß er ihm, und jedesmal in abweichender Form, halbe Schuld bei: nicht die einer eigentlichen Anstifterschaft, wohl aber der unzweideutigen Ermutigung.

Alle Zeugnisse der Zeitgenossen enthalten über Poltrots Bekenntnisse hinaus bloße Gerüchte; meist umschreiben, entstellen sie lediglich des Gefangenen Aussage: gab es doch keinen einzigen Zeugen neben ihm; und was ganz neu hinzutritt, entspringt einer haßerfüllten, verblendeten Phantasie, wie die spanische Nachricht, nach welcher Poltrot der Vollstrecker eines von deutschen protestantischen Fürsten zu Heidelberg gefällten Todesurteils gewesen sein sollte: kritisch kommt all das gar nicht in Betracht. Wie aber? Kann man eines Mörders, eines Feiglings sich selbst widersprechende Worte, protokolliert von Beamten, welche den Admiral haßten, gegen einen Coligny ins Feld führen? Hätten wir nur diese Protokolle, die ihre eigene Widerlegung zu sein scheinen, kaum der Schatten eines Argwohns dürfte haften bleiben auf dem Admiral.

Aber wir haben andere Schriftstücke: von Colignys eigener Hand. Und eben diese zwei Verteidigungsschriften Colignys erheben die Frage auf einen so hohen Stand.

Auf das erste, märchenhafte Geständnis Poltrots erwiderte er aus seinem Lager am 12. März. Leicht wurde es ihm, am Wortlaute des Protokolls festzustellen, daß Leute die Hand darin ge-

habt hatten, die ihm feindlich gesinnt seien und die ihn wenig kenn=
ten; leicht auch die Widerlegung der Aussagen über frühere Ge=
spräche, in denen er, unter den oben erwähnten geheimnisvollen
Umständen, den Mörder schon umworben haben sollte: Poltrot
hat ja später alle diese Dinge für Erdichtungen erklärt. Dagegen
gibt Coligny zu, daß er es war, der Poltrot in Guises Lager ge=
schickt. Als Mörder? Nein! Als Spion. Der Admiral liegt bei
Orleans, Guise ihm gegenüber, da bietet Poltrot, eben von Lyon
kommend, seine Dienste an; der leichtfertige Ton des Prahlhanses
mißfällt Coligny, der seine Bedenken nicht verschweigt; aber er
schickt ihn auf Probe aus, indem er ihm 20 Taler auszahlen läßt.
Poltrot kommt zurück, als eben der Admiral zur Normandie auf=
bricht, und bringt wichtige Nachricht mit: Guise plane mög=
licherweise eine Verfolgung Colignys. Diesem ist es vom höchsten
Werte, genaue und rasche Botschaft zu erhalten: so sendet er den
Spion zum zweitenmal aus, diesmal mit 100 Talern versehen,
damit er ein besseres Pferd dafür kaufe, was er dann auch getan
hat. „Weiter," heißt es wörtlich in Colignys Schreiben, „er=
innert sich der Admiral jetzt wohl, est bien recors maintenant, daß
Poltrot, da er ihm seinen Rapport abstattete, so weit ging, ihm
zu sagen, daß es leicht sein würde, Guise zu töten; aber der Admi=
ral ließ sich niemals weiter ein (m'insista jamais sur) auf diese
Worte, da er sie für ganz leichtfertiges Gerede hielt; und, bei
seinem Leben und seiner Ehre, er öffnete nie den Mund, um ihn
dazu anzutreiben."

Welch gefährliches Geständnis! wie gefährlich in sich selber!
wie verwertbar außerdem für jeden Gegner! Man habe unter den
Genossen, berichtet der gleichzeitige hugenottische Kirchenhistoriker,
Coligny abgemahnt, so offene Aussagen zu tun; aber der Admi=
ral, ehrlich und entschieden, habe geantwortet, alles, was er zu be=
kennen habe, wolle er auf einmal sagen: müsse er später, bei der
Konfrontation, Nachträge machen, so sei das doppelt verdächtig. —
Sehr möglich, daß Coligny sich so geäußert hat. Aber, wer in aller
Welt konnte ihn zu Nachträgen zwingen? wer ihm mehr nach=
weisen, als er gestehen wollte? konnte das zeugenlose Wort eines
Verbrechers etwas beweisen, das der Admiral von Frankreich, der
Führer einer bewaffneten großen Partei, entschlossen gewesen

wäre zu leugnen? Aus Klugheit sicherlich entsprang diese Ehrlichkeit nicht, sie muß wohl einen anderen Grund gehabt haben. Und sie geht in Wahrheit noch viel weiter.

Er habe vor dem Bürgerkriege, bekennt Coligny, Anschläge ge=
gen Guises Leben hintertrieben, sie der Herzogin von Guise mit=
geteilt; seit dessen Ausbruche, seit Vassy, habe er Guise und seinen Anhang für Feinde Gottes, des Königs, der öffentlichen Ruhe an=
gesehen, aber Mordpläne nicht gebilligt; seit er indessen, vor fünf bis sechs Monaten, sicher erfahren habe, daß Guise Mörder ge=
gen ihn und die Seinen ausgeschickt habe, da habe er aufgehört, denen stark abzureden, die ähnliche Anschläge geäußert hätten: aber angestiftet habe er keinen, auf keinerlei Weise, weder mittel=
bar noch unmittelbar.

Und nicht genug mit dieser Erklärung. Er ebenso wie sein Mitbeschuldigter Beza sprechen ihre Freude aus über dieses gerechte Gericht Gottes gegen den Herzog: „das größte Glück ist es ge=
wesen", sagt Coligny, „das diesem Königreiche und der Kirche Got=
tes und insbesondere mir und meinem ganzen Hause hat wider=
fahren können".

Die praktische Forderung dieses Sendschreibens war die Kon=
frontation mit Poltrot; geschrieben war es noch während des Krie=
ges. Bald darauf, gerade in den Tagen der Hinrichtung Poltrots, schloß man Frieden, und sofort begann eine lange Reihe gericht=
licher Klagen der Guisen gegen den angeblichen Mörder ihres Oberhauptes. Die Erklärungen, die in diesem Prozesse gemacht worden sind — erst 1566 schloß ihn die Regierung mit einer Frei=
sprechung Colignys formell ab — enthalten nichts Neues bis auf eine einzige, die der Admiral am 5. Mai 1563 von seinem Schlosse Chastillon ausgehen ließ. Nachdem er, offenbar durch einen Se=
kretär, alles hat wiederholen lassen, was in juristischer Hinsicht ge=
gen Poltrots Anklage zu sagen ist — Unzuverlässigkeit und Wan=
delbarkeit der Aussagen, Parteilichkeit der Richter, Hintertreibung der geforderten Konfrontation —, beweist er selber, wie wertvoll ihm in jenem Augenblicke, wo er Poltrot ins katholische Lager zu=
rücksandte, Spionsdienste hätten sein müssen: das Schicksal seines Heeres habe an ihnen gehangen. Da seien 120 Taler eine kleine Ausgabe gewesen — ein lächerlicher Preis überdies für ein solches

Attentat. Nur als Spion habe er Poltrot ausgesandt, „ver=
sichernd“, schreibt er, „auf seine Ehre, daß er dem Poltrot, als
(quand) dieser vorher ihm von der Leichtigkeit eines Mordan=
schlages gesprochen hatte, niemals etwas darauf geantwortet hat,
ihm zuredend oder abredend (pour dire que ce fut bien ou mal
fait), und ebensowenig daran geglaubt hat, daß jener es tun
könnte oder wollte“. Und stolz schließt er: „die, welche mei=
nen, der Admiral habe das Geld zu andern als den angegebenen
Zwecken gegeben, ganz abgesehen von der Kinderei ihrer Gründe,
die kennen ihn sehr schlecht. Denn hätte er mehr getan oder be=
fohlen, so würde er sich nicht scheuen, auch das zu gestehen. Was
zwang ihn denn zu sagen, was er im Drucke bereits gesagt hat?
. . . Weshalb sollte er weiteres verbergen? Denn hatte je ein
Mensch einen erklärteren Feind, als er in Guise? Und wenn dies
nicht wahr ist, weshalb lag denn jener vor Orleans, als um Weib
und Kinder und alles zu vertilgen, was der Admiral Liebes hatte
auf dieser Welt? Sagen doch sogar glaubwürdige Leute, er habe
sich gerühmt, keines Geschlechtes zu schonen in Orleans. Man soll
auch nicht bezweifeln, daß der Mann im ganzen Heere, den der
Admiral zumeist gesucht hat am Tage der letzten Schlacht, jener
war. Man soll nicht bezweifeln, daß, wenn er eine Kanone gegen
ihn hätte richten können, um ihn zu töten, er es getan haben würde,
noch daß er gleichermaßen 10 000 Schützen, hätte er sie unter sich
gehabt, geboten haben würde, unter allen andern zu zielen auf ihn,
sei es im Felde, vom Walle herab oder im Hinterhalte: kurz, kein
einziges Mittel hätte er gespart von denen, die das Recht der Waf=
fen in Kriegszeiten erlaubt, um sich eines so großen Feindes zu
entledigen, wie jener es war gegen ihn und gegen so viele andere
gute Untertanen des Königs. Und zum Schlusse beteuert der ge=
nannte Admiral vor Gott und seinen Engeln, daß er nichts getan
noch befohlen hat über das hinaus, was er schriftlich angegeben.
Will jemand noch weitere Aufklärungen haben, der spreche zu ihm
und er wird ihm antworten.“

Man mag bei dieser rauhen Sprache empfinden, was man will,
eines Gefühles der Achtung vor so herber Wahrhaftigkeit wird sich
kein Unbefangener erwehren können. Der Beurteiler wird sich
hier der Grenzen einer wirklich sicheren Kritik streng bewußt bleiben

müssen: aber auch über dasjenige, was über diese Grenze hinaus=
reicht, ist er wohl verpflichtet, sein persönliches Urteil zu bilden und
als solches auszusprechen. Ich zweifle nicht daran: der, ohne einen
Zwang von außen, so viel Wahrheit sagte, die ihm schaden mußte,
der hat alles gesagt, was er zu bekennen hatte. Die Tatsache ist
die: Coligny hat Poltrot nur als Spion verwenden wollen; und
so sein die Frage sein mag, ob man auch dem Ehrlichsten, ob der
Ehrlichste sich selber so weit Glauben schenken darf in der peinlich=
sten Sache: ich glaube auch Colignys Worten: „jetzt", d. h. erst jetzt
wieder erinnere er sich wohl, daß Poltrot von der Möglichkeit des
Mordes gesprochen. Ich glaube es Coligny, daß er wirklich von
Poltrot diese Tat nicht erwartet, ja, dessen Anerbieten vielleicht
halb und halb wieder vergessen hat. Aber hierin liegt nicht einmal
das wirkliche Rätsel. Er hatte doch einmal von ihm gehört, daß
er an Mord dächte — und doch verwandte er den Mann als Spion!
Und er sagt es offen: er hat niemandem mehr abgeraten von sol=
chem Vorhaben, seit Guise Gleiches gegen ihn im Schilde geführt
— also: er hätte Poltrot vielleicht auch dann als Spion ausge=
schickt, wenn er ihm die Tat offen zugetraut hätte.

Was sollen wir sagen zu einer solchen Tatsache? Was an den
Mord rührt, ist doch Frevel und darf nicht anders genannt wer=
den. Um so mehr aber will dies erklärt, im Zusammenhange der
Zeit begriffen sein. Wie war ein so wilder Haß, eine sittlich
so gefährliche Anschauung, so naiv, so grausam unbefangen aus=
gesprochen, möglich bei einem Coligny? Hier erst liegt das wahre
Problem. Es zu erschöpfen, untersange ich mich nicht: allein
einige verwandte Äußerungen der Zeitgenossen sollen noch ange=
führt werden, welche seiner Aufhellung eine Hilfe bieten können.

Über der damaligen Welt lag ein finsterer Ernst. Jedes mensch=
liche Interesse ordnete sich ein in den höchsten, den religiösen Ge=
danken. Dieses religiöse Interesse hatte langsam und unwidersteh=
lich sich alles unterjocht; hatte Karl V. es im Herzen getragen, so
war es, in ganz anderer Einseitigkeit, für Philipp II. bereits der
Impuls seiner gesamten Politik. Luther, sagt man mit Recht,
hatte auch den Katholizismus neu belebt; wie viel mehr hatte es
die weltlich tatkräftigere, angriffslustige Genfer Kirche getan! So
stand auf beiden Seiten dieselbe Glut des Glaubenshasses, so er=

achtete der Katholik den Gegner seiner Religion ebenso für einen
Feind Gottes selber, wie seinerseits ihn der Protestant: zu Gott
hatte Poltrot, ehe er seinen Schuß abgab, um Erleuchtung gefleht,
ob, was er tun wolle, recht sei, und hatte, wie er erzählte, sich er=
hoben mit fröhlichem Herzen. „Die neue Religion" nannte man die
reformierte Lehre: und gewiß glich sie einer solchen in ihrer Aus=
schließlichkeit, ihrer Schroffheit, die in der Welt nichts kannte und
wollte, als allein das Bibelwort in ihrer einzigen Deutung, und
kein Streben, als allein das religiöse. Sie allein sollte Geltung
haben in aller Welt. „Wir können Gott nicht dienen", schrieb
Calvin, „ohne zu kämpfen"; er gab wohl zu, daß man beten solle
für alle menschlichen Brüder, aber doch in verschiedener Weise für
die innerhalb der eigenen Kirche und die draußen: für die Zwei=
ten erflehe man Bekehrung, für die Ersten allein allen Segen: sie
allein sind Gottes Kinder. Gibt es nur einen Gott, nur den einen,
der verboten hat, ihm Götzenbilder zu bauen, welchen Teil an ihm
haben die Katholiken? nicht mehr, als die Feinde Israels gehabt
hatten an Jehova. So lernt denn Calvin vom jüdischen David,
daß man „die Feinde Gottes hassen soll mit tödlichem Hasse", mit
reinem, unpersönlichem Hasse, aber ohne Schonung. Wie hätte
dieser Haß sich nicht vor allen gegen Franz von Guise kehren sol=
len? Es ist uns ein überaus merkwürdiger Briefwechsel erhal=
ten zwischen Calvin und der Herzogin Renée von Ferrara, der
Tochter König Ludwigs XII. von Frankreich. Die verwitwete Für=
stin war offen zur Protestantin geworden und hielt auf ihrem
Witwensitze zu Montargis einen kleinen reformierten Hofhalt;
aber die vornehme und feine Greisin konnte nicht voll einstimmen
in den Zorn der calvinischen Prediger gegen ihren toten Schwie=
gersohn Guise. Warmherzig legt sie dem gestrengen Meister in
Genf dar, daß doch nicht alles Übel von Guise allein stamme und
daß auch er Milde und Schonung geübt habe; habe er auch die
Wahrheit nicht erkannt, für einen von Gott Verworfenen wolle
und könne sie ihn nicht halten. Darauf antwortet ihr Calvin, ob
Guise verworfen sei vor Gott, das zu beurteilen stehe nur dem
einen höchsten Richter zu; aber Elend habe er gestiftet, Ärgernis
habe er bereitet und Schonung habe er nicht finden können: er,
Calvin selber, habe Mordpläne gegen Guise vereitelt, aber zu

Gott habe er gebetet, diesen Mann zu bekehren, oder, wolle er das nicht, seine Kirche von ihm zu befreien. Die ganze Zeit atmet in diesen Briefen.

So hat denn auch Beza gejubelt über den Fall des Tyrannen durch Gottes Hand; so hatte schon vor einem Jahre ein Prediger sich erboten, den Feind zu ermorden, hatte dabei von einer ganz besonderen göttlichen Berufung gesprochen, die er in sich fühle, und hingewiesen auf Gideon, auf Judith. Aus den wilden Kriegen des Hebräervolkes nahm man Beispiele und Vorbilder; die antiken Tyrannenmörder, die Übung der italienischen Renaissance legten ohnehin den Zeitgenossen den politischen Mord von vornherein nahe genug: den Parteigängern der zwei religiösen Lager freilich setzte er, wie ein jedes Ding, sich sofort um in einen der Renaissance fremden, geweihten und finsteren Ernst.

Also: der Plan gegen Guise, der Haß und die ganze Stimmung Colignys lag in der Luft; das protestantische Volk ergriff das Verbrechen Poltrots wie eine Heldentat: es beging den Todestag des Mörders mit feiernden Liedern, sang spottend vom Leichenzuge des Ermordeten, und „dieser einzige Poltrot — unsere französische Sprache hat kein schöner Wort!" — wird gerühmt als das Wunderbeispiel der höchsten Tapferkeit, als Befreier Frankreichs.

So freilich stand Coligny nicht zu seinem großen Feinde oder zu dessen Mörder, den er verachtete; aber sein Haß war, wenn weniger roh, um so innerlicher. Ich schließe mit dem Versuche, den Gedankengang des Admirals in Anlehnung an die feststehenden psychologischen Tatsachen, an Colignys verschiedene Äußerungen, herzustellen. Die starken allgemeinen Gründe, die jener Haß in den politischen Verhältnissen, in den Persönlichkeiten der beiden Gegner fand, sind oben dargelegt worden; aber ihre volle Glut, ihren eigentümlichen Charakter verlieh dieser Empfindung des Admirals doch sicher erst der religiöse, der theologische Hauch der Zeit. Es ist eingangs auf die Prädestination hingewiesen worden, die dem Calvinisten Begnadete und Verworfene von Urbeginn her schied; Calvin mochte immer sagen, daß nur Gott wisse, wer die Gnade habe und wer nicht: dennoch gab es gewiß keinen heißen Calvinisten, der nicht Guise für ewig verdammt, für einen réprobé, gehalten hätte. Wer hätte es, in Colignys Augen, in höherem

Sinne sein sollen? wer hatte denn, mit der bluttriefenden Fackel von Vassy, den Bürgerkrieg im Lande entzündet? wer war schuld daran, wenn das Grauen durch die Provinzen schritt, wenn die Wut des Bruderkampfes die Gemeinden, die Familien zerriß? überall schrie die Verwüstung zum Himmel — gegen wen, wenn nicht gegen diesen einen Mann? Wir wissen recht gut, daß der Kampf in der Notwendigkeit der Dinge selber lag — aber dem Zeitgenossen, dem protestantischen Franzosen, dem Führer, der jedes Leid seiner Anhänger wie einen Schlag gegen sein eigenes Haupt empfand, Coligny mußte alles als Guises Schuld und mußte jede Handlung des katholischen Helden als dessen selbstge- schriebenes Todesurteil erscheinen. Coligny wünschte Guises Tod. War es nun ein bloßer flacher Sophismus, wenn der Admiral, weil Guise seiner Meinung nach ihm Mörder zugeschickt hatte, fernerhin niemand mehr von Guises Ermordung abbringen wollte? War dies Dulden der Tat wirklich gar nichts als verstreck- ter Mord? Zweifellos ist es erlaubt, hier an das reformierte Dogma, an die Folgerungen zu erinnern, die dessen Anhänger leicht aus ihm ziehen mochten. Wer Guise für ewig verdammt hielt und Gott selber für Guises Feind (so nennt es Coligny) — hatte der das Recht, Gott in den Arm zu fallen, da ein Dritter Guises Vertilgung plante? Coligny sah rings um sich das Ge- heimnis walten: unerforschlich waren die Wege der Gottheit; stumm, ohne fragen zu wollen, hatte er selbst sich in Schickungen ergeben, die er nicht begriff, denen gegenüber es keinen Willen gab. So hatte er, mit fatalistischer Gelassenheit, vor Jahren selbst geschrieben. Nun, wenn denn einem Hugenotten ins Herz kam, die Tat zu begehen, ohne daß Coligny ihn dazu gebracht, was hatte denn er hineinzugreifen? Nichts verpflichtete ihn mehr dazu. Es war die Sache eines Höheren; er ließ es gehen. Und er glaubte, vor Gott, der ja doch wohl alle Dinge im voraus geordnet hatte, dem strengen Gotte Calvins: „vor ihm und seinen Engeln" glaubte er bekennen und verantworten zu können, wie er gehandelt hatte.

Die Folgen der Ermordung Guises waren groß und zwei- schneidig. Sie brachte den bedrängten Hugenotten im Augenblicke den Frieden und für die Dauer einen um so unversöhnlicheren Krieg: weder das Guisische Haus, noch das Volk von Paris vergaß den Februar 1563: ihre Antwort gab die Bartholomäusnacht. Denn die Gegner vernahmen in Colignys Verteidigungen nur den Haß und nicht die Wahrhaftigkeit: sie glaubten an seine volle Schuld.

Dem heutigen Betrachter ist die ideelle Bedeutung der Tat, dieser Gefühle Colignys, noch größer. Eine rohe Verschuldung des Admirals liegt bei dieser „religiösen Blutrache", wie Ranke sie nennt, nicht am Tage; billigen wird niemand, was Coligny tat und aussprach; wie weit er verurteilen will, das ist die Sache jedes einzelnen: aber das wird man nicht übersehen dürfen, daß es die Verteidigung seiner höchsten innerlichen Güter war, in welcher der strengen und ringenden Seele des großen Hugenotten jedes Opfer an äußerem und innerem Glücke auferlegt und keines, auch das herbste, auch die Schuld nicht erspart geblieben ist.

❧ ❧ ❧

Ich habe 1889 dem stets von mir hoch verehrten Conrad Ferdinand Meyer diesen Aufsatz zugeschickt und von ihm eine Antwort erhalten, die ich heute ohne die Gefahr einer Mißdeutung veröffentlichen darf. Ich tue es, weil mir sein Brief in besonders monumentaler Form das bezeichnendste Bestreben der historischen Poesie dieses feinsten und historischesten unter unseren historischen Dichtern auszusprechen scheint, der ja gerade der Dichter des Zeitalters der Religionskämpfe gewesen ist. „Den mir von Ihnen, verehrter Herr, gütig zugesendeten Art. der Hist. Zeitschr. habe ich mit großem Vergnügen gelesen u. finde Ihre Darlegg der Gesinng Coligny's in dem Poltrot=Handel überzeugend. So wird er die Sache angesehen haben. Völlig aus ihrer Zeit heraus die Menschen verstehen — diese Gerechtigkeit hat doch kein Jahrhundert geübt noch üben können, wie das unserige. Das ist eine seiner Tugenden.

8 Oct. 1889

Kilchberg=Zürich

Freundlichst u. dankbar,

C F Meyer"

Von den Stätten der Hugenottengeschichte

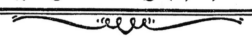

Ein Brief aus la Rochelle Oſtern 1886

Wie frei einem hier nach Monaten Pariſer Luft der Seewind des Atlantiſchen Meeres um die Schläfe weht! Paris iſt in dieſem Winter ganz außerordentlich unliebenswürdig geweſen; es war kein Vergnügen, in der Kälte, die kein Ende nehmen wollte, bei ſchlechten Kaminen zu frieren, in ſeinem eigenen Zimmer eingehüllt wie ein Manu, der auf einer Reiſe durch Sibirien iſt. Nachher iſt freilich die Beſinnung bei dieſer größten aller Koketten eingetreten; die ſie im Winter geärgert hat, möchte ſie jetzt verſöhnen durch allen Liebreiz ihres raffinierten Lächelns. Sie iſt im vollen Frühlingsſchmuck; auf den Champs Elyſées blühen und duften die Bäume, blinken die Tauſende von Gasflammen und drängt ſich die große Menge der Leute, die nichts zu tun haben; bereits ſingt im Café-Concert der Stern unter den Bänkelſängern, der berühmte Paulus, das Stück der neuen Saiſon. Frankreich weiß ſeine Genien zu ehren: heute ſieht man am Boulevard ein großes Ölbild ausgehängt, das dieſen Paulus darſtellt, wie er der Probe ſeiner Truppe beiwohnt, nachläſſig, geiſtreich, im Gefühle, eines der Lichter zu ſein in der Ville Lumière, Schulter an Schulter mit Sarah Bernhardt, Paſteur, Liſzt und dem großen Volksmanne Basly... Das iſt einmal Paris. Man hat doch Sehnſucht, einmal auch etwas anderes zu ſehen, als den ewig gleichmäßigen Wechſel der großen Stadt. Welch ein glücklicher Gedanke der Archivverwaltung, um Oſtern 6 Tage Ferien zu machen! Welch eine Befreiung, nach all dem Staube der Akten und all dem Lärm der Straßen dieſer friſche, köſtliche Atemzug des Landes und der See! Es iſt ein gefährliches Ding, wenn man Frankreich nur in Paris kennen lernen will. Daß Paris Frankreich ſei, iſt ein alter Satz und wie alle Schlagwörter auch zum Teile wahr. Für uns Deutſche iſt er zudem außerordentlich bequem. Paris iſt ſo ganz anders als wir ſind; da bildet ſich ſchnell ein Urteil, da hat man gut über mancherlei die Achſeln zucken; das Gefühl des Unbehagens, des Gegenſatzes, das wohl jeden von uns ergreift, wenn er einmal eine längere Zeit in dieſer Stadt weilt, iſt uns keineswegs unwillkommen. Und gibt nicht Paris ſelbſt dieſem Urteil recht? Es blickt mit der tiefſten Verachtung herunter auf die Provinz mit ihrer Einfältig-

keit, ihrer Langenweile, ihrer geiftigen Stagnation. Da ist es recht
heilsam, einmal hineinzuwandern in diese Provinz; wie verschieben
sich hier die Bilder! Wer ehrlich zu verstehen sucht, wird da hun=
dert Dinge sehen, die Achtung und Neigung von uns heischen; und
das schöne Schlagwort, das so sauber den Inhalt des französischen
Lebens in sich zusammenzufassen scheint, versagt hier außen; man
ist gezwungen, einfach zu sehen und muß sich bescheiden, zuzugeben,
daß auch in Frankreich Menschen wohnen, die ihr gutes Recht auf
Geltung und Verständnis haben — nicht nur Boulevardiers, Ko=
kotten und unruhige Schwätzer, d. h. Deputierte, fortschrittliche
Kleinbürger und kommunistische Arbeiter; mit einem Worte: Men=
schen, nicht nur Parifer.

La Rochelle! Das ist wie eine andere Welt. Es wird einem
hier wohl, recht von Herzensgrunde. Und welch eine Fahrt, durch
die reichen Loiregelände, zwischen Wasser, Hügeln, Schlössern,
üppigen Feldern und Weingärten bis an die ewige Frische des
Ozeans!

Man hat in Paris den Handkoffer gepackt und sein geistiges
Reisegut noch einmal nachgezählt, kontrolliert, ob man auch alles
im Kopfe trage, was solch ein Ausflug beansprucht: die Kapitel
des Bädekers, ein Stück Kunstgeschichte und Geschichte. Alles be=
reit. Man fährt dahin durch die Villenvorstädte des Südens —
alles blüht und lacht; es folgt ein langes, fruchtbares Plateau, und
man ist in Orleans. Orleans ist eine stille Stadt mit breiten, sau=
beren, neuen Straßen, reizlos im Flachlande belegen; wer etwas
davon haben will, muß in die engen Gassen der Altstadt gehen —
da ist malerisches Leben, und zwischen baufälligen Häusern des
vorigen Jahrhunderts fällt einem überall Glut aus der besten Re=
naissance in die Augen: hier ein Portal, dort eine Fenstereinfas=
sung und oft genug ein ganzes Bauwerk. Gerade als Paris, nach
der Neubegründung des nationalen Staates im 15. Jahrhundert,
sich stärker und stärker zum Hauptpunkte des Reiches entwickelte,
blühte in den großen Handelsstädten ein selbständiger und kräf=
tiger Sinn; die Hugenotten suchten einmal aus Orleans ein Gegen=
paris zu machen; all diese alten Kaufmannshäuser legen Zeugnis
ab von einem reichen, stolzen und hochsinnigen Bürgertume, und
das Rathaus, ehemals eines Bürgers Hotel, glänzt in der vollen

Anmut der französischen Renaissance. Weiter die Loire hinab zeigt Blois, dem Orleanser Bürgertum gegenüber, die Kunst des Königtums. Man kann sich nicht leicht etwas Reizenderes vorstellen, als dieses Städtchen, das sich anlehnt an einen Hügel, mit gewundenen, steigenden Straßen, über der breiten Loire; auf allen Seiten baumbedeckte Höhenzüge und in der Mitte, auf kräftiger Erhebung, das herrlichste aller französischen Königsschlösser, ein wahres Juwel der Renaissance, dieser Bau Franz' I. Neben einem bunten, liebenswürdigen spätgotischen Palaste Ludwigs XII. von 1500, neben einer schweren Fassade des 17. Jahrhunderts steht der Bau Franz' I., sorgsam bewahrt und hergestellt, strahlend im hellsten Übermute einer jugendlichen Kunst, die mit ihren reichen Mitteln verschwenderisch umgeht, voll des Gefühls, daß sie unerschöpflich sind — graziös, unregelmäßig, fast launisch in ihren Dekorationen; die Fenstereinfassungen von spielender Fülle, das Gesims wohl das reichste, das je ein Architekt ersonnen hat. Alles beherrscht der berühmte Treppenbau: ein Turm, der frei vor die Fassade gezogen ist und das Ansteigen der Treppe bis zum obersten Stockwerke offen zeigt; wie überall mittelalterliche Motive umgeformt mit den Mitteln der neuen italienischen Kunst, die hier so schnell ein französisches Gesicht annahm. Man hat im Innern die Zimmer Katharinas von Medici und Heinrichs III. restauriert, die Deckenbalken bemalt, die Wände mit Leinwandtapeten voll reicher und vornehmer Muster bekleidet, den Boden belegt mit bunten Fliesen; überall ziert das Stachelschwein Ludwigs XII., das auf seinen Borsten die Königskrone unangreifbar trägt, der feuerspeiende Drache (Salamander) Franz' I. die Kamine und die Wände. Wer das 16. Jahrhundert im Kopfe und Herzen trägt, dem prägen sich diese Bilder unvergeßlich ein; dort, neben dem Bette des Königs, sank Heinrich Guise ermordet zusammen; in jenem kleinen Zimmer arbeitete Katharina von Medici: es ist ganz bekleidet mit erhaltenen Paneelen, 250 schmalen Platten, jede pilasterartig ausgefüllt mit seinem geschnitztem Ornament in Gold auf dunklem Grunde: alle verschieden und alle anmutig. Und dabei lacht einem das helle grüne Land in seinem Frühlingsglanze von allen Seiten ins Auge und Herz. Das wäre so ein Ort zum Ruhen, zum Genusse von Vergangenheit und Kunst und Leben!

Ich fuhr am Karfreitag weiter nach Amboise, am Flusse ent=
lang. Die Soldaten gingen in ihren Osterurlaub, ein ganzer Wa=
gen voll vergnügter Ausflügler sang Volkslieder und Melodien aus
der Weißen Dame und der Mascotte. Ich saß in einem Wagen
ohne Zwischenwände; ein Ehepaar aus der Provinz führte
seine zwei Kinder zum Feste aus, vermutlich zu den Großeltern;
Eltern und Kinder freuten sich aneinander und der ganze Wagen,
Zivil und Kriegsvolk, sah mit andächtigem Interesse zu. Man
kommt hier in die schloßreiche Touraine; auf den Seitenhügeln
des Loiretales liegt Schloß neben Schloß; auf der Südseite stieg
die Veste von Amboise auf. Wie anders diese Bilder als die von
Blois! Amboise ist eine mittelalterliche Burg, die Front spät=
gotisch, das Ganze auf dem Abschlusse eines Höhenzuges, über
mächtigen hohen Mauern und Strebepfeilern. Der Hof flüchtete
hierher, als Calvinisten und Adel sich gegen die Regierung der
Guisen verschworen. Ich hatte in den Handschriften von Paris
den Hergang gelesen, wie er von Stunde zu Stunde sich entwickelte;
jetzt stand ich in der gotischen Halle, wo der junge König und
Maria Stuart, seine Gemahlin, zitterten vor dem Einbruche der
Verbündeten; Herzog Franz Guise raffte das Gesinde zusammen,
er stellte sich selbst an die Spitze und jagte die Aufrührer in die
Loire. Man blickt von der Galerie weit hinaus auf das Land,
bis zu den Türmen von Tours: auf dem Eisengitter dieser Galerie
waren damals die Häupter der Rädelsführer aufgesteckt. Der Va=
ter Agrippas von Aubigné, des hugenottischen Kämpfers und Ge=
schichtschreibers, ging damals mit dem jungen Sohne über den
Marktplatz von Amboise: „sie haben Frankreich geköpft, die Hen=
ker!" und er ließ ihn schwören, die Toten zu rächen.

Das sind wilde Erinnerungen; und wie ich dann mitten innen
stand in den Denkmälern der Hugenottenzeit, war es ein rascher
Entschluß, der mich aus dem anmutigen, lebendigen Tours weiter=
führte, sieben Stunden neuer Fahrt, bis la Rochelle. La Rochelle
ist die eigentliche Hochburg des Calvinismus; hierhin flüchteten
sich Coligny und Jeanne d'Albret 1568; hier streckte 1628 nach
heldenmütiger Verteidigung der politische Calvinismus vor der
französischen Staatseinheit, vor Frankreichs großem Kardinale —
fast hätte ich gesagt, seinem großen Kanzler —, vor Richelieu die

Waffen. Kein Ort hatte so viel gekämpft und gelitten wie diese Stadt stolzen Bürgertums: es ist das Magdeburg der französischen Reformation. Hat man das Hügel- und Flachland von der Loire an durchschnitten, so ist man hier in einer anderen Welt. Leichte Landwellen, grün, voller Dörfer und Villen, ziehen sich bis auf die Stadt hin; sie selbst liegt an einer Meeresbucht, auf felsigem, schwach erhobenem Grunde — ein lebendiges Denkmal der Vergangenheit. Zwar auch hier spukt die Nachahmung von Paris; wer sich einen neuen Rock kaufen will, der geht in die rochelleser „grands magasins du Louvre" oder in die „belle jardinière"; hatte ich doch in Amboise eine Straße getroffen, deren ganze Anwohnerschaft eine verfallende Scheune oder ein Schweinestall bildete und die sich gut republikanisch „Boulevard Gambetta" nannte. Aber hier in la Rochelle sind diese Namen das einzige Zeichen der Großmannssucht und Kleinstädterei. Die Stadt selbst ist so einfach, so würdig und aus einem Gusse, daß sie nur ihr eigen Muster und Vorbild ist. Lange Laubengänge, wie in Bozen, Innsbruck oder Straßburg, bilden das Unterstockwerk der Häuser; spitze Giebel des 17. Jahrhunderts überall; manchmal alte Fachwerkhäuser des fünfzehnten mit weißgetünchten Mauern, das Holz belegt mit schwarzem Schiefer: unbewußt preußisch; sie haben noch keine Lauben, die scheinen also wohl späteren Ursprungs zu sein. Und zwischen diesen ernsten, einfachen Gebäuden auch hier manchmal ein kleiner Renaissancepalast mit reinen Formen. Das Hotel de Ville ist festungsartig abgeschlossen durch eine reich dekorierte Mauer mit Zinnen, spätgotisch; die Hoffassade, von 1600, zeigt die vollentwickelte und schon schwer werdende Renaissane; und aus einem anmutigen Turmbau blickt mit seinem liebenswürdig frivolen, unwiderstehlichen Gesichte der große König, Heinrich IV., auf die Stadt, die seine Jugend behütet hatte und deren rechter Vertreter er geblieben ist.

Noch jetzt glaubt man etwas zu spüren von dem alten starken Geiste. Es ist ein anderer Menschenschlag hier, als in Paris. Stämmig, knorrig, nicht besonders schön, aber vertrauenerweckend; ein Meervolk, das den Sturm kennt. Ein alter Seemann antwortete mir auf eine Frage über die Einwohnerschaft. Noch heute gibt es viele Protestanten hier; und dieser Matrose, der selbst einfach und treuherzig war wie seine Genossen, konnte doch nicht anders als in französischer Pointe reden: la mer, sagte er, la mer est protestante. Sieht man auf die Statistik, so ist das freilich nur halb wahr; ein tieferer Sinn liegt dahinter, den mein Gewährsmann selbst schwerlich ahnte. Wer auf dies Volk mit seinem fast nordischen Wesen blickt, der ist freilich oft versucht, zu wiederholen: la mer est protestante. Der Sohn dieses Alten fuhr mit mir stundenlang durch die See; er erklärte mir alles ringsum, zeigte mir den Damm, mit welchem der Kardinal die englische Hilfe vom Rocheller Hafen abgeschnitten hat, wies mir im Norden die ferne Küstenlinie der Vendée. Seine historischen Begriffe waren etwas zweifelhaft; er hatte von einem „General" Polignac gehört, der gelebt habe zur Zeit der Seigneurs (1830!) — es mochte wohl 1000 oder 1200 Jahre her sein. Besser wußte er Bescheid auf dem Meere. Er erzählte von den Mühseligkeiten des Fischerberufes, von Armut und Elend und hartem Kampfe mit der See, mit dem Sturme, mit eisiger Winterkälte. Er sprach schlicht und ergreifend. In diesem Winter seien etliche seiner Kameraden umgekommen, dort unten nach Bordeaux zu, alles Familienväter. „Sie mußten, daß sie scheitern mußten, 12 Stunden lang; sie sagten: wir wollen nicht sterben, und haben gekämpft bis zuletzt, denn sie hatten Weib und Kind. Aber das Meer trieb sie immer wieder hinein in den Halbkreis und da, in der Mitte, müssen sie gescheitert sein. Sie hatten alles abgeworfen, um sich retten zu können, sie waren splitternackt — aber es war alles vergebens." Welch ein Ernst in dieser Umgebung! Und dabei lachte heute das Meer und die helle Sonne blitzte und blinkerte auf den Tausenden kleiner Wellen, während ein leiser frischer Wind unser Segel spannte. Ich fragte ihn, wie sich die Konfessionen hier vertrügen; er erklärte, es gebe niemals einen Streit zwischen ihnen; er selbst sei Katholik, seine Frau Protestantin; man tue niemandem einen Zwang an — ça serait bien bête! Und diese naive Harmlosigkeit des braven Fischers an einem Orte, der noch ganz erfüllt ist von den dröhnenden Erinnerungen ungeheurer Kämpfe! Es war der „Coligny", der mich hinüberführte auf eine der Inseln, welche die Bucht von la Rochelle einfassen; der zweite Dampfer führt einen gleich kriegerischen Namen: „Jean Guiton"; so hieß

der Maire von 1628, der jedem Worte von Übergabe mit einem
Dolchstoße zu antworten sich ausbedang, als er sein Amt annahm.
Auch auf diesen Inseln herrschte jetzt der Friede: Sonnenglut,
aber Meereshauch; freundliche Leute mit treuherzigen Kinder=
augen in sturmverwitterten Gesichtern; sie wiesen mir die rechten
Wege, nahmen mich freundlich auf und waren stolz auf den Frem=
den („ein Engländer vermutlich“), der ihr Heimatland zu sehen
kam. An einer Scheune fand ich den Anschlag, daß man, mit der
Erlaubnis des Herrn Maires, am Ostersonntage, unter Mitwir=
kung geschätzter Dilettanten das Stück „Robert, Chef de Brigands“
spielen werde: ein Blick auf die entstellten, angeblich deutschen
Namen der Personen zeigte mir, daß es eine Umdichtung der
„Räuber“ war, die man hier geben wollte. Schillers Räuber am
Rande des Atlantischen Meeres, vor der andächtigen Zuhörer=
schaft eines weltentrückten französischen Dörfchens!

Der freie Ozean schlug mächtiger gegen den Sand und Fels
der Küste als die Wellen des Golfs von la Rochelle; lange ging
ich am Strande einher; Leuchttürme und Wasser und blauer Him=
mel. Am Abend konnte ich im Freien am Meere essen. Welch
eine gute Gesellschaft man hat, wenn die Wellen so rauschen und
schäumen! Sie wiegen die Gedanken ein und lassen sie träumen
von allen Fernen, von der Heimat, von der Vergangenheit; und
alles tritt leibhaftig vor das geistige Auge, während der violette
Streifen am Horizont sich grauer und grauer färbt und die Sonne
hinabgesunken ist ins Meer.

Zur Auffassung des Zeitalters der Religionskriege

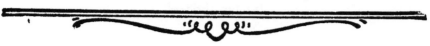

Anzeige (1887) von Kervyn de Lettenhove, Les Huguenots et les Gueux. Étude historique sur 25 années du XVIe siècle, 1560—1485. 6 Bände, Brügge 1883—5

Das große Werk Kervyn de Lettenhoves hat, seit es zu erscheinen begann, das lebendigste Aufsehen erweckt, viel Zustimmung und manchen Widerspruch; die Pariser Akademie hat ihm einen Preis zuerkannt, die Brüsseler Jury für die belgische Geschichtschreibung einen gleichen mit schwacher Mehrheit verweigert. Zunächst fiel die Stoffmenge ins Auge, auf der Kervyns Schilderung ruht: ein geradezu erstaunlicher Reichtum an ungedrucktem Material, vornehmlich aus englischen, niederländischen, französischen und spanischen Archiven, so breit, wie ihn selten ein einzelner zusammenbringen kann und selten ein einzelner darstellend verarbeitet. Und dann: welch ein Gegenstand! eine bewegte Zeit voll großer ideenreicher Gegensätze, die ganz Westeuropa erschüttern in schmerzlichen und machtvollen Kämpfen und aus deren Gesamtheit die hugenottisch-geusische Gruppe herauszuheben sicherlich ein berechtigter Gedanke war; und gerade das erste Menschenalter der Religionskriege schien durch die frische Kraft der Bewegung und die Bedeutung ihrer Führer dem Darsteller eine Aufgabe von besonderer Größe zu stellen.

So hat es indessen Kervyn de Lettenhove nicht gemeint. Sein Ziel ist es gerade, nachzuweisen, daß diese Zeit bisher durchaus falsch dargestellt worden ist. Nicht daß er klarlegen wollte, wie auch damals nach menschlicher Art das Ideale mit vielem Niederen aufs nächste verbunden und das Recht auf beiden Seiten gewesen sei; seine Anschauung ist, daß das ideale Moment überhaupt erlogen war: nicht ein Motiv neben und über den andern, sondern ein bloßer Vorwand zur Verbrämung der gemeinsten Interessen. Auf die hellen Jahrhunderte des Mittelalters folgt eine Zeit voll Blut und Kot, in den Jahren, die Kervyns Darstellung umfaßt, liegen die Ursprünge der Leidenschaften, die noch heute die Gesellschaft bedrängen; zügellose Wildheit unten, heuchlerische Selbstsucht bei den Führern: das ist der Geist dieser „ère voilée de deuil". „Rien ne manque aux hontes de ce siècle." Dem Beweis dieses bedingungslos schroffen Urteils dient das ganze Werk. Wie kommt nun Kervyns Urteil zustande?

Von der Stellung, welche einem dogmatisch ultramontanen Po-

litiker jeder Ketzerei, und dieser streitbaren calvinischen gegenüber
insbesondere, natürlich ist, möchte ich dabei soweit als möglich ab=
sehen. Es ist dem Historiker unverwehrt, das Ganze einer frühe=
ren Entwicklung an seinen eigenen Idealen zu messen; freilich hat
Kervyn das in der leidenschaftlichsten Weise getan, und es ist nicht
wohl möglich, daß die üble Laune, in der all seine sechs Bände
geschrieben sind, sein speziell historisches Urteil ganz unbeeinflußt
gelassen hätte. Aber, abgesehen hiervon und unter der Voraus=
setzung, daß die Tatsachen, auf denen der Verfasser fußt, richtig sind:
auf welche Weise zieht er aus ihnen seine Folgerungen für die Be=
urteilung der Motive jener Bewegung, deren Ganzes ihm immer=
hin antipathisch sein mag? Das Hauptmittel, das ihn zu jener
gründlichen Verdammung hinleitet, besteht in der Vereinzelung
aller Tatsachen. Coligny hält sich im Sommer 1572 vom nieder=
ländischen Kriegsschauplatze fern, auf dem im Einverständnisse
mit ihm seine geusischen Glaubensgenossen Alba entgegentreten.
Die Tatsache ist unbestreitbar. Ihr engerer Zusammenhang ist
der, daß Coligny damals am französischen Hofe alle Kraft ein=
setzte, um Karl IX. zur offiziellen Teilnahme an diesem Kriege
zu vermögen: also der Admiral war für dessen Erfolg nirgends
so unentbehrlich wie in Paris. Kervyn sieht von diesem Zu=
sammenhange ab (II 463): Coligny kann sich nur ferngehalten
haben aus Neid und Eifersucht gegen die Nassauer. Zehn
Seiten darauf hat Kervyn freilich das wirkliche Motiv erkannt.
Aber wie begründet er Colignys Drängen zum Kriege gegen
Spanien? Man könnte auch dies wieder in einen Zusammenhang
größerer Art hineinstellen wollen: in den Zusammenhang des
alten französischen Gegensatzes gegen Spanien, den jetzt die katho=
lische Vormacht zu erneuern gerade einem protestantischen Fran=
zosen das natürlichste, allgemeinste Interesse gebot. Aber Kervyn
läßt sich auf solche Beschönigungen nicht ein; er weiß ohne
Umschweif das wahre Motiv des Admirals zu entdecken: es ist
ein ganz persönlicher Ehrgeiz. Nun, und welchen Namen ver=
dient ein Mann, der um seiner jämmerlichen Ehrsucht halber
sein Vaterland in den schwersten Krieg zu stürzen unternimmt?
Besteht Kervyns sittliches Verdammungsurteil nicht zu vollstem
Rechte?

98

Dergleichen kontrolliert sich im Einzelfalle leicht; aber kann es eindrucklos bleiben, wenn er sich sechs Bände hindurch immer und immer wiederholt? Und in der Tat besteht Kervyns Methode darin, stets so von der isolierten Einzelheit, mit Überspringung der unendlich zahlreichen Zwischenglieder, welche jede historische Tatsache bedingen und erklären, zum allgemeinen Urteile zu eilen. Sein Werk setzt sich daher aus einer gewaltigen Menge von Einzelheiten zusammen, die der Verfasser sich weislich gehütet hat in den traditionellen falschen größeren Zusammenhang einzuordnen. Aus einer Summe von lauter kleinen Ursachen gehen die großen Wirkungen hervor. Jede Handlung, jeder Beweggrund, jeder Mensch, jede Partei wird so abstrakt und isoliert betrachtet; und es ist ganz unvermeidlich, daß alles sich von selber auf die einfachsten Elemente zurückführt: Heuchelei und Selbstsucht. Entwickelung gibt es nicht; weder die Charaktere noch die Bewegungen w e r d e n bei diesem Historiker, der sein Werk zwar in unendlich viele kleine Abschnitte zerlegt, innerliche Perioden aber so gut wie gar nicht geschieden hat. Er braucht deshalb auch den Untergrund nicht zu kennen, aus dem die Bildungen jener Zeit hervorwachsen: die sozialen Verhältnisse in den Niederlanden macht die Einleitung mit weniger als zwei Seiten ab, die Verfassungsgeschichte bleibt ganz im Dunkel; wo allgemeine Bewegungen geschildert werden sollen, zeigt es sich, wie sehr dergleichen der Natur des Verfassers zuwiderläuft: er nimmt am Hugenottentum wie am gesamten Calvinismus stets nur wenige Züge war und läßt das Ganze völlig unerklärt. Und hier wirkt denn das persönliche Urteil des Geschichtschreibers gar zu deutlich auf das historische zurück, wenn er z. B. in der Volkspartei Oraniens nichts erkennt als „ces haines impuissantes à rien fonder, mais irrésistibles dans leur œuvre de destruction et de ruine" (IV 105): und das gegenüber einer Schöpfung von der eigenartigen Größe des holländischen Staatswesens und gegenüber dem ganzen, so ungemein positiven Zuge dieser religiös-politischen Revolution; oder wenn er genau die gleichen ständischen Tendenzen bei den Hugenotten antinational und feudal, bei der Liga patriotisch und populär findet: denn nur was ständisch und klerikal zugleich ist, vermag ihm zu gefallen. Indes, es ist keineswegs das Vorurteil allein, das Kervyn blendet: die Gegenreformation kommt in ihrem großen europäischen Charakter bei ihm noch mehr zu kurz als der Calvinismus. Er hält sich eben im Kleinen, und während durch diesen Mangel an Hintergrund die Personen dieses realistischen Sammlers von Einzelzügen alle schattenhaft in der Luft stehen, gibt er einer wahren Sucht zum Detail aufs freigebigste Raum: diplomatische Intrigen, die endlosen kapriziösen Eheverhandlungen Elisabeths von England werden um ihrer selbst willen mit einer monographischen Liebe geschildert, die in einer großen Darstellung oft geradezu unerträglich wird. Nicht leicht wird ein geistreicher Mann ein so gründlich geistloses Gesamtwerk geschaffen haben. Denn es fehlt Kervyn keineswegs an Geist; seine Sprache ist straff, sprühend in Hohn und Zorn, elegant und oft voller Kraft, seine Darstellung äußerst farbenreich, allerdings grell; der Stil oft gar zu wenig historisch und in seiner Neigung zum Springenden, zum Sensationellen auf die Dauer nicht genießbar; der überreizte Leser sehnt sich nach der Ruhe historisch-epischer Darstellung und gäbe gern manches pikante Geschichtchen dafür in den Kauf. Pikant, unterhaltend, einseitig sind die Charakteristiken. Bei Katharina von Medici hätte man gern etwas wie eine Entwickelung; abgesehen davon aber hat Kervyns Methode dieser kleinen Natur gegenüber ausgereicht. Das Kleine ist auch vortrefflich beobachtet an Philipp II.; allein hier zeigt es sich, was es heißt, eine historische Gestalt von der sachlichen Bedeutung dieses Führers der Gegenreformation ihres Hintergrundes zu berauben: Philipp bleibt als historische Persönlichkeit vollkommen unverstanden, und die Folge ist eine wahre Maßregelung des Menschen. Kervyn gibt der Nervosität freie Bahn, welche den Katholiken bei Philipps einzelnen Fehlern ergreift, ähnlich wie den deutschen Protestanten gegenüber den deutschen Fürsten etwa des schmalkaldischen Krieges: und nun erscheint ihm alles und jedes an Philipp anstößig; versieht er seine Akten mit reichlichen Marginalien, so ist er „long et diffus en écrivant" (I 9. 42); sind sie kurz, so wirft ihm Kervyn „son stérile laconisme" vor (V 346), und über den kleinen Ungerechtigkeiten steht die, wie ich glaube, schwer zu rechtfertigende große: „Philippe II. invoquait la religion comme la complaisante auxiliaire d'une politique personnelle et égoiste" (I 470).

100

Aber sehen wir, wie zuerst von Kervyns persönlicher Stellung, so auch von seiner historischen Urteilsweise, von allen innerlichen Forderungen historischer Auffassung ab, die er, obwohl er sie gelegentlich aufstellt, unablässig verletzt — trotz alledem: sollten nicht die Tatsachen selber, die er in so großer Fülle darbietet, bei aller Einseitigkeit seiner Auswahl, doch eine dankenswerte Bereicherung unseres Wissens und Urteils enthalten? Leider stößt man hier auf Fehler, die noch gröber sind als die bisher genannten. Ich kann hier eine ausführlichere Besprechung in Monods Revue historique vom Juli d. J., in der ich, teilweise an der Hand der ungedruckten Zeugnisse, die auch Kervyn verwendet hat, die auf Frankreich bezüglichen Abschnitte einer Prüfung unterworfen habe, nur kurz dahin zusammenfassen, daß Kervyn, wo ich ihn kontrollieren konnte, statt der straffen politischen Entwickelung seinen Quellen gar zu gern auffällige und nur irreführende Einzelheiten entnommen hat; daß er ohne Sorgfalt und Selbstprüfung exzerpiert, fehlerhaft übersetzt; daß er aus Manuskripten und Schriftstellern höchst bedenkliche Angaben und Auffassungen ohne Zaudern übernimmt und in Erregung und Flüchtigkeit Irrtümer von so starker Art begeht, wie sie ein so hart richtender Mann sich selber am wenigsten verzeihen dürfte. Es möge hier nur hingewiesen werden auf die Darstellung von Colignys Anteil an der Ermordung Franz von Guises 1563: wer diese mit den längst fast vollständig gedruckten Quellen vergleicht, wird alle Eigentümlichkeiten Kervyns vereint finden, außer denen des Tones und Urteils die der Forschung: unmethodische Ausschreibung zweifelhafter und abgeleiteter Berichte, während die Originaldokumente selber vorhanden sind; einseitige Auffassung und unwillkürliche Umwandlung der Aussage der letzteren; aber erstaunt wird er doch sein, wenn er I 126 auf folgende Probe Kervynscher Quellenbenutzung stößt: „à côté du temoignage de l'envoyé de Philippe II. il faut placer celui de l'agent d'Elisabeth. L'ambassadeur anglais Smith . . écrit . . que Poltrot a été instigué par Soubise et confirmé . . par de Bèze." Was sagt nun der Gesandte? „he that slew the Duke s a i t h , he did it at the instigation" usw., und Smith fügt unten hinzu, daß er nicht wisse, ob dies alles wahr, oder ob es teilweise der Aufreizung halber erfunden sei (Forbes II 339). Und daraus

schmiedet Kervyn ein protestantisches, also doppelt wuchtiges Be=
lastungszeugnis.

In der Tat kann jede Angabe, die Kervyn allein bringt, nur
mit Vorsicht aufgenommen werden, die einzelnen Abschnitte seiner
Darstellung müssen sämtlich neu durchgeprüft, von Grund aus neu
gemacht werden, und die ungemeine Fülle von Stoff und Arbeit,
die in diesen Bänden steckt, ist beklagenswerterweise fast ganz ver=
loren. Das einzig Bleibende an Kervyns Leistung, abgesehen von
dem Werte der neu von ihm publizierten Dokumente, kann die An=
regung zu erneuter Prüfung der den seinigen entgegenstehenden
Urteile und Vorurteile und die Warnung sein, mit derselben Ein=
seitigkeit zu idealisieren, mit der er verdammt hat. Und diese
Anregung wird, obwohl sie nicht neu ist, ihr Recht behalten. Den
Schriftsteller selber, der sie gibt, wird man sich hüten so absolut
anzusehen, wie es seiner Methode entspräche; man wird ihn inner=
halb der Bewegung beurteilen, der seine Tendenz entspringt, aber
man wird dieser Tendenz, mag sie nun auf Frankreich und die
Niederlande oder auf Deutschland angewendet werden — und der
sie auf Deutschland angewandt hat, ist zweifellos an Breite der
Begabung wie an Gefährlichkeit dem Belgier weit überlegen —,
man wird dieser antihistorischen Tendenz, deren eigentliche Seele
die Verständnislosigkeit ist, von seiten der historischen Wissenschaft
immer die schärfste Wachsamkeit und die entschiedenste Zurück=
weisung entgegensetzen müssen.

Ludwig XIV. und Straßburg

Vorlesung Berlin 1887

er Streit um das Recht auf Straßburg ist nicht zur Ruhe gekommen von jenem 30. September 1681 an, an welchem die Truppen Ludwigs XIV. in die alte Reichshauptstadt eingezogen sind. Die Klage und die Anklage, die Volkslieder und Flugschriften sofort zu erheben begannen, hat neuen Widerhall erweckt, seit dem nationalen Bewußtsein unseres Jahrhunderts aus Straßburg die deutsche Schicksalsstadt geworden ist: aller Jammer und alle Schmach des tiefsten nationalen Elends hat in diesem Namen den Ausdruck und schließlich die Versöhnung gefunden; die historische Tatsache wurde zu typischer, idealer Bedeutung gesteigert. Die Form, in welcher der französische König die deutsche Stadt mitten im scheinbaren Frieden an sich riß, war diejenige des Prozesses gewesen: so hat denn die fortdauernde Rivalität der beiden Nationen den Streit um Straßburg literarisch als einen Rechtsstreit fortgeführt: die Juristen des heiligen römischen Reiches, die Diplomaten haben die Rechtswidrigkeit der Usurpation verfochten; noch heutigen Tages tritt die Streitfrage in der Geschichtsforschung im staatsrechtlichen Gewande auf: noch in den letzten Jahren hat sie der neueste und gründlichste Bearbeiter, Legrelle, in einem stoffreichen Buche, das doch an allen Stellen der Nachprüfung und Ergänzung bedarf, in diesem Sinne behandelt. Dem deutschen Forscher also, der an das Verhältnis Ludwigs XIV. und Straßburgs mit wissenschaftlicher Absicht herantritt, stellt sich, neben der Pflicht einer verdoppelt ruhigen Vorsicht, die uns heute nicht schwer fallen darf, eine zwiefache Aufgabe dar: er kann die R e c h t s f r a g e nicht unbesprochen lassen; er wird aber über die Form den Tatbestand, die Entwickelung der E r e i g n i s s e selber, die Darlegung der M a c h t f r a g e, deren Gegenstand Straßburg gewesen ist, zu stellen haben.

Nach Auffassung der Franzosen ist ihnen Straßburg zugesprochen worden im Westfälischen Frieden.

Richelieu hatte in der zweiten Hälfte des 30jährigen Krieges das Elsaß militärisch unter die Macht Frankreichs gebracht: seinem Nachfolger Mazarin blieb die Aufgabe, das Land diplomatisch festzuhalten, seine Abtretung von Kaiser und Reich zu erlangen.

In den endlosen Verhandlungen von Münster haben seine Abge=
sandten jahrelang darum gekämpft; man gelangte zu dem Ab=
schlusse, daß Habsburg seine elsässischen Besitztümer und Rechte an
Frankreich abtreten, die Reichsunmittelbaren des Landes aber im
vollen Reichsverhältnisse bleiben sollten. Denn wie sah dasjenige
im Jahre 1648 aus, was wir heute knapp und klar Elsaß nennen?
Genau so bunt wie irgendein anderes Stück deutscher, gar rhei=
nischer Erde. Vom Elsaß zu sprechen, stand in Wahrheit keinem
Reichsjuristen zu: diese Einheit gab es nicht; korrekt war lediglich
die Aufzählung einer Vielheit von vier Dutzenden einzelner Reichs=
glieder, deren Summe die Landschaft zwischen Basel und Weißen=
burg ausfüllte. Zwei große Gruppen scheiden sich. Den Süden
bildet eine kompakte Masse habsburgischen Besitzes: einmal der
Sundgau, zweitens die sogenannte Landgrafschaft Oberelsaß.
Diese bezeichnet ein Gebiet, in welchem die Habsburger durchaus
Territorialherren sind. Anders war es im Unterelsaß. Auch hier
gibt es eine habsburgische Landgrafschaft: aber nur zwei Herr=
schaften bilden sie. Im übrigen setzt das Elsaß sich zusam=
men aus zwei Bistümern, aus Reichsstädten mit ihrem Gebiet und
einer Reihe anderer Reichsstände geistlicher und weltlicher Art,
Klöster, Pfalzgrafen, Grafen, Freiherrn, Ritter; nur an einem
Punkte noch findet sich hier habsburgische Macht: zehn kleine
reichsunmittelbare Städte, durch die ganze Länge des Elsasses
hingestreut, Hagenau, Colmar, Schlettstadt und andere, sind zur
„Landvogtei Hagenau" vereinigt; ein Vogt, der sein Amt un=
mittelbar vom Kaiser hat, übt in diesen zehn Städten einige ganz
minimale Schutzrechte aus und bezieht dafür einige Einkünfte:
irgendwelche Gerichtshoheit oder gar Herrscherbefugnis über die
Städte besitzt er nicht. Diese Vogtei lag seit hundert Jahren in
habsburgischen Händen; sie war nichts als ein Amt. Dieses Amt
und den ober= und niederelsässischen Hausbesitz tritt nun das Haus
Österreich 1648, gemäß einer Stipulation, die seit zwei Jahren
feststand, im Friedensinstrumente an Frankreich ab und zwar als
souveränen Besitz der französischen Krone, nicht etwa, wie man
erst gewollt hatte, als ein Lehen, welches diese Krone vom deut=
schen Reiche zu nehmen hätte. Der Vertrag drückt es scharf und
genau aus, daß es sich nur um Habsburger Gut handelt. Und er

fügt noch ausdrücklich einen Paragraphen bei, der in klaren Worten sämtlichen Reichsunmittelbaren des Elsasses, einschließlich jener „zehn kaiserlichen Städte" der Landvogtei Hagenau, den vollen Fortbesitz ihrer Unmittelbarkeit zusichert: nur die österreichischen Rechte erhalte hier der französische König. Welche Rechte aber hatte Österreich innerhalb dieser Unmittelbaren? lediglich die Vogtei der zehn Städte. Auf diese Vogtei allein bezieht sich also der Schluß des Paragraphen: an der Suveränität des französischen Königs über seine neuen Erwerbungen ändere der Paragraph nichts. Natürlich: die Vogtei ging, wie gesagt, als suveräner Besitz, nicht als Lehen in Ludwigs Hände über. Die Vogtei, das Amt, nicht etwa die zehn Städte selbst!

Das alles ist vollkommen klar und in der Folge der Gedanken eindeutig und unmißverständlich; nimmt man eine Interpretation von Wort zu Wort vor, so bleibt keine Schwierigkeit übrig.

Trotzdem war der Vertrag dazu angetan Mißverständnisse zu erzeugen. Sie lagen gerade in jenem Nachtragsparagraphen vorbereitet, der so ausdrücklich die Reichsstände vor Frankreich sicherstellen sollte. Man brauchte nur diesen einen Absatz aus dem Zusammenhang herauszureißen. Zuerst konstatiert er die Fortdauer der Reichsfreiheit der Stände; am Schlusse wiederholt er, hierdurch werde an der französischen Suveränität nichts geändert. Ist das nicht ein Widerspruch? Wir sahen, daß sich die Schlußklausel, den früheren Paragraphen entsprechend, einzig und allein auf das Vogtamt bezieht. Aber wie viel konnte eine willkürliche Deutung mit einer Isolierung dieses Paragraphen und seiner Klausel anfangen! wie leicht zudem konnte, bei der Kompliziertheit reichsrechtlicher Begriffe, aus dem suveränen Besitze der Vogtei ein Besitz der Suveränität ü b e r die zehn Städte, wie leicht schließlich aus der österreichischen Landgrafschaft Unterelsaß, die Ludwig erhielt und die nur zwei Herrschaften umfaßte, d a s Unterelsaß als Gesamtlandschaft gemacht werden! All dies gegen Geist und Buchstaben des Gesamtvertrages — aber ausgeschlossen war solcher Mißbrauch nicht. Die Stände mühten sich, sofort eine präzise Erklärung zu verlangen, in welcher Frankreich sich selber die Möglichkeit dieses Mißbrauches ausdrücklich abschneiden sollte: sie wurde

verweigert. Es läßt sich nachweisen, daß die französische Diplo=
matie bewußt darauf ausging, diese Möglichkeit offen zu halten.
Frankreich war nicht stark genug, um die Abtretung des ganzen
Elsasses, wie es sie wünschte, zu erzwingen: so richtete es den Frie=
densvertrag dergestalt ein, daß ihm offen und klar zwar nur das
habsburgische Gut zugesprochen wurde, daß aber im günstigsten
Augenblick die französische Regierung im mißbrauchten Wortlaute
des Vertrages stets die Handhabe fände, weitere Ansprüche schein=
bar mit juristischem Rechte zu begründen.

Aller Welt war dieser Sachverhalt sofort klar. Wir besitzen
zwei Briefe, in denen die Diplomaten Ludwigs den Plan offen
eingestehen. Der wichtigere stammt aus der Zeit der Friedens=
unterhandlungen selbst, der eine der zwei französischen Bevoll=
mächtigten ist sein Verfasser; hier tritt es so offen wie möglich zu=
tage, daß diese Diplomatie vom eigenen Unrecht vollkommen über=
zeugt war: der Rechtsanspruch, der später zum Dogma wurde, war
damals noch eine bewußte Lüge, ein absichtsvoller Kniff. In
ihm liegt der Urgedanke der Reunionen bereits enthalten. Es waren
Gründe der Zweckmäßigkeit, welche die Geltendmachung der An=
sprüche noch drei Jahrzehnte lang hinausschieben ließen. Man
war noch nicht mächtig genug, sie durchzuführen, aber man ließ sie
je länger um so sichtbarer durchblicken. Im Nimweger Frieden
von 1678 bemühten sich die Deutschen aufs Eifrigste, durch klare
Konzessionen auch den Franzosen eine klare Begrenzung ihrer
Ansprüche aufzuzwingen: damals antworteten die Unterhändler
Ludwigs nur mit der steten Berufung auf den Westfälischen Ver=
trag. Zu einer klaren Interpretation ließen sie sich nicht drängen,
aber sie verhehlten ihre Auffassung nicht: sie waren jetzt soweit,
daß sie die Macht hatten, alles, was sie durch ihre, wie wir sahen,
falsche Deutung jenes Paragraphen von 1648 juristisch begrün=
den zu können meinten, auch in Wirklichkeit durchzusetzen. In den
dreißig Jahren aber, die zwischen den Verhandlungen von Mün=
ster und denen von Nimwegen liegen, hat Ludwig XIV. oft
in ausdrücklichen Worten anerkannt, daß Straßburg reichsfrei,
Reichsglied und für ihn nichts sei als ein Nachbarstaat; er bestritt
das erst mit Scheingründen, als er sicher war, seinen Argumen=
ten den Nachdruck der wirklichen Eroberung verleihen zu können.

Das juristische Unrecht also war auf französischer Seite: daran ist gar kein Zweifel. Den Deutschen blieb in voller Wahrheit die Genugtuung, den Gegner widerrechtlicher Gewalt zeihen zu dürfen. Eine jammervolle Genugtuung freilich! Proteste, deren sittliche Entrüstung, nach J. G. Droysens scharfem Worte, der Niederlage die lächerlichste Albernheit hinzufügt: statt der eigenen Ohnmacht klagt man die Gewissenlosigkeit des Feindes an! Gewiß, die Rechtsfrage enthält nicht den Kern der Sache. Ist sie darum wertlos? Auch das darf man schwerlich behaupten. Nicht nur, daß der deutsche Forscher verpflichtet ist, die Behauptung des modernen Franzosen von Ludwigs XIV. juristischem Rechte zu prüfen und, da sie falsch ist, zu widerlegen: wichtiger noch ist es, daß dieser Rechtsstreit doch den moralischen Charakter der Zeitgenossen, den Geist der Formen, in welche sie die Gegenstände zu gießen liebten, kennzeichnet. Immer wird die Art und Weise, in welcher der große König und sein Minister Louvois die Wegnahme Straßburgs motivierten, als solche ihre geschichtliche Bedeutsamkeit behalten; immer wird sich das Urteil auch auf das Verfahren erstrecken müssen, auch wenn man recht gut weiß, daß es sich in Wahrheit nicht ums Staatsrecht handelte, sondern um die Macht, daß internationale Verträge niemals dazu da sind, unverrückbare Normen für eine weite Zukunft zu bilden, sondern nur den Abschluß für Kämpfe, den Ausdruck für den Stand der Kräfte im Augenblicke des Friedens. Das ist ja sicher: was auch die Parteien mit dem Westfälischen Abkommen anfangen mochten in Recht oder Verdrehung, die Fortentwicklung wurde durch realere Dinge bestimmt als die feierlichsten Paragraphen des Instrumentes.

Wie sahen diese realen Mächte aus? Um ihrer drei handelte es sich: hier das Frankreich Ludwigs XIV., dort das deutsche Reich, wie es der 30jährige Krieg geformt, in der Mitte, ein Gegenstand ihres Ringens, die Stadt Straßburg.

Zuerst Frankreich. Es war die größte Zeit d e s Jahrhunderts, das die Franzosen als das große bezeichnen, in welcher das Land damals stand. Alle Früchte, welche die Lebensarbeit dreier großer Staatsmänner gepflanzt und gepflegt hatte, reisten jetzt dem Enkel Heinrichs IV., dem Erben Mazarins entgegen, sie fielen dem

Könige in den Schoß. Aus der schmerzlichsten Krise, in der alle Kräfte eines sich umbildenden Staats- und Volkswesens in tiefer Verwirrung und Erregung wider einander gewirkt hatten, hatte die Einheit sich gewaltiger als zuvor erhoben; ihr Träger war die Macht, die allein den inneren Frieden geschaffen und erhalten hatte, das Königtum. Alles verdankte man ihm: die ständischen Gewalten, die so blutig sich gegen den Absolutismus aufgelehnt hatten, deren unklarem Drängen schließlich nur Unheil über Unheil entsprossen war, sie lagen jetzt machtlos am Boden; auch sie ordneten sich dem allgemeinen Zuge zur Mitte hin ein; alle Anstrengungen der vergangenen Menschenalter, alle lebendigen Kräfte einer starken Gegenwart mündeten ein in das große Becken der Monarchie Ludwigs XIV. Und noch strebte das Königtum, seinem Volke, das ihm jetzt blindlings nachfolgte, zu immer höheren Zielen wahrhaftigen politischen Segens voranzuschreiten; indem es in seinen Händen die ganze Nation zusammenfaßte, wollte es diese emporheben auf eine neue Stufe staatlich fester Zustände und volkswirtschaftlicher Entfaltung. Noch fehlte dem Frankreich Ludwigs XIV. viel dazu, ein moderner Staat im vollen Sinne zu sein; aber es rang, ein solcher zu werden. Der Kampf um Straßburg fällt in die Jahre, da die Regierung zur Durchführung des wahrhaften Staatsgedankens so mächtige Schritte tat, in die Jahre der Wirksamkeit des großen Colbert. Daß es auf den Bahnen der politischen Pflichterfüllung nicht beharrte, ist später das Verhängnis des französischen Königtums geworden; aber wie weit stand es gerade damals durch die Höhe seiner Ziele, das Bewußtsein seiner Kraft, die Macht seines Einflusses auf das eigene Volk, durch die straffe Zusammenfassung aller Elemente dieses Volkes in der eigenen Hand, jeder auswärtigen Macht voran! denn der einzige Staat, den wir Heutigen als ein zukunftsvolles Gegenbild des absolutistischen Frankreichs erkennen, der Staat des großen Kurfürsten, konnte in den Augen der Zeitgenossen doch niemals dem Reiche Ludwigs XIV. an die Seite treten. — Die auswärtige Politik des geeinigten Frankreichs zeigt in der einen großen Richtung ihres Strebens die gleiche Idee volkswirtschaftlichen Interesses, welche die gesamte Politik Colberts beseelt; längst hat man darauf hingewiesen, wie sehr die

Kämpfe der zweiten Hälfte des XVII. Jahrhunderts Handels=
kriege gewesen sind. Im engsten Verein mit dieser wirtschaftlichen
Tendenz aber stand die andere, die historisch bestimmende, die
eigentliche Grundtendenz der auswärtigen Politik Frankreichs
seit mehr als anderthalb Jahrhunderten, die auch das Zeitalter
Ludwigs XIV. am sichtbarsten beherrscht und den König zum
Siege wie zum Niedergange geleitet hat: der Kampf gegen Habs=
burg. Im Widerstand gegen die umfassende und erdrückende
Weltmacht der burgundisch=österreichisch=spanischen Dynastie hat=
ten Franz I. und Heinrich II. ihr Leben verbracht, hatte Hein=
rich IV. das Mittel gefunden, sein Volk zu einigen, hatte Richelieu
den 30jährigen Krieg geleitet und Mazarin, dem großen Vor=
gänger nacharbeitend, das gebrochene Spanien endgültig gebeugt.
Aus der Verteidigung war das einst von seinen Feinden einge=
schlossene Frankreich längst zum Angriff übergegangen; in der
Politik Ludwigs XIV. wachsen Defensive und Offensive ineinan=
der: das Prinzip der militärischen Sicherung Frankreichs be=
herrscht seinen Kampf gegen Habsburg. An jeder Grenze, wo er
dem Feinde begegnet, schiebt er, in den Niederlanden, in Lothrin=
gen und Elsaß, am Jura und in den Alpen, den eignen Waffen=
gürtel vor, so lange, bis er eine militärisch vollendete Situation er=
reicht hat; wenigstens ist das sein Bestreben; den Außenstehenden
schien es ein Vordringen Frankreichs, den Franzosen nur der
naturgemäße Abschluß des eigenen Gebietes gegen die Offensive
des Auslandes. Der Westfälische Friede und sein Nachfolger, der
Pyrenäische von 1659, hatten den französischen König noch nicht
bis an die Grenze geführt, deren er zur Verteidigung seines Ge=
bietes — etwa auch zur Verteidigung durch den Ausfall! — be=
durfte, weder in Belgien noch in der Freigrafschaft noch gar im
Elsaß; zerstückelt, schlecht geordnet, schlecht geschützt, durchaus un=
vollendet und vorläufig lag gerade im Elsaß der französische Neu=
erwerb neben und zwischen dem Besitztume des Reiches, dieses be=
drohend, aber auch von ihm bedroht. Er war hineingeschoben,
ein Keil, in die zerfallene Menge der elsässischen Stände und klei=
nen Staaten: daß es bei dem Zustande von 1648 nicht bleiben
konnte, das forderte jede Konsequenz eines jahrhundertalten euro=
päischen Gegensatzes, das erkannten die Zeitgenossen allerorten,

das drängt sich dem Blicke des Historikers als klare Notwendigkeit auf.

Eine Veränderung würde geschehen — soviel war gewiß; welcher Art sie sein würde, konnte dem nicht zweifelhaft sein, der das
heilige römische Reich deutscher Nation kannte.

Es braucht hier nicht geschildert zu werden. Die volle Auflösung der Reichsverfassung war im Westfälischen Frieden lega-
lisiert worden; tief griff das Ausland in jedes deutsche Interesse,
in das Getriebe der deutschen Kleinmächte hinein; in Regens-
burg ging das Spiel auswärtiger und einheimischer Intrige, der
Kampf um die kleinen Dinge und großen Formen, in trüber Wie-
derholung von Jahr zu Jahr. Was den Zeitgenossen wichtig erschien und oft gewiß so erscheinen mußte, vermögen wir nur mit
Selbstüberwindung zu betrachten und zu würdigen; uns versöhnt
mit dem labyrinthischen Gewirr der damaligen Politik nur, was
manchem ehrlichen Manne damals bloß ein neues, böseres Element des Verderbens scheinen mochte, das Aufsteigen Brandenburgs. Den treibenden internationalen Anstoß aber verlieh dieser Staatenwelt, und insbesondere der südlichen und westlichen,
derjenige Gegensatz, der ursprünglich mit dem Reiche gar nichts
zu tun hatte, der Gegensatz des Hauses Habsburg gegen Frankreich. Stets wurde in ihn das Reich hineingezogen; es half ihn
auskämpfen — freilich mit einer Hülfe, deren Wert oft recht zweifelhaft war —; es hat nie in ihm gewonnen, vielmehr stets bei-
tragen müssen, in ihm zu zahlen an Geld und Blut und an eigenen
Gliedern. Die Niederlagen der Habsburger büßte es mit, von
ihren Erfolgen hat es keinen Segen gehabt. Unsere Kenntnis der
Politik Leopolds I. ist vielleicht noch immer zu gering, um ein
Urteil zu rechtfertigen; daß der Erfolg aber dem entsprach, was
eben gesagt wurde, dafür ist Straßburgs Schicksal der sprechendste
Beweis geworden. Ludwig XIV. selber hat sich einmal in gleichem
Sinne geäußert. „Wie sehr auch", entwickelte er 1680 seinem
Wiener Gesandten, „das Reich im französischen Kriege zu leiden
haben könnte, die Minister des Kaisers erhoffen für ihn und für
sich doch immer einen Vorteil."

Ein Trümmerwall, dem großen Trümmerhaufen des Reiches
vorgelagert, ist die elsässische Staatenwelt; ein Trümmerstück,

112

trümmerhaft außen und bis in den Kern hinein, ist auch Straß=
burg, die Reichsstadt.

Leibhaftig genug steht das Straßburg des siebzehnten Jahrhun=
derts vor unseren Augen. Im Jahre 1697 wird die Einwohnerzahl
auf 28 000 Seelen angegeben: wir haben Anlaß, für die vorher=
gehenden Jahrzehnte ungefähr eine gleiche Summe anzunehmen.
In jenem Jahre schilderte ein französischer Beamter die Straß=
burger so, wie sie noch heute sind: arbeitsam, nüchtern, philiströs;
es gebe, sagte er, wenig große Vermögen und nicht viel Armut:
eine gewisse mittlere Höhe genüge den Bewohnern durchweg; fast
alle seien sie Lutheraner; der eigentliche Großhandel liege meist
in der Hand reformierter Schutzverwandten. Der Handel war
die Hauptquelle des Erwerbs; auf dem Rheine besaß die Schiffs=
leutzunft ein weitgedehntes Monopol; „das Handelsinteresse," der
französische Minister sagte es klar heraus, „ist die Handhabe, an
der man die Stadt zu bewegen hat." Die Stadtverfassung hatte
sich normal im Geleise der allgemeinen deutschen Entwickelung
fortbewegt: noch bestanden die Formen, wie die abschließenden
inneren Kämpfe des fünfzehnten Jahrhunderts sie geschaffen
hatten; aber die Bewegung war ins Stocken geraten, das stehende
Wasser der munizipalen Oligarchie fiel langsam der Fäulnis an=
heim. Man hatte angeblich demokratisches Regiment, die Patri=
zier waren nicht besonders einflußreich, aus den Zünften ging die
Versammlung der Schöffen, aus ihnen der Rat hervor. Drei
engere Körperschaften, die drei geheimen Stuben, bildeten in
Wahrheit die Verwaltung; an der Spitze standen die Ammeister,
die eigentliche Gewalt hatte das Kollegium der XIII. Es war
übrigens gleichgültig, wer im Amte war: eine Anzahl von Fami=
lien regierte doch nur. Wir sehen die Vorgänge innerhalb der
alten Stadt mit lebendiger Klarheit vor uns in dem Tagebuch,
das von 1667 bis 1710 der Ammeister Franciscus Reiß=
eisen geführt hat: Wahlen, Formfragen, kleine und um so
giftigere Gegensätze treten wieder und wieder auf: die Männer,
die im Amte stehen, sind gewöhnlich Schwäger Reißeisens oder
dergleichen; ein junger Straßburger aus gutem Hause studiert
Humaniora und Rechte, reist ins Ausland, besucht Paris, tritt
in eine Zunft ein, wird Schöffe; dann fallen ihm die kleinen

Ämter mit ihren manchmal oft recht wunderlichen Vergünsti=
gungen zu, später eine Stelle in der Finanzverwaltung, schließlich
in der politischen Verwaltung. Große Dinge tragen sich nicht zu;
ein drakonisches Verbot des Tragens von Spitzenhauben bringt
einmal die ganze Bürgerschaft in Hader; Reißeisen klagt dabei
„wie man (d. h. der Rat) anjetzo ohnnöthiger weiß solche semina
discordiae causirt und annoch zu keinem Temperament schreiten
will, welches doch endlich würd seyn müssen."

Es gab Parteien; da wir aber fast nur Quellen aus den
regierenden Kreisen haben, so wird uns das Bestreben der Oppo=
sition nicht ganz deutlich; im ganzen war die Volksmasse schroff
antifranzösisch, die Regierung diplomatisierte mehr. Wir hören,
daß einige Monate lang giftige und teuflische Pasquillen, gegen
den regierenden Ammeister ausgestreut, die Stadt in die furcht=
barste Erregung versetzen; schließlich verrät sich der Verfasser un=
vorsichtigerweise, es ist ein Jurist von Namen: o bone deus, jam=
mert Reißeisen, in quae nos tempora reservasti! Der Sünder be=
reute; aber der Kopf wurde ihm doch abgeschlagen. In den kleinen
Verhältnissen der Stadt ging eben jeder sachliche Gegensatz rasch
in einem persönlichen auf; um große Fragen konnte es sich nie=
mals handeln; woher hätte ein großer Antrieb kommen sollen?
Der alte Bürgerstolz war erstorben, ein Vaterland hatte man
nicht, aus dem Reiche wehte nur eine dumpfe Kellerluft herüber;
kein Wunder, wenn Straßburg nicht besser war, als die übrigen
kleinen Stände des Reiches! Auch in der näheren Umgebung
nichts als haltloses Kleinleben. Der Verfasser jenes Tagebuches
findet einmal, als es sich um die Frage handelt, ob Straßburg am
Reichskriege gegen Frankreich teilnehmen soll, die Formel für die
Stellung seiner Stadt: „etliche herren . . . inclinieren sehr" zur
Aufhebung der Neutralität; „ich aber halte darvor, es seye besser,
etwas auf dem landt (ringsum standen nämlich die gegnerischen
Heerhaufen), ia alles, welches Gott verhütte!, verlohren, alß sich
aus der neutralitaet zu setzen und damitt dem äußersten ruin
durch hemmung der commercien thür und thor zu eröffnen. Sed
non omnes capiunt hoc." Non omnes! Noch gab es Reminis=
zenzen an die große Zeit der Straßburger Politik — aber man
sieht, wie sie ersterben mußten. Und neben diesem verfallenden

114

Wesen die Großmacht Frankreichs! Notwendig und sicher ent=
wickelte sich aus dem Nebeneinander von Reich, Straßburg und
Frankreich, in tragischem Fortgange, der Fall der Stadt.

In Beziehungen auch politischer Art stand die Stadt längst
zu dem westlichen Nachbarn. Sie war mit ihm verbündet seit der
Reformation; sie hatte sich ihm auch da nie rückhaltlos hingegeben.
Damals zuletzt spielten ja unsere Städte eine selbständige, bedeut=
same Rolle in der Entwickelung der deutschen, ja der europäischen
Angelegenheiten. Matt wurde der Anteil bereits im 30jährigen
Kriege; seit 1648 sucht sich Straßburg der Umklammerung der
französischen Freundschaft, die es doch nicht verletzen mag, nur
eben noch zu erwehren. Nun faßte Frankreich allgemach festen
Fuß in seinen neuen Gebieten; in wunderlichem Ringen unter=
warf der Staat Ludwigs XIV. sich langsam, auf die Schonung
der Regensburger Sympathien bedacht, die widerstrebenden
kleinen Städte der Hagenauer Vogtei: höchst eigenartig stießen
dabei die monarchischen Staatsanschauungen der königlichen Be=
amten mit der reichsrechtlichen Libertät dieser winzigen Ortschaften
zusammen. Das Königtum konnte diese Libertät nicht dulden:
es schlug sie in Scherben. Als nach 24 jährigem Waffenstillstande
1672 die allgemeinen europäischen Gegensätze im holländischen
Kriege von neuem auf einander trafen, zeigte es sich bald, daß
auch Straßburg nichts mehr sein könne in sich, daß es nur noch
ein Gegenstand und ein Kampfmittel des großen habsburgisch=
bourbonischen Widerstreites sei. Äußerlich zwar umwarb man
es wie eine selbständige Macht; seine Neutralität sollte es, je nach
dem Interesse der kriegführenden Mächte, aufrecht erhalten oder
opfern; seine Rheinbrücke wurde ihm von den Franzosen ver=
brannt, von den Kaiserlichen benutzt; in hilflosem Schwanken
sahen die Bürger zu, bis sie schließlich doch den Krieg an Frank=
reich erklären mußten. Viele Freude haben sie in diesem Kampfe
nicht erlebt: die trostlose Zerfahrenheit des Reiches war ihnen in
den stets wiederholten Mißerfolgen der Reichsheere aus nächster
Nähe recht greifbar vors Auge gerückt worden. Dann führte
der Friede von Nimwegen 1678 den glänzenden König auf den
Gipfel seiner europäischen Übermacht; es zeigte sich, daß Europa
noch nicht imstande war, ihr zu widerstehen, gedemütigt

mußte jeder Gegner Ludwigs sich beugen, und triumphierend beschrieb im Spiegelsaale des Versailler Schlosses der farbenprächtige Pinsel Lebruns die Siege, die Herrlichkeit, die gottähnliche Allmacht, die Schrankenlosigkeit seines königlichen Herrn, so wie der Krieg von 1672 bis 1678 sie zutage gefördert.

Wie aber war die Bedeutung des neuen Friedensschlusses für Straßburg? Zweierlei war ganz deutlich: erstens, daß die Liberität Straßburgs für Frankreich ganz unerträglich geworden war; zweitens, daß dieses den klaren Entschluß ausgedrückt hatte, seine angeblichen Rechte von 1648 jetzt durchzuführen. Beides muß hier etwas näher dargelegt werden.

Erstens die Unentbehrlichkeit des Besitzes für Ludwig XIV. Der vergangene Krieg hatte sich zum guten Teile in Baden und im Elsaß abgespielt; mehrmals hing der Erfolg der Operationen am Besitze des Rheinüberganges. Ganz unverkennbar war es geworden, daß die Beherrschung des strategisch bestimmenden Platzes, eben der Stadt Straßburg, das einzige Mittel war, das Elsaß festzuhalten: Straßburg in kaiserlichen Händen lassen, hieß auf die strategische Ausnutzung, auf die ruhige Verwertung der Elsässer Erwerbungen ein für alle Male verzichten. Louvois und Ludwig waren aber entschlossen, ihre europäische Übermacht zum Abschluß ihrer Machtstellung am Oberrhein zu benutzen, sie durch diesen Abschluß erst zu festigen. Das Benehmen der Straßburger selbst kam, da es sich um so große internationale Fragen handelte, tatsächlich nicht in Betracht: es ist das Schicksal solcher Grenzprovinzen, daß sie sich nicht selber bestimmen können, daß sie den Bedürfnissen größerer Körper nun einmal geopfert werden: so war es und so ist es noch. Aber blickte nun ein Franzose auf das Auftreten der Reichsstadt im letzten Kriege, mußte er sich nicht fast berechtigt fühlen zur Gewalttat durch die schwankende Zweideutigkeit der Straßburger Politik? Die armen Straßburger hatten nicht anders gekonnt; aber ein Großstaat hatte keine Veranlassung, ihnen ein so bedenkliches Spiel auch künftighin frei zu lassen. Militärisch und politisch mußte Straßburg in eine feste Stellung gebracht werden; die Logik der europäischen Lage forderte es. Das Reich war zu schwach, es an sich zu ziehen; es war niemandem zweifelhaft, daß Frankreich es annektieren mußte und wollte.

Denn zweitens: tatsächlich hatte die französische Diplomatie in Nimwegen ja erklärt, daß sie es nehmen würde. Es ist oben angedeutet worden, wie die deutschen Unterhändler den französischen Ansprüchen durch klare Abtretungen eine klare Grenze auferlegen wollten und wie die Franzosen nichts davon annahmen, unter der Erklärung, sie beharrten auf dem Rechte, das ihnen der Westfälische Frieden gegeben habe. Was sie damit meinten, mußte alle Welt. Kaiser und Stände erließen einen Protest; sie blieben juristisch in vollem Rechte; aber sie schlossen Frieden. Damit war für die Tatsachen, wie sie kommen mußten, alles entschieden. Zweifelhaft konnte nur die Art und Weise sein, in welcher Louvois vorgehen würde.

Auch hierfür waren die Grundlinien bereits vorgezeichnet. Einen Rechtstitel wollten sie geltend machen, sagten die Franzosen: sie wandten die Rechtsform dabei an. Das war seit Münster, und länger noch, vorbereitet. Freilich, die spezielle Form, die der Minister Ludwigs, der in jenen Jahren die Politik seines Herrn bestimmend vertrat, Louvois in seiner grobzufahrenden, strupellosen, aber machtvollen Gewalttätigkeit wählte, war neu und schließlich doch überraschend. Die Kammern, die er in Metz und Breisach einrichtete, gingen vom Rechtsstandpunkte aus, scheuten vor dem entlegensten, dem unwahrsten Argumente nicht zurück, griffen über die Grenzen ihres Staates rücksichtslos hinaus, entdeckten überall alte Lehnsansprüche Frankreichs, die der Anfall der drei lothringischen Bistümer und des Elsasses ihm eingebracht habe, und verfügten ohne wirklichen Prozeß, ohne Berufung, den Vollzug ihrer Entscheidungen durch französische Regimenter. In die Wunden, die sie schlugen, träufelte gerade die Rechtsform, welche die Gewalt umhüllen mußte, ätzendes Gift hinein; der Mißbrauch des feierlichsten Verfahrens wirkte auf die Welt, welche die Tatsachen selber hatte erwarten müssen, wie der zynischeste Hohn. „Wer bürgt dafür," rief der große Kurfürst, „daß Frankreich morgen nicht Magdeburg oder Berlin reunieren wird?"

Für Straßburg waren es leidvolle Jahre, die zwischen dem Nimweger Abschlusse und dem Einmarsche Louvois' lagen. Daß „dieser Frieden allein ein Interimsfrieden schiene und man sich mit Zittern freuen müsse," sprach man sofort aus im Rate der Dreizehn. Bald schlug die französische Politik einen herrischeren

Ton an als bisher, es folgten die Reunionen, die Landbezirke
Straßburgs wurden weggenommen, der Handel unterbunden;
„wenn Gevatter Ludwig Ammeister sein wird," — so hatte man
sich wohl hier und dort ausgesprochen — „dann wird alles sich
bessern." Aber im allgemeinen überwog Abneigung, Bedrückt=
heit, dumpfe Erwartung. Bitter bemerkt Reißeisen zu einer könig=
lichen Verfügung: „Ratio: le Roy le veut." Proteste der Stadtregie=
rung waren ohnmächtig. Und die Masse des Volkes schrie über Verrat.

Es ist eine alte Anklage gegen das Straßburger Regiment,
daß es sich habe von Ludwig XIV. kaufen lassen. Louvois selbst
hat sie verbreitet, um seine Gewalttat minder gewaltsam erscheinen
zu lassen. Man hat von einer französischen Partei, von Korrup=
tion sondergleichen gesprochen. Mit Unrecht: eine Bestechung
wenigstens in einem für jene Zeit irgend erheblichen Maßstabe
oder von einer entscheidenden Bedeutung, das darf man heute
versichern, hat nicht stattgefunden; selbst die Wirksamkeit des
Fürstenbergischen Bischofs, der im französischen Solde stand, be=
gann in Wahrheit erst nach der Einnahme; gerade Legrelle hat
ausgeführt, wie weder Geld noch Sympathie Louvois die Tore
geöffnet habe; er erschloß sie mit Waffengewalt. Ein kaiserlicher
Gesandter wirkte in der Stadt für seinen Herrn: daß er irgend
etwas erreicht, getan hätte, sehen wir nicht; seine Anwesenheit
aber, die an sich ganz legitim war, gab der französischen Diplo=
matie eine neue Waffe in die Hand; ein Rundschreiben konnte der
Welt verkünden, Ludwig habe eilen müssen, um die Stadt, die
ihm gehöre, nicht in Habsburgs Hand fallen zu lassen.

Der Hergang der Einnahme soll hier nicht erzählt werden.
Louvois hatte alles vortrefflich vorbereitet; die Stadt war ohne
Truppen, die auflodernde Wut des Volkes brach bald in sich zu=
sammen; man ging ans Unterhandeln. Im Straßburger Stadt=
archiv liegt eine Abschrift des Berichtes, den die Stadt=
regierung der Versammlung der 300 Schöffen vorlegte, damit
diese sich über Ausharren oder Übergabe entscheide. Da werden
erst in langer Reihe die Ursachen entwickelt, die für tapferen
Widerstand sprachen: tiefes Mißtrauen gegen Frankreich, alle die
schlimmen Folgen, die dem Verluste der Selbständigkeit ent=
springen mußten, die Trennung vom alten Vaterlande, zu dessen

Feinden man sich nun gesellen sollte; Scheu vor dem Urteile der Berufenen;die Gerechtigkeit ist für Straßburg, die heilige Schrift bezeugt es, wie oft „die göttliche Allmacht den Stolz einer großen Macht durch einen kleinen Hauffen gestürzt und zu Schanden gemacht habe." Noch einmal berauschte man sich so an großen und vollen Worten; wie mögen die Handwerker der alten Reichsstadt ihren Beifall gejubelt haben, da solche Sprache zu ihnen erklang! Aber sie waren verständige Leute. Die Reihe der Gründe wider den Kampf war kürzer als die vorhergangene; ihr Ton war trockener — aber ihre Wucht entscheidend. Frankreichs Übermacht ist riesengroß und vor aller Augen, die Stadt unbewehrt, Hilfe nicht zu erwarten; selbst eine kürzere Gegenwehr, welche Pflichterfüllung gegen das alte Vaterland mit rechtzeitiger Klugheit des Nachgebens verbände, schien dem Rate allzu gefährlich; rasche Ergebung — und Ergebung war doch unvermeidlich — sicherte am ehesten gute Bedingungen. Und auch hierfür mußte die Schriftkunde der Staatsjuristen Straßburgs einen biblischen Grund in's Feld zu führen: zur Strafe für Sünden hatte Gott sein eigen Volk ja oft genug dessen Feinden in die Hände gegeben und ihm „nicht erlaubt sich zu defendiren". So soll man sich drein schicken „in christlicher Gelassenheit".

Dieses Schriftstück, das so pedantisch und hilflos einherschreitet in dem barocken Faltenwurfe seines Für und Wider, ist das bezeichnende Testament der Straßburger Unabhängigkeit. Die Kapitulation sicherte den Fortbestand der alten Verfassung, der Privilegien, auch der Konfession; Reißeisen schrieb einer Vergangenheit von Jahrhunderten die nüchterne Grabschrift: „Es verbleibet alles im alten stand, und verhoffe ich, wir werden ahne statt der libertaet widerumb den flor der commercien, welche gaentzlichen erliegen, bekommen." Und Reißeisen war ein guter Straßburger, ein achtungswerter Mann.

Im Reiche war die Erregung groß; sie blieb ohne Taten. Straßburg war nicht zu retten gewesen. Man war froh, daß Frankreich versprach, jetzt wenigstens Halt zu machen. Erst in den nachfolgenden Jahren trug die Wegnahme der Reichsstadt fortwirkend dazu bei, den siegreichen Weltbund gegen die Übergriffe des Königs zu begründen.

Das Verhältnis Ludwigs XIV. zu Straßburg hat nach den Septembertagen von 1681 noch eine lange Geschichte von vierunddreißig Jahren gehabt: für die innere Entwickelung nicht die interesselosere Hälfte dieser Beziehungen. Hier soll nur noch die Frage berührt werden, welcher Richtung von Ludwigs XIV. Politik die Einnahme Straßburgs angehört. Derjenigen der nationalen Abrundung, der kommerziellen Ausbreitung nicht: denn die Nationalität des Elsasses hat das französische Königtum, mit Konsequenz wenigstens, nicht angetastet. Das Verhältnis zu Straßburg blieb ein Vertragsverhältnis auf Grund der Kapitulation von 1681, und der Verkehr der Handelsstadt wurde keineswegs in die Bahnen französischen Lebens hineingezwungen: die Hauptzollgrenze lief nicht zwischen Straßburg und dem Reiche, sondern sie schied Elsaß und die lothringischen Bistümer als provinces étrangères effectives vom französischen Gesamtkörper ab. Vielmehr ist diese Annexion der militärischen, der antihabsburgischen Richtung der Politik einzuordnen: sie schloß, wie eine Münze feiernd besagte, Gallien vor den Germanen ab, sie sicherte Elsaß und machte Baden zum „Glacis der französischen Grenzfestung". Der Historiker Louvois', Camille Rousset, hat in glänzender psychologischer Entwicklung den Einfluß hervorgehoben, den, neben allen politischen Berechnungen, die Eroberungslust des Volkes selber und des Königs, der sein Volk verkörperte, auch auf alle diese Kriege gerade in Ludwigs XIV. guter Zeit ausgeübt hat.

Spurlos natürlich ging die Zugehörigkeit zu dem großen Staatskörper an Straßburg nicht vorüber. Eine Ausnahmestellung behielt es freilich, aber die Verwaltung des französischen Königtums griff auch in die Verfassung und Lenkung des Staatswesens von Straßburg im Guten und Bösen umgestaltend hinein. Bezeichnend ist es, daß bereits Ludwigs erster Intendant die deutsche Frauentracht bekämpfte, daß aber erst die Abgesandten des Konvents „den Bürgerinnen von Straßburg" die „modes allemandes" dauernd verbieten mußten, „da deren Herzen französisch sind", — mit dem stillschweigenden Hinweis auf die Guillotine! An der Zwitterhaftigkeit, die seitdem sein Schicksal geworden ist, krankt das elsässische Volkstum noch heute im Tiefsten.

Der jüngere Pitt und seine Zeit

Zum hundertsten Jahrestage seines Todes 1906

Am 23. Januar 1806 ist in dem kleinen Putney nahe bei London das Leben William Pitts des Sohnes im Dunkel erloschen. Das alte Jahr hat mit Austerlitz geschlossen, das neue war bestimmt, den großen Feind Englands auf das Siegesfeld von Jena zu führen und in die Kontinentalsperre auszugehen: die Wolken hingen schwer über der britischen Insel, und der einsam sterbende Minister empfand den Druck der Zeit in wunder Seele. Seine Landsleute werden seiner trotz alledem und mit gutem Rechte wie eines Siegers gedenken: in einem Kampf, der hart auf ihren Ahnen gelegen hat, der aber groß und für die Zukunft Englands fruchtbar war wie wenige. Nicht in Pitts Sterbejahr, aber vorher und vollends nachher hat England diesen Kampf, bis auf den Tag von Waterloo hin, als Bundesgenosse der deutschen Mächte durchgefochten. Dem heutigen Deutschland wird es nicht leicht, englische Gedenkfeste mit freudiger Anteilnahme zu begleiten: es hat sich gar zu viel zwischen die beiden großen germanischen Völker geschoben, und auch wer dies beklagt und wünscht es schwinden zu sehen, kann sich der Wirkung lastender Tatsachen als Glied seines Volkes heute nicht entziehen. Wie aber dieses England wurde, mit dem unsere Gegenwart wieder so gespannt zu rechnen hat, das muß das Deutschland von 1906 um so stärker beschäftigen. Und der Tote von 1806 steht recht inmitten dieses weltgeschichtlichen Werdens, an einer entscheidungsvollen Stelle. Von seiner Gestalt geht der Blick unwillkürlich in die Vergangenheit und die Zukunft seiner Nation hinüber; aber er haftet auch, mit der Aufmerksamkeit, die das Bedeutende überall erzwingt, auf der Erscheinung selbst, auf seinem Lebenswerk, auf seiner zeitgenössischen Umgebung, auf jenem gewaltigen Kampfe, in dem Pitt starb. Es sind weite und inhaltreiche Dinge, um einen Mann geschlossen, der kein Genius war und doch ein Großer: ein eigentümlich englischer Charakter, nüchtern, klar, ganz Wirklichkeit und Politik; ein Jahrzehnt hindurch der wichtigste Gegner, den der ungeheuerste Mensch der neueren Geschichte sich gegenüber sah, noch im Grabe ein Mitbesieger Napoleons, und doch nicht eigentlich eine starke und herrscherhafte Natur; ein Staatsmann, der eigentlich nie, in dem

Maße, in dem die wahrhaft Mächtigen es tun, über den Dingen stand und sie führte, vielmehr ganz unmittelbar von ihnen geführt, gestoßen, manchmal zur Seite gestoßen — und dennoch innerhalb mächtiger Zeiten einer der Ersten, von tiefer und überdauernder Wirkung, unermeßlich gehaßt von den Feinden seines Landes, daheim wie wenige geehrt und geliebt, der Wiederhersteller und der Halt und Ausdruck der englischen Kraft, in Tagen, als sie um ihr Dasein und zugleich um die Weltherrschaft rang. Man hat also Fragen zu richten an seine Geschichte und an seine Persönlichkeit.

ଡ ଡ ଡ

Er war der wesensverschiedene Sohn eines größeren Vaters und zugleich dessen echter Erbe und Fortsetzer. Die Hauptleistung des älteren Pitt, der als Lord Chatham starb, war der Krieg gegen Frankreich — ein Krieg, der England, von 1680 an, durch vier Menschenalter hindurch begleitet hat und dessen höchsten Gipfel die beiden Pitt bezeichnen. Es war ein Ringen um die politische und um die wirtschaftliche Macht, mit allen Mitteln, politischen, militärischen, wirtschaftlichen ausgefochten; England hat sich in ihm zuerst von dem drohenden Übergewicht Ludwigs XIV. befreit, dann ist es weitergegangen zu immer umfassenderen und immer glücklicheren Angriffen. Es hat in diesem Ringen sein Kolonialreich, seine Flottengröße, seine Handelsgröße, seine Industrie erst wahrhaft begründet, genauer gesagt: erobert; durchaus auf diesen Siegen steht das England des XIX. Jahrhunderts und der Gegenwart. Wilhelm III. und Marlborough waren die ersten Führer gewesen; dann folgte ein langer Waffenstillstand, eine Periode der wirtschaftlichen aber nicht der staatlichen Kräftigung, und auch der Wiederausbruch des Streites von 1740 ab brachte Großes nicht hervor. Aus diesem Sumpfe riß erst der ältere Pitt in den Jahren desselben Krieges (1757—61) sein Land heraus, in dem auf dem europäischen Festlande Friedrich II. sich und sein Preußen behauptete und so hoch erhob. England hat damals Nordamerika und Ostindien mit dem Schwert, zum guten Teil auf deutschen Schlachtfeldern, erstritten. Die ungeheure Zusammenraffung der scheinbar ganz erlahmten und zersplitterten Kräfte, der es dies verdankte, ist einzig das Werk des großen Pitt. Ein feuriger, stolzer, pathetischer Mann, in dem alles Wille, Wucht, Gewalt war, dramatisch bis zum Theatralischen, und dennoch eine sittliche Macht von beseelender und zwingender Wirkung, der Held des nationalen Weltkrieges, in kurzen Herrschaftsjahren ein Kämpfer und Sieger von unermeßlichem Glanz. Er blieb insbesondere in der Kette der Weltmachtgeschichte Englands einer der stärksten Ringe. Aber er bedeutet auch etwas für die Geschichte der englischen Verfassung. Nach matten und selbstsüchtigen Jahrzehnten hob er, auch innerlich, den Gedanken des Staates wieder leuchtend in die Höhe.

Es ist eine alte Erkenntnis, daß die englische Konstitution des XVIII. Jahrhunderts, die Montesquieu so eindrucksvoll als das Muster der liberalen Staatsform feierte, in Wahrheit, während ihrer klassischen Zeiten, eine stramme Aristokratie gewesen ist. Der englische Mitteladel hatte 1688 das absolutistische Königtum der Stuarts gestürzt; seit der Thronbesteigung des landfremden und auf die Hilfe einer Partei angewiesenen Hauses Hannover (1714) wurde dieser Adel und wurde die Partei, auf der die neue Ordnung vorwiegend ruhte, die wighistische, zum wahren Herrn der Staatsgewalt. Die Monarchie wurde den Tatsachen nach von der Partei, vom Unterhause abhängig; ein großes aristokratisches System umspannte Wahlrecht, Parlament und Selbstverwaltung, Staat und Kirche und Wirtschaft, umspannte alle innere und äußere Politik. Und da es ein halbes Jahrhundert hindurch ungestört waltete, so entartete es, unter der langen Leitung eines geschickten Parteiministers, zu übertriebener Einseitigkeit. England wurde von allmächtigen Klassen und Gruppen regiert, mit aller Selbstsucht und aller Verderbnis, die solchem Regimente anzuhängen pflegen. Die politischen Rechte beschränkten sich in Wirklichkeit auf jenen Adel und auf die höhere Mittelklasse der alten Städte, Londons zumal. Auf einem Bündnisse des ländlichen Großbesitzes und des städtischen Großhandels vornehmlich beruhte die Macht der Whigs; was an ideellen Kräften religiöser und staatlicher Art früher hinter dieser Partei der 1688er Revolution gestanden hatte, verflüchtigte sich in den Jahren des trägen Besitzes und der Ausnutzung der Macht, in den langen Jahren zwischen 1714 und 1760. Die Whigs waren die Partei der inneren

Befreiung und zugleich des Krieges gegen Frankreich gewesen; das zweite blieb ihnen, als das erste versumpfte. Ihre Kaufherren und ihre großen Lords blieben die Träger des Gegensatzes gegen die Bourbonenstaaten, eines bei ihnen zugleich ganz wirtschaftlich empfundenen Gegensatzes; sie drängten auf die Eroberung der Kolonien, der Meere, der Absatzgebiete, auf den erbarmungslosen Zollkrieg und Zollabschluß gegen Frankreich, auf den rücksichts= losen Schutz der eigenen, landwirtschaftlichen wie industriellen, Er= zeugung und des britischen Handels hin; sie sind so die Werk= meister der britischen Weltstellung und der britischen Weltwirt= schaftsgröße geworden. Die Tories vertraten demgegenüber die sehr viel engeren Wünsche des kleineren Landadels, den die großen Weltverhältnisse und die Exportinteressen wenig berührten; sie wollten Frieden, sie waren Freihändler; Gegner des neuen Systems, blieben sie lange von der Regierung ausgeschlossen. Die Sünden dieses Systemes wurden vorhin erwähnt; es hat, solange es währte, auch als die alten ideellen Kräfte und Gegensätze sich wieder innerhalb seiner zu regen begonnen hatten, und somit ein großes Stück in das XIX. Jahrhundert hinein, die Schwächen einer Aristokratie, deren Alleingeltung immer ungerechter wurde, be= halten. Aber auch die Stärken der politischen Aristokratie hat es immer wieder gezeigt: die feste Überlieferung, den politischen Sinn, die Ausbildung stattlicher Vertreter der nationalen Politik; es hat ein britisches Weltreich geschaffen; es hat, nach manchen Versumpfungen, doch immer wieder große Führer an die Spitze dieses Staates gestellt. Ein neues England kam im Schatten die= ser Aristokratie der Landherrn und Handelsherrn empor, eine neue Industrie, neue Städte, neue bürgerliche und arbeiterliche Schich= ten — sie blieben vom Staate ausgeschlossen; erst die Reformbill von 1832 öffnete den ersten von ihnen die Tore der Verfassung. An denen gerüttelt hatte man freilich seit langem: eine wirklich tote Stille hatte — soweit man so allgemeine Urteile überhaupt aus= sprechen darf — doch nur bis 1760 über England geherrscht. Schon Chatham dachte an Reformen: an einen Wiederausgleich zwischen dem Staate, der einer engen Schicht anheimgefallen war, und der weiterwachsenden Gesellschaft, an ein Werk also der Gerechtigkeit und zugleich der Wiederbelebung. Er dachte gleichzeitig an die

Erhöhung des Staates, des Gesamtinteresses, über die dumpfen Niederungen der Parteiregierung; in ihm selber atmete ja der Stolz eines großen Staatsgefühls und verlieh ihm jene Kraft, das mattgewordene England in den Riesenkampf mit Frankreich wieder hineinzustoßen. Der Schwung des Staatsgedankens also war in ihm und ging von ihm aus. Andere erstrebten die Reform durch eine Wiederausfüllung der hohl gewordenen Parteien mit lebendigem, ideellem Inhalte; so begann Edmund Burke den sittlich erstarrten Whigismus wieder mit den sittlichen, den liberalen Gedanken zu beseelen, von denen er dereinst hergekommen war. Und neben den beiden Politikern erhob der Nationalökonom seine Stimme. Das englische Leben ruhte seit Jahrhunderten auf der Leitung auch des Wirtschaftlichen durch den merkantilistischen Staat; der Staat, mit seinen Waffen und Zöllen, seinen Geboten und Verboten hatte auch den Handel und das Gewerbe großgemacht, sie geschützt, erzogen, in die Welt hinausgeleitet, mit ihnen vereinigt um die Welt gekämpft. Aber nun wuchs in seinem Schutze jene neue, breitere Wirtschaftsbewegung, ein neues, großindustrielles Bürgertum, ein neues Unternehmertum von persönlichem Zuge empor, das den Schutz und die damit verknüpfte Vormundschaft des Staates nicht mehr brauchte und nicht mehr vertrug. Die Lehre von der wirtschaftlichen Freiheit rang sich durch, von den Bedürfnissen dieses neuen Standes und zugleich von liberalen Gedanken, von geistigen Kräften, von den allgemeinen Freiheitsideen der Aufklärung auf das tiefste beeinflußt und getragen. Überall also frische Bewegungen, neben den faulenden Wassern der aristokratisch-oligarchischen Parteiherrschaft; überall der Drang zu etwas Neuem, Lebendigerem, Stärkerem. In dem nordamerikanischen Kolonialreiche betätigten sich die neuen Tendenzen der Zeit in eigener, demokratischer Ausgestaltung, bald im Kampfe mit dem alten England; auch in England selber war all jenes Neue bereits im Werden, aber freilich, hier schlug die Entwickelung andere, unvorherbestimmbare Wege ein.

In England haben nicht jene Reformwünsche die Stille des alten Zeitalters wirklich gelöst, sondern im Gegenteile, ein neuer Herrscher brachte das zuwege, und zwar der Hauptsache nach aus sehr entgegengesetzter Gesinnung heraus. König Georg III., der

1760, als der erste geborene Engländer unter den Welfen, den Thron bestieg, suchte die Whigoligarchie zu sprengen und, indem er die Tories an sich und hinter sich her zog, die alten Rechte der Krone, die in nur tatsächlicher, nicht gesetzlicher Entwicklung vom Parlamente überwuchert worden waren, wieder auszugraben. Man geht gern der Vorstellung nach, was dieser König hätte erreichen können, wenn er sich, gegenüber jener Aristokratie, die auch ihn einschnürte, mit den lebendigen Mächten der Zeit verbündet hätte, von deren Regungen soeben die Rede war; wenn er die großen Aufgaben gestellt und in den Mittelpunkt des englischen Daseins gerückt, die Reformen gebracht hätte, nach denen die Besten sich sehnten, und den noch rechtlosen neuen Mittelstand der Nation an die Kronmacht gekettet hätte. Ob und wie das möglich gewesen wäre, ist natürlich eine nur aufzuwerfende, niemals sicher beantwortbare Frage. Sicher ist, daß König Georg III. der Mann nicht war, sie überhaupt aufzuwerfen. Er hat nicht einmal die Hand des großen Staatsmannes fest ergriffen, der ihm bei seinem Werke monarchischer Ordnung wohl hätte helfen können, des soeben in der Welt so siegreichen Pitt. Georgs Streben ging gar nicht auf eine innere Neubegründung der Monarchie durch lebendige Leistungen, auf eine innerliche Reform, sondern lediglich auf seine persönliche monarchische Macht, und seine Persönlichkeit war zwar keineswegs unbedeutend — er war zäh, klug, zum mindesten schlau, überdies ehrenwert in seinem privaten Dasein; aber ein Staatsmann großen Stils, von großen Zielen und großen Eigenschaften war er nicht, und an seinem Eigensinn und seiner Engigkeit, an der Selbstsucht seiner Sonderpolitik haben die bedeutenden Männer, denen er begegnete, sich gestoßen und wund gerieben, auch wenn er sie zu seinen Gehilfen berief. Er hat erreicht, daß er eine Macht wurde, wie es Georg I. und II. nicht gewesen waren; er hat die Alleinherrschaft der großen Whigfamilien gestürzt und damit England einen Dienst erwiesen. Aber was er an die Stelle setzte, war in seinen ersten 23 Jahren, d. h. während der Dauer seines ganz eigensten Regimentes, kaum besser. Sein Spiel mit den Parteien erhob sich nicht über das Persönliche, sein Übergewicht, von heftigen Zuckungen der öffentlichen Meinung angefochten, führte weder zu innerer Ruhe und Reform, noch zu

äußerer Kraft, drohende Wirren und schmähliche Niederlagen be=
zeichneten seine Bahn. In den siebziger Jahren setzte er sich durch,
und England verlor die 13 Kolonien in Nordamerika. Im Wider=
streite mit dem König war Chatham 1778 gestorben; das Werk
des Gewaltigen schien zusammengebrochen: das Kolonialreich halb
zerstört, der französische Erbfeind im Bunde mit den amerikanischen
Rebellen und siegreich über Großbritannien; nach dem Frieden
mit beiden hob man das Kolonialamt als selbständige Behörde
auf. England machte eine der Eklipsen seiner Weltstellung durch;
es schien nichts mehr zu sein. Und wohl hatte der König nach all
diesen Mißerfolgen sein Ministerium North fallen lassen müssen;
aber den Nachfolgern leistete er dumpfen Widerstand, sie selber
waren in sich unfest und nicht regierungsfähig, man spähte angst=
voll, halb verzweifelt nach der Hand, die die schleifenden Zügel
wieder aufzugreifen imstande wäre.

Da kam William Pitt, der Sohn.

❦ ❦ ❦

Wir dürfen für die mancherlei Probleme seines Lebens, auf die
ich eingangs hinwies, in der großen Biographie, die ein Deut=
scher (Professor Felix Salomon in Leipzig) erfolgreich begonnen
hat, auch weiterhin die wertvollste, neue und einheitliche Auf=
klärung erhoffen. Aber wir besitzen inzwischen liebevolle und
stoffreiche englische Darstellungen, die unserer heutigen Kennt=
nis zugrunde liegen, besitzen anziehende Charakteristiken seiner
Geschichte und seiner Person, knappere Bilder, Urteile, Ver=
teidigungen, darunter einen sehr anregenden Essay von Lord
Rosebery, in dem ein geistreicher Schriftsteller und zugleich ein
Parteiführer und Staatsmann aus der Fülle lebendiger, charakte=
ristisch englischer Erfahrung heraus den Vorgänger, der ihm wenig
verwandt ist, mit Feinheit und Wohlwollen beleuchtet und ent=
schuldigt — mit einigen Vorbehalten dürfen wir schon heute die
ganze Gestalt Pitts zu zeichnen versuchen.

Sein Leben wird, in Einfluß und Kontrast, durch das Bild sei=
nes Vaters beherrscht. Der „große Commoner" erzog den zwei=

ten Sohn, der seinen Vornamen erbte (geb. 28. Mai 1759), zum
Staatsmann. Er erlebte es noch, daß der allzu zarte Körper des
Kindes sich kräftigte, daß ein geschulter und ganz politisch gerichte=
ter Geist in ihm aufging; er führte den Sohn noch in das Parla=
ment hinein und fachte ihn durch die ersten Reden, die der Sech=
zehnjährige dort aus des Vaters Munde hörte, zu heller Begeiste=
rung an. Er drückte mit seiner Genialität auf die Seele des Her=
anwachsenden und gab ihm persönlich, sittlich, politisch Unvergeß=
liches auf seine Bahnen mit: aber es war nichts weniger als sein
Ebenbild, das sich in dem Jüngeren gestaltete. Ein unscheinbares,
wenn auch kluges und liebenswürdiges Antlitz, neben dem gewalti=
gen Chathams mit seinen gebieterischen Augen und seiner mäch=
tigen Adlernase: ein regelmäßigeres, bescheidenes Wesen, neben
dem hinreißenden und herrischen des Vaters. William lernte viel
und gut — auch die Mathematik, die dem Vater fern lag; er nahm
die klassische Bildung, die Cambridger Universitätsbildung seiner
Zeit in sich auf, er übernahm vom Vater eine auf das Handeln ge=
richtete Religiosität; was wir von den Zügen seiner Jugendge=
schichte erfahren, ist mehr klar als stark und eigen, regelrecht bis
auf die erstaunliche Frühreife allein. Er stand im 19. Jahre, als
sein Vater starb; er trat dann in die Anwaltslaufbahn, sehr bald
aber in die parlamentarische ein — am 23. Januar 1781 erschien
er zuerst als Abgeordneter im Unterhause, auf den Tag genau ein
Vierteljahrhundert vor seinem Lebensende. Und bald errang er
sich dort Beachtung; bei den Ministerwechseln, welche folgten,
warb man um den Jüngling, 1782 wurde er Schatzkanzler. Im
Jahre darauf stürzte eine in sich uneinige und unredliche Koalition
das Kabinett, zwang sich dem Könige auf und ward im Dezember
1783 von diesem wieder gestürzt; er berief den 24jährigen Pitt an
die Spitze eines neuen Ministeriums. Kluge Leute lachten über
den Knaben, an den sich der anscheinend verlorene Herrscher klam=
merte; Pitt hielt, kaltblütig und tapfer, dem überlegenen Ansturme
im Parlamente monatelang stand, und als er die Dinge reif
glaubte, löste er das Unterhaus auf und siegte bei den Wahlen
vollkommen. Er war mit kühler Selbstverständlichkeit auf die Re=
gierung losgeschritten, und hatte sich wohl gehütet, sich unter
seinem Preis zu verkaufen oder von seinem Selbst einen Zoll breit

130

zu weichen: als er jetzt die Monarchie gegen die Parteiherrschaft
der Whigs deckte und vertrat, tat er dies nicht als Georgs III.
Günstling, sondern als eine Macht für sich, zwischen Krone, Par=
lament und Land, allen dreien zugehörig, in Wahrheit eine Macht
über ihnen allen. Er ist es — eine für England unerhörte Frist!
— mehr als 17 Jahre, ja 22 Jahre lang geblieben. Aber im
Grunde gliedert sich seine Geschichte nicht nach seinen beiden „Ver=
waltungen" (so lautet ja der englische Kunstausdruck); nicht der
Sturz von 1801, sondern der Kriegsausbruch von 1793 bedeutet
ihren tiefsten Einschnitt. Das Friedensjahrzehnt von 1783 bis
1793 bildet die erste Epoche seiner Wirksamkeit.

Es ging ein Aufatmen durch England, als Pitt seine ersten Er=
folge errang; worauf sein Name und der Eindruck seiner Persön=
lichkeit vorbereitet hatte, das sah man in der klaren und männ=
lichen Selbstbehauptung des jungen Ministerpräsidenten bestätigt:
endlich nach alle dem heillosen Parteiregiment, erst der Whigs,
dann des Königs mit seinen Tories, nach alle dem Wechsel der
jüngsten Vergangenheit ein in sich ruhender, den Koterien fremder,
den Staat und das Volk vertretender, wahrer Staatsmann. Das
Vertrauen der öffentlichen Meinung kam ihm entgegen und drückte
auch auf die Wahlen, an denen die Nation nur in einem so gerin=
gen Maße unmittelbar beteiligt war; das Vertrauen ist ihm er=
halten geblieben bis zuletzt. In den Parlamenten blieben persön=
liche Einflüsse und Gruppenbildungen immer bedeutsam, aber auch
in ihnen setzte sich Pitt durch — nicht ohne Mißerfolge, über die
ihn in dieser Zeit starker königlicher Einwirkung der Wille des
Königs hinweghob, aber doch so, daß der Minister der Hauptsache
nach auf die Gefolgschaft des Hauses rechnen konnte. Es bedurfte
seiner, er hatte es von Kindheit auf studiert, er leitete es mit be=
wundernswertem, taktischem Geschick, mit Einsatz seiner ganzen
persönlichen Kraft als Führer und als Redner, mit stattlicher, brei=
ter Beredsamkeit und schlagender Kunst der raschen Antwort. Er
ging in keiner der beiden großen Parteien auf; die geschwächten
Whigs unter Fox opponierten ihm, aber trafen doch, indem sie
anfingen Reformen zu erstreben, in manchem Wichtigen mit ihm
zusammen, ein eigentlicher Tory war er auch nicht. Er führte die
Regierungspartei, die „Anhänger des Königs", aber er schob der

königlichen Willkür einen festen Riegel vor. Der König mag ihn
nie geliebt und stets einigermaßen gescheut haben; aber er brauchte
ihn, er sah, daß dieser Minister endlich etwas leistete und erreichte,
und er gab sich darein, daß Pitt, der ein getreuer Monarchist und
Georg selber gegenüber, trotz mancher Gegensätze und unzweifel-
hafter Überlegenheit, offenbar nicht ohne Ehrfurcht und Anhänglichkeit war, neben und über ihm regierte; Pitt blieb ihm unentbehrlich. Und so wird man sagen müssen: Pitt glich zwischen dem
Könige und dem Lande aus, er vertrat beide Gewalten gegeneinander; der König blieb auch jetzt noch stärker als seine Vorgänger,
aber die Zeit der Versuche seines persönlichen Regimentes kam
nicht wieder, und tatsächlich leitete, über alle Einflüsse von Parlament und Krone hinweg, ein Minister England, der England
als Ganzes, d. h. den Staat selber verkörperte, wie es einst sein
Vater getan. Er trat, nach seiner besonderen Weise, in die Fußstapfen Chathams. Er waltete wie ein geborener Lenker über den
Geschicken des lange herumgeworfenen, friedlos und kraftlos gewordenen Großbritanniens: ein Mann, der den Ehrgeiz genau
ebenso wie den Beruf besaß zu regieren, aber im übrigen nicht sich
suchte, sondern das Sachliche, das Beste des Ganzen; unbestechlich
und rein inmitten der überlieferten Gewohnheit allgemeiner
Selbstbereicherung, für sich ein Verächter von Geld und Gut; von
sittlichen Antrieben auch in seiner Politik getragen und durchdrungen. In ihm war jenes Staatsgefühl und das Rechtsgefühl seines
großen Vaters, der Wunsch, die sozialen Zustände und die staatliche Verfassung wieder in Einklang zu setzen; in ihm der sittliche
Reformeifer, wie er Fox und Burke beseelte, über die ihn freilich
sein stärkerer Sinn für die harten Wirklichkeiten staatlicher Macht
hinaushob; in ihm auch der Drang nach wirtschaftlichen Reformen,
wie Adam Smith sie forderte, den Pitt als seinen Lehrer pries.
Pitt hat sich bemüht, in allen diesen Richtungen voranzukommen,
allen Ansprüchen der neuen Zeit, die er ja vorfand, zu genügen:
eine Reihe von Reformversuchen bezeichnet, Jahre hindurch, die
Wege seines Ministeriums. Jedoch während er das politisch Drin-
gendste, die Herstellung einer festen, gleichmäßigen, England wieder aufwärts führenden Regierung, mit bewundernswerter Sicherheit und erstaunlichem Erfolge erreichte, sind ihm von den tieferen

und allgemeineren Reformen, für die er sich einsetzte, doch nur
wenige geglückt.

Die sichtbarsten auf wirtschaftlichem Gebiete: der Schüler Adam
Smiths gab der englischen Politik den ersten Stoß vom rücksichts=
losen Merkantilismus hinüber zur künftigen wirtschaftlichen Frei=
heit. Freilich nur den ersten Stoß; aber angesichts der Selbst=
übertreibung und Erstarrung des Merkantilismus, des Prohibitiv=
zolles und wirtschaftlichen Kampfes war es bereits etwas, daß er
1787 eine heilsame Vereinfachung und Klärung und zugleich Er=
mäßigung des ungeheuerlich verwickelten Zolltarifes durchsetzte,
und daß er aus dem alten Kampfsysteme 1786 das Hauptstück her=
ausbrach, den Zollkrieg mit Frankreich. Wunderlich genug: im
Gegensatze zu den Whigs, den künftigen Freunden der französi=
schen Revolution und Wortführern der Freiheitsforderungen, er=
stritt der Sohn Chathams im Parlamente einen Handelsvertrag
mit dem französischen Erbfeinde, hierin zugleich Anhänger Smiths
und der Toryüberlieferung. Er wollte in der großen Debatte,
die sich da entspann, die Unabänderlichkeit des nationalen Streites
der beiden Westmächte nicht zugeben; hauptsächlich aber folgte er
wirtschaftlichen Beweggründen. Und der wirtschaftliche Auf=
schwung lohnte seiner Friedens= und Befreiungspolitik vollauf;
Pitt handelte hier als Vorkämpfer der neuen Gedanken und der
aufstrebenden bürgerlichen Klassen, man begreift, daß deren öffent=
liche Meinung ihm freundlich war und blieb. Er handelte im glei=
chen Sinne und in dem seines Vaters, als er 1785 die älteren Be=
strebungen auf Parlamentsreform in einer Gesetzvorlage wieder=
aufnahm, maßvoll und vorsichtig wie seine Art war; er wollte die
widersinnigen, zum Privatbesitz gewordenen Wahlrechte der über=
lieferten „faulen Wahlflecken" ablösen und die frei werdenden
Rechte auf das Land verteilen. Er suchte im selben Jahre Irland
durch die Herstellung freien Verkehrs mit der Hauptinsel gerechter
zu werden und es innerlicher an den Gesamtstaat zu ketten. Beide
Maßregeln fielen durch: das Parlamentswahlrecht blieb aristokra=
tisch, ja oligarchisch und unsauber; Irland blieb unversöhnt. Pitt
war von ernsten Reformwünschen, sozialen wie politischen, durch=
drungen: seine Ernte auf diesem Felde ist ärmlich geblieben; er
hat auf die Anläufe, die er 1785 gemacht hatte, nicht wieder zurück=

kommen können. Man fragt sich, wie es möglich war, daß er
trotzdem Minister blieb. Das hing, objektiv angesehen, mit den
Parlamentsverhältnissen seiner Zeit zusammen: ein mißglück=
ter Plan von noch so großer grundsätzlicher Tragweite brauchte
unter dem Regiment Georgs III. einen Minister, der das Vertrauen
der Krone hatte, nicht in seinen Fall zu verwickeln, so wie er es
heute tun würde. Und subjektiv mochte sich Pitt sagen, das dieses
Parlament, mit seinen Mängeln, seinen Gruppen und Zufällig=
keiten, in der Tat für ihn kein Anlaß zu sein brauchte, der Ab=
lehnung seiner Pläne sich selber zum Opfer zu bringen. Schwerer
begreift man, daß er seine Pläne zum Opfer brachte: er wich hier
in Wahrheit vor der stillen Abneigung des Königs, der offenen
des Parlamentes völlig zurück. Wie konnte er das? Er war kein
Chatham, kein Stein oder Bismarck; die ungeheure Wucht, mit der
unser größter Staatsmann in den 1880er Jahren der widerstreben=
den Zeit seine soziale Gesetzgebung aufgezwungen hat, lag nicht
in ihm. Er sah die öffentlichen Gewalten abgeneigt, die Reform=
ideen noch nicht zum innerlichen Siege durchgedrungen, die Ge=
genwart noch nicht reif; die große Leidenschaft des Schöpfers trieb
ihn nicht voran. Seine Besonderheit war eine warme, aber keine
heiße und flammende Erkenntnis des Wünschenswerten und Zu=
kunftsvollen; ihm bleibt die Ehre, einer der ersten Verfechter, einer
der Pfadfinder all dieser Reformen gewesen zu sein, und aufge=
geben hat er sie sein Lebtage nicht. Aber nachdem er sie vergeb=
lich vorgebracht hatte, zog er sich, bis auf bessere Gelegenheit, vor
dem Widerstande seiner Welt ziemlich gelassen, achselzuckend zu=
rück. Er war ein Realist und begnügte sich mit dem, was er
möglich fand. Das bezeichnet seine Grenzen und seine Verdienste.
Er war offenbar froh, trotz solcher Verzichte doch auf verwandten
Gebieten des Tröstlichen und Gesunden genug zu erringen. Er
verwirklichte die sittlichen Impulse, die in ihm und in seiner Um=
welt lagen, indem er wenigstens die Regierung Indiens geschickt
und heilsam reformierte: er verstopfte damit eine Quelle des
Ärgernisses, der Unredlichkeit und Gewaltsamkeit, die nicht nur
das ferne Reich mit ihrem Schmutze überströmt, sondern auch die
heimatliche englische Politik mit herüberflutender und ansteckender
Verderbnis bedroht hatte. Er trat in dem Prozesse gegen den gro=

134

ßen Statthalter Warren Hastings auf die Seite der anklagenden
Moral. Er zog, im Sinne der Gerechtigkeit und Freiheit und der
Klugheit zugleich, aus den Lehren des amerikanischen Abfalles die
Folgerung, Kanada (1791) die Anfänge einer selbständigen Ver=
fassung zu gewähren, und wies damit der Reichspolitik einer wei=
teren Zukunft die Bahnen. Und vor allem: er gab den englischen
Finanzen wieder Stetigkeit und Zuverlässigkeit; er reformierte und
ordnete da im einzelnen, technisch, indem er das System der Ab=
gaben vereinfachte, moralisch, indem er den persönlichen Miß=
brauch, die Gunstwirtschaft austrieb und eine sichere Überwachung
schuf; er begründete einen Tilgungsfonds für die Staatsschuld; er
stellte Klarheit und Vertrauen her und sah die Staatspapiere er=
freulich steigen. Als Finanzmann war er im eigentlichsten Sinne
Fachmann; die Hauptsache aber war doch, daß er selber da war;
jene Gleichmäßigkeit und Sicherheit, die sich an seine Person an=
schloß, brachte England zu neuer Höhe. Die Wahlen blieben ihm
(1790) günstig; die Krise der ersten schweren Geisteskrankheit Kö=
nig Georgs III. (1788) überwand er ohne störende Erschütterun=
gen; auch in der europäischen Staatenwelt gab er England all=
mählich wieder, mit leichter und fester Hand, eine bedeutsame Stel=
lung. Nach allerlei tastenden Versuchen ging er, von 1785 ab, den
unruhigen Mächten im Osten, Österreich und Rußland, und dem
alten französischen Nebenbuhler gegenüber, mit Preußen zusam=
men; die zweite polnische Teilung mit Gewalt zu verhindern, fehlte
ihm (1791) freilich, bei dem Widerstande des Parlamentes, der
Mut, er zog sich auch da vor starken Konflikten zurück, er wünschte,
soweit es anginge, den Frieden: im ganzen hatte er das Ziel er=
reicht und die Niederlagen der siebziger Jahre, wie finanziell und
innerpolitisch, auch diplomatisch glücklich wettgemacht.

Wer ihn am Abschlusse dieser Jahre sah, der konnte ihn schwer=
lich als einen Großen, gewiß aber als einen Glücklichen preisen;
Fehlschläge hatte er verschmerzt, sich selber behauptet, und an seine
Schritte heftete sich das Wohlergehen seines Landes. Er war erst
ein angehender Dreißiger; alles an seiner Laufbahn und auch an
seiner Persönlichkeit atmete Harmonie. Den Fremderen erschien
er zwar eckig, schwerfällig, sogar hochmütig. Ein Zeitgenosse hat
unfreundlich beschrieben, wie der Minister mit zurückgeworfenem

Kopfe durch das Unterhaus zu seinem Platze schritt, rasch und fest, ohne einen Blick nach rechts oder links zu werfen, ohne einen Menschen zu grüßen; einer beklagt es, wie hoch er die aufgestülpte Nase trage; einer spottet darüber, wie wenig Leben in seinen weinroten Zügen sei, und wie nur das Auge das unansehnliche Gesicht ausdrucksvoll belebe. Er war hochgewachsen und schlank; als Redner prächtig und schneidend zugleich, aber ganz ohne Anmut der Bewegungen; sich darzustellen, mit behaglicher Selbstentfaltung Popularität zu suchen verstand er nicht. Weder der Hof, noch der Adel noch auch nur das Unterhaus scheinen ihn eigentlich geliebt zu haben. Man bewunderte seinen umfassenden Scharfsinn in den Geschäften, den Schwung und die Schlagfertigkeit des Wortes, und ein Redekampf zwischen Fox und ihm war für den parlamentarisch geschulten Engländer ein Hochgenuß; der Nachwelt macht die sachliche Klarheit seiner Reden den größten Eindruck. Er ging, wie es schien, in der Luft des Unterhauses auf, wie nur irgendeiner unter den Politikern der englischen Geschichte. Aber recht menschlich belebte sich seinen näherstehenden Zeitgenossen und belebt sich dem Historiker seine Persönlichkeit doch erst, wenn er den Schauplatz seiner Kämpfe verließ, und in der Stille des Landes, die er liebte, in der Geselligkeit des Landhauses die unendliche kühle Selbstbeherrschung des öffentlichen Mannes von ihm abfiel. Im kleinen Kreise kam eine heitere, ungezwungene Güte zum Vorschein, Einfachheit, die bis zum knabenhaften Übermute ging und ihm treu blieb bis zuletzt, Witz und Lässigkeit, eine literarische Bildung, die sich nicht nur in den üblichen vielgefeierten Zitaten des Staatsredners, sondern am reizvollsten im geistreich lebendigen Gespräche entlud. Er war reich und männlich genug, um sich ohne Scheu gehen lassen zu dürfen, und tat es mit befreitem Herzen. Seine Freunde haben ihn geliebt, ihn lange über das Grab hinaus wahrhaft verehrt; seine Angehörigen, an denen er zum Wohltäter ward, glühten für ihn; seine liebenswürdigen Briefe lassen noch uns in das warme Herz des Vielverkannten hereinsehen. Er war unvermählt; die einzige große Liebe, die sein Leben aufwühlte und die er aus äußerlichen Gründen niederzwang, fällt erst in spätere Jahre (1796). Seinen Haushalt freilich — das war die Übertreibung seiner Lässigkeit — hielt er in ebenso mangelhafter finan-

zieller Ordnung wie den des Staates in guter; er ließ sich aus-
nützen und betrügen und hinterließ, nach langen Jahren voll hoher
Amtseinkünfte, bei seinem Tode Schulden, die der Staat bezahlt
hat. Für ihn selbst unheilvoller war etwas anderes, die eigentliche
Kehrseite jener persönlichen Eigenschaften: früh schwächlich, nach
der sonderbaren Art der durstigen Zeit von Kind auf mit Portwein behandelt, dabei der Erbe einer gichtischen Familie, hat er
selber den Portwein sein Leben lang geliebt und gepflegt wie nur
irgendein Sohn Altenglands; „er hatte ein Glas Port gern und
eine Flasche noch lieber", auch bei einer Flasche blieb es wohl nicht
immer. Sein Leben hat das sicherlich verkürzt, seine Wirksamkeit
schwerlich je getrübt, und 1793 war er noch völlig Herr seiner
Kräfte. Man durfte ihn beneiden: er war rein, wahrhaftig, seinem
Lande und sich selber fleckenlos getreu, glücklicher als es der
Staatsmann zu sein pflegt, ein Kind, so schien es, des gleichmäßig
klaren, hellen Lichts.

Er lebt anders in der Geschichte fort. Das Dunkel und das
Gewitter stieg herauf und umzog die zweite Hälfte seines politischen Lebens. Er wurde zum Minister des nationalen Kampfes
gegen Frankreich und jetzt erst zum vollen Weiterführer des väter-
lichen Werks. Er hatte die schwersten innerlichen Probleme ver-
tagt; er hat auch das außerpolitische nicht aufgesucht — es war seine
Art mehr, zu warten als zu zwingen. Aber dieses Problem zwang
sich ihm auf. Es hat sein Dasein überschattet und vielleicht zerstört, aber es hat ihm das eine gebracht, das seinen früheren Jahren fehlte und das aus sich selber hervorzubringen er nicht vermochte: die Größe.

☞ ☞ ☞

Es war die französische Revolution, die ihm entgegenwuchs. Sie
machte aus Frankreich, seine alte Entwicklung gewaltsam zu Ende
führend, eine unbedingte Einheit, warf die Schranken zu Boden,
die noch die Provinzen und noch die Stände trennten, jedes Son-
derwesen und jedes Sonderrecht mußte versinken vor der Idee der
Nation. Und diese Nation wollte sich selber regieren; in einem
Vorwärtsdrängen von betäubender Raschheit stürzte sie binnen
kurzen Jahren alle alten Gewalten, die alte Verfassung, den alten

Bildner und Leiter des Landes. das Königtum; nach den Regeln
des Naturrechts sollte alles vernunftgemäß, durchweg einheitlich,
gleichheitlich, freiheitlich von neuem geschaffen werden, neu von
Grund aus. Wieso das geschah und gelang, wieweit in diesem
Neuen doch überall auch Altes weiterwirkte und sich vollendete,
und wieviele noch lebendige Zusammenhänge zum Unsegen der
Nation wirklich zerrissen wurden, das ist hier nicht abzuwägen —
genug, daß diese Demokratie mit ihrer blutigen Logik als etwas
ganz Eigenes vor die erstaunte Welt hintrat, französisch in jedem
Nerv ihres Wesens, in all ihren Größen, Übertreibungen, Schwächen, zuerst von Idealen ganz durchdrungen, bald dann von der
eignen Gewalt und von den Kräften der Vergangenheit über sich
selber hinausgerissen nach Europa, zur Propaganda ihres revolutionären Glaubens, zur Befreiung der Völker, aber zugleich zur
Erweiterung ihrer eigenen Macht, der französischen Macht, der
französischen Grenzen, zur unendlich verstärkten Weiterführung
der alten königlichen Macht- und Eroberungspolitik. Alle Kultur-
völker haben den ungeheuren Stoß erfahren, auf die meisten hat
er trotz hundertfältiger Leiden belebend, erneuernd gewirkt, nur
bei einem hat er beinahe von Anfang an bereits den Gegenstoß
hervorgerufen, das Bewußtsein der Andersartigkeit, des inneren
Gegensatzes, der äußeren Feindschaft: bei England.

Auch in England schien manches der Revolution wesensverwandt genug. Wieviel englische Anregungen, geistiger wie politischer Art, steckten in der französischen Oppositionsbewegung des
ganzen letzten Jahrhunderts! Und auch der Mittelstand, der sich
in Frankreich 1789 tatsächlich auf den Thron setzte, war in England bereits stark, und auch in England zum guten Teile von der
Verfassung ausgeschlossen; auch England hatte seit 1760 seine Wirren, Auflehnungen, offenen Aufstände gehabt; enteignetes Land-
volk, industrielles Proletariat, die Massen der feindseligen Irländer
schienen auch jetzt Stoff genug zu bieten zu neuen Erhebungen.
Und in der Tat flogen die Funken auf die grüne Insel und nach
der Hauptstadt selber herüber, politische Gesellschaften bildeten sich,
eine Agitation setzte ein, freiheitliche Erklärungen gingen zwischen
den beiden Randländern des Kanales hin und her, auch der englische Geist schien sich dem riesenhaften Neuen nicht zu entziehen.

Und dennoch: hier stieß dieses Neue auf ein Altes und Eigenes, das sich nicht auflösen ließ wie die morsche Staatenwelt der Nachbarn Frankreichs auf dem Kontinente. Hier war ein Staat, der wohl zu einseitiger Aristokratie entartet war, aber doch in einem anderen Sinne als die Staaten des Absolutismus seinen Bewohnern wirklich zugehörte, ein Staat voll kraftvoller Überlieferungen, voll niemals abgebrochener Entwickelung, in Verfassung und Verwaltung auf die Selbsttätigkeit gegründet, ganz verwachsen mit allem Leben und allem Empfinden der Nation. Und dieser Staat ruhte nicht auf einmaligen grundsätzlichen Akten bewußter revolutionärer Gesetzgebung, wie der französische Neubau, er war historisch und doch lebendig; sollte man ihn abreißen und durch ein Werk des Naturrechtes leichthin ersetzen? Das widerstrebte dem Denken der Engländer; es war französisch=romanisch, es war durchaus ungermanisch und vor allem durchaus unenglisch gedacht. England war stolz auf die Kontinuität, den organischen Gang seiner Entwicklung. Über diesem alten Gebäude, fehlerreich wie es war, wachte doch die Anhänglichkeit und das Selbstgefühl des englischen Volkes; es stieß die Lockungen, dieses Alte kurzab der gepriesenen revolutionären Theorie zu opfern, mit Mißtrauen, Zorn, ja Leidenschaft von sich. Der Mann, der diese englische Eigenart der französischen entgegenwarf, war derselbe Whig, der als erster eine maßvolle sittliche Reform des englischen Staatslebens betrieben hatte, Edmund Burke. Seine gewaltigen „Betrachtungen über die französische Revolution" erklärten schon 1790 nicht nur den englischen Revolutions= und Franzosenfreunden, sondern der Revolution und dem Franzosentume selber, von innen heraus, von historischer und englischer Weltansicht her, mit leidenschaftlichem nationalem Pathos den Krieg. Burke ward zum Kritiker und zum Ankläger der Denkweise und des Verfahrens der Franzosen, zum Prediger des englischen Wesens, zum Propheten des unversöhnlichen und heißen Kampfes gegen die wesensfeindliche Welt dort drüben. Und in seinen Ruf stimmte England alsbald, mit immer steigender Einmütigkeit, ein: es ward unter den flammenden Worten des großen Redners seiner selbst erst ganz bewußt. Es entsetzte sich über die Verletzung von Recht, Besitz und persönlicher Sicherheit, über die Störung von Handel und Wandel, über die zunehmende Blutherrschaft, die Frankreich ergriff — es hörte mit Unwillen von diesen Doktrinären und Fanatikern die Erbweis= heit seiner heimischen Verfassung schmähen. Es blickte mit Grauen auf die Möglichkeit, daß dieser ganze Brand herüberspränge und auch in England alles bedrohte, Person, Eigentum, Gesellschaft und Staat. Vor allem die Besitzenden regten sich zum Widerstande; und nun kam es zutage, daß diese Aristokratie doch etwas war: sie zog sich, von außen her durch die Demokratie verneint, um so stär= ker auf ihr Wesen zurück, sie entwickelte Kräfte der Gegenwehr, Willen, politische Fähigkeit, die ihre Lebendigkeit erwiesen: eine andere Welt stemmte sich der französischen, in allem abweichend, mit verzweifelter Wucht entgegen. Und wie nun die Gegensätze stiegen, da drang in diese Stimmung der Engländer, die ursprüng= lich wesentlich geistiger, grundsätzlicher Art war, immer stärker auch die Fülle der alten politischen und materiellen Feindseligkeit gegen Frankreich wieder ein: es war doch einmal der Erbfeind des ganzen letzten Jahrhunderts, der sich drüben erhob, der Feind der Weltstellung und Wirtschaftsstellung Großbritanniens — die Kreuzzugspredigten Burkes gegen den Frevel der tollen Umwäl= zung, von denen man ausging, reizten zugleich auf zur Wiederauf= nahme des Ringens um die Vormacht in Europa und in allen Fernen der Erde, um Meer und Kolonien, um Handel und Ge= werbe.

Das ist der Hintergrund, auf dem Pitts weiteres Leben steht. Selten ist so packend wie hier Gegensatz und Zusammenwirken allgemeiner geistiger Mächte und strenger Realpolitik, des publi= zistischen Propheten und des nüchternen politischen Fachmanns an den Tag getreten: so wenig sie miteinander gemein zu haben glaubten und wünschten, so unlöslich gehören Burke und Pitt in diesem Weltkampfe doch zueinander. Pitt wollte nichts von Bur= kes fanatischen Mahnungen hören; er freute sich der Verwirrung in Frankreich, die den alten Nebenbuhler lähmte, die Englands Macht und Wohlstand über ihn erhob, er dachte nicht daran, störend in Paris einzugreifen. Er war ganz Friede. Freilich, seit er Minister war, hatte er als Diplomat überwiegend gegen Frankreich gearbeitet und längst begonnen, ihm die Demütigungen des ame= rikanischen Krieges heimzuzahlen; auch sein Handelsvertrag von

140

1786 war englischer Interessenpolitik, nicht etwa der Sympathie und dem Annäherungswunsche entsprungen; die Werbungen der revolutionären Machthaber um seine Freundschaft lehnte er mit eisiger Kühle ab. Die innerliche Gegnerschaft stand auch bei ihm außer Zweifel. Aber den unmittelbaren Kampf gegen das revolutionäre Frankreich wollte er ganz offenbar durchaus nicht. Als die zwei deutschen Militärmächte 1792 gegen Frankreich das Schwert zogen, blieb er neutral.

Dennoch rissen ihn die tobenden Wirbel der veränderten Weltlage unausweichlich mit. Ich verfolge hier nicht, wie auch auf französischer Seite der Gegensatz der beiden Nebenbuhler allmählich wieder bewußter ward — genug: indem der Krieg zwischen dem neuen Frankreich und dem alten Europa entbrannte, zwang er auch England und seinen Minister, Stellung zu nehmen, so sehr sich dieser sträubte. König Georgs monarchisches Empfinden, die öffentliche Stimmung erhitzten sich mehr und mehr; der Sturz des Bourbonenthrones erschütterte auch England tief, die Abneigung und der Schrecken wuchs. Für Pitt war es bedenklicher, daß Frankreich Belgien militärisch überzog und Holland bedrohte. Die Niederlande in französischer Hand — das war für Englands Sicherheit noch mehr als für seinen Handel nach alten und wohlbegründeten Traditionen unerträglich, das war der Kriegsfall: auch Pitt konnte nicht anders als dies laut bestätigen. Dazu die stürmische Propaganda der Revolution, im November und Dezember 1792 die Dekrete des Konvents, die im Grundsatze die Weltbefreiung, den Weltkrieg erklärten, die Aufrufe an jedes geknebelte Volk; mehr noch, die Wühlerei in England selbst — der französische Gesandte Chauvelin stellt sich an ihre Spitze. England hatte das Bündnis mit Frankreich von sich gestoßen; jetzt kündete, am Neujahrstage 1793, im Konvente ein bretonischer Seemann von der weltumspannenden Todfeindschaft der beiden Völker. Niemals hatte Frankreich den Bourbonen verziehen, was sie an England verloren hatten — die Jakobiner stellten jetzt die Lehre auf, daß die Revolution die Sünden des Königtums gutzumachen habe, daß es den Kampf gelten werde um Sein und Nichtsein, den Kampf um die Weltherrschaft, den Kampf überall.

Man wollte die Abrechnung, hüben und drüben; sie quoll aus

der Geschichte, aus dem Wesen der Revolution, aus dem Innersten der beiden Nationen empor. Daß Pitt sich ihr lange versagt und sie nur gezwungen aufgenommen hat, wird unzweifelhaft bleiben; wieweit er, angesichts des schon unvermeidlichen Bruches, in der letzten Zeit vor dem Kriege, etwa auch seinerseits zum Angriff übergegangen ist, bedarf vielleicht noch einer Prüfung: im ganzen war er der Angegriffene. Die Hinrichtung Ludwigs XVI. gab den letzten Entscheid; unter dem Eindrucke dieses Faustschlages gegen das monarchische Europa, der Trauer und des Entsetzens, die auch England überströmten, stellte Pitt dem französischen Gesandten seine Pässe zu. Aber die Kriegserklärung kam von Paris, am 1. Februar 1793: ein 22jähriges, kaum durch einen Waffenstillstand unterbrochenes Ringen hub an.

ꙮ ꙮ ꙮ

In diesem Weltkampfe hat England, nach der Überlieferung, die ihm seine Geschichte und seine Lage vorzeichneten, gegen den kontinentalen Feind kontinentale Helfer, gegen die Heere Frankreichs die Heere der europäischen Militärstaaten aufzubieten gesucht. Es hat, wie ehedem unter Marlborough und Georg II., seine eignen Landtruppen über den Kanal geschickt. Nicht Pitt trifft die Verantwortlichkeit dafür, daß er weder einen Marlborough an ihre Spitze zu stellen hatte, noch diesem schlechten und schwachen Werbeheere gegenüber die alten Heere der absolutistischen Epoche, die Truppen Ludwigs XIV. und Ludwigs XV. fand. Die neuen Volksheere, die Massenheere der Revolution und vollends Bonapartes warfen die englischen Regimenter wie Spreu auseinander, und erst langsam hat sich der Krieg dann den Feldherrn und das englisch-europäische Heer erzogen, die es wagen durften, Napoleon die Spitze zu bieten. Pitt hat nur die Anfänge Wellingtons noch erlebt; den Minister um der früheren Mißerfolge der britischen Heere willen zu schelten, wie es geschehen ist, ist töricht. Er hatte sie des weiteren um Irland kämpfen zu lassen, das jetzt wie einst unter Philipp II. und Ludwig XIV. zum Stützpunkte des Feindes zu werden strebte. Aber sein Hauptanteil am

142

Landkriege konnte nur jener diplomatisch-finanzielle sein, durch den er Deutsche, Österreicher, Russen, Schweden, Italiener, Spanier und Portugiesen gegen Frankreich vorwärts trieb; er hat den Reichtum seines Landes in immer erneuten Geldzahlungen mitstreiten lassen. Indessen, die eigene Waffe Englands war die Flotte. In der Geschichte des Seekrieges und der Seeherrschaft gibt es keinen gewaltigeren Akt als diesen, der in Horatio Nelsons großem Namen gipfelt. Von der ersten Stunde an trat der Handelskrieg in den Vordergrund: die Blockade der französischen Häfen, die Beschlagnahme aller Zufuhren durch England, und als Gegenschlag Frankreichs schon 1793 der Plan einer Kontinentalsperre. Der Anschluß Hollands und Spaniens an Frankreich erweiterte dann den Kriegsschauplatz, stellte die riesigen Kolonialreiche der beiden den Engländern als Kampfesgegenstände zur Verfügung, gab die beiden alten Kriegsflotten der Nachbarmächte in Frankreichs Hände. Die Entscheidung über diesen Weltbesitz fiel in einer Reihe von Seeschlachten: Howe, Duncan, Jervis, Nelson führten die englischen Geschwader, von 1794 bis 1798 folgte ein Sieg dem andern, die verbündeten Marinen verschwanden von der See. Die englische Kolonialherrschaft hatte 1783 ihre kostbarste Perle verloren; jetzt wuchs ihr Stück auf Stück im Kampfe zu. Man legte die Hand auf Trinidad in Westindien, auf Malta, auf das Kapland, auf die Stationen des Wegs nach Ostindien hin, auf Ceylon, auf die holländischen Sundainseln, man rang von neuem um Ostindiens Besitz. Auch diesen Kampf hatte Chatham mit Robert Clive dereinst zuerst im großen Stile aufgenommen, jetzt griffen die Franzosen von neuem nach dem alten Wunderlande, das ja immer das Ziel von Bonapartes genialsten Träumen blieb, der Krieg entbrannte mit erneuter Hitze, und William Pitt mit seinem Statthalter Richard Wellesley vollstreckte die Erbschaft von 1760. Die Revolution hatte die französische Flotte desorganisiert, es gelang nicht, sie so jäh emporzubringen wie das Landheer; auch die englische hat schwere innere Erschütterungen durchzumachen gehabt, noch 1797 überaus gefährliche Meutereien, die eine Weile lang die Sicherheit der englischen Küsten völlig bloßstellten; aber im ganzen erfüllte die englische Nationalwaffe ihre Pflicht. Die Seekriegführung erhob sich, nach zurückhaltenderen Anfängen, zu immer stärkerer Offensive: was die großen Revolutionsgenerale, was insbesondere dann Bonaparte auf dem Lande leisteten, das leistete, im vollen Sinne moderner Niederwerfungsstrategie, in gewaltigem Ansturme, in überwältigenden Schlägen auf dem Meere vor allen anderen Nelson.

Die Seeherrschaft Englands wurde von neuem errungen und gesichert; sie griff mit eiserner Hand in den Handel nicht nur der Gegner, den sie erdrückte, sondern auch der Neutralen hinein; sie sprengte 1801 deren werdenden Gegenbund durch die Gewalttat vor Kopenhagen; der Vorsprung der englischen Schiffahrt wurde riesengroß. Der Krieg, der auch auf Englands Schultern überaus drückende Lasten häufte, bereicherte den englischen Handel, die englische Industrie in diesem seinem ersten Jahrzehnte unablässig: Seeruhm, Kolonialbesitz, Gewinn flossen der Meerbeherrscherin in breiten Strömen zu.

Das war die historische Bilanz des Krieges, den Pitt zu leiten hatte. Welches war seine eigene Leistung dabei? Englische Kritiker haben seine Friedensarbeit vor 1793 über die nachfolgende Kriegsarbeit gestellt; es ist interessant, wie dabei der Radikale Lord Rosebery im Namen historischer Gerechtigkeit den Anklagen des Liberalen Macaulay apologetisch entgegentreten muß. Hier sei nur zusammengefaßt, daß er Pitts Finanzleitung von voreiligen Vorwürfen glänzend gereinigt hat. Die Kosten waren riesig, die Subsidienzahlungen andauernd und hoch, die Summe der Anleihen erschreckend und ihre Bedingungen hart, die Staatsschuld ist in diesen 22 Jahren ungeheuer angewachsen. Pitt tat, was er mußte und was er vermochte; er erhielt den Kredit seines Staates lebendig, den Tilgungsfonds aufrecht, er setzte 1798 die progressive Einkommensteuer durch. Er mußte in dem aufrührerischen Irland die Sicherheit seines Reiches verteidigen und wurde durch die Notwendigkeit zur Union der beiden Parlamente von Westminster und Dublin gezwungen: er errang sie 1800, nach der Gewohnheit des irischen Parlamentes durch Bestechungen, und entkleidete Irland seiner Selbstregierung. Er tat es zugleich mit der Absicht, der Mißwirtschaft dieses irischen Parlamentes ein heilsames Ende zu bereiten, versöhnende Reformen zu bewilligen, die dem irischen Katholizismus die politische Gleichberechtigung, seiner

Kirche die staatliche Besoldung verschaffen sollten. Die Reformen hat er nicht zu erwirken vermocht, nur die Gewalttat der Union blieb bestehen.

Das war bezeichnend für den Wandel, den seine innere Politik nach 1793 überhaupt durchmachen mußte. Pitt blieb im Grunde der er war: der Mann bedächtiger, aber ehrlicher politischer und sozialer Reformbestrebungen; auch jetzt noch hat er gelegentlich die Hand daran zu legen gestrebt. Bis 1792 war der Zug des englischen Staatslebens liberal gewesen, auch noch nach dem Beginne der Revolution und nach dem Schlachtrufe Burkes. Pitt wurde diesem Zuge innerlich nicht untreu: in der englischen Entwicklung wirkt er trotzdem als einer der Väter einer künftigen konservativen Partei nach, die maßvoll zu erhalten und fortzubilden wünscht, die aber dem Liberalismus gegenüber ihre Eigenart hat in ihrem starken Sinne für staatliche Macht und deren Betätigung — auch darin also als Fortsetzer seines Vaters. Und völlig konservativ, ja reaktionär erscheinen die Taten, die er nach 1793 vollbringen mußte. Vorerst war jede weitergehende Neuerung unmöglich: es galt das Dasein zu verteidigen, das war nicht die Stunde zum Umbau des eigenen Hauses. Noch mehr: es galt Abwehr gegen eine Flut von unerhörter Heftigkeit. Man fürchtete auch für England die Propaganda, die Verschwörung, man glaubte die Gefahr mit Händen zu greifen, und ohne Anlaß waren diese Sorgen sicher nicht. Mit einem mächtigen Ruck wurde das Steuer herumgeworfen; alle Kräfte sollten gesammelt, alle Gegnerschaften daheim erdrückt werden. In Schottland wurde geradezu gewaltsam durchgegriffen, in England weniger scharf; aber auch hier gab es Zwangsgesetze, Versammlungsverbote, Vereinsaufhebungen, Preßbeschränkungen; von 1794 bis 1801 wurde die unbedingte persönliche Sicherheit des Einzelnen, die Habeas-Corpus-Akte, der Stolz des englischen Rechtslebens, suspendiert. Auch dies alles war allzu begreiflich, und wahrscheinlicherweise durchaus unumgänglich in der Notwehr, in der man stand. Die Nation in ihrer großen Mehrheit, die öffentliche Meinung, die Parteien förderten und unterstützten es viele Jahre lang. Die Wahlen von 1796 erneuerten das Übergewicht Pitts; die Mehrzahl der Whigs unter Burke, die „alten Whigs", hatten sich bereits 1794 der Regierungspartei angeschlossen, Burke selber lange zuvor mit dem radikalen Fox, als dem Führer der Friedensgruppe, persönlich in leidenschaftlicher Abrechnung gebrochen. England ging in dem großen Kampfe auf: es opferte ihm alles andere, es erkannte die ganze Höhe des Preises und handelte danach in starker und einiger nationaler Disziplin.

Wunderbar genug: die Begeisterung des Kampfes wurde von dem Minister nicht geteilt, der ihn zu lenken hatte, und dem gerade deshalb die Dankbarkeit und das Vertrauen seines Volkes so laut zujubelte. Pitt ließ die innerlichen Aufgaben nur mit Bedauern liegen, Burkes Eifer blieb ihm auch jetzt noch fremd. So viel er mit den französischen Emigranten zusammenhandeln, so sehr er die Rückkehr des französischen Königtums, der Sicherheit und des Friedens halber, wünschen mußte: er wurde dennoch nicht zum Gläubigen der Gegenrevolution. Nicht um den Prinzipienkrieg handelte es sich für ihn, sondern um den Machtkampf und um die Erringung des Friedens. Und den Frieden hat er immer von neuem gesucht. Er hatte geglaubt, dieser Krieg werde von kurzer Dauer sein: was er dazu tun konnte, hat er getan. Eine ganze Reihe von Unterhandlungsversuchen begleitet den Kampf, gelegentlich kam Pitt weiter entgegen als mancher billigen konnte. Vergeblich: auch die Machthaber der Revolution waren an den Krieg und seine Hoffnungen gebunden und wollten nicht verzichten. Pitt rechnete eine Weile auf ihren Sturz, auf eine Restauration; die ersten Friedensangebote ihres wirklichen Nachfolgers, des eben in die Macht eingetretenen Konsuls Bonaparte, wies er im Winter 1799—1800 zurückhaltend und mißtrauisch ab; dann hat noch er selber, da Bonaparte sich hielt, den Frieden — oder besser: Waffenstillstand — von Amiens vorbereitet und gefördert. Der ist 1802 abgeschlossen worden; bis dahin hatte England allein, während die Festlandstaaten mitschlugen, zurücktraten, wieder vorgingen und sich wieder zurückzogen, die harte Bürde ohne Unterlaß getragen. Das Erstaunliche ist eben, daß Pitt sie widerwillig getragen hatte: seine Heldenleistung war das Ergebnis einer langen Selbstüberwindung. Und das Erstaunlichste, daß doch gerade diese seine Leistung den Krieg aufrecht erhalten hatte bis zuletzt. Pitt, der ihn nicht wünschte, war das Rückgrat des Krieges. Wie-

der ist, wie in dem Friedensjahrzehnt zuvor, an seiner Gesamt=
haltung sein freier Wille schwächer beteiligt, als der Zwang der
Dinge. Aber dieser Zwang ließ den Widerstrebenden große Ta=
ten tun. Seine Festigkeit hielt Großbritannien in furchtbaren
Jahren aufrecht. Durch wieviel Niederlagen, wieviel Abfall, wie=
viel Opfer, wieviel Gefahren mußte er hindurch, in den schlimm=
sten Tagen er persönlich auf den Straßen Londons beschimpft und
bedroht! Er schritt hindurch, ungebeugt, furchtlos, mit dem kal=
ten, klaren, nüchternen Entschlusse, das Notwendige mannhaft zu
tun. An seiner stolzen Sicherheit richtete nach jeder bösen Kunde
das Parlament sich auf. Er vermochte den Krieg nicht zu leiten
wie ein preußischer König, ihn auch nicht mit seinem Feuer zu
durchglühen wie Chatham; aber er durchdrang ihn mit seinem Cha=
rakter. Er tat das Äußerste und Schwerste, als verstünde es sich
von selbst.

In dieser Festigkeit lag sicherlich etwas sehr Großes; und, man
muß es hinzufügen: die besten Kräfte des englischen Wesens lagen
darin. Es sind ja viele und verschiedenartige Eigenschaften, durch
deren jahrhundertelanges Zusammenwirken England seine Größe
in der Welt errungen hat: wirtschaftlicher Wagemut und wirtschaft=
liche Nüchternheit nebeneinander, Tätigkeit, Fleiß, ein gesunder
Sinn für das Wirkliche und Greifbare, derber politisch=nationaler
Stolz, politische Einfügung und dabei freie persönliche Entfaltung
des Einzelnen, seiner Kräfte und Rechte und seines Innenlebens,
hartes Zupacken, rücksichtslose Gewaltsamkeit und ernste, tiefgrei=
fende Kulturarbeit, alles immer wieder von einem Staate geleitet,
beraten, geordnet, der in lebendiger Beziehung zu seinen Mitglie=
dern blieb. Ansiedler und Geistlicher, zumal aber Kaufmann, See=
mann, Soldat und Staatsmann haben immer glücklich, glücklicher
als irgendwo sonst, ineinander gearbeitet. Aus allen diesen Be=
rufen stammen die bedeutenden Persönlichkeiten, in denen sich die
Leistung der einzelnen Epochen verkörpert, von den Tagen Elisa=
beths an bis auf die Gegenwart; durchgehende Züge, Typen, die
immer wiederkehren, lassen sich da die Zeitalter entlang
verfolgen, von Gresham und Drake an bis auf Cham=
berlain und Rhodes. Schließlich sind es doch die Staats=
männer, die am sichtbarsten alle Fäden, alle Wirkungen in sich

zusammenfassen — nirgends so deutlich wie in der Periode des
hundertjährigen Zweikampfes mit Frankreich, wo alles Wachsen
von Englands Wohlstand und Weltbesiedelung so dicht an den
Staat und seine Taten gebunden war. Auch Pitt hat die andern
neben sich gehabt, die Kaufherrn wie die Krieger. Sicherlich hat
ihn Nelson durch schlagende Genialität überragt, und sicherlich steckt
auch in Nelsons kühner Tatkraft und in dem Zuge einer gewissen
rücksichtslosen und gesetzlosen, persönlichen und nationalen Willkür,
der Nelsons Bilde als Mann und Kämpfer nicht mangelt, ein gut
Stück der nationalen Eigenart — ebensoviel oder noch mehr von
dieser aber ist doch wohl in den zwei Helden der gleichmütigen
Ruhe, der kaltblütigen und selbstbeherrschten Festigkeit enthalten,
den beiden typisch englischen Edelleuten, die mit Nelson zusam=
men das Ringen gegen Napoleon überragen, die beide keine Ge=
nien waren in Nelsons oder gar in Napoleons gewaltigem Stile
und doch groß genug, um dem großen Kaiser gegenüber ihren Platz
im Kampfe zu füllen: Wellington und Pitt. Wir sahen, wie wenig
Pitt dem unerbittlichen Fanatiker gleicht, den der Haß der zeit=
genössischen — und sonderbarerweise auch noch heutiger — Fran=
zosen immer wieder aus ihm machen gewollt: aber die Wirkungs=
kraft des Charakters wird in ihm Fleisch und Blut wie in wenigen
sonst.

☙ ☙ ☙

In unerschöpflicher Arbeit und Anspannung hat er diese Kriegs=
jahre verbracht. Man hat beobachten wollen, daß in sie die Krisis
seines persönlichen Lebens falle. Im Jahre 1796 hat er sich den
früher erwähnten Verzicht auf häusliches Glück abgerungen. Noch
aus dem folgenden stammt die viel wiederholte, Pitts neidenswerte
Ruhe charakterisierende Erzählung, wie Lord Spencer auf dem
Höhepunkte des Matrosenaufstandes den Minister mit ganz bösen
Nachrichten weckt und mit seinen Befehlen abgeht; als er kurz
darauf noch einmal zu ihm zurückeilt, trifft er ihn schon wieder in
festem Schlafe. Im Jahre 1798 aber findet Lord Rosebery die

erſten Zeichen, daß dieſe Ruhe und Pitts Geſundheit zu weichen beginnen — mag der Druck der Erlebniſſe und Mühen, mag die Einwirkung ſeines ſchweren Lieblingsweines den immer zarten Körper erſchüttert haben. Im Jahre 1799 folgte Sieg und Aus= einanderbruch der zweiten Koalition gegen Frankreich, 1800 die neuen Erfolge Napoleons, die Vereinzelung Englands, 1801 das Ende von Pitts ſiebzehnjähriger Regierung. Es hängt nicht mit dem Weltkriege, ſondern mit Irland zuſammen. Pitt hatte an die Union der beiden Parlamente die Aufhebung der politiſchen Recht= loſigkeit der Katholiken knüpfen wollen; er hatte den Iren Hoff= nungen darauf erweckt. Der Plan brachte die Hochkirchler in Har= niſch; er brachte den alten König, dem Intriganten zugeſetzt hat= ten, zu verletzenden Worten, und Pitt forderte ſeinen Abſchied. Er hat in dieſer Kriſe rein und klar gehandelt; den König mochte außer der Maßregel ſelbſt, die ihm innerlichſt anſtößig war, die Eigenmächtigkeit ſeines regierenden Staatsmannes verdroſſen haben — als eine perſönliche Verſöhnung, ein zeitweiliger Ver= zicht Pitts auf ſeinen Vorſchlag zuſtande gekommen war, war ſein Rücktritt nicht mehr ungeſchehen zu machen. Er hatte ſelber ſei= nen Nachfolger Addington auswählen geholfen und wies ſeine An= hänger an, dieſen zu unterſtützen; er wirkte beim Friedensſchluſſe mit Frankreich mit — ſo wenig war es der kommende Friede ge= weſen, der ihn aus dem Amte getrieben hatte. Dann zog er ſich auf das Land zurück, lebte ſeiner Erholung, ſeinen Neigungen, tat höchſtens als Organiſator der Miliz ſeines Küſtenbezirkes ſeine patriotiſche Pflicht. Es ſcheint, als habe er aufgeatmet, als ſei mit der Verantwortung ein Druck von ihm abgefallen. Aber auch er vermochte nicht, nach ſo langer Herrſchaft wirklich dauernd ſtill zu ſitzen. Solange der Friede währte, konnte er ſich für entbehrlich halten. Aber der Friede war kurz. England hatte ihn 1802 mit Freuden geſchloſſen; die Jahre der erſten Erregung, der hohen Einigkeit, der Revolutionsfurcht waren damals verrauſcht, die Lei= denſchaften abgekühlt, und man hatte angefangen, den Druck des Krieges doch einmal ſtärker zu ſpüren als ſeinen Gewinn. Man fand ſich Napoleon gegenüber, und Napoleon war damals geneigt, Frieden zu ſchließen, und ſchien ſtark genug, ihn gewährleiſten zu können. So hatten Müdigkeit, Iſolierung, zudem die Hoffnung,

im Frieden den eigenen Handelsverkehr auf Frankreich selber aus=
dehnen und so beflügeln zu können, die Verhandlungen populär
gemacht — sicherlich nicht zu Pitts Mißfallen. Jedoch die Hoff=
nungen wurden enttäuscht, die Opfer, die England zu Amiens fast
allzu reichlich gebracht hatte, fand es nicht belohnt. Napoleon
setzte den Handelskampf gegen England und die Erweiterung des
französischen Machtkreises innerhalb und außerhalb Europas
während des Friedens fort; die Vergangenheit und die Interessen
wurden, nach kurzer Pause, wieder mächtig, und der Krieg brach
bereits 1803 wieder aus. Seiner Leitung war Addington nicht
gewachsen, die Dinge stockten und drohten gefährlich. Da war auch
Pitts Fernhaltung nicht mehr begründet und nicht mehr möglich,
und es war nur menschlich, daß er, aus seinem Schatten hervor=
tretend, nun seinerseits das Ministerium überschattete und daß
ein unhaltbar gewordenes Verhältnis selbstloser Unterstützung der
regierenden Mittelmäßigkeit allmählich in Gegensatz und Neben=
buhlerschaft umschlug. Der Abgeordnete Pitt war allzuviel grö=
ßer als das Kabinett, der Beifall, der ihn im Unterhause empfan=
gen, eine allzu deutliche Kritik. Nach unfruchtbaren Vermittelungs=
versuchen räumte ihm Addington im April 1804 den Platz, das
zweite Ministerium Pitt begann. Aber der Zurückgekehrte kam
als ein kranker Mann; das Interim hatte die Parteiverhältnisse
verschoben, die Kollegen, die Pitt sich wünschte, um ein bedeu=
tendes Kabinett der Einigkeit schaffen zu können, Fox voran, wies
der Eigensinn des Königs zurück, und Pitt zerrieb sich zwischen
einem Parlamente, das ihm gelegentlich bittere Kränkung antat,
und dem Widerstande des Monarchen — er empfand es mit Kum=
mer, er selber unsicherer, erregbarer, weicher als dereinst. Es wollte
kein rechter Sonnenschein mehr über ihm leuchten. Dennoch war
sein Dasein auch jetzt noch von hohem Wert: wieder ergriff die
gewohnte Hand des Lenkers die Zügel; und für die Weltkämpfe
war dies zweite, dunkle Ministerium von weitreichender Bedeut=
samkeit. An den Krieg mit England schloß sich dem französischen
Kaiser der neue Koalitionskrieg auf dem Festlande an, Pitt orga=
nisierte von neuem Europa. Die Töne wurden angeschlagen, die
widerhallten bis 1815. Pitt hat noch Trafalgar erlebt (21. Oktober
1805), die endgültige Vernichtung der französischen Flotte durch

den sterbenden Nelson, den endgültigen Sieg der britischen See=
herrschaft. Er erlebte kurz darauf tief erschüttert die Niederlage
der beiden verbündeten Kaiser bei Austerlitz (2. Dezember), und
seine Gesundheit brach unter diesem Schlage vollends zusammen;
aber was über die nächsten Jahre hinaus weiterwirkte, das war
nicht Austerlitz, sondern Trafalgar. Napoleon ist doch der Un=
möglichkeit seiner Stellung und dem Widerstande des alten
Europas, der Erhebung der Völker erlegen, auf die Pitt gehofft
hatte und bis zu der nur sein Staat allein ohne jedes Wanken aus=
geharrt hat in düsterer Gegenwehr. England hat unter Opfern
und Gefahren, schwerer als vor 1802, seinen Posten bis an das
Ende behauptet — aber was es damit errungen hat, das war des
Kampfes wert. Es war die volle Niederwerfung Frankreichs und
damit der Abschluß des alten Ringens von 1680 her — wenngleich
diese Erbfeindschaft sich doch auch in Zukunft von neuem, über alle
Freundschaftsepisoden hinweg, immer wieder zwischen die beiden
westlichen Nationen gedrängt hat. Es war, von 1815 ab, die
Alleingewalt in der weiten Welt, die lange Freiheit von jeglichem
Nebenbuhler zur See, in der Weltpolitik, im Welthandel, in der
Weltstellung der britischen Industrie. Der Heldenmut des Staats=
mannes, der diesem Kriege und diesem Siege die Bahn gebrochen
hatte, hat sich seinem Volke belohnt. Ein halbes Jahrhundert hin=
durch hat es die Früchte des Kampfes reichlich brechen dürfen, ehe
die zurückgebliebenen Nachbarn anfingen ihm nachzuschreiten und
seine Alleinherrschaft zu lockern. Dem Weltzweikampfe selber hatte
das Deutschland von 1800 zusehen müssen, ohne an ihm teilnehmen
zu können — man weiß, wie Friedrich Schiller um die Jahrhundert=
wende seine Deutschen, indes die beiden anderen den Erdkreis und
seine Macht und seine Schätze umstritten und eroberten, auf die
innerlichen Gewinste geistiger und sittlicher Art, auf die wahre
„deutsche Größe" seines klassischen Idealismus tröstend hinwies.
Das neue Deutschland hat dann allmählich auch in die Wirklichkeit
und Weite der Welt hinausgegriffen. Es tut heute gut daran,
von den Älteren, die ihm voraufgeschritten waren und ihren Vor=
sprung besitzen, immer wieder zu lernen; es tut recht, es sich
immer von neuem zu wiederholen, welche Kräfte und welche
Leistungen es gewesen sind, die England so groß gemacht haben —

nicht nur an Macht allein, aber freilich durchaus auf dem sicheren Grunde der Macht.

Pitts sterbliches Leben ging in Tagen zur Rüste, in denen sein eigenes Auge solch eine Zukunft nicht vorausschauen konnte. Der gichtkranke Mann verwand den Schlag von Austerlitz nicht mehr. Er versuchte eine Kur; er kam sterbend in sein Landhaus nach Putney zurück. Dort gab er die Weisung, die Karte von Europa aufzurollen: „sie wird die nächsten zehn Jahre lang nicht gebraucht werden." Er betete, er nahm Abschied von den Seinen, noch aus der Wirrheit des Fiebers heraus fragte er seinen jüngsten diplomatischen Maßregeln nach; sein Letztes war ein Seufzer um sein Vaterland. Er starb, weniger als 47 Jahre alt.

Er erhielt sein Grab in der Westminsterabtei, bei seinem Vater; die Nation trauerte um ihn. Sein Ministerium zerfiel alsbald; Georg III. mußte jetzt, was er dem lebenden Pitt abgeschlagen hatte, doch gewähren, ein Whigkabinett mit Fox; aber auch dieses ging 1807 zu Ende, und seitdem führten die Tories das Erbe Pitts weiter. Sie vollendeten seinen Kampf mit Frankreich; die Lebendigkeit der innerpolitischen Bestrebungen, die er im Herzen getragen hatte, übernahmen sie nicht. Auch seine innerliche Arbeit war indes nicht verloren; nicht vergeblich hatte er eine Zeit der Unruhe und Unordnung abgeschlossen, das innere Leben befreit, befriedet, gefestigt; nicht nur dem äußeren Kampfe war diese Stählung des britischen Staates zugute gekommen: noch der spätere Torismus sollte davon erben. Seine liebsten Reformgedanken freilich sahen wir Pitt vertagen; einige hat sein Schüler Canning weitergetragen, die meisten erst die Nachfolgerin seines Gegners Fox, die liberale Partei der Epoche nach 1830 vollstreckt. Auch da steht er in der Kette des Lebendigen und Zukunftsvollen, auch da sahen wir ihn anknüpfen an den ersten Pitt.

Die Art der beiden Männer blieb charakteristisch verschieden auch in ihrem Sterben. In einer zürnenden Oberhausrede war Lord Chatham ohnmächtig zusammengebrochen, dramatisch bis auf die Schwelle des Todes, der diesem Auftritt bald nachfolgte: er verschwand wie ein fallender Stern. Sein Sohn ging aus wie ein verlöschendes Licht, still und allein. Aber zueinander gehören sie in allem: zwei Arbeiter am gleichen Werke; weltgeschichtliche Gestalten alle beide, weil sie, beide im Dienst derselben lebensvollen Gesamtentwickelung, mit schöpferischem Zwange der eine, in pflicht= treuer, selbsttreuer Ausführung sachlicher Notwendigkeiten der an= dere, gebietend oder gehorchend, beide in großen Dingen mit ent= scheidender Wirksamkeit und ganzer Hingabe etwas schufen für ihre Nation.

Das Königtum der großen Hohenzollern

Ein Rückblick zum 18. Januar 1901

m 18. Januar 1701 setzte sich Kurfürst Frie=
drich III. von Brandenburg zu Königsberg die
preußische Königskrone auf das Haupt. Er
zog damit aus der Entwickelung zweier großer
Menschenalter das Ergebnis; er selber hat die
neue Würde durch Verhandlungen, durch Hilfs=
versprechen an den Kaiser, errungen, und seine Erhebung ist
von keinem Strahle des heldenhaften Glanzes beleuchtet worden,
der 170 Jahre später die Kaiserproklamation Wilhelms I. um=
floß. Das Ereignis hatte vielmehr etwas Äußerliches und
Kleines, wie die Persönlichkeit des ersten Königs selbst. Den=
noch richtet die Nachwelt mit Recht ihre Blicke auf diesen
Tag und feiert in ihm den Ausdruck einer Epoche. An der
Schwelle des XVIII. Jahrhunderts, dessen staatliches Leben nichts
Größeres sehen sollte als sie, steht dieser Geburtstag oder Tauftag
der preußischen Monarchie des Hauses Hohenzollern; ihr als Gan=
zem gilt das Gedenken, das sich an diesem 18. Januar erneut, und
eine lange Kette leuchtet uns auf, indem wir dieses eine ihrer
Glieder berühren. Die Geschichte des altpreußischen Königtumes
ist unseren Gebildeten, auch den Nichtpreußen, von Jugend auf
bekannt; aber vielleicht doch den einzelnen auf ziemlich verschie=
dene Art, und namentlich nicht jedem in lebendiger und einheitlicher
Kenntnis. Das Stoffliche dieser Geschichte zu wiederholen, kann
die Aufgabe eines Aufsatzes nicht sein; aber nützlich mag es auch
heute noch und mag es gerade in diesen Wochen sein, einem weiten
Leserkreise die Zusammenhänge, die innerliche Bedeutung, den
geistigen Inhalt des stofflich Bekannten von neuem zu entwickeln
und zu erläutern — reizvoll für den Historiker ist es jederzeit.

Die Gesichtspunkte freilich, unter denen das geschichtliche Inter=
esse und die Geschichtschreibung dieser Königsgeschichte gegenüber=
getreten sind, haben sich in den beiden letzten Menschenaltern, ent=
sprechend den veränderten Verhältnissen und Bestrebungen der
jeweiligen Gegenwart, mehr als einmal verändert. Kurz vor der
48er Revolution hat Leopold Ranke die Geschichte des preußischen
Staates und seiner europäischen Machtstellung in seiner ruhigen und
großen Weise, wenn auch vielleicht nicht in einem seiner vornehm=
sten Meisterwerke, geschrieben. Dann folgte das Zeitalter der Be=

gründung unseres Reiches mit all seinen Vorkämpfen, seiner lan=
gen Sehnsucht, seiner siegreichen Begeisterung; da lag man im
Streite mit Österreich, und auch die Historiker, die Führer der klein=
deutschen Schule, die Droysen, Häußer, Sybel, griffen in den
Tageskampf ein: sie wiesen aus der Geschichte die deutsche Mission
Preußens, die deutschen Leistungen Preußens, den künftigen
Triumph ihres Staates nach, sie feierten ihn mit aller Liebe und
allem Zorne als den Träger der Einheit. Auf den höchsten Gipfel
ist diese Auffassung und ihre künstlerisch=politische Darstellung bei
dem genialsten dieser Gruppe, bei Heinrich von Treitschke, ge=
stiegen: seine Deutsche Geschichte wie sein ganzes Wesen und Wir=
ken wurde ja zum hinreißenden Hymnus auf Preußen und Preu=
ßens Geschichte und sein Königshaus. Dieser Strömung hat sich
seit den 70er Jahren die andere zugesellt, die von der inneren
Arbeit des neuen Reiches, den sozialen Reformbestrebungen, zu=
mal dann von denen des Fürsten Bismarck herkam, und auch in
der Vergangenheit die innere, die soziale, die wirtschaftliche Arbeit
des Staates und seiner Herrscher vornehmlich aufsuchte und sie
zeitweilig wohl auch ein wenig idealisierte: der nationalpolitischen
und wesentlich äußergeschichtlichen und verfassungsgeschichtlichen
Betrachtung trat so die verwaltungsgeschichtliche, die sozialpolitische
zur Seite — zugleich ein starker rein wissenschaftlicher Gewinn, der
über Ranke und Droysen hinausführte, und der mit Gustav
Schmollers Namen ruhmvoll verbunden bleibt. In den jüngsten
Jahren hat man sich bemüht, die historische Anschauung von den
unmittelbaren praktischen Gegenwartsinteressen nach Möglichkeit
freizuhalten, nicht die eigenen Ideale in der Vergangenheit wieder
zu suchen, diese Vergangenheit nicht zu idealisieren, sie weder mit
einem nationalen noch mit einem sozialen Schimmer zu über=
gießen, der ihrer Wirklichkeit fremd gewesen sei; man hat den
Widerstand gegen jede Art preußischer „Legende" aufgenommen
und an realistischer Nüchternheit und mißtrauischer Kritik des Gu=
ten wohl manchmal reichlich viel getan. Andere suchen, von anderen
Bestrebungen unserer Tage geführt, in Preußens Geschichte überall
die sachlichen Elemente, die Massenkräfte zu erfassen, die Wirkun=
gen nicht der Politik, sondern der Wirtschaft, der Gesellschaft, der
Landesgestaltung; sie drängen wie das politische so vollends das

perſönliche Element zurück; die Betätigung des Hauſes Hohen=
zollern verſchwindet halb hinter dem natürlichen Gange einer von
ſelber laufenden Entwicklung. Ich werde mit allen dieſen Auf=
faſſungen zu rechnen, gelegentlich auch abzurechnen haben und
trachte keiner neuen, beſonderen Theſe nach, die ſich den älteren an=
reihen und entgegenſetzen möchte; es ſei mir geſtattet, einfach das
hier zuſammenzuſtellen, was mir richtig und wichtig zu ſein
ſcheint; ob darin ein eigener Standpunkt zutage tritt, das be=
urteile der Leſer. Eines allerdings ſcheint mir gewiß: auch wenn
man die Hohenzollern nicht künſtlich ſteigert, auch wenn man ihre
natürliche und notwendige Selbſtſucht ruhig als Selbſtſucht und
nicht als ideales Beſtreben erklärt, auch wenn man in ihrem
Staate den hart und herbe ringenden, der ſich behaupten und ſich
erweitern will, erblickt, und nicht den geweihten Träger allgemei=
ner Gedanken: auch ohne Heiligenſchein iſt dieſe Geſchichte an
Wunderbarem reich, und unſern Anteil darf ſie allezeit für ſich
fordern, ſtärker faſt als irgendwelche andere. Nicht bloß, weil es
u n ſ e r e Geſchichte iſt und weil auf dem Boden des Preußen=
tums, das hier erwuchs, noch unſer beſtes gegenwärtiges deutſches
Leben, mindeſtens das ſtaatliche, ruht, ſondern auch, weil ſie in ſich
ſelber ſo groß, ſo klar, und weil ſie ſo jung und uns deshalb ſo dicht
vor dem Auge, ſo wohl erkennbar iſt, von ſo hellem hiſtoriſchem
Lichte beſtrahlt, wie kaum die Geſchichte eines anderen großen Ge=
meinweſens, außer etwa dem der Nordamerikaner. Und wie mäch=
tig die Leiſtungen dieſes Staates! wie probehaltig die leitenden
Männer! auch wenn man beide realiſtiſch ſieht; wie ſtark und wie
unabweisbar deutlich tritt der Einfluß der Perſönlichkeiten hervor,
auch wenn man die ſachlichen Gewalten ganz zu würdigen ſtrebt!
Je näher unſerem Jahrhundert, um ſo greifbarer zeichnet ſich dieſe
Mitwirkung, dieſe führende Wirkung der Hohenzollern und ihres
politiſchen und perſönlichen Wollens ab; unzweifelhaft bleibt ſie
im Zeitalter der eigentlichſten preußiſchen Monarchie, der abſo=
luten Regierungen, die wahrhaft maßgebende Kraft.

Seit der Höhe des Mittelalters hat ſich der Schwerpunkt der
deutſchen Staatsbildung mehr und mehr in den Oſten verſchoben:
aus der Enge der älteren, weſtlichen Schauplätze und Staaten in
die Weite der jüngeren, öſtlichen hinüber, nach Bayern und Öſter=

reich hier, nach Sachsen und Brandenburg dort; und Branden=
burg=Preußen wurde für den Norden und zuletzt für das ganze
Deutschland unter diesen neuen Staaten der bedeutsamste. Man
hat mit gutem Rechte auf die zentrale Lage der Mark inmitten der
norddeutschen Tiefebene, auf die Möglichkeiten hingewiesen, die
gerade diese ununterbrochene Ebene einer breiteren, sich immer
weiterdehnenden Herrschaft darbot. Freilich, von solcher Erwä=
gung geographischer Möglichkeiten für einen großen Flächenstaat
bis zu dem Satze, daß hier ein solcher Flächenstaat sich bilden
mußte, oder gar, daß dieser Flächenstaat von der Mark Branden=
burg und von Berlin ausgehen mußte, scheint mir der Weg noch
recht lang zu sein. Mußte es wirklich diese Landschaft sein, die
ärmste beinah von allen, um die sich der neue norddeutsche und
deutsche Großstaat schlösse? Hatten ihm die geographischen Be=
dingungen, mechanisch und unausweichlich, diese Bestimmung in
seine Wiege gelegt? Konnten wirklich nicht Mecklenburg oder
Pommern, oder gar Kursachsen oder etwa die Welfenlande die
Rolle an sich bringen, die Brandenburg zugefallen ist? Aus bloßen
geographischen Gründen möchte ich dies Wachstum doch nicht ab=
zuleiten wagen. Wie ist es denn mit der Ausdehnung der hohen=
zollerischen Macht wirklich gegangen? War es so, daß sie, rings
an ihren Grenzen weitergreifend, wachsend, sich abrundend, die
nächsten Gebiete, Landschaft um Landschaft, wie man es doch postu=
lieren müßte, an sich brachte? Nein, ganz und gar nicht! Wohl
hat sie sich, wie jeder Staat, in der Nähe zu vergrößern gesucht,
aber das Entscheidende für ihren Zug zum Großstaate sind tat=
sächlich gerade zwei weitentfernte Erwerbungen an Pregel und
Rhein gewesen, die ihr durch den Zufall des Erbganges in den
Schoß fielen! Und auch diese sind ihr geraume Zeit fast mehr
zum Unsegen als zum Segen geworden: erst als ein Mann kam,
der sie zu packen und auszunutzen verstand, verwandelte sich dies
zum Bessern, und erst nach vielen Menschenaltern, nach Jahrhun=
derten ist der Drang, diese Flügellande mit dem Hauptlande nun
auch territorial zu verbinden, zu seinem Ziele gelangt. Das frei=
lich ist dann durch eine Art logischer Weiterführung des früh be=
gonnenen Werkes geschehen; daß man aus den in Ost und West
zerstreuten Stücken nun ein Ganzes machen wollte, war ein natür=

liches Bestreben. Aber die eigentliche Grundlegung der hohen=
zollerischen Größe ist etwas durchaus nicht durch Bodenverhältnisse
und natürlichen Erweiterungsdrang des brandenburgischen Ge=
bietes Gegebenes: höchstens mit nachträglicher Konstruktion kann
man es dazu machen wollen; nimmt man die Dinge, wie sie wirk=
lich in ihrer Zeit zugegangen sind, so zeigt sich, daß vielmehr die
Dynastie mit ihren zufälligen äußern Beziehungen und ihren ein=
zelnen großen Söhnen die Größe Brandenburgs ermöglicht hat.
Sicherlich wirkte auch die Ebene, die zur Ausdehnung lockt und ihr
die Grenzen weit steckt; die natürlichen Verhältnisse bilden allemal
die Voraussetzung, ohne die der historische Verlauf sich nicht be=
greift; aber unmittelbar leitend und wahrhaft entscheidend sind
für die preußische Staatsbildung das Herrscherhaus und seine
Persönlichkeiten gewesen; sie, so werden wir sehen, sind es auch
gewesen, die diesem Staate wie sein Dasein, so seinen Charakter
gaben. Wer für das sonderbare Werden dieses Preußens eine
tiefere Erklärung sucht, wem es nicht genügt, den Gang wie er
tatsächlich war, in seinem Zusammenwirken der verschiedensten
Kräfte, zu verfolgen und zu begreifen, wer vielmehr auch für jenes
Anknüpfen im weiten Osten und im weiten Westen, das Preußens
Zukunft bedingt hat, einen allgemeinen und höheren Grund ver=
langt, der wird ihn von der Landkarte jedenfalls nicht ablesen
können. Ich verstehe sehr wohl, wenn er ihn in einem Plane über=
irdischer Gewalten sucht; die historische Wissenschaft selbst aber,
auch wenn sie, soweit sie es kann, die Dinge zu erklären und nicht
nur toten Stoff zu sammeln trachtet, hat mit dieser Erklärungs=
weise nichts zu tun. Sie macht einen Schritt vorher Halt.

Aber folgen wir dem wirklichen Entwicklungsgange zunächst
durch seine Hauptphasen bis an die großen Zeiten Brandenburgs
heran.

❧ ❧ ❧

Seit dem XII. und XIII. Jahrhundert flutet der Strom deut=
scher Eroberung und Kolonisation in den Osten; eine Menge deut=
scher Stämme ist an ihm beteiligt; noch beschienen vom Abend=
glanze des Kaisertumes, aber bereits in ganz selbständiger Be=

tätigung, haben deutsche Fürsten, deutsche Edelleute, deutsche Geist=
liche, deutsche Bürger und Bauern das Werk vollbracht und die
Reihe ihrer Siedelungen und neuen Staaten, von der Ostsee bis
nach Schlesien, breiter und breiter, immer vorwärts dringend, ge=
gründet und befestigt. Recht im Herzen dieser kolonialen Lande
lag der brandenburgische Staat der Askanier; festgeschlossen um
die markgräfliche Gewalt, die hier, im Grenzgebiete, die Zügel mit
kriegerischer Straffheit anzog und hielt; das Herrschergeschlecht
kühn um sich greifend nach allen Seiten, nach Norden und Osten
zumal. Aber dieses Staatswesen zerfiel. Die Festigkeit der Orga=
nisation vermochte sich nicht zu behaupten; äußere Schicksale und
innere überall wiederkehrende Entwicklungen drückten das Mark=
grafentum herab und hoben auch auf diesem östlichen Boden die
Macht der Stände. Adel, Geistlichkeit, Städter kamen als selb=
ständige Gewalten neben dem Landesherrn empor, die Einheit
zersplitterte, der Umfang des Gebietes verringerte sich, landschaft=
liche und ständische Sonderkräfte gewannen die Oberhand. Be=
sonders ungünstige Umstände haben diesen Zersetzungsprozeß in
den Marken besonders weit gedeihen lassen: aus einem Chaos
hatten die Hohenzollern, seit sie von 1411 und 1415 ab als Erben
der Askanier, der Wittelsbacher und Luxemburger in die Marken
einzogen, ihren neuen Besitz herauszuheben. Sie haben es, ein
Jahrhundert hindurch, mit Konsequenz, Kraft und Erfolg getan,
ganz im Sinne des neu aufsteigenden Fürstentumes, das am Ende
des Mittelalters sich überall durchzusetzen rang; sie haben ihr Ge=
biet wieder gedehnt, vor allem die Unruhstifter und die Selb=
ständigkeiten daheim, adlige wie städtische, gebrochen und als
rechte Territorialfürsten auch in die Reichspolitik eingegriffen. So
liefen die Dinge von den Adelskämpfen Friedrichs I. bis zu denen
Joachims I. nach 1500 fort. Ein neu gefestigter territorialer Staat
bildete sich aus, mit Fürstentum und Ständen, unter fürstlichem
Übergewicht; die Erbordnung von 1473 bestimmte die Einheit der
Marken für alle Zukunft, sie bezeichnete den vollen Durchbruch
des Gefühles von dem Zusammenhange und der Geschlossenheit
des brandenburgischen Sonderstaats. Dann aber — etwa von
1530 ab — folgte eine Stockung, die wieder ungefähr ein Jahr=
hundert gedauert hat. Der märkische Staat blieb bestehen; aber

162

in ihm sank das Fürstentum von neuem, und das Ständetum stieg auf. Diese beiden wetteifernden Mächte beherrschen damals die neuen deutschen Territorialstaaten überall; sie setzen sich auseinander; hier siegt die eine, dort die andere. Der Fürst ist an vielen Stellen noch nicht stark genug, die sich erweiternden Aufgaben des Staatslebens allein zu lösen, es mangelt ihm an Mitteln, an Geld; die Stände, die dieses bewilligen sollen, bringen ihn dadurch unter sich und verwalten und regieren zum guten Teile mit ihm, ja über ihm. Hier im kolonialen Osten wuchs diese Bewegung besonders hoch empor; der Adel erhob sich mit zunehmender Stärke über dem Bauerntum, dehnte seine herrschaftliche Gewalt und sein eigenes Gut aus, wurde wirtschaftlich, rechtlich und politisch der Herr des flachen Landes. Die Städte waren klein und unbedeutend und gingen noch immer tiefer herab; vornehmlich adlig war die Ständemacht, die mit ihren Landtagen und Ausschußtagen, mit ihrer besonderen Steuer- und Schuldenverwaltung, mit ihren Privilegien und Machtansprüchen den Kurfürsten in die Enge trieb, ihn einschnürte, ihn beinah überragte. Andere deutsche Territorien haben damals andere Entscheidungen erlebt; in Bayern bändigte der Herzog seine Stände; im Osten waren sie wohl überall besonders stark, aber kaum irgendwo ihr Schwergewicht so ununterbrochen und drückend wie in Brandenburg — nicht in Sachsen, nicht in Pommern, nicht einmal in Ostpreußen, wo gelegentlich doch ein kraftvoller Regent die ständische Allmacht zurückwarf. Offenbar hat auch die persönliche Fähigkeit der Fürsten auf dieses Ringen einen großen Einfluß geübt, und die Hohenzollern haben nach Joachim I. fast ein Jahrhundert lang keine bedeutende Persönlichkeit hervorgebracht. Ihnen fehlte das eigentlich Entscheidende, das, was die bayrischen Herrscher jener Tage daheim wie in der Reichspolitik groß machte: der nach außen gerichtete energische Ehrgeiz, das klare politische Ziel, der lebendige Drang, zu wachsen, und zugleich der lebendige religiös-politische Impuls, der in diesem Zeitalter der Religionswirren in allen starken Staatsmännern und Staaten vorwärts treibend, belebend, erhöhend wirkte. Die Hohenzollern, so muß man auch heute noch sagen, blieben damals im Kleinleben stecken und, deshalb zumal, auch in lähmender Abhängigkeit von ihren Ständen.

Und in der Tat ist dann der belebende Anstoß von außen ge=
kommen. Um 1600 eröffnete sich der Dynastie der jülich=klevische
Erbanspruch am Niederrhein, und gleichzeitig die künftige Nach=
folge auf dem Königsberger Herzogsstuhle; Aussichten auf Pom=
mern, später auf Schlesien folgten nach; zu alledem trat die immer,
bereits in den matten Zeiten, festgehaltene Bewerbung um das
Magdeburger Erzbistum. Eine große Anregung aber haben lange
Zeit hindurch nur die entfernteren Lande, die niederrheinisch=west=
fälischen hier, die ostpreußischen dort, auf die Hohenzollern geübt.
Sie zwangen das in enge Grenzen eingeschlossene ostdeutsche
Fürstenhaus, in die Weite zu blicken; sie hoben es über die Marken
hinweg, auf einen höheren Standpunkt. Sie erschlossen ihm
einerseits den Sinn für die großen Weltfragen und Weltgegensätze
des Westens, wo Holland, Spanien, Frankreich in die jülicher Erb=
frage eingriffen, und des Ostens, wo Schweden und Polen sich um
die baltischen Lande stritten. Sie machten es überdies auch im
Innern zu etwas anderem als einer bloßen brandenburgischen
Landesgewalt: ein Herrscher, dem auch Kleve und Preußen ge=
hörten, mußte den natürlichen Drang besitzen, über seinen verschie=
denen Gebieten eine einheitliche Macht zu errichten, in Branden=
burg etwa mit klevischen, in Preußen mit brandenburgischen Kräf=
ten aufzutreten, seine Nebenbuhler überall, die Stände der Einzel=
landschaften, niederzubeugen durch die Wucht seiner allgemeineren,
fürstlichen Macht. Diese Impulse haben von Anfang an, sagen
wir von 1600 an, tatsächlich gewirkt, innen wie außen. Dazu kam,
daß Kurfürst Johann Sigismund 1613 zum reformierten Be=
kenntnisse über= und damit in die calvinistische Weltgemeinschaft
eintrat, in die Gruppe des kämpfenden, von weitem und hohem,
europäischem Geiste berührten Protestantismus.

Aber freilich, zunächst gab das alles nur Anregungen, und noch
lange keine Erfolge. Gerade die Fülle neuer Aufgaben, die jetzt
in den Kreis der hohenzollerischen Politik einströmte, wirkte zu=
nächst erdrückend, niederdrückend; die heimatlichen Stände, die
Geld für ferne Unternehmungen bewilligen sollten und die dem
Calvinisten zwiefach mißtrauisch entgegenstanden, wurden um so
widerspenstiger und um so allmächtiger; die Persönlichkeiten der
Hohenzollern blieben auch bis 1640 unglücklich und unbedeutend.

Neue Samenkörner waren ausgestreut; die Früchte sind noch
lange nicht gereift. Und vollends den furchtbaren Fragen des
30jährigen Krieges erwies sich Kurfürst Georg Wilhelm nicht ge=
wachsen. Sobald man alle diese Zeiten aus der Nähe betrachtet,
begreift man die Schwächen und Mißerfolge gut genug, und unter
den Gestalten der brandenburgischen Herrscher und ihrer Minister
wachsen einige immerhin zu stattlicherer Höhe empor, als man frü=
her annahm. Graf Adam Schwarzenberg, der Minister des
30jährigen Krieges, ist kürzlich als ein Vorarbeiter des Großen
Kurfürsten, als ein Vorläufer des Absolutismus gewürdigt wor=
den, und diese Rettung des Vielgescholtenen scheint wenigstens der
Hauptsache nach gelungen zu sein. Aber man darf nicht über=
treiben; was haben denn schließlich auch diese tüchtigsten unter
den Staatsmännern vor 1640 geleistet? Sie haben festgehalten,
was Brandenburg an Ansprüchen und Gebieten besaß, in Ost,
West und den Hauptlanden; das war etwas wert; erreicht,
getan haben sie aber doch recht wenig. Alle Einzelanläufe und
=verdienste gehen in den Strudeln der inneren und äußeren
Kämpfe unter. Die Schwierigkeiten waren groß; nirgends aber
begegnet auch eine wahrhaft starke Natur, eine klare
Entscheidung, ein großer Zug: Gesinnung und Kraft sind
überall doch nur klein. Dem entsprach das Ergebnis:
der Staat und seine Leitung standen höchstens mit dem
Durchschnitte der damaligen deutschen Territorialpolitik auf
gleicher Linie, und hinter so manchem standen sie zurück. Aus der
Möglichkeit einer Machtentwicklung zu deren Wirklichkeit ging —
das muß man doch nach allen Analogien, nach den Schicksalen etwa
auch Bayerns, Kursachsens sagen — der Weg einzig und allein
durch die lebendige Tat, die Kraft des schöpferischen Einzelnen
hindurch. Erst sie kann auf dieser Erde wirklich etwas gestalten:
wer sie aus seiner Rechnung ausschalten oder sie herabdrücken will,
der rechnet nicht mit organischen Kräften, wie er sich wohl einbil=
det, sondern in Wahrheit mechanisch, mit einem falschen Rationa=
lismus.

Begreiflich nur im Zusammenhange mit all dieser Vorgeschichte,
im Zusammenhange mit dem Boden, mit den Antrieben, die in
seinem Staatenkomplexe lagen, aber er selber doch erst der Wir=

kende, der Könnende, der Schaffende — so tritt in die lange Reihe der erste Große hinein, der Große Kurfürst. Er begann als ein halb Vertriebener, im fernen Königsberg; nach allen Ansätzen hat erst er den brandenburgisch-preußischen Staat gemacht. Ich erinnere an den Inhalt seines Lebens: die schweren Anfänge im letzten Jahrzehnt des 30jährigen Krieges; die mühsame Besitzergreifung, die Herausbildung einer eigenen Politik, einer eigenen Stellung in den Welthändeln, bis zum Westfälischen Frieden 1648; daneben und danach die Arbeit an der Wiederbefruchtung seiner verwüsteten Lande; in den 50er Jahren, nach einem ersten auswärtigen Fehlschlage und ersten inneren Reformen, die Teilnahme am nordischen Kriege zwischen Schweden, Polen, Dänemark, Österreich, die Abschüttelung der polnischen wie der schwedischen Oberherrschaft; von 1660 ab die Neuorganisierung des so behaupteten und verstärkten Besitzes; noch einmal, seit 1672, eine große Kriegesära, die Auflehnung gegen Frankreich, die neuen Siege über Schweden, und nach manchen, begreiflichen Irrgängen der Politik zuletzt 1688 ein reiner Abschluß am Ende eines großen Lebenswerkes.

Was ist nun dessen eigenster Stempel?

Einmal, das ist ja bekannt, hat sich der Kurfürst Friedrich Wilhelm von der überwuchernden Gewalt seiner Stände befreit, er hat sie zurückgeschoben, in den Marken und deren Nebenlanden und in Kleve und Ostpreußen; er hat an Stelle eines Konglomerates von Einzellandschaften, deren jede sich aristokratisch selber regierte, und die nur in der Person des Herrschers ein lockeres gemeinsames Band vereinigte, einen Staat errichtet, der inneren Zusammenhang zu haben begann, den Eine Regierung und Eine Verwaltung, und zwar eine fürstliche, einte und führte: den weiten Fürstenstaat, der den engen Ständestaat ersetzte. Er hat das alte Recht der Lande und der Aristokratien gebrochen und seine Macht dafür stabiliert; daß es ein Fortschritt war, daß ein besseres, werdendes, lebendiges Recht das alte, veraltete bezwang, daß dieser neue Staat unendlich kraftvoller und auch unendlich gesunder und innerlich leistungsfähiger war: diese Erkenntnis ist längst allgemein geworden. Die neue Zeit war nicht nur größer, sondern auch besser als die alte: auch wer sich bewußt bleibt, daß hier Recht über Recht triumphierte, wer das Alte keineswegs blind verdammt, muß das anerkennen. Woran aber knüpft diese Neugründung an? Worin liegt die Eigenart, die Einzigartigkeit von Friedrich Wilhelms Leistung? Man hat von seinem inneren Werke, jener Gründung der Staatseinheit, dem Beginn einer neuen wirtschaftlichen Arbeit, gemeint, sie seien im Grunde nichts Besonderes; alle Fürsten seiner Tage hätten Ähnliches angestrebt und getan. Ich glaube, daß eine Vergleichung gerade zeigt, daß er mehr tat, intensiver, schöpferischer wirkte, als seine deutschen Zeitgenossen, wenn auch natürlich im Sinne der gleichen Zeitbewegung. Aber daß er mehr tat, das hat allerdings seinen rechten Grund nicht in der inneren Politik selber, sondern in der auswärtigen. Er ist unter jenen seiner Zeitgenossen, die man äußerlich mit ihm zusammenhalten kann, der Einzige, der eine große Politik trieb. Und nicht was er in der Verwaltung und der Verfassung schuf, so gewichtig es ist, gibt ihm seine Größe: sondern, in jeglicher Hinsicht, jene auswärtige Politik. Das tut man gut, manchen Moden und Dogmen unserer letzten Jahrzehnte gegenüber mit aller Schärfe zu betonen. Daß die auswärtigen Rücksichten ihn vornehmlich beschäftigen, zeigt sein prachtvolles politisches Testament von 1667; da nennt er dem Nachfolger die Mächte, mit denen er zu leben hat, ermißt ihren Nutzen und Schaden für Brandenburg, entwirft ein System rein-brandenburgischer Politik und stützt es auf Allianzen, vor allem aber auf „eigene Kräfte". Und er gibt dem Kurprinzen den Rat, niemals, wenn die umgebende Welt in Bewegung kommt, stille zu sitzen, neutral zu bleiben: das wäre Selbstmord; eingreifen muß er überall! Diese Regel erklärt den ganzen gewaltigen Unterschied zwischen seinen ruheseligen Vorgängern und ihm selbst; sie birgt den Nerv seines politischen Charakters und seiner Erfolge. Gewiß, auf das Engste hing diese Aktivität mit seinem starkbewußten Protestantismus zusammen: er fühlte sich als Glied einer Weltgruppe, das reformierte Bekenntnis der Hohenzollern wurde in ihm zuerst zu einer politisch bewegenden, befreienden, hebenden Kraft, und er hat sein Brandenburg, an der Stelle des engherzigeren und erlahmenden Kursachsens, zur ersten protestantischen Gewalt in Deutschland gemacht. Aber diese Wirkung konnte sein Glauben auf ihn doch nur ausüben, weil seine eigene tatkräftige Seele ihn feuriger und größer auffaßte als seine Vorgänger und als die Mehrzahl seiner fürstlichen Zeitgenossen ringsum. Und andererseits: gewiß mahnte ihn auch die Ausgestreutheit seiner Gebiete über ganz Norddeutschland zu jener Beteiligung auf allen Seiten, ebenso wie sie, ich wies darauf hin, im inneren Kampf die Monarchie über die Sonderstände erhöhte; aber sie bot eben doch auch nur den Anstoß. Sie konnte auf Schwächere ganz entgegengesetzt wirken, sie ängstlich und unsicher machen, sie stellte schwere Aufgaben, die nur der Starke positiv zu lösen vermochte, sie brachte Gefahren, durch die nur ein großer Mensch siegreich hindurchschritt. Wie leicht war jener Streubesitz zu verlieren! Friedrich Wilhelm hielt ihn fest und mehrte ihn. Der Mann erst brachte das Leben, die Seele in sein Erbe, in diesen Stoff zu einem künftigen Großstaat hinein; aus seiner Persönlichkeit stammte der große Schwung der nun beginnenden Entwicklung. Und das ist an Friedrich Wilhelm das Ergreifende, wie diese Größe seiner Natur sich in Verhältnissen bewegen mußte, die in sich selber noch klein waren, und wie sie sich daran stieß und sich bücken und winden mußte. Im Kerne seines Wesens ist er ein leidenschaftlicher Mensch, stürmisch, feurig, gebieterisch, so wie ihn Andreas Schlüters großes Standbild festhält, ein Fürst der Zeit Ludwigs XIV., mit dem Drange, rücksichtslos durch seine Welt dahinzubrausen. Und überall fesseln ihn die Verhältnisse; äußerlich Gegner überall, innerlich Mangel an Mitteln; er ist doch nur der Herr einer Zukunftsmacht, an sich noch kein großer Potentat. Er muß mit Schweden, mit Polen, dem Kaiser, den Franzosen anbinden oder verhandeln — da gilt es, durch Geschmeidigkeit zu ersetzen, was ihm an Macht fehlt, zu warten, sich blitzschnell zu wenden, da gilt es, neben dem Löwenfell stets das Fuchsfell bereit zu haben, neben der Tat und der Gewalt die Selbstbescheidung, die List, ja die Treulosigkeit. Der Kurfürst ist am meisten er selber, wenn er sich bei Warschau, bei Fehrbellin an der Spitze seiner Reiter heldenhaft in die Schlacht stürzt, wenn er kühn den Kampf aufnimmt gegen Ludwig XIV.; aber er begann 1640 mit peinlicher Vorsicht: er verstand auch das; er hat sich langsam selbständig gemacht; und wie selten durfte er seine Kraft frei gehen lassen! Seine Gegner

haben die Mischung von Schwung und Selbstzügelung, von zu-
fahrender, fast allzu eiliger Leidenschaft und von Kleinlichkeit oft
festgestellt und bitter gerügt; wir begreifen sie aus seiner Lage
und bewundern, daß er im ganzen dennoch stets groß geblieben
ist. Und stand es mit den Bedingungen seiner inneren Wirksamkeit anders? Er mußte, wie als europäischer Fürst so auch als
Landesherr, immer vorsichtig sein, seine Macht abwägen, mit seinen Ständen verhandeln statt zornig durchzugreifen; und er
mußte sparsam sein. Der ostdeutsche Boden, vollends nach 1648,
war bitter arm; da hieß es jede Ausgabe dreimal prüfen, seine
Mittel zähe zusammenhalten, zähe steigern; da erwuchs unter
einem Hofe, dem Glanz und Genuß nie Selbstzweck sein durften,
ein Regiment der Knappheit, der Arbeit, der Zucht — kein Versailler Hof und kein französischer Reichtum; die bezeichnenden
Grundzüge des preußischen Wesens gestalteten sich heraus. Andere deutsche Herrscher lebten im Weltgenusse; Friedrich Wilhelm hatte die Wahl, etwas zu scheinen, aber nichts zu sein, oder
sich und seinen Staat knapp zu halten: er wählte die Macht und
die Sparsamkeit. Oder war es ganz allein der Einfluß des Bodens, der so auf den Staat zurückwirkte? Gewiß, in einem reichen
Lande hätte sich das spartanische Preußentum schwerlich entwickelt; aber waren diese Länder dazu prädestiniert, es ihrerseits
wirklich hervorzubringen? Dieses Wesen von Einheit, Straffheit,
Tatkraft und Staatskraft, von Selbstzucht und Entbehrung? Bis
1640 zeigen die Marken dazu wahrlich keine Neigung, und Ostpreußen mit seinem wilden und selbstherrlichen Adel stand in der
Gefahr, in polnische Zuchtlosigkeit und Wüstheit zu versinken.
Nein! die Hohenzollern seit 1640 sind es gewesen, die diesen Staat
mit seiner harten, scharfen, großen Eigenart in diesen Boden erst
eingepflanzt haben, der ihm natürlich entsprach; und was sie selber
dazu befähigte, das war und blieb der Trieb nach Macht. Daß
dies alles durchaus nicht einfach Naturprodukt war, sondern das
Ergebnis menschlichen Willens, das hat die Reaktion unter
Friedrich I. gezeigt, wo die Entwicklung geradeswegs umzuschla-
gen drohte. Auch hier wieder ist, wie immer, nur die sittlich persönliche Kraft die wahre Trägerin und Schöpferin der großen Dinge.

Im Dienste dieses Machttriebes hat der Kurfürst sein Werk

vollbracht, mit Mühen und Nöten; und von diesem selben Punkte gehen auch die inneren Neubildungen aus, die seine 48jährige Regierung zeitigte und die ich hier wenigstens aufzählen muß. Im unmittelbaren Dienste seiner Machtpolitik nach außen stehen jene inneren Kämpfe, das langsame Niederringen seiner ständischen Rivalen; sie knüpfen sich alle an das Heer an. Das Heer ist das Rückgrat der preußischen Staatsgeschichte: es ist es damals geworden und bis heute geblieben; fast alle großen inneren Neuerungen kommen von dem Heere und seinen Bedürfnissen her. Der Große Kurfürst hat seine Stände zu den ersten dauernden Bewilligungen für das stehende Heer vermocht: die moderne Armee wie das moderne Steuerwesen wie das moderne Beamtentum Brandenburg-Preußens wurzeln an dieser Stelle. Er schuf ein fürstliches, vom Fürsten abhängiges Heer; er brauchte dazu steigende Mittel; er entwickelte in langen Reformen die eine ältere Quelle seiner Einkünfte, das Domänenwesen, zu ungeahnter Kraft, zu einer großen und ergiebigen Administration. Er entwickelte daneben die Steuern; ihre Träger wurden gerade die Beamten, deren erste Aufgabe es war, für den Unterhalt des Heeres zu sorgen. Eine neue Steuerverwaltung ging aus diesen militärischen Bedürfnissen und Kreisen hervor, die sich allmählich mit einem besonderen, wohlgegliederten Beamtentume versah. Für Domänen und Steuern also bildeten sich neue umfassende Behörden; es waren die Domänenkammern und die Kriegskommissariate; sie bildeten sich in Jahrzehnten, schrittweise, dem Bedürfnis gemäß, heraus; vor 1700 waren sie beide fertig. Und sie verdrängten nun die alten, ständischen, landschaftlich und aristokratisch abgeschlossenen Regierungen, mit denen die Einzelprovinzen sich selber verwalteten; sie ersetzten diese Gegner des Gesamtstaates und jeder lebendigen Neuerung durch staatliche Organe, durch Kollegien, die nur vom Fürsten abhingen und so dem Ganzen dienten, durch fürstliche Beamte anstatt einer Klassenherrschaft der privilegierten Gruppen. Dieser ganze Neubau aber war das Ergebnis der Machtbestrebungen der Krone; und sein eigentlichster Baumeister war, unterstützt von hervorragenden Fachmännern, in seinem Werke fortgesetzt durch Eberhard Danckelmann und manchen sonst, doch Kurfürst Friedrich Wilhelm.

170

Aus demselben Quell entspringt ein zweites: die Machtpolitik, die diese Staatsgründung im Gefolge gehabt hat, führte auch zu einer Wohlfahrtspolitik. Zuerst war es nur die Arbeit der elementaren Wiedererhebung aus der Zerstörung des 30jährigen Krieges; allmählich folgte dann, nach der Heilung der ärgsten Wunden, der Herberufung von Kolonisten, eine wachsende Pflege von Handel und Wandel. Der Rumpf des hohenzollerischen Staates, die um die Mark gruppierten Landschaften, wurden durch den Friedrich=Wilhelm=Graben, den Müllrofer Kanal zwischen Oder und Elbe, in sich und mit der Nordsee verbunden. Und schon beginnt der werdende Staat nach einer Beherrschung der ganzen Oder, womöglich einmal der ganzen Elbe zu streben. Schon entfaltet in Stadt und Land der neue Gesamtstaat, der Absolutismus seine belebenden Kräfte. Er übernimmt von Westeuropa die wirtschaftspolitischen Maximen; er arbeitet mit den Mitteln des Merkantilismus, er will die Wirtschaft seiner Gebiete einheitlicher, stärker, vom Auslande unabhängiger gestalten. Die Kette ist stets: der Landesherr braucht Soldaten und Geld für seine Armee; deshalb die neuen Behördenorganisationen; deshalb das Bemühen, das Land reicher, bevölkerter, tätiger zu machen; der Ausgangspunkt ist Macht, zur Wirkung werden innere Leistungen, und schließlich werden diese auch zu einem Selbstzweck. Wie sehr aber und wie lange bei Friedrich Wilhelm selbst alles noch von der Politik allein herkam und ihr allein diente, zeigt wieder jenes 1667er Testament— da ist noch die Macht sein einziges Thema; die vollere innere Arbeit mußte er da fast lediglich noch der Zukunft überlassen. Später hat er sie noch selber wenigstens begonnen: der Bahnbrecher, der Anfänger wurde er für alles; aber seine besondere Aufgabe war es, erst die Existenz überhaupt zu sichern, den Grundstock an Macht zu bilden. Was er da geleistet hat, das geht an Größe doch über alle zeitgenössische deutsche Leistung hinaus. Und wenn die Schwinge, auf der er sich erhob, die große Selbstsucht des Willens zur eigenen Macht ist und keinerlei innerpolitisches Ideal, übrigens auch kein deutsch=patriotisches Ideal: ist das für seine Erscheinung ein Verlust an innerem Werte? Oder tat er nicht vielmehr nur ganz dasselbe, was auf jeden ganz großen Staatsmann zutrifft?

Die Bedeutung dieses Machtwillens ist ja doch wahrlich keine Ent=
deckung des heutigen Tages, und mit Friedrich Nietzsche hat sie
an sich gar nichts zu schaffen; nicht bloß Heinrich von Treitschke
hat sie bereits gepredigt, Leopold Ranke schon hat sie immer in
den Mittelpunkt seiner Begründungen gestellt, und Otto von Bis=
marck hat sie in Taten und Worten uns hundertmal in die Seele
geschrieben. Der große Staatsmann fühlt sich, selbst wenn er nicht
Fürst und nicht absoluter Fürst ist, als die einheitliche Verkör=
perung seines Staates; er blickt vor allem nach außen, denn vor
allem gegen die Außenwelt muß die Persönlichkeit des Staates,
der Nation sich behaupten, wenn sie bestehen will; von da her
am meisten entnimmt er die Aufgaben, die er seiner inneren Po=
litik setzt. Andere mögen das Innere für sich betrachten, der große
Handler muß von dem Auswärtigen ausgehen, von der Macht;
und diese ist selbst etwas Lebensvolles, Individuelles, sie wirkt
selber fort und gibt dem ganzen Leben ihres Staates ihr Gesetz.
Der Staat, den Friedrich Wilhelm vertrat, der Staat, der Friedrich
Wilhelm im vollsten Sinne war, war noch ein werdender, hun=
dertfältig bedroht, unfertig, nur haltbar, wenn er wuchs, sich er=
weiterte, seine getrennten Glieder erst zusammenschloß. Der Große
Kurfürst lebte in diesen seinen elementarsten und höchsten Auf=
gaben; er hat nach seinem pommerischen Erbe lebenslang gerun=
gen mit aller Kraft seiner Leidenschaft, er hat es noch nicht zu er=
ringen vermocht — aber alle Wege hat er gewiesen, alle Zukunft
hat er bereitet, der preußischen Geschichte als einer Geschichte des
Kampfes und des großen schöpferischen Ehrgeizes hat er ihre
Sonderart vorgezeichnet. Und das Ehrwürdigste an Kurfürst
Friedrich Wilhelm ist nicht der gütige Landesvater mit dem patri=
archalischen Gefühle, das er gewiß in sich trug: es ist der Sieger
von Fehrbellin, dessen Augen „schienen wie zwei funkelnde Ko=
meten“, der Kämpfer von Stettin und Rügen, der Schwedenjäger
auf der Schlittenfahrt über das Kurische Haff, der Grollende und
Enttäuschte, den unverdienter Mißerfolg und weitergärende Hoff=
nung in Ludwigs XIV. Arme treibt, und den dann zuletzt doch
sein Widerstand gegen die katholische Weltpolitik des Franzosen=
königs wieder auf sich selber, auf die Seite Wilhelms von Ora=
nien und seiner deutschen Heimat stellt. Die K r a f t , die ihn

hinaus- und aufwärtsdrängte, ist sein Eigenstes, und um ihret-
willen ist er der „Große" Kurfürst und der Gründer des hohenzollerischen und des deutschen Staates.

☞ ☞ ☞

Ich habe hier bereits alle die Richtungen und die Elemente bezeichnet, die für die Zukunft entscheidend blieben: ich kann ihr weiterhin in rascheren Schritten folgen.

Eberhard Danckelmann habe ich schon genannt, den Vollender
der Organisationen des verstorbenen Kurfürsten, den Träger seiner Überlieferung; er erlag im Jahre 1697 der höfischen Intrige,
der Feindseligkeit seines Zöglings Friedrichs III., dessen schwache
Natur aus der vollen Hingabe an seinen Minister in unversöhnlichen und unentschuldbaren Haß umschlug. Und dann von 1697
bis über 1710 jene Zeit einer Reaktion, auf deren Bedeutung im
Zusammenhange der hohenzollerischen Reihe bereits hingedeutet
worden ist. Kurfürst Friedrich III., König Friedrich I. ist vielleicht
manchmal allzu grimmig beurteilt worden; es ist auch unter ihm
mancherlei Gutes geschehen, nicht nur im Sinne der geistigen Kultur, und der dynastischen Größe seines Hauses hat auch er auf seine
Art gedient, Pommern hat auch er zu erwerben getrachtet, und
auf den Schlachtfeldern des spanischen Erbfolgekrieges wuchs der
Ruhm der Brandenburger. Aber seine Regierung als Ganzes
war mittelmäßig wie seine Natur, und die bittere Charakteristik
seines Enkels von dem Manne, der in den großen Dingen klein,
in den kleinen groß gewesen sei, besteht zu Recht. Weniger noch,
daß er im spanischen, westeuropäischen Kriege sich dauernd fest-
legen ließ und die sehr viel näheren Anliegen seines Landes im
nordischen Kriege darüber versäumte, daß er den Schwung und
die starke Selbständigkeit seines großen Vaters in der auswärtigen
Politik doch verlor — hauptsächlich das ist das Schlimme, daß er
von der Strenge, von dem Pflicht- und Staatsgefühle seines Vaters abfiel, daß er den Staat überwuchern ließ durch den Hof. War
eine Entgleisung dieser Staatsentwicklung bereits unmöglich?
Konnte nicht auch Preußen in die Bahnen der sächsischen Friedrich
Auguste geraten? Auch diese sind gewiß in manchem besser ge-

wesen als ihr Ruf, zumal August der Starke selbst; und doch, welch ein Bruch und welch eine Versumpfung für die preußische Zukunft! Das „Preußentum", wie wir es umschrieben haben, als Staats= und Volkscharakter, war noch keineswegs tief genug ge= festigt; ein geistvoller und glänzender, aber allzu glänzender Hof, der sich zur Hauptsache wurde, mußte auch hier alle Bande lockern, die eben erst begonnene staatliche Erziehung, die des Adels zumal, gefährden und zerstören. Alle diese Gefahren haben bestanden; es war von unermeßlichem Werte für die junge Schöpfung des Großen Kurfürsten, daß die verwüstende Wirtschaft seines Sohnes nur kurz, nur ein Interregnum war, daß die Blutmischung, die uns Nachlebenden als die eigentlich althohenzollerische erscheint, jene Verbindung von Stetigkeit und Sparsamkeit und selbstüber= windender Hingabe des Einzelnen an den Staat mit den starken Impulsen persönlicher Kraft, daß diese Blutmischung bei dem Enkel wiederkehrte und nun für drei Vierteljahrhunderte die bei= den großen Regierungen einsetzten, die vor allen klassischen Kö= nigsregierungen des XVIII. Jahrhunderts überhaupt: Friedrich Wilhelm I. und Friedrich II. Von ihrem ersten königlichen Vor= gänger übernahmen sie die Königswürde: ein Erbe, das seine Be= deutung besaß: es hob sie über die Menge der deutschen Fürsten hinaus und stellte sie ihren halbdeutschen deutschen Nebenbuhlern, den polnischen Königen in Kursachsen, den englischen in Hannover im Range gleich; es war die Form für die Wirklichkeit der bran= denburgisch=preußischen Macht und zugleich ein Antrieb für die Zukunft; und erkauft war diese Würde immerhin nur durch vor= übergehende politische Opfer an den Kaiser — übrigens durch keine konfessionellen Opfer, auf welche die jesuitischen Beförderer dieser Königswünsche gerechnet haben mögen, ohne sie jedoch durch besonders wichtige Leistungen auch nur irgend verdient zu haben, und ohne daß man sie ihnen versprochen gehabt. Was König Friedrich I., als Gefolgsmann des Kaisers, im Sinne seines eigenen Staates versäumt hatte, hat noch sein nächster Nachfolger im nor= dischen Kriege eingebracht; er gewann 1720 Stettin, die Sehn= suchtsstadt des Großen Kurfürsten, und half die schwedische Groß= macht, die einstige Herrin des Ostseekreises, zertrümmern; an der Ostsee gab es künftig wieder einen starken deutschen Staat. Vor

174

allem, im Innern hat Friedrich Wilhelm I. die Spuren jenes Interregnums verwischt: der eigenartigste aller Hohenzollern, als Organisator und Erzieher der größte von ihnen allen.

Auch seine Blicke richteten sich stets auf die Weltstellung seines Staates; auch nach 1720 hat er eine bewegte auswärtige Politik getrieben und zwischen den großen Mächten, Österreich, England, Frankreich seinen Platz gesucht und gewechselt. Es ist bekannt, daß die kaiserliche Diplomatie, der er sich seit 1726 anschloß, ihn ausgenutzt und seine Hoffnungen betrogen hat und daß der unbehilfliche Herrscher, der in die Diplomatie jeder Zeit schlecht hineingepaßt hätte und in die seiner Zeit, die Diplomatie der kleinen Virtuosen und der kleinen Mittelchen, am allerschlechtesten hineinpaßte, mit immer bittrerem Zorne empfand, wie man ihn nasführte und mißachtete. Er wußte es und vermochte sich doch nicht zu befreien; wohl schwenkte er in seinen letzten Jahren sogar auf die französische Seite hinüber; aber er konnte es doch nur seinem Sohne überlassen, zu tun, was ihm, dem Vater, über die Kräfte ging: Preußen innerhalb der großen Welt von neuem zu erheben. Von diesem obersten Ziele also ließ auch er nicht; und auch bei ihm hat sich, wie bei seinem Großvater, alles Innere vornehmlich an die Entwicklung seiner Armee angelehnt, die er so gewaltig steigerte: aber sie zu verwerten war ihm nicht gegeben. Seine Leistung war innerlich und nur innerlich. Die preußische Macht konnte das jetzt für eine Weile ertragen, weil der Große Kurfürst mit seinem nach auswärts gekehrten Ehrgeiz ihr überhaupt das Dasein gesichert, die Grundlagen geschaffen hatte; und weil die Wucht, mit der sich Friedrich Wilhelms I. Wille auf die Organisation und die innere Anspannung aller Kräfte warf, so gewaltig war, daß sie für eine Weile den sonst unentbehrlichen Schwung der großen Politik ersetzte. In jedem Sinne knüpfte er dabei an das Werk des Kurfürsten an; aber er steigerte es zugleich und führte es erheblich weiter. Mancherlei allgemeine Einflüsse haben da auf den großen Verwaltungsmann eingewirkt. Überall in der Welt war die merkantilistische, wirtschaftliche Arbeit des absoluten Staates glänzend entwickelt; von Frankreich hatten alle Nachbarn sie übernommen, auch Schweden, auch Rußland ahmte sie nach: die preußischen Verhältnisse wurden erst jetzt ganz reif für sie. In Preußen war ferner die neue Geistesrichtung der Zeit, der protestantische Rationalismus, bereits unter Friedrich III. eingepflanzt worden, er erfüllte die junge Universität Halle und machte sie zur leitenden Hochschule Deutschlands; dieser Rationalismus aber setzte auch dem Staate mit voller theoretischer Klarheit allgemeine Ziele der Befreiung und der Befruchtung im geistigen wie im wirtschaftlichen Leben. Brandenburg war stets protestantisch gewesen, und durch den Großen Kurfürsten in besonders eifrigem und, nach mancher Hinsicht, in besonders freiem Sinne; auch Friedrich III. hielt sich als Protestant, Friedrich Wilhelm I. war überall der Schirmer seiner Glaubensgenossen, sein Preußen neben England die Vormacht der Evangelischen in der Welt. Jetzt trat es, als der Heimatstaat der Hallischen Universität, mit der neuen Belebung protestantischen Empfindens und protestantischer Kritik, die der pietistische Rationalismus bedeutete, in innige Fühlung; es wurde in neuem Sinne zum Träger der lebendigen Weiterwirkungen der Reformation. Auch Friedrich Wilem I. hat Wolffsche Bücher gelesen — obwohl er Wolff selber, bei einem Konflikte des Philosophen mit den Theologen, in jähem Entschlusse aus dem Lande trieb; und Wolffs Philosophie verkündigte die Grundsätze des absoluten, aufgeklärten, wohlwollenden Verwaltungsstaates, der in alles Leben seiner Untertanen fördernd, aber auch befehlend hineingreift, nüchtern, gewaltsam, allmächtig: die Grundsätze, die Friedrich Wilhelms Praxis erfüllten. Die Universität Halle half dem Landesherrn so seine Beamten, Lehrer und Pfarrer, wie er sie brauchte, heranbilden: Theorie und Praxis befruchteten einander. Auch einen dritten Einfluß allgemeineren Charakters, den Einfluß der niederdeutschen, der nordostdeutschen Volksart auf den König wird niemand leugnen: seine derbe Nüchternheit, seine Schärfe, seine Prosa hat viel von dem Boden an sich, auf dem er geboren war. Aber ebenso unleugbar ist, daß er selber nun unendlich viel dazu getan hat, den preußischen Typus erst wirklich klassisch auszuprägen, ihn in den preußischen Staat ganz hineinzuprägen und ihn so zu verstärken und zu bewahren für eine weite Zukunft. Der Organismus, den er, natürlich nicht voraussetzungslos und willkürlich, schuf, ist von seinem eigensten Wesen tief durchdrungen und ist, so wie er dann wurde,

unbenkbar ohne diesen König und seine persönliche Art. Friedrich
Wilhelm war anders, nicht bloß als der höfische Vater, sondern
auch als der fürstliche Großvater; er war ein derber Bürgers-
oder Bauersmann der märkischen Erde, von dem alle französischen
und geistigen Einflüsse des Elternpaares wirkungslos abgeprallt
waren, die Verkörperung des Praktischen, des Grob-Gesunden,
und dabei doch von einer sonderbaren Genialität sowohl des
Staatsgefühles als der persönlichen Fähigkeiten. Als Mensch
ist er von jeher nur dem Deutschen, ganz vielleicht nur dem Norddeutschen unmittelbar verständlich gewesen, in seiner Unbehilflich-
keit, der Mischung von weicher und tiefer Herzensgüte, von strenger Keuschheit des innerlichsten Empfindens, das es nicht wagt und
nicht versteht sich zu äußern, mit schneidender Schärfe und poltern-
der Derbheit. Auf dem Boden seines Wesens die vollkommenste
Frische und Gesundheit einfachen Menschenverstandes; und dennoch er selber, vollends bei zunehmenden Jahren, ein nervöser,
hitziger, augenblicklichen Wallungen unterworfener Mann, ein
„Cholericus", krank, ein Mann der Schmerzen und dann der
furchtbaren Ausbrüche, der leidenschaftlich fühlt und leidenschaftlich dreinschlägt, hart bis zur Roheit, jähzornig bis zur Haltlosig-
keit und beinahe bis zum Verbrechen, abstoßend für jede seinere
Natur, die mit ihm leben mußte, und doch in seinem Innersten
warm und rein und in dem Ausdruck seiner Liebe, seiner Hilf-
losigkeit, seines sittlichen Ernstes von einer tief ergreifenden
Schlichtheit, wahrhaftig und echt bis auf den Grund der Seele.
Im ganzen ein großartiges Wirken und eine großartige Erscheinung, aber für seine Umgebung und seine Zeitgenossen, die unter
seinen Fehlern litten, bitterschwer zu ertragen; eine moralische
Macht von weitester Wirkung, aber zunächst der Schöpfer einer
„eisernen Zeit", die er verkörpert, mit seinem wuchtigen Schritte,
seinen kurzen, treffenden, aber auch dröhnenden und vernichtenden
Worten, der drastischen Inkorrektheit seiner groben Randglossen,
mit dem starken und scharfen Ausdruck der Augen in seinem grob-
gebildeten Gesicht und mit dem drohenden Stocke in seiner Hand. Er
fährt wie ein Sturmwind in die Korruption oder die Faulheit
hinein; alle vornehmeren Züge aus der Zeit Sophie Charlottes
verschwinden; aber innerhalb der Lebenskreise, auf die er sich

verstand und auf die es wirklich ankam, kümmert er sich um alles. Da ist er allgegenwärtig, wohl mit seinem Stocke und seinen Strafen, aber auch mit seinem Rate, seinem Wissen, seiner durchdringend klaren Einsicht; er knetet den Ton des ostdeutschen Wesens gewaltig durch und gestaltet aus ihm das Bildwerk, das ihm selber entsprach. Und was hat er so geleistet! Er führte den Kampf um die politische Vorherrschaft im Innern, den der Große Kurfürst begonnen und wesentlich entschieden hatte, erst ganz zu Ende. Er fügte den trotzigen Junker erst ganz in den Dienst seines Königsstaates ein, er zwang die Söhne der preußischen Edelleute hinein in sein Offizierkorps, erzog sie als seine Kadetten zur Mitarbeit. Er brach die letzten Auflehnungen des Ständetums; er reformierte die ländliche Grundsteuer, in Ostpreußen wenigstens, im Sinne der Gerechtigkeit; er stabilisierte wirklich seine Souveränität als den Felsen von Erz. Er brach gleichzeitig in den Städten die Vetternwirtschaft der Oligarchien und gab ihnen eine reinere Verwaltung und Verfassung, die freilich der Staat zunächst überwachen, ja kommandieren mußte: aber auch hier vollbrachte er eine heilsame und notwendige Reform. Er stellte seinen Beamten, den Steuerrat, als Vertreter der Gesamtheit mitten in das bürgerliche Leben hinein; er führte so das staatliche Beamtentum nach unten hin weiter durch, und vor allem, er regelte dessen eigenen Bau in der Spitze und den wichtigsten Gliederungen. Er faßte die beiden, bisher noch getrennten und einander stoßenden Verwaltungen der Domänen und der Steuern, die wir entstehen sahen, in einer obersten, im Generaldirektorium, zusammen und ordnete und verstärkte so die zentralen Behörden in folgenreichster Weise; er tat das Gleiche für die Oberbehörden jeder einzelnen Provinz. Und diesem neuaufgerichteten Organismus setzte er, in der berühmten Instruktion, die er selber (1722 und 1723) entwarf, seine Aufgaben, bestimmte das Verfahren, durchtränkte das Ganze mit seinem feurigen, gebieterischen sittlichen Ernst, mit dem kategorischen Imperativ seines Pflicht- und Staatsbewußtseins. Er gestaltete, als der Vollender alles bisher Begonnenen, dieses Beamtentum einheitlich aus: ein Beamtentum, das dem Könige, dem Staate dient, das seinerseits auf festen Unterlagen, Prüfungen, Berechtigungen, auf geregeltem

Gehalte, auf sachlichen Beförderungsgrundsätzen sicher ruhen soll; dafür hat es sich aber anzustrengen bis auf das höchste, und wehe dem Säumigen oder Unredlichen! Der König wacht! der König, der selber das Haupt dieses Organismus ist und der in ihm arbeitet, mühselig, rastlos, wie keiner der andern. Ein neuer, vom Staate getragener Stand, der an sich nicht bürgerlich noch adlig, sondern staatlich sein soll, wächst so empor. Daneben das Richtertum, dem Friedrich Wilhelms Begabung weniger kongenial war; daneben aber zumal der moderne Offizierstand mit seiner aristokratischen Geschlossenheit, seiner Sparsamkeit, Straffheit und Anspannung, die ganz an die der Beamtenschaft erinnert, seiner Königstreue und seinem Heldenmut. Auch die Ergänzung der Truppe, wie man weiß, wurde neu geregelt: nach langem Schwanken zwischen den beiden Prinzipien der Auslandswerbung und der Aushebung im Inlande ist Friedrich Wilhelm da den Gewohnheiten, wie sie die Praxis seiner Hauptleute allmählich herausgebildet hatte, nachgefolgt und hat seit 1733 Werbung und Aushebung schrittweise fester geregelt, die Aushebung in bestimmten Bezirken, in Kantonen, für jedes Regiment lokalisiert: auch dies mindestens ein Fortschritt zur Einheitlichkeit und Allgemeinheit hin, und eine sichere Fundierung für den Ersatz.

Alle die neuen Organe aber mußten zugleich der wirtschaftlichen Belebung dienen. Der König legte die Grundlagen einer stärkeren Gewerbe- und Handelspolitik; er stellte sein Heer als großen Konsumenten in den Dienst wirtschaftlicher Unternehmungen, er ließ die Soldaten wirtschaftlich mitarbeiten; er hat hauptsächlich auf dem flachen Lande, als rechter Fachmann, kolonisierend, lehrend, mustergebend gewirkt, die Brüche getrocknet, das verwüstete Litauen schöpferisch emporgebracht. Er hat auch Sozialpolitik getrieben: seinen Adel gezügelt, seine Bürger, insbesondere seine Bauern zu heben gesucht, den Kampf für die Erhaltung des bäuerlichen Standes und Landes begonnen, er hätte gern die Bande der strengen bäuerlichen Abhängigkeit gelockert. Zum mindesten die Anfänge gehören da ihm.

In allem, was er tat, war Friedrich Wilhelm der Praktiker, ganz unsystematisch von Hause aus; und doch sahen wir ihn sich mühen mit Wolffscher Theorie. Und in der Tat: über die reine

Praxis seines Großvaters, die vor allem erst einmal den Boden ebnen gemußt, ging der König bereits weit hinaus. Das Wohlfahrtsstreben wird in ihm wirklich bereits bis zu einem gewissen Grade Selbstzweck. Er bildet nicht nur das Ältere weiter und durch; er will bereits etwas Tieferes. Der Weg führt, so sahen wir, vom einfach tatsächlichen, dynastischen Streben in die bewußte Erkenntnis der eigenen Verpflichtung zur Fürsorge für die Untertanen hinüber. Natürlich der Kern bleibt das Bedürfnis der Fürstenmacht: der König braucht Soldaten und Geld, das mahnt ihn auch jetzt noch am mächtigsten zur Arbeit, zur Kolonisierung des Bodens, zur Steigerung der Steuerkraft. Aber die Schöpferfreude und der Gewissensantrieb wachsen; Friedrich Wilhelm trifft innerlich mit dem Philosophen nicht übel zusammen.

Hart und herb blieb dieser preußische Staat auch jetzt noch, nicht nur für seine Nachbarn, die seine Werber beunruhigten und die seine Handelspolitik bedrückte, auch für seine Untertanen, denen er seine Hand schwer auf die Schulter legte. Er wirkte Heilsames für die Zukunft; seine Gegenwart war kraftvoll und innerlich schöpferisch — aber eine starke Beschränktheit ist unverkennbar. Es war ein mühseliges Arbeiten unter strenger Aufsicht; kein Blick in die Welt, kein heller Aufschwung, alles prosaisch und eng gebunden, das ganze Wesen einseitig, und durch diese Einseitigkeit doch auch geistig gelähmt. Eine vollere Entfaltung ist wieder durch den Wechsel in der Person des Herrschers gekommen; und was dies alte, absolutistisch straffe Preußen überhaupt in der Welt und auch in sich selber werden konnte, das wurde es nun doch erst durch die Wendung nach außen hin, die Friedrich II. ihm gab.

Sein Vater, der solch eine äußere Betätigung ja selber herbeigesehnt hatte, hat von seinem Kronprinzen bekanntlich lange noch eine andere Art Wendung befürchtet. Wie, wenn dieser Knabe, der die üppigen Neigungen des Großvaters, die geistigen Interessen der Großmutter geerbt hatte, Sophie Charlottes, mit deren leuchtenden Augen er in die Welt blickte — wenn dieser Knabe dereinst das Lebenswerk des Vaters wieder bedrohte, wenn er in die Bahnen von 1700 zurücklenkte? Daß der Zug des jungen Prinzen darauf hinging oder doch dahin deuten konnte, ist unzweifelhaft. Es war die Frage, ob Friedrich die Arbeit seines

Vaters ergänzen und bereichern, oder ob er sie zerstören würde. Darum hat sich, historisch angesehen, der tragische Kampf zwischen Vater und Sohn doch eigentlich gedreht. Jeder kennt die Ereignisse und weiß, wie furchtbar sie im einzelnen gewesen sind, wie bitter beide Gegner sich vergangen haben, wie auch der König die zartere und seinere Natur seines Thronfolgers mit grausamer Brutalität gequält hat. Dennoch hatte er auch hier recht; was er in Friedrich bekämpfen durfte, das war der unpreußische Zug, die Weichlichkeit, die Unsachlichkeit: die hat er gebrochen. Die Individualität des Sohnes jedoch, die er auch als Ganzes nicht anerkennen wollte, hat er nicht zu brechen vermocht. Ihre Persönlichkeit haben beide Teile behauptet, auch der Sohn; sie haben einander zuletzt gezwungen, sich zu begreifen und zu schätzen. Auch Friedrich Wilhelm hat etwas einräumen und den andersgearteten Genius walten lassen müssen; aber was er von ihm gefordert hatte und fordern mußte, das hat er durchgesetzt, wenn auch in einem überharten Ringen, das der Sohn niemals mehr innerlich verwunden hat. Der 28jährige König Friedrich von 1740, wie bereits der Kronprinz-Oberst von Neuruppin, war, so sehr er das Kind einer andern Generation und einer andern Bildung blieb, doch Friedrich Wilhelms I. Schüler geworden: den preußischen Staatssinn, die Selbsteinordnung auch des Genius in das Gebilde seiner beiden Vorgänger, das Pflichtgefühl und die Sachkenntnis, sie hatte jener ihm eingeprägt, und so furchtbar die Kur war, das Ergebnis war der letzte und höchste Segen, den der sterbende Herrscher seinem Lande hinterließ.

☞ ☞ ☞

Friedrich der Große ist auch für die Säkularfeier dieses 18. Januars der wahre persönliche Held. In ihm sammelt sich und in ihm gipfelt das Beste dieser Königsgeschichte: dem hellsten ihrer Genien, ihrem eigentlichen Genius. Weder im Persönlichen noch gar im Sachlichen kann ich hier daran denken, sein Leben und sein Wesen ausschöpfen zu wollen; unerschöpflich an Kräften, an Fragen, an Rätseln bliebe es, wie das des Genius überall, auch für die ausführliche Darstellung. Welch eine Laufbahn, von dem Dunkel seiner wirren Kindheit an bis in die abendliche Einsamkeit seines

freudelosen Alters! Der Kampf mit dem Vater, die Flucht von
1730, der Eintritt in Verwaltung und Heer, in die Kreise seines
tyrannischen Lehrers; die hellen Tage des Rheinsberger Aufent=
halts, wo ihn jener endlich gewähren läßt, und wo Friedrich ge=
nießt, nach seinen eigenen Wünschen arbeitet, unermeßlich lernt;
die Zeiten der beiden ersten Kriege mit ihrem jugendlichen Er=
oberungsdrang, ihrem Schlachtenlärm und strahlenden Triumph;
und dann das volle Mannesalter, die Sonnenhöhe seiner Persön=
lichkeit und ersten innern Wirksamkeit, in dem Jahrzehnt, das
1746 beginnt; da ergreift er alles, Verwaltung und Wirtschaft,
Politik und Geist als Meister, noch ungebrochen, obwohl bereits
ernüchtert, noch freudig, mit siegreicher Zuversicht. Aber alsbald
der neue Streit um das Dasein des Königs wie seines Staats, die
grauenhafte Probe des siebenjährigen Krieges, in der er allen
Überreichtum seines Genius, alle Spannkraft seines Willens ent=
faltet und scheinbar hoffnungslos erschöpft; die übermenschlichen
Mühen, die immer wiederkehrende und immer wieder überwun=
dene Verzweiflung, das lange Harren und allmähliche Sinken,
Auge in Auge mit dem Tode, mit dem Selbstmorde, bis ihn, einen
Frühgealterten, ein kaum noch erwarteter und doch schließlich zu=
meist durch seine eigene Standhaftigkeit dem Schicksal abgetrotzter
Friede erlöst. Und von da ab, von 1763 bis 1786, das Viertel=
jahrhundert des „alten Fritz": eine Arbeit ohne Pause, aber ohne
Glück, innerlich gesammelter, äußerlich allseitiger noch und auch
erfolgreicher als je zuvor, bewundernswert, der Gipfel der persön=
lichen und der sachlichen Leistungen des absoluten Staates, bis
dem Niererschlafften und Niebefriedigten, dem harten Greise von
Sanssouci, bereits inmitten des Emporsteigens neuer Zeiten und
feindlicher Gedanken, der Tod die Lasten von den hageren Schul=
tern nimmt und ihm seine erste und letzte Ruhe schenkt. Aber
wechselvoller noch als dieser Lebensgang der Wanderer, der ihn
durchschritten hat: ein heißer, von schneidenden Widersprüchen
ganz erfüllter Mensch, Widersprüchen, wie sie zum Teile wieder
dem Volkscharakter seiner berlinischen Heimat eigen sind, bei ihm
jedoch zugespitzt zu haarscharfem Kontrast, gesteigert in das Über=
gewöhnliche, in das Geniale. Weich und hart zugleich, frivol und
bitter=ernst, ewig zweifelnd und doch ganz positiv in all seinem

Eigensten, alles in unvermittelten Übergängen, in jähen Sprüngen, und doch eine granitene Einheit. Er arbeitet in seiner Jünglings= zeit mit feurigem Bemühen an seiner Weltanschauung, von Kind= heit her ein Suchender, den keine Überlieferung bindet, dem der Hauch der Aufklärung die Seele früh und unvergeßlich berührt hat; er geht zu Wolff in die Schule und vertauscht dann dessen schwerfälliges System gegen den Empirismus und die sprühende Kritik Voltaires: die hält ihn sein Lebelang fest. Er aber ge= staltet sie sich aus nach seinem eigenen Bedürfnis; er bleibt Deter= minist und Fatalist. Es ist ihm innerlich notwendig, an ein Schicksal zu glauben, das alles irdische Wesen überragt und fesselt, an ein Schicksal, das niemand ändern könne: auf dieses lädt er, der Glaubenslose, die ungeheure Verantwortung des Staats= mannes, des Regenten ab, über die er nicht, wie Bismarck, mit einem lebendigen persönlichen Gotte abzurechnen weiß. Es be= freit ihn und er atmet auf, wenn er meinen kann, daß das Ende nicht ihm selber gehöre: um so freier kann er tun, was e r vermag und muß. Neben dieser eigentümlich inkonsequenten und doch so überaus charakteristischen Selbsttröstung des großen handelnden und wagenden Menschen, die Friedrich mit anderen, mit den Cäsaren aller Geschichte, teilt, hat er noch seinen besonderen Trost für sich: er ruht sich in den Stunden der Erholung wie in denen der unerträglichen Beängstigung bei seinen guten Genien aus: der Philosophie, der schönen Literatur, der Musik; er unterhält sich mit seiner geliebten Flöte, er liest und liest vor, er disputiert, er schreibt, er dichtet. Aus einer überwältigenden Fülle vielfältigen inneren Lebens schöpft er dann, der Gehetzte, ringsum Bedrohte, neue Spannkraft, und die feindliche Welt liegt unter ihm in wesen= loser Tiefe. Dann hilft ihm das Ideal seiner Generation, der freie Gedanke, die elegante Form, das Spiel des Geistes, des Witzes, des zarten Gefühls; und er idealisiert sich, im Lichte der optimisti= schen Aufklärung, und wieder dem eigensten Herzensbedürfnis gemäß, die Menschen, die er lieb hat, mit denen er plaudert, an die er schreibt. Auch das alles ersetzt ihm die Religion; er labt sich am schönen Schein, am Aufschwunge des Verstandes und der Empfindung: unschätzbare Dienste hat dieser Labetrunk dem halb Verschmachtenden immer wieder getan. Und er spielt keineswegs

bloß mit diesen geistigen Kräften; er lebt in der Theorie, im All=
gemeinen, im Kultus des richtigen Denkens und der Moral. Und
dicht daneben der unbarmherzige Realismus eines schneidenden
Hohnes, für den es nichts ganz Ehrwürdiges, nichts Unverwerf=
liches gibt, des schneidenden Willens, den keine Regel zurückschreckt,
eine furchtbare Strenge, die keine Rücksicht und keine Nachsicht
kennt, die alle übrigen, ihn selber, die Welt der Dinge und der
Menschen in kahler Nacktheit vor sich sieht, sie richtet und in ihr
handelt nach den rein tatsächlichen Geboten der eigenen Kraft und
des eigenen Staates. Ein tiefer Ernst, der jeden Selbstbetrug und
jedes bloße Spiel, jede bloße Form, jede Halbheit, jede Leichtlebig=
keit doch wieder verwirft: neben aller graziösen französischen
Geisteskultur der stets auf den Kern der Sache, stets auf das
Sachliche allein gerichtete große und scharfe Zug des deutschesten
Wesens, ganz wahrhaftig gegen sich selbst und gegen das Leben.
Dabei, welch ein Reichtum der Seelenkräfte im Dienste seines
Amtes! Der schärfste Verstand, die eindringende und umfassende
Kenntnis der Welt und der Menschen, die rastloseste Arbeitsam=
keit, der zufahrende Wille, und über allem eine majestätisch weite
und schnelle Phantasie und zumal das lodernde Feuer einer
Leidenschaft, die alle die Gegensätze seiner Natur überwindet und
in Eins verschmilzt. Der Leidenschaft, die den Genius in den
Dienst des Höchsten zwingt, das sie überhaupt kennt und an=
erkennt: seines Staates. Der steht über ihm; er betet ihn beinah
an; in seinem harten Dienste wird Friedrich von allen Schlacken
persönlicher Wünsche gereinigt und setzt sich ihm gleich. Es ist
s e i n Staat; jener, so hoch er über dem sterblichen Einzelnen
schwebt, gewinnt dennoch in ihm Fleisch und Blut, der Mann und
die Sache sind in Wahrheit eins. Wer will da von außenher
trennen und unterscheiden? Jene Leidenschaft, die bei Friedrich
das sachliche Interesse seines Staatswesens als oberstes aller Ge=
bote ergreift und sich ihm hingibt, sie ist doch zugleich die eigent=
liche persönliche Triebkraft des Genius überhaupt: der Drang des
großen Menschen, s i c h s e l b st durchzusetzen, seine eigenen Kräfte
auszuleben, auszuwirken, in die Welt zu übertragen und die Welt
mit ihnen zu bezwingen, der Stolz und das Feuer einer dämoni=
schen Natur. Er selber will er sein und sich betätigen: daraus

quillt zuletzt alles, auch jene sachliche Arbeit, die das eigene Ich überwinden und einordnen will; dicht neben dem aufgeklärten Philosophen und dem kühlen, nüchternen Verwaltungsmann steht immer der Mann der überschwellenden Gluten, der Dämon, der den Erdteil erschüttert. In dieser Macht des Irrationellen, des immer neu ausströmenden Feuers, ruht seine höchste Bedeutung als Feldherr; er hat seine Kriege mit den Mitteln und deshalb auch im Sinne und innerhalb der Schranken seiner Zeit geführt, aber der Überlegenheit einer Welt doch nur siegreich trotzen können dank jenen unbezähmbaren Gewalten seines Temperaments. Er ist auch als Staatsmann, in Tugenden und Fehlern, immer von diesem inneren Feuer vorwärts getrieben worden. Am unmittelbarsten bringt es in dem jugendlichen Herrscher seines ersten Königsjahres zutage, der unbefangen in den Eroberungskrieg hinauszieht als „zum Rendezvous des Ruhms". Später kühlt es sich wohl ab, es wird eingeschränkt durch die klare Berechnung, durch die nur allzu selbsterlebte Erkenntnis von den Grenzen seiner Macht, durch die Selbstbeherrschung des reifen Mannes, es schien zu allerletzt erstarrt unter der dicken Kruste der Weltverachtung und der Skepsis. Aber immer wieder brach es doch in jähen, kurzen Stößen hervor. Es hat ihn zu diplomatischen Übereilungen, zu überraschem Wechsel der politischen Stellung, zu Unzuverlässigkeiten verführt, die auch Unklugheiten waren; aber es nährte auch seine Widerstandskraft wieder und wieder und erhielt ihn groß. Hinter der Bescheidung, daß er nach Schlesien wohl nichts Neues mehr erobern werde, stand sicherlich immer nicht nur die Einsicht, daß sein Preußen noch unvollständig sei und der Erweiterung bedürfe, sondern zugleich immer der ganz persönliche Wunsch, es doch noch selber erweitern zu können, und der Entschluß, dies im günstigen Augenblicke ganz gewiß zu wagen. Der siebenjährige Krieg freilich ist nicht durch diese Unterströmung in Friedrichs Plänen, sondern durch seine Gegner herbeigeführt worden, aber die Absicht war gewiß in ihm, und Westpreußen gewann er 1772 doch wirklich noch. Ich darf ihm hier nicht durch seine Kriege, durch seine späteren diplomatischen Windungen hindurch nachfolgen. Mühselig hat er sich stets behaupten müssen: auch er war, trotz allen Wachstums seit dem

Großen Kurfürsten, doch immer noch ein kleiner Gewalthaber in=
mitten einer bedrohenden Welt, und nur seine Persönlichkeit stellte
ihn und sein Preußen den Österreichern bereits gleich; und
dauernd schuf ihm sein Emporkommen wie die geographische Lage
seines mitteleuropäischen Staates Feinde auf allen Seiten. Was
er da, in 46jährigen Mühen, erreicht hat, ist wahrlich genug.
Wenigstens das Allgemeinste seiner Wirkung deute ich hier an.
König Friedrich rundete seinen Staat derart ab, daß er nun erst
wirklich in Europa als eigene Macht einigermaßen bestehen konnte
— wenngleich eben noch immer auf Anspannung jeden Muskels
angewiesen; er verlieh ihm in seelenerschütternden Nöten das
innere Gefühl des Zusammenhanges: im siebenjährigen Kriege er=
wuchs den Preußen erst das volle Bewußtsein ihrer Staatseinheit,
der Stolz auf ihren Staat, das Gefühl einer „preußischen Nation":
ein Erbe, unverlierbar und unschätzbar für die Zukunft. König
Friedrich hat das als Preuße geleistet und für Preußen. Daß
jemals sein Streben Deutschland gegolten hätte, ist nicht richtig.
Er wie seine Vorgänger, und wie seine Nachfolger in geraumer
Zeit, haben nur für ihren Sonderstaat arbeiten können: alles
andere wäre unmöglich und wäre pflichtwidrig gewesen; nur jenes
haben sie auch gewollt und getan. Daß dabei Preußen deutsche
Grenzen wahrte, deutsche Lande zurückgewann, daß es durch
seinen notwendigen Egoismus zwar das alte deutsche Reich weiter
zerstörte, aber dem Reiche der Zukunft und der deutschen Natio=
nalität erst die Daseinsmöglichkeit schuf: das ist nicht minder ge=
wiß. Und wie der Heldenkampf des Königs das deutsche Bewußt=
sein auch außerhalb der schwarzweißen Grenzpfähle hob und
stärkte, ja es erst erweckte, wie er dem Befreiungskampfe unseres
Geistes vom französischen Geiste und damit wiederum der zu=
künftigen Einheit zugute kam, das wissen wir von Lessing und
von Goethe. Und so hart partikularistisch Friedrich gehandelt hat,
zu jeder Zeit, so sicher es immer zugleich Deutsche waren, gegen die
er die Waffen trug, seine Selbstbehauptung gegen das halbdeutsche
Österreich und gegen das undeutsche Ausland war doch, sogar
im welthistorischen Sinne, ein Sieg der gesamten deutschen Art
und wirkte als solcher in ferne Menschenalter hinaus. Er hat, im
siebenjährigen Kriege, mit dem protestantisch=germanischen Eng=

land vereint, der germanischen Rasse und ihrem Glauben das Dasein in der weiten Welt, den Sieg in Amerika, in Indien, die
Möglichkeit der Behauptung und der Vorherrschaft sichern geholfen, er, der Ungläubige, er, der Weltbürger, der Schüler der
Franzosen: unendlich weit über sein eigenes Bewußtsein und sein
unmittelbares Wollen, über sein persönliches Leben und sein Zeitalter reicht seine Wirkung hinweg. Und damit erhebt sich sein
stolzer Flug doch hoch über die treue und schöpferische Arbeit seines
wahrlich großen Vaters; er steht in Weltzusammenhängen, die er
selber nicht ahnte; er ist eine weltgeschichtliche Gestalt. Daß wir
ihn besitzen, das ist ein Stück unseres nationalen Reichtums für
alle Zeit. Nicht bloß für den Preußen, dem es, ob unmodern oder
nicht, wohl gestattet bleiben muß, daß ihm sein Leben lang beim
Dröhnen der fridericianischen Schlachten das Herz höher schlägt
und daß ihn die Siege wie die Leiden des Königs in tiefer eigener
Seele erheben und erschüttern. Wie den deutschen Zeitgenossen,
so ist Friedrich II. auch den nachlebenden Deutschen, die keine
Preußen sind, auch zu ihrem Helden geworden. Er blieb, in
seiner handelnden Stärke und seiner sittlichen Widerstandskraft,
mit allen den lebendigen Antrieben des großen Menschen-, des
wahren Heldentums, eine persönliche Großmacht, die niemals
stirbt. Preußen hat seinen Segen in trüben Tagen wieder und
wieder erfahren; wir dürfen ihn heute alle empfinden; und nur
der kleine oder der geblendete Mensch spürt von solcher Nachwirkung der Größe nichts und weiß nicht an sie zu glauben.

Für diesen Überblick über das Königtum der Hohenzollern
ist Friedrichs inneres System fast noch wichtiger als seine gewaltige äußere Wirksamkeit. Seine Regierung, so sagte ich, bedeutet da den Gipfel einer europäischen Epoche, die man wohl eine
Weltepoche nennen darf: des aufgeklärten Despotismus, ja des
Absolutismus überhaupt, einer Regierungsweise, die unsere Völker
vom 15. bis mindestens an das Ende des 18. Jahrhunderts geführt und emporgeführt hat, und deren Betätigung seit 1640 wir
in Preußen verfolgten. Ihre Aufgaben hat Friedrich tiefer und
voller empfunden und ergriffen als irgend ein zweiter, und sie
allseitiger und großartiger erfüllt. Er ist der letzte und der höchste,
der höchste, aber auch der letzte einer langen europäischen Reihe.

Großen Kurfürsten, doch immer noch ein kleiner Gewalthaber inmitten einer bedrohenden Welt, und nur seine Persönlichkeit stellte
ihn und sein Preußen den Österreichern bereits gleich; und
dauernd schuf ihm sein Emporkommen wie die geographische Lage
seines mitteleuropäischen Staates Feinde auf allen Seiten. Was
er da, in 46jährigen Mühen, erreicht hat, ist wahrlich genug.
Wenigstens das Allgemeinste seiner Wirkung deute ich hier an.
König Friedrich rundete seinen Staat derart ab, daß er nun erst
wirklich in Europa als eigene Macht einigermaßen bestehen konnte
— wenngleich eben noch immer auf Anspannung jeden Muskels
angewiesen; er verlieh ihm in seelenerschütternden Nöten das
innere Gefühl des Zusammenhanges: im siebenjährigen Kriege erwuchs den Preußen erst das volle Bewußtsein ihrer Staatseinheit,
der Stolz auf ihren Staat, das Gefühl einer „preußischen Nation":
ein Erbe, unverlierbar und unschätzbar für die Zukunft. König
Friedrich hat das als Preuße geleistet und für Preußen. Daß
jemals sein Streben Deutschland gegolten hätte, ist nicht richtig.
Er wie seine Vorgänger, und wie seine Nachfolger in geraumer
Zeit, haben nur für ihren Sonderstaat arbeiten können: alles
andere wäre unmöglich und wäre pflichtwidrig gewesen; nur jenes
haben sie auch gewollt und getan. Daß dabei Preußen deutsche
Grenzen wahrte, deutsche Lande zurückgewann, daß es durch
seinen notwendigen Egoismus zwar das alte deutsche Reich weiter
zerstörte, aber dem Reiche der Zukunft und der deutschen Nationalität erst die Daseinsmöglichkeit schuf: das ist nicht minder gewiß. Und wie der Heldenkampf des Königs das deutsche Bewußtsein auch außerhalb der schwarzweißen Grenzpfähle hob und
stärkte, ja es erst erweckte, wie er dem Befreiungskampfe unseres
Geistes vom französischen Geiste und damit wiederum der zukünftigen Einheit zugute kam, das wissen wir von Lessing und
von Goethe. Und so hart partikularistisch Friedrich gehandelt hat,
zu jeder Zeit, so sicher es immer zugleich Deutsche waren, gegen die
er die Waffen trug, seine Selbstbehauptung gegen das halbdeutsche
Österreich und gegen das undeutsche Ausland war doch, sogar
im welthistorischen Sinne, ein Sieg der gesamten deutschen Art
und wirkte als solcher in ferne Menschenalter hinaus. Er hat, im
siebenjährigen Kriege, mit dem protestantisch-germanischen Eng-

land vereint, der germanischen Raſſe und ihrem Glauben das Da=
ſein in der weiten Welt, den Sieg in Amerika, in Indien, die
Möglichkeit der Behauptung und der Vorherrſchaft ſichern ge=
holfen, er, der Ungläubige, er, der Weltbürger, der Schüler der
Franzoſen: unendlich weit über ſein eigenes Bewußtſein und ſein
unmittelbares Wollen, über ſein perſönliches Leben und ſein Zeit=
alter reicht ſeine Wirkung hinweg. Und damit erhebt ſich ſein
ſtolzer Flug doch hoch über die treue und ſchöpferiſche Arbeit ſeines
wahrlich großen Vaters; er ſteht in Weltzuſammenhängen, die er
ſelber nicht ahnte; er iſt eine weltgeſchichtliche Geſtalt. Daß wir
ihn beſitzen, das iſt ein Stück unſeres nationalen Reichtums für
alle Zeit. Nicht bloß für den Preußen, dem es, ob unmodern oder
nicht, wohl geſtattet bleiben muß, daß ihm ſein Leben lang beim
Dröhnen der fridericianiſchen Schlachten das Herz höher ſchlägt
und daß ihn die Siege wie die Leiden des Königs in tiefer eigener
Seele erheben und erſchüttern. Wie den deutſchen Zeitgenoſſen,
ſo iſt Friedrich II. auch den nachlebenden Deutſchen, die keine
Preußen ſind, auch zu ihrem Helden geworden. Er blieb, in
ſeiner handelnden Stärke und ſeiner ſittlichen Widerſtandskraft,
mit allen den lebendigen Antrieben des großen Menſchen=, des
wahren Heldentums, eine perſönliche Großmacht, die niemals
ſtirbt. Preußen hat ſeinen Segen in trüben Tagen wieder und
wieder erfahren; wir dürfen ihn heute alle empfinden; und nur
der kleine oder der geblendete Menſch ſpürt von ſolcher Nach=
wirkung der Größe nichts und weiß nicht an ſie zu glauben.

Für dieſen Überblick über das Königtum der Hohenzollern
iſt Friedrichs inneres Syſtem faſt noch wichtiger als ſeine ge=
waltige äußere Wirkſamkeit. Seine Regierung, ſo ſagte ich, be=
deutet da den Gipfel einer europäiſchen Epoche, die man wohl eine
Weltepoche nennen darf: des aufgeklärten Despotismus, ja des
Abſolutismus überhaupt, einer Regierungsweiſe, die unſere Völker
vom 15. bis mindeſtens an das Ende des 18. Jahrhunderts ge=
führt und emporgeführt hat, und deren Betätigung ſeit 1640 wir
in Preußen verfolgten. Ihre Aufgaben hat Friedrich tiefer und
voller empfunden und ergriffen als irgend ein zweiter, und ſie
allſeitiger und großartiger erfüllt. Er iſt der letzte und der höchſte,
der höchſte, aber auch der letzte einer langen europäiſchen Reihe.

Als Organisator steht er, um kurz das Entscheidende zu nennen, hinter seinem Vater zurück; er hat dessen zentrale Behörden nicht ausgeglichen, er ließ Verschiedenartiges und Widersprechendes nebeneinander bestehen und überließ es, in der Hast seines Schaffens, der Zukunft, das zu schlichten und neu zu ordnen. Er selber hielt durch seine Persönlichkeit noch alles Alte im Gange; und er trieb die alte Maschine durch seine Energie zu gesteigerter Tätigkeit: die Arbeiten, die er ihr zuwies, waren reicher als unter Friedrich Wilhelm I. Denn Friedrich seinerseits verfolgte eine ganz und gar bewußte, ganz umfassende Wirtschaftspolitik: nicht nur auf dem Gebiete der Landwirtschaft, die er im Sinne seines Vaters wundervoll pflegte und vorwärts leitete; sondern zumal auf dem Gebiete der gewerblichen Arbeit, das sein Vater im Vergleich mit ihm doch mehr nur gestreift hatte. Friedrich baute es an, als voller Schüler des Merkantilismus; er gab der mittel- und ostdeutschen Hauptmasse seiner Länder durch seine Zollpolitik erst feste Einheit, hob sie erst ganz aus den Nachbarländern heraus, schloß sie in sich als einen Bereich gemeinsamer Produktion und Konsumtion, als einen eigenen Verkehrs- und Wirtschaftsbereich zusammen: er vollendete so wirtschaftlich die Bildung eines preußischen Staatsgebietes, das die Macht der Hohenzollern sich erobert hatte. Darin kam er über seinen Vorläufer weit hinaus. Und er pflanzte auf diesem zusammenhängenden und geschützten Felde neue Gewerbe rastlos ein; er regte an, lehrte, unterstützte, leitete, beobachtete die europäische Konjunktur, half Fabriken errichten und Arbeiter holen und anlernen, er sicherte den Absatz, förderte so mit staatlicher Allgewalt, nach dem Verfahren des Zeitalters, die Industrie und zugleich das arbeitende Bürgertum; er bereitete den armen ostdeutschen Boden für die Konkurrenz innerhalb Europas erst wirklich vor, er zog neue Schichten von Unternehmern wie von Arbeitern für die Zukunft heran. Und dabei glich er zugleich, wie es der absolute Herr eines begrenzten Staatsgebietes vermochte, zwischen dem neuen Gewerbe und der altherrschenden Landwirtschaft aus; er bildete im Kornhandel mit seinen großen königlichen Magazinen zwischen Produzenten und Konsumenten die vermittelnde, beide Teile zügelnde und beiden helfende, die Preise regelnde Macht.

Auch eine soziale Politik betrieb er, und zwar systematischer, bewußter, als sein mehr vom einzelnen ausgehender Vater. Und darin freilich zeigte sich nun, daß König Friedrich am Ausgange eines Weltalters stand; die alte Zeit vollendete sich in ihm — aber eine neue drang bereits herauf. Seine Vorfahren hatten den politischen Trotz des Adels gebrochen und diesen Adel in ihren Staat eingefügt; sie hatten ihn wirtschaftlich und sozial gewähren lassen müssen, und in der Tat war er in beiderlei Beziehung immer stärker geworden; erst Friedrich Wilhelm I. hatte eine unmittelbare Unterstützung des Bauerntumes gegen den Adel versucht; er, der derbe Bürger auf dem Throne, hatte seinen Adel mannigfach mit Bewußtsein eingeschränkt. Bei Friedrich stieg die Fürsorge für den Bauern noch; er hat, gründlicher, umfassender und erfolgreicher als sein Vater, das Bauernland gegen die Aufsaugung durch das Herrengut, gegen das „Bauernlegen" geschirmt, den „Bauernschutz" im großen Maße geübt; er hat neben dieser Fürsorge des Steuer= und Kriegsherrn für seinen eigenen Bedarf an zahlenden und an diensttauglichen Menschen auch die prinzipielle Fürsorge des aufgeklärten Regenten geübt, und an der Befreiung des Bauern gearbeitet: in dieser Hinsicht auch er noch mit begrenztem Erfolge. Er hat ferner das Bürgertum, wie wir sahen, wirtschaftlich gekräftigt und es damit wenigstens für die Zukunft auch sozial gestärkt. Aber er war weit davon entfernt, seinen Adel deshalb befehden zu wollen; im Gegenteil, er liebte und hegte ihn ungleich mehr als sein Vater. Er war adelsfreundlich bis zur Einseitigkeit; er war von Natur selber ein Aristokrat, und er wußte zu schätzen, was seine Edelleute seinem Heere bedeutet hatten. Der ältere Gegensatz des Königtums gegen die Aristokratie wirkte bei ihm nicht mehr, er hatte ihn nicht mehr nötig und wollte ihn nicht: denn politisch war er ja unbedingt und anerkanntermaßen der Herr; sozial und wirtschaftlich aber hat er, mit einer Weitherzigkeit, die über den fiskalischen Eifer seines ringenden Vorgängers hinausging, seinen Gutsbesitzern vielmehr geholfen als gegen sie vorzudringen getrachtet. Und sein Hauptbestreben war Ausgleich: die Stimmung des Epochenschlusses! Der Bürger sollte gar nicht neben den Edelmann treten; der König wollte, daß die alten Ständegliederungen bestehen blieben, in seinem Stande sollte jeder bleiben und wirken, die Vorrechte mochten fortdauern, und über allen Ständen thronte, als Wahrerin des Gleichgewichts, allen gemeinsam, aller Herrin, sozial durchaus konservativ, die absolute Krone. Dieser ständische Aufbau also und der Vorrang des Adels im Offizierkorps, ja in der Verwaltung, vereinte sich bei Friedrich mit dem alles regelnden Befehle der Königsgewalt. Diese selbst blieb in allem die Spitze. Sie übte ihre Befugnisse stärker, aber auch reicher als irgendwo und irgendje sonst; sie strömte Belebung aus, sie war selber voll sittlicher Kräfte; sie beugte sich im Sinne der aufgeklärten Philosophie vor ihrer Pflicht, aber sie behauptete dabei ihre absolute Uneingeschränktheit; ohne sie und gegen sie war ihr keine Bewegung denkbar. Aus seinem Kabinett heraus, also ganz persönlich, leitete König Friedrich dies allumfassende staatliche Wesen. Die sachlichen Oberbehörden, die Ministerien, wurden durch sein persönliches Schwergewicht, sein stetes Ein= und Übergreifen desorganisiert, zerdrückt; was tat es? Er allein regierte ja, und er erhielt durch seine Alltätigkeit das Räderwerk in sausendem Getriebe. Er brachte die Wirkung seines Systems auf das Äußerste. Aber wenn er, der Genius, ausschied und unersetzt blieb? Wenn zudem die neuen Mächte im Denken und in der Gesellschaft sich gegen die Allmacht des alten Staates kehrten? Solange Friedrich lebte, blieb alles unverändert. Das alte Preußen, als historisches Ganzes, gipfelte in diesen Jahrzehnten: die Königsgeschichte im intensivsten Sinne vollendet sich hier. Und ihre Erbschaft auch an künftige Tage war gewaltig; ein weitgedehnter Staat, von königlichen Organen umklammert, ein großes, ruhmreiches Heer, ein gefüllter Schatz, vor allem jenes Gefühl der Zusammengehörigkeit und des Stolzes, ein Gefühl von Leben, Geist, Größe. Die Monarchie hat das alles gebildet, herangezogen, geleitet, nur durch sie und unter ihr waren die Kräfte des deutschen Ostens zu so breiter, einheitlicher und starker Entfaltung gelangt.

☞ ☞ ☞

Jedoch die neue Zeit brach herein und löste sie ab. Auf allen Lebensgebieten hatte sie sich vorbereitet. Der neue Mittelstand, vom merkantiliſtiſchen Staate heraufgebracht, begann ſelbſtändig und des geſtrengen Lehrmeiſters überdrüſſig zu werden. Eine neue Wirtſchaftspolitik, die der Freiheit, des Gewährenlaſſens der perſönlichen Kraft, ſtellte ſich, in England und in Frankreich, derjenigen der ſtaatlichen Allwirkſamkeit entgegen und ſtützte ſich auf die Bedürfniſſe des Unternehmertums und auf die Theorien der Aufklärung ſelbſt. Die Forderung politiſcher Mitregierung des neuen Standes und der Nationen überhaupt, die Forderung alſo konſtitutioneller Freiheit, und überdies der perſönlichen Frei=heit treten, auf vielfältigen Wegen, vom Boden der beſten Ideale des Jahrhunderts aus, jener wirtſchaftlichen zur Seite. Der ein=zelne will auf ſich ſelber ſtehen, über ſich ſelber beſtimmen, auch an den Angelegenheiten ſeines Volkes mitarbeiten, zum mindeſten nicht willenlos geleitet ſein durch eine unbeſchränkte Autorität. Der Abſolutismus hatte dieſer liberalen Weltanſchauung ſelber die Wege geebnet; er hatte die alte Geſellſchaft gelockert, die neue vorbereitet und erzogen: jetzt wollte dieſe alles werden, auch ohne und gegen ihn. Der Liberalismus übernahm vieles aus der Erbſchaft des alten, vollends gerade des fridericianiſchen Staates: das Staatsgefühl ſelbſt, die Einheit und Souveränität des Staates, die Weltlichkeit, den Drang zur Aufklärung. Aber die Macht des Alten mußte er zunächſt brechen, und das hat er überall erſtrebt und getan.

In Preußen hat ſich die Umbildung langſam, wenn auch keineswegs ohne einzelne Kataſtrophen vollzogen. Von Friedrich Wilhelm II. erwarteten die Zeitgenoſſen, daß er die allzu ſtraffen Bande der Herrſchaft ſeines Oheims löſe; er hat ſie bald enttäuſcht; bei vielem gutem Willen war es ein Regiment der ſchwachen und unproduktiven Willkür, das lockernd, zerſetzend, nicht erneuernd gewirkt hat. Unter Friedrich Wilhelm III., von 1797 ab, drangen die Beſtrebungen der jungen Schule ſchon lebhafter vor. Aber er blieb bis 1806 in allem Weſentlichen auf den Bahnen des alten Staates. Er brachte deſſen bäuerliche Reformpolitik bereits vor 1806 der Vollendung nahe; überall einzelne Leiſtungen, neue An=ſätze; aber erſt der Sturz von Jena verlieh ihnen die Einheit und Kraft einer vollen, ſyſtematiſchen, in die Tiefe grabenden Reform. Wieder war es, nach überlanger Tatloſigkeit, das Auswärtige, dem das Innere diese Belebung dankte; von der äußeren Notlage und von der Reform des Heeres ging sie wiederum aus: alle weiteren Bestrebungen hingen mit der Begründung des Volksheeres innerlichst zusammen. Allgemeine Dienstpflicht, also auch Allgemeinheit und Gleichheit des Rechtes, Freiheit der Person, Reform der ländlichen Rechts= und Besitzverhältnisse; also auch der Selbstverwaltung in Land und Stadt; also auch Selbst= regierung; neben der Krone die Vertretung des Volkes. Der Idealismus der großen Reformer von 1807 will „das Funda= ment des Staates tiefer legen", ihn aus seiner einsamen Höhe herunterführen in sein Volk, ihn stützen auf die freiwillige Mit= arbeit aller, zumal der mittleren Stände, und der freien, in sich unantastbaren Persönlichkeit; er will ihn ergänzen aus allen geistigen und sittlichen Kräften der ganzen Nation. Mit einem Reichtum alles umfassender Anregungen hat diese neue Be= wegung das alte Preußen überschüttet: sie bleibt die eine, schöpferische Kraft der preußischen Geschichte im 19. Jahrhundert. Die Ideale von 1807 bis 1815 haben zu einem guten Teile, sie haben vor allem in der Wehrverfassung und damit für die Zu= kunft, gesiegt. Ihr Werk ist damals nicht vollendet worden, aber die Grundlagen wurden gelegt. Auch die wirtschaftliche Freiheit, die Abwendung von dem merkantilistischen System der Staats= wirtschaftspolitik wurde erreicht. Aber neben diesem Neuen be= hauptete sich gleichberechtigt doch das Alte. Das alte Königtum bestand fort; es bildete sich um und schränkte sich ein, das Erbe der persönlichen Kabinettsherrschaft fiel zum großen Teile dem hohen Beamtentume zu, und dieses entfaltete noch einmal, uner= gänzt durch eine Verfassung, aber belebt durch reichliche moderne Anschauungen, in veränderter, freierer Zeit die alte administra= tive Größe. Von 1815 bis über 1830 hinaus hat noch einmal neben dem Heere das Beamtentum Gewaltiges für den Zu= sammenhalt und die Befruchtung des erweiterten preußischen Staatsgebietes getan. Erst mit den 30er Jahren ver= fiel das Alte sichtlich; die Mitwirkung des Bürgertums wurde unentbehrlich, der Drang der Zeit unwiderstehlich stark. 1848 ist das alte System endgültig zusammengestürzt; in Preußen erhob sich der Landtag nicht über, aber immerhin neben der Krone; in

Deutschland erscholl der Ruf der souveränen Nation nach ihrer Einheit und ihrer Selbstbestimmung. Das bürgerlich-liberale Zeitalter kam überall zum vollen Durchbruch, in Wirtschaft, Gesellschaft, Geist und Staat, im Verfassungsleben und im Werke der Einigung. Aber freilich: nicht die populären Kräfte, nicht der nationale Wille allein haben die Einheit Deutschlands zu schaffen vermocht; erst der preußische Sonderstaat, der für seine eigene Behauptung und Erweiterung kämpfte, hat die deutschen Entscheidungen herbeigeführt. Und die Kronmacht dieses Staates war es gewesen, die im Verfassungskonflikte den Parlamentarismus abgewehrt, die 1864 und 1866 aus eigenem Entschlusse, im Zwiste mit ihrem Landtage, das Schwert geführt hatte, das sie sich selber zuvor geschmiedet. Auch jetzt wieder schloß sich drinnen und draußen alles an das Heer, das im vollen und besten Sinne der preußischen Geschichte vom Königtum fortgebildete, vom Königtum geleitete Heer. Seine Reorganisation, Wilhelms I. wahrhaft eigenstes Werk, war die Voraussetzung und gab den Anstoß und das unentbehrliche und entscheidende Mittel für alles weitere, in Verfassung und Welt. Durch den ehrwürdigsten der Herrscher, durch König Wilhelm und die Seinen, durch Roon, durch Moltke, durch Otto von Bismarck zumal gewann die Monarchie die alte innerliche Führerschaft wieder; auf den Fittigen einer großen, stolzen Machtpolitik hob sie sich selber und die Nation empor. Mit tiefem Sinne wies der 18. Januar 1871 auf den von 1701 zurück; in der Verfassung des deutschen Reiches wirkte das preußisch-monarchische Element, wenn auch mannigfach umgebildet, lebendig und bestimmend fort. Und dann kam die Vorherrschaft des Liberalismus, wenigstens so weit sie einseitig gewesen war, um 1879 zu ihrem Ende: der Staat griff wieder nach stärkerer Betätigung seiner sozialen und wirtschaftlichen Rechte und Pflichten; die staatlich-nationale Wirtschaftspolitik des Fürsten Bismarck knüpfte sichtbar an die merkantilistische Friedrichs II., der Ausgang des 19. Jahrhunderts an die Höhe des 18. an, Kaiser und Kanzler reichten dem großen Könige über den Zwischenraum der liberalen Epoche hinweg die Hand. Und auch die geographisch-politische Lage in Mitteleuropa hat das neue, mächtigere Reich von dem Staate des Großen Kurfürsten und des alten Fritz geerbt: Nachbarn und

Rivalen allerseits; an allen Grenzen gleichzeitig muß es Ausschau halten. Diese äußeren Bedingungen aber schlagen zugleich immer wieder auch auf unser inneres Leben in der gleichen Weise zurück; allseitig bedroht, bedarf Deutschland der stark zusammenhaltenden, waffenbewehrten, monarchischen Kraft, das Äußere bleibt ihm immer eine ausschlaggebende Erziehungsmacht für das Innere, wir stehen allezeit unter dem Drucke, der einst Altpreußen in sich selber zusammenzwang und ihm Anlaß gab, seine Kräfte zu sammeln, zu spannen und zu steigern. Vollends haben es uns die allerletzten Jahre wieder gelehrt, wie unendlich bedeutsam die große Politik auf alles nationale Dasein einwirkt; auch die Ver- änderungen der Weltlage aber, die Ausdehnung über den Erd- ball, die moderne Meeres- und Weltpolitik üben wieder jenen selben monarchischen Einfluß, wie ihn die engeren, deutschen und europäischen Gegensätze und Aufgaben früher auf uns geübt haben und immer zu üben fortfahren. Der Herrscher, der diese neuen Verhältnisse verständnisvoll und schöpferisch ergreift, fügt sich unmittelbar der historischen Reihe der alten Hohenzollerfürsten an. Und auch dieser neue Antrieb auswärtiger Machtpolitik im großen Stile muß wieder, so hoffen wir, zugleich unser innerliches Leben dehnen und beflügeln.

Wohl hat sich unser Dasein beispiellos verbreitet; aus den 2 Millionen Preußen von 1740 sind die 52 Millionen Deutsche von 1895 geworden, und hinter dem Throne steht heute der Drang und Wille einer demokratischer gewor- denen Nation. Dennoch ist uns das alte, staatliche und monarchische Preußentum nicht bloß historisch; in jeglichem Sinne lebt es unter den neuen Formen fort. Immer noch bietet die veränderte Welt der lebendigen Persönlichkeit, die zu leiten berufen ist, die weitesten Möglichkeiten, ja die Notwen- digkeit dar, sich zu betätigen; auch heute noch machen die Dinge sich nicht von selbst, und es bleibt die Stärke oder die Schwäche der Monarchie, daß ihr persönlicher Träger dem Ganzen so unendlich wichtig ist. Ein Vierteljahrtausend hindurch hat ein einheitlicher Zusammenhang, ein stetes Steigen, ein mächtiges Leben diese hohenzollerische Monarchie durchwaltet; der Blick auf ihre Ver- gangenheit, auf die Bande, die das Neue mit dem Alten ver-

194

knüpfen, darf auch den Enkeln, inmitten neuer Größe und neuer Gefahren, den Mut und die Zuversicht heben. Sie dürfen es als ein segenverheißendes Zeichen ansprechen, daß dieser Feiertag des alten Königtumes, der einst den Preußen den Reichtum ihres achtzehnten Jahrhunderts einleitete, jetzt für die Deutschen am Eingange des zwanzigsten steht.

1848

1848

Zum März 1898

ach all den Gedenkfeiern der letzten Zeit bringt der März 1898 Deutschland die eigentümlichste, die es begehen könnte: die Gedenkfeier seiner Revolution. Wieweit man sie feiern wird, weiß ich nicht; die Gedanken werden sich sicherlich überall in die Tage der Frühlingsstürme unseres Staatslebens zurückwenden. Den Älteren, denen, die 1848 schon mit Bewußtsein oder gar selbsthandelnd miterlebt haben, mögen es doch wohl Gedanken einer bereits halbverhüllten Erinnerung sein. Den Jüngeren wenigstens macht die Geschichte der Revolutionsjahre den Eindruck von etwas entschieden Fremdem; sie fühlen sich in eine andere Welt versetzt, und jene überlebenden Zeitgenossen müssen doch auch, ob nun mit Freude oder mit Betrübnis, empfinden, wie weit jene Welt zurückliegt. Was sind das für Laute, die über dieses lange halbe Jahrhundert hinweg zu uns herüberschallen! Feierlich die einen, lärmend die anderen — alle von denen unserer Umgebung weit verschieden. Eine andere politische Sprache; eine andere Art, zu handeln, ja zu denken; altfränkisch das Wesen, in der Reinheit wie in der Wüstheit seiner Äußerungen. Wo ist heute das Parlament, in dem erhabene Worte laut würden, wie die von Dahlmann, von Ludwig Uhland, von Jakob Grimm? Daß wir andererseits die Roheiten irgendwelcher vergangenen Tage in der Demagogensprache des heutigen nicht wiederfänden, wäre vielleicht eine allzu optimistische Behauptung; aber daß die Hetzreden so ganz gedankenlos, man möchte sagen: so naiv bombastisch, so naiv zügellos sein könnten, wie die Ansprachen und Aufrufe von damals, in ihrem fürstenfresserischen Hasse und ihrem selbstgewissen Demokratenstolze: das scheint uns Heutigen doch fast undenkbar. Jene Zeit berührt uns seltsam kleinstädtisch selbst in ihren größten und selbst in ihren häßlichsten Entfaltungen. Es ist eben die Hälfte eines Jahrhunderts, die uns von ihr trennt; und die Hälfte was für eines Jahrhunderts! Des wechselvollsten, rastlosesten, mächtigsten, das wir kennen; es hat uns aus der bescheidenen Enge von 1800, nach den gewaltigen Stößen seiner ersten fünfzehn Jahre, nach der starken Sammlung und den beginnenden Kämpfen des darauf folgenden Menschenalters, mit immer ge=

waltigerem Flügelschlage hinaus= und hinaufgetragen, unsere
Welt immer rascher und rascher, immer weiter und weiter, bis in
das Grenzenlose, gedehnt; seine Rätselfragen sind immer nur ge=
wachsen, aber auch die Stärke, die es den Nationen verlieh, die
Wucht, der Reichtum, die Zahl, die Fülle der Arbeit und der
Macht. Wir wissen nicht, wohin das künftige uns treiben will;
nur daß er Kämpfe und Aufgaben bringen muß, wie kaum eine
Vorzeit, das prophezeit man ohne viel Gefahr eines Irrtums; und
daß uns der Rückblick auf die Sturmesbahn des vergangenen den
Mut für die Zukunft festigen darf, das soll man sich und anderen
immer wieder in die Seele rufen.

In den Zeiten seit 1848 hat auch die Auffassung des Revolu=
tionsjahres sich mannigfach gewandelt. Die Revolution war
niedergeworfen worden; die einen widmeten ihr grimmigen
Parteihaß, die anderen hielten ihre Ideale dankbar und tapfer fest
und mühten sich, ihre offenbaren Sünden und ihre Schwächen, die
Gewalttätigkeit der Barrikadenpolitik ebensowohl wie die ideolo=
gische Einseitigkeit, an der alles gelitten hatte, zu überwinden und
die Wirklichkeit maßvoll und praktisch ergreifen zu lernen. Als
die Tage dann kamen, in denen diese Ideale von neuem in den
Vordergrund rückten, als die großen inneren und äußeren
Schlachten um die Neuordnung Deutschlands geschlagen wurden,
da hat man wohl die Gemeinsamkeit der Grundbestrebungen, die
1848 mit 1866 und 1870 verband, empfunden und gepriesen, aber
zugleich die tiefe innere Umbildung des politischen Handelns und
Denkens. Und als die Schule Bismarcks und des Realismus in
Deutschland durchgedrungen war, etwa vom Ausgange der sieb=
ziger Jahre ab, ist 1848 in Mißachtung gefallen. Wie oft hat man
seitdem mit dem Stolze des besseren Wissens und Könnens auf die
Torheiten und Ausschreitungen der Kindheit hinunterschauen zu
dürfen gemeint! Nicht ohne Berechtigung, insofern die Ent=
wickelung ja immer in Stößen und Gegensätzen vor sich geht und
eine Zeit erst dann recht sich selber gefunden zu haben pflegt, wenn
sie so weit ist, ihre Vorgängerin, die letzte Generation, recht gründ=
lich zu verwerfen und jener ihr Eignes selbstbewußt entgegenzu=
halten. Diese Ungerechtigkeit gegen die letzte Generation ist leider
einmal ein Zeichen, ein, wie es scheint, unerläßliches, wenn auch

200

nicht eben anmutiges Zeichen der Lebendigkeit und des Vorwärts=
gehens. Allein auch solche Ungerechtigkeit hat ihre Zeit; der
Historiker ist ohnehin im Grunde niemals berechtigt, sich ihr hin=
zugeben; und heutzutage darf man vielleicht bereits die Beobach=
tung machen, daß auch jenseits der engen Kreise der historisch Den=
kenden die Reaktion gegen jene Urteilsweise sich wieder anmeldet.
Mindestens haben wir es nicht mehr nötig, 1848 einseitig zu be=
fehden. Wenige werden sein, die das Sturmjahr noch überschätzen
und seine Unarten auf die Gegenwart zu übertragen denken. Und
es dürfte sich für uns ziemen, diese Vergangenheit nicht mehr als
einen Teil der Gegenwart zu behandeln, dessen Tugenden oder
Fehler wir eben heraussuchen, um sie für uns selber noch nutzbar
oder um sie unschädlich zu machen: sondern als Vergangenheit.
Als solche gehört sie nun, nachdem wir so vielfach anders gewor=
den sind, doch bereits zum dauernden Eigentum unseres Volkes,
zu seiner Geschichte, die ein Stück seines Wesens ist und schon des=
halb Ehrfurcht von uns verlangt. Wir müssen aus der Parteilich=
keit, aus Anklage und Verteidigung herauskommen. Leicht freilich
ist das nicht: weil uns die Gewohnheit tagespolitischer Behandlung
gern immer wieder in die historische Betrachtung einschließen
möchte; leicht auch deshalb nicht, weil unser Wissen von 1848 un=
endlich geringer ist, als wir uns einzubilden pflegen. Wer aus
den Schlagworten des überkommenen Urteils zur gerechten Wür=
digung vorzudringen strebt, der merkt auf Schritt und Tritt, daß
die Tatsachen in ihrer feineren Besonderheit und ihrem wahren
Zusammenhange doch noch ziemlich unbekannt sind; den drängt es
überall, selbst tiefer zu graben, an die Stelle der Überlieferung,
nach Kenntnis und Verständnis, eine eigene, erweiterte und ge=
sichtete Anschauung zu setzen. Noch hat die deutsche Revolution
ihren Historiker nicht gefunden. Heinrich von Sybel hat in seiner
„Begründung des Reiches" wesentlich nur die E i n h e i t s bewe=
gung von 1848 in glänzender, klarer, ganz politisch gewendeter
Darstellung, die natürlich in Stoff und Urteil nicht ohne Einseitig=
keit sein konnte, überschaut. Bei weitem vielseitiger in der Er=
fassung des deutschen Daseins, seiner verschiedenartigen Schau=
plätze, seiner besonderen Richtungen und Betätigungen, bei wei=
tem mächtiger in der künstlerischen Zusammenfassung all dieses

auseinander strebenden Lebens, in der Größe der Zeichnung und der beseelenden Kraft und Glut der Farbe würde das Bild geworden sein, das Heinrich von Treitschke im sechsten Bande seiner Deutschen Geschichte zu malen vorhatte; er würde, natürlich in schroff persönlicher Beleuchtung, etwas Ganzes geschaffen haben, bedeutungsvoller und wuchtiger, als es wohl irgendein anderer vermögen wird. Aber ihn hat der Tod hinweggerissen, ehe er eine Linie seines Gemäldes gezogen hatte. Und wenn heute jemand an die verwaiste Aufgabe ginge, so würde er ihre Fragen erst alle von neuem stellen und ihre ungeheueren Stoffmassen erst alle ganz von frischem bewältigen müssen: alle seine Wege hätte er sich erst zu suchen; sie würden mannigfach anders laufen, als die der verstorbenen Meister.

Dieser Aufsatz will an die Tatsachen, so wie wir sie heute kennen, einige Fragen, Betrachtungen, Schilderungen anknüpfen, auf die Probleme anspruchslos hinweisen, die sich dem Revolutionsjahre darboten und die es uns darbietet, auf die Eigenart und den wichtigsten Inhalt seines Lebens. Und vielleicht ergibt sich aus solcher Betrachtung, die unbefangen nur das Historische sucht, daß doch am Ende ein guter Teil dieses Lebensinhaltes, wenngleich in veränderten Formen, auch jetzt noch oder auch jetzt wieder zum Inhalt unseres, des gegenwärtigen Lebens gehört. Wenn wir das feststellen, so holen wir darum noch keine Waffen für die Gegenwart aus der Geschichte und brauchen auch die Geschichte ihresteils nicht aus den Schlagworten der Gegenwart zu meistern: aber die beiden Zeiten, so vielfältig von einander verschieden, zeigen doch, indem so manches nach 1848 zunächst länger zurückgedrängte Problem uns wieder näher getreten ist, Gemeinsamkeiten, die das Verständnis aller beider erhellen und den innerlichen Anteil des Zuschauenden beleben.

1.

Am 24. Februar 1848 erhob sich Paris gegen den Thron Ludwig Philipps; das war die Eröffnung eines Jahres voll rastloser, Europa in beinahe allen seinen Ländern ergreifender und tief erschütternder Bewegungen. Deutschland haben sie am stärkften gepackt, für Deutschland haben sie das meiste bedeutet. Wo = her stammten sie?

Sie weisen alle zurück auf jene erste große Revolution, in wel= cher Frankreich sich umgebildet und für eine lange Zukunft die Gedanken einer neuen Zeit gewaltig ausgeprägt hatte, die Ge= danken nationaler Selbstbestimmung, rechtlicher Gleichheit, inne= rer und äußerer Freiheit. Im Namen dieser Gedanken und kraft seiner eigenen entfesselten Volksenergie hatte Frankreich das Da= sein aller Nachbarvölker ringsum durchgeschüttelt, allen die Spu= ren seiner zertrümmernden und beherrschenden Wirksamkeit ein= gedrückt. Die Völker hatten sich schließlich gegen den Druck der Fremdgewalt erhoben; sie hatten der gleichmachenden Revolution und dem universalen Kaisertume, dem Recht der aufgeklärten fran= zösischen Idee, die für alle Eine Formel hatte, das Recht ihrer eignen Volksart, das historische Recht der nationalen Besonderheit entgegengestellt: und diese beiden Strömungen, die revolutionäre des XVIII. und die historische des XIX. Jahrhunderts, haben sich von da ab immer gegenseitig befehdet und durchdrungen, abge= stoßen und zuletzt versöhnt — das Staatsleben der Folgezeit haben sie gemeinsam geleitet. Alle die Ideale von nationaler Einheit, Eigenart und Freiheit sind ihr gemeinsames Ergebnis. Auch Deutschland hat dies, in unablässigem Wechsel seiner Geschicke, in immer neuem Ringen erfahren.

Es hat zuerst, nachdem es eben das Joch Napoleons zer= brochen hatte, in unbestimmtem Drange die Einheit zu pflücken geträumt, die man im leidenschaftlichen Gegensatze zu Frankreich besitzen wollte und deren erstes Vorbild doch gerade die franzö= sische Nationaleinheit gewesen ist. Aber weder die Verhältnisse selber, noch die bewußten Bestrebungen der Menschen waren nach 1815 irgend reif; noch auf lange hinaus blieb das deutsche Leben an den Einzelstaat gebunden. In getrennten und verschiedenen Geleisen liefen anderthalb Jahrzehnte lang die norddeutschen und die süddeutschen Staaten dahin. Im Norden vor allem Preußen, nach außen hin wenig bewegt, ohne sichtbares öffentliches Leben, von seinem Königtume und seinem Beamtentume weise und ver= dienstvoll geleitet, durch diese seine alten Herrschergewalten wirt= schaftlich emporgeführt, zu staatlicher Einheit zusammengeschlossen:

eine Zeit unscheinbaren, aber reichen Gedeihens, und zugleich der vollen, oftmals engen Bevormundung, der Niederhaltung aller politisch selbständigen Kräfte. Im Süden die mittleren und kleineren Staaten, keiner von so innerlich schöpferischer Arbeit erfüllt, wie dieses stille norddeutsche Königreich, aber alle im lebhafteren Flusse der ersten Verfassungsbildungen, mit ihren Landtagen, den Pflanzstätten beginnender Selbstregierung, konstitutioneller Erfahrungen: auch diese aber eng begrenzt durch den Umfang der Staatsgebiete und durch den Umkreis der ihnen gewährten Freiheit. Über allem staatlichen Dasein, hier wie dort, der Druck der Restauration; der Deutsche Bund, der alle umschloß, ein Hohn auf die Einheitsträume von 1815; diese Träume geächtet, jede freiere Regung verboten und verfolgt. Schon hat die Enttäuschung den in Frankreich von neuem geräuschvoll emporsteigenden politischen Gedanken der ersten Revolution, dem oppositionellen, formalistischen Liberalismus der zwanziger Jahre den Zugang nach Deutschland eröffnet. Da gibt die Julirevolution von 1830 für einen Augenblick den liberalen Bestrebungen in Deutschland Luft; neue Verfassungen werden gewährt, und alsbald tritt auch die Sehnsucht nach der Einheit, merkwürdig geklärt und verstärkt, wieder aus dem Dunkel an das Licht. Allein der Rückschlag erfolgt alsbald. Wieder erzeugt die erneuerte Reaktion, und diesmal ungleich wirksamer als in den zwanziger Jahren, in der enttäuschten Nation radikal-liberale Gedanken. Und auch wo dieser nunmehr erst recht französisch gefärbte Radikalismus keinen Anklang findet, da erwacht, im Zusammentreffen geistiger Anregungen und einzelner grober, staatlicher Rechtsbrüche, überall, im Norden wie erst im Süden, das Gefühl des Mißbehagens, des Bedürfnisses, der Sehnsucht nach besseren, freieren, einheitlicheren Lebensformen für die Nation: aller Orten regt sich und wächst das politische Interesse.

Dieser Liberalismus empfand sich selber als eine vorwiegend geistig-politische Bewegung, als die Summe neuer Erkenntnisse und Bestrebungen, die den alten absolutistisch-ständischen Staat zu verdrängen berechtigt sei, als die neue Weltanschauung, in der sich die Freiheit gegen brutalen Zwang erhebe; er war von der Selbstverständlichkeit seines Rechtes durchdrungen.

Wer aber waren seine Träger? Er selbst hielt sich wohl für eine allgemeine, absolute Macht, der alles anhinge, was nicht durch Selbstsucht oder Blindheit an die Sonderinteressen der alten Ge= walthaber, Monarchen, Aristokraten, Beamte, gefesselt sei: er war überzeugt, das allgemeine Interesse zu vertreten und setzte sich selber der Gesamtheit gleich. Und sicher ist, daß er keineswegs auf einen besonderen Stand beschränkt war; seine Gedanken wurzel= ten zum guten Teile in der allgemeinen geistigen Überlieferung der großen Revolution und der Aufklärung. Aber freilich hatten auch Aufklärung und Revolution, trotz ihrer ganz allgemeinen An= sprüche, im Bürgertum ihren eigentlichen Halt gehabt, und d a s B ü r g e r t u m war auch in Deutschland der wahre Träger der liberalen Forderung: soweit man soziale Mächte und allgemeine Doktrinen und Bestrebungen nur überhaupt gleich setzen darf, ist der Liberalismus die Doktrin des Bürgertums. Dieses war in Deutschland wie überall in der europäischen Welt im Aufsteigen, als Träger der neuen Bildung wie der neuen Wirtschaft, und alles, was diese beiden hob, kam ihm zugute. Jetzt erst, in den langen Jahren des Friedens, konnte sich die neue große Industrie in Deutschland ruhiger entfalten; im Süden, im Westen Deutsch= lands, in Sachsen wuchsen die Fabriken, der Handel, die Städte stärker heran, im Osten traten Berlin, Breslau, Königsberg her= vor. Aber erst der Zollverein (1834) gab dieser Entwicklung den rechten Halt und einen mächtig weiterführenden Anstoß. Er erst schloß die wirtschaftlichen Kräfte über Deutschland hin zusammen, schuf ein nationales Wirtschaftsgebiet mit landschaftlicher Arbeits= teilung, sicherem Austausche, weitem Absatze; Handel und Ge= werbe traten erst durch ihn auf die nationale Stufe hinauf. Wie dieser Zusammenschluß deutscher Einzelstaaten durch Preußen den nationalen Staat praktisch, politisch vorbereitete, so entsprang er seinerseits aus dem Bedürfnisse des Wirtschaftslebens nach na= tionaler Ausdehnung, und so kettete er die wirtschaftlichen Inter= essen unlöslich an die Einheit, an die Nation, und hob er diejenigen sozialen Gewalten, die ohnehin, auch aus idealen Antrieben, die Einheit erstrebten, in ihrer wirtschaftlich=sozialen Bedeutung ganz ungemein: eben die bürgerlichen Kräfte. Erst der Zollverein ent= wickelte nun das Gewerbe wirklich in größerem Stile; und ihm, der Schöpfung der ersten dreißiger Jahre, fügte sich alsbald, noch vor deren Ende, in der Eisenbahn das zweite wirksame Glied dieser Kette bürgerlichen Gedeihens und nationaler Verbindung an. Seitdem blühte der Mittelstand in sichtbarer Schnelligkeit voller und voller auf; seitdem setzte sich unter ihm, in seinen Fabriken, seinen Städten, ein neuer vierter Stand, unablässig zunehmend, an, und die Entwicklung beider geht von da ab parallel. Noch lange aber überwog und führte ganz und gar das Bürgertum. Und untrennbar bleibt von dessen materiellen Fortschritten der Fortschritt des Liberalismus. Wie das Selbstbewußtsein des Bürgertums, bei den greifbaren wirtschaftlichen Erfolgen seiner oberen Kreise, bei dem noch anhaltenden Wachstume des Gesamtstandes an Gewicht und an Besitz, sich mehrt, so verstärkt sich auch sein politisches Bewußtsein. Wie er am eignen Leibe die Unfähigkeit des alten Staates empfindet, den neuen großen Verhältnissen von Verkehr und Produktion Genüge zu tun, die Schwerfälligkeit des alten Beamtentums gegenüber dieser erweiterten Welt, die Hemmnisse der alten wirtschaftlichen Gesetzgebung an so vielen Stellen; wie er das Bedürfnis spürt, seine neuen Interessen auch selbständig im Staate, durch eigne politische Macht, wirklich vertreten zu können; wie er sein Gedeihen dergestalt immer sichtbarer mit den öffentlichen Einrichtungen verknüpft sieht — so wächst auch in ihm der aktivliberale Zug, die geistig-politische Überzeugung von der Unhaltbarkeit der bestehenden Willkür im Verfassungsleben und der ererbten Schwäche der Gesamtnation. Geistige und materielle Bewegungen befruchten und steigern einander, die Bildung erhöht die Leistungsfähigkeit wie die Ansprüche des Bürgertums, und die großen Leistungen materieller Art verleihen der bisher wesentlich formalistischen Bildung allmählich einen langsam, aber stetig zunehmenden Drang auf das Reale. Realismus wird in den vierziger Jahren zum Losungsworte der Dichtung, und auch die politische Gesinnung fängt an, aus der französischen Allgemeinheit und Zügellosigkeit zu realerer, maßvollerer Art emporzustreben; man sucht, zu England in die politische Schule zu gehen. Politik aber wird in diesen Jahren zur Leidenschaft der Deutschen. Sie durchdringt die schöne Literatur; sie entzündet, im Gegensatze zu französischen Drohungen (1840), einen heißen nationalen Pa

triotismus, und dieser findet bald in Schleswig-Holsteins Widerstande gegen Dänemark (1846) eine neue und starke Nahrung;
nationale und liberale Wünsche und Forderungen hallen durch
alle Lebenskreise, alle Teile des deutschen Landes. Denn auch den
Norden erobern sie jetzt erst ganz, seit mit Friedrich Wilhelm III.
für Preußen die alte Zeit in das Grab gesunken ist und sein hoch-
begabter, unberechenbarer Sohn in unablässigem Wechsel von An-
ziehung und Zurückstoßung, von Hoffnung und Enttäuschung die
weiten Massen der preußischen Bevölkerung in Fluß gebracht hat.
Friedrich Wilhelm IV. und der Geist der unruhigen Tage wirken
zusammen. Da schien, von 1840 bis an 1848 heran, alles Alte
sich umbilden, wenigstens sicherlich sich auflösen zu wollen. Die
allgemeinen Verfassungsfragen, die kirchlichen Fragen — Deutsch-
katholizismus auf der Seite der einen, freie Gemeinde auf der
der anderen Konfession —, wirtschaftliche Gegensätze von Frei-
handel und Schutzzoll, von Fabrikanten-, Handwerker- und Ar-
beitertum, wirtschaftliche Notstände wie das Elend der schlesischen
Weber, Jahre von Mißwachs und Hunger; dann alle die einzelnen Maßregeln des Königs, sein Experimentieren mit der Presse,
mit den Provinziallandtagen, mit Landtagsausschüssen, mit einem
Gesamtlandtage zuletzt: eine dieser Erregungen drängt die andere,
die alte Schweigsamkeit ist wirrer, nervöser Hast, das alte ruhe-
selige Vertrauen einer bitteren, gereizten Kritik gewichen. Zuletzt
faßt 1847 jener große preußische Landtag, der „Vereinigte Landtag", alle Gegensätze und Forderungen in sich zusammen: eine
erste imposante Darstellung aller politischen Kräfte des preußischen
Landes und auch seines Bürgertums. Aber aus dem lähmenden
Widerspruche gegen die Halbheiten und den ständisch-patriarcha-
lischen Eigenwillen des Herrschers kommt auch dieser Landtag
nicht heraus, die neue Zeit wirft in ihm der alten die Kriegserklärung entgegen — zu schaffen vermag man in diesem Wirr-
sal noch nichts. Überall aber in Deutschland ist der Boden heiß
geworden, so wie hier. In Bayern hat König Ludwig I., auch er,
wie Friedrich Wilhelm IV., ein Mann unberechenbarer persönlicher Neigungen, einer der Erreger für die fiebernde Zeit, nach
zehnjähriger dumpfer Parteiherrschaft 1847 sein klerikales Ministerium gestürzt, zugleich aber sich selber durch den Skandal seines

Verhältnisses zu Lola Montez um die Achtung seiner Untertanen gebracht. Das entrüstete München steht vor dem Ausbruche öffentlicher Wirren, die nicht eigentlich politisch im grundsätzlichen Sinne sind, aber doch, in der Gewitterluft dieser Tage, weite politische Folgen nach sich ziehen können und beinahe müssen. In Baden, wo von jeher der Einfluß der französischen Ideen besonders stark gewesen war, muß in diesen selben Jahren die Reaktion einem liberalen Ministerium weichen, und gegen dieses läuft ein immer extremerer Radikalismus, der bis zu unbedingt republikanischen Gesinnungen fortschreitet, Sturm. In Württemberg, beiden Hessen, in Sachsen drängt es zur Krisis; überall herrschen die alten Gewalten noch, fast überall im Sinne der Reaktion von 1834, überall umrauscht und bedroht sie eine steigende Flut der Opposition, und das Selbstvertrauen der Regierenden sinkt. Es ist allzu deutlich, daß das alte System in sich erschöpft ist. Die wirtschaftliche Entwicklung entzieht sich ihm, fühlt sich beengt und geschädigt; die geistig Lebendigen sind fast alle in das liberale Lager hinübergegangen; die Blüte der Nation hat sich von dem Bestehenden losgesagt. Immer stolzer schwillt das nationale Verlangen empor; da es noch keine einheitlichen öffentlichen Organe besitzt, so schafft es sich solche in den freien Versammlungen der Gelehrten, in den freien Tagungen der Abgeordneten von gemeinsamer Parteistellung. Die Germanisten — die historischen, philologischen und juristischen Erforscher deutscher Vergangenheit und deutschen Wesens — stellen zu Frankfurt und zu Lübeck 1846 und 1847 bereits das Programm von Einheit und Freiheit in großen idealen Formen, mit ungeheurem Eindrucke auf: Der Drang der Wissenschaft und der öffentlichen Meinung klingen jubelnd zusammen. Die Parteitage (1847) arbeiten bereits die möglichen Fassungen der künftigen Reformen durch: hier liberal, konstitutionell, monarchisch, dort demokratisch, republikanisch; daneben werden die kommunistischen Lehren laut und sammelt sich im Süden, im Westen die ultramontane Partei. Der Absolutismus hat sein großes Werk längst getan und ist gerichtet; der Deutsche Bund, der nie etwas gewesen ist, soll endlich einem deutschen Staate weichen. Selbst die den Bund erhalten wollen, denken an seine Reform: er soll einheitlicher, lebensvoller, freier werden. Die

Entschlossenen aber wollen ihn sprengen: er ist nur ein Bund der Fürsten; an seine Stelle trete, ganz einheitlich und ganz volkstüm= lich in seiner Ordnung, das Deutsche Reich. Der Bau des greisen Gründers und Hüters der alten Formen, des Fürsten Metternich, kracht in allen Fugen. In der Welt geht das System der Reaktion in Scherben. Wohl schließt sich in Frankreich Ludwig Philipp, einst selbst von der Revolution emporgehoben, jetzt längst kon= servativ geworden, diesem Wiener Systeme an, aber sein Thron ist im Wanken. Im Winter 1847 erringt, im Schweizer Sonder= bundskriege, die europäische Bewegungspartei unter England über die des Beharrens, über Metternich, einen glänzenden Sieg. Und schon bebt der Boden in Italien, in Ungarn; in England droht die sozialdemokratische Revolution der Chartisten, sieht sich das Bürgertum, das dort bereits in die Herrschaft eingetreten ist, von dem nachwachsenden Proletariate hart bedrängt. Vollends in Frankreich ist das Bürgertum seit 1830 allmächtig; sein Geldadel hat den französischen Staat ganz an sich gebracht, ihn ausgebeutet und entnervt: auch hier regt sich, im unklaren Bunde mit den re= volutionären Überlieferungen der politisch Radikalen, der Groll der vernachlässigten Arbeiter; und hier nun bricht in jenem Februar 1848 diese doppelte Bewegung unwiderstehlich los. Die Revolution rauscht daher.

Aus unendlich vielen Quellen war sie zusammengeflossen. Der Westen Europas war weiter voran als seine Mitte; dort handelte es sich der Hauptsache nach bereits um eine soziale Revolution des vierten Standes gegen das Bürgertum. In Deutschland wogt alles durcheinander: bürgerliche Forderungen und die der anderen sozialen Schichten in Stadt und Land; man will Reformen der Wirtschaft, des Rechts, Freiheit, Einheit, Verfassung der Staaten und der Nation. Suchen wir, in dieser alles umfassenden Bewe= gung die einzelnen Richtungen, die einzelnen Kräfte zu sondern und nach ihrer Stärke und ihren Erfolgen abzumessen.

2.

Erstaunlich rasch hat sich der Pariser Anstoß auf alle deutschen Gebiete übertragen; einen wahren Triumphzug trat die „März=

revolution" durch Deutschland an. Er ist ihr beinah überall leicht gemacht worden. Freilich so, daß das Volk nur seine Wünsche hätte auszusprechen brauchen, war es denn doch nicht: bis an die Schwelle der unmittelbaren Gewalt kam man an den meisten Stellen, und an den wichtigsten ging es nicht ohne ernstliches Blut= vergießen ab. Das aber ist wahr: so gleichmäßig vollzog sich schließlich überall der Sturz der alten Regierungen, daß man fast den Eindruck eines Naturprozesses gewinnt. Die Einrichtungen und die Gesinnungen, das zeigt sich in allem, waren in einem seltenen Maße für die plötzliche Umwälzung reif.

Nur aufzählen darf ich an dieser Stelle die Ereignisse. Fast überall knüpfen sie sich unmittelbar an die Pariser Hergänge an. Die Unruhe ergreift das Volk, sammelt sich in den größeren Städten, der Regel nach in den Hauptstädten, führt zu Massenver= sammlungen, zu Petitionen, zu Drohungen; wo die Liberalen be= reits in der Macht sind, bringt zugleich eine völlig jakobinische Strömung gegen sie hervor; in mehr als einer Landschaft regt sich das Bauerntum mit bedrohlicher Gewaltsamkeit gegen die Schlösser. Im Königreich Sachsen, wo Leipzig den Reigen führt, in Kurhessen, dem Schmerzenslande der deutschen konstitutionellen Entwicklung unseres Jahrhunderts, wo Hanau der Sitz des Widerstandes wird, rüsten sich die Regierungen zu bewaffneter Gegenwehr. Aber zuletzt ist überall das Ergebnis das gleiche. An vielen Orten bereits in der ersten Woche des März, an den meisten wenigstens innerhalb der ersten Monatshälfte werden die Kabi= nette erneuert: die Märzminister treten in das Amt. So geschah es, mit mancherlei Abweichungen im einzelnen, in den drei süd= deutschen Mittelstaaten, den beiden Hessen, den mittel= und nord= deutschen Staaten; in Bayern dankte König Ludwig, persönlich tief erbittert, ab; Hannover folgte dem allgemeinen Drucke etwas später als die übrigen Länder, aber es folgte doch auch. In Wien brach Metternichs Macht überraschend schnell vor dem Ansturme der Volksmassen und vor der stillen Gegnerschaft der kaiserlichen Familie zusammen: am 13. März trat der alte Staatskanzler, der Mitteleuropa so lange überherrscht hatte, würdevoll, aber kampf= los zurück. Und dann erhob sich die Revolution — ich habe da= von später noch einmal genauer zu handeln — gegen den stärksten

210

Halt der konservativen Gewalten, das preußische Königtum; am 18. und 19. März kämpfte man in Berlin, und die Krone demütigte sich vor den Barrikaden. Friedrich Wilhelm IV. warf ganz herum: mit seinen neuen Ministern wollte er sich an die Spitze des neuen Deutschlands stellen.

Aber die deutsche Bewegung ging in andere Bahnen. Die Versuche der alten Kabinette um die Weiterbildung des alten Bundes sanken mit dem Ausbruche der Revolution ganz von selber in sich zusammen. Auch der Anlauf der neuen westdeutschen Regierungen, durch Verhandlungen mit den Einzelstaaten die Neugestaltung des Gesamtvaterlandes herbeizuführen, scheiterte an der inneren Niederlage der preußischen Krone. Das Angebot des Königs, jetzt seinerseits dieses Deutschland zu leiten, in dem er sein Preußen „aufgehen" lassen wolle, traf auf den Hohn der Demokratie, den Widerstand der Macht und hatte selber jetzt keine Macht hinter sich. Vielmehr jene freien Parteiversammlungen von 1847 fanden jetzt stärkere Nachfolgerinnen, und diese Versammlungen waren es, welche im Namen der Volkssuveränität, die sie zu verkörpern behaupteten, die nationale Frage in ihre Hände nahmen. Zu Heidelberg tagte, vom 5. März ab, die erste; von ihr ging das große Vorparlament zu Frankfurt aus (31. März bis 4. April); von diesem, dem sich der erlöschende Bundestag dabei klug anfügte, die Berufung der eigentlichen Nationalversammlung. Und diese trat, auf Grund des allgemeinen Stimmrechts in allen deutschen Ländern gewählt, von den Regierungen tatsächlich anerkannt, aber mit dem Anspruch auf die alleinige, selbstständige Vollmacht zur Ordnung der deutschen Gesamtverfassung, am 18. Mai 1848 in der Frankfurter Paulskirche zusammen: das höchste und größte aller Parlamente, die Deutschland bis heute geschaut hat. Schon waren an einzelnen Stellen demokratische und nationale Gegner der neuen suveränen Versammlung losgebrochen: in Baden war Heckers republikanischer Putsch im April niedergeworfen, in Posen mußten sich die Deutschen gegen die überwuchernde Gewalt der Nationalpolen verteidigen. Aber diese Wolken zogen vorüber; das Parlament konnte, inmitten der gespannten Erwartungen der Nation, sein Werk beginnen: ohne einen offenen Widersacher, der noch aufrecht dagestanden hätte, in einer Hoffnung und einem Vertrauen sondergleichen, umwogt von dem Jubel frischer und frühlingshafter Bgeisterung. Es ging daran, im Sinne seines hellen Idealismus Deutschland die neue Form zu geben, wie sie dem neuen Geiste, der das Parlament geschaffen hatte und trug, entspräche.

Das waren die Ereignisse: sie erreichten von diesem 18. Mai ab ihre Höhe; sie strebten nun auf politischen, parlamentarischen Wegen zu politischen Zielen der Einheit und der Verfassung hin. Aber waren die Elemente, die bis dahin hervorgetreten waren, alle wirklich vornehmlich politisch gerichtet?

Das ist zweifellos: die vorherrschende Farbe gaben der Bewegung von Anfang an und überall das Bürgertum und jene, seine Ideale. Selbst in Baden, wo der Volksführer Hecker sich einmal einen Sozialdemokraten nannte, war in diesen Führern, den Struve, Fickler, Brentano, kein sozialistischer Zug. Es waren Anhänger der Volkssuveränität, der Republik, der Demokratie, aber nicht des Kommunismus. Und hier, wie überall, waren durch die tobenden Volksmassen zunächst lediglich die alten, liberalen Vorkämpfer in die Ministersessel gehoben worden, durchaus Mitglieder und Anhänger des Bürgertums.

Dennoch haben die tieferen Schichten in Stadt und Land, obwohl ihr Druck derart dem Bürgertume vornehmlich zugute kam, zugleich etwas Besonderes für sich erstrebt. Vor allem für das L a n d v o l k führte die Revolution eine Bewegung zu Ende, die im XVIII. Jahrhundert begonnen hatte, fast in allen deutschen Territorien bereits Gesetze hervorgetrieben, Besserungen durchgesetzt hatte, fast überall aber wieder in das Stocken geraten war: jene Bewegung, die sich auf die Befreiung des Bodens und seiner Bewohner von allen Arten persönlicher und dinglicher Gebundenheit und Belastung richtete. Überall war da die Lage verschieden; noch aber bestand eine bunte Fülle von Lasten; auch in Preußen war man ja seit einem Menschenalter, seit sich der Staat dem Adel stärker zur Verfügung gestellt hatte, der Regulierungs- und Ablösungsarbeit untreu geworden. Der Bauer hatte noch mancherlei zu leisten und zu klagen; ganz abgesehen von dem besitzlosen Landarbeiter, dem Opfer und Stiefkind der agrarischen Reform. Diesem ist auch weiterhin nicht geholfen worden; die

Reform selber aber ist durch den Stoß von 1848 wieder in Fluß gebracht worden. Gleich anfangs erhoben sich in Baden und Württemberg die Bauern gegen die Herren, warfen deren Bücher ins Feuer, beseitigten die gehaßten Rechte mit Gewalt. In Sachsen steckten sie dem Fürsten von Schönburg sein Schloß zu Waldenburg in Brand. In Preußen gärte es mannigfach; in den österreichischen Ländern gar wurde das Bauerntum zu einem wesentlich mithandelnden Faktor der Revolution. Im ganzen wissen wir, wie es scheint, von dieser agrarischen Seite der Ereignisse noch viel zu wenig; wir kennen die Wirkungen der Revolution in dieser Hinsicht besser als ihre Erscheinungen. Denn das ist einer der durchgehenden Züge der Gesetzgebung, die 1848 und in den folgenden Jahren in den verschiedenen Staaten Deutschlands zustande kam: überall wendet sie sich der Reform der ländlichen Verhältnisse gleichmäßig und entschieden zu; und so stark wirkte der Druck nach, daß es in Preußen gerade der Reaktionsminister Manteuffel gewesen ist, der (1849—1850) den Abschluß des alten Reformwerkes energisch in seine Hand nahm. Allen Staaten gemeinsam war die Aufhebung des Jagdrechtes auf fremdem Grundstücke, jenes Privilegs, das so viel Schaden und Zorn angerichtet hatte, und dem auch das Frankfurter Parlament selber in seinen „Grundrechten" ein Ende machte. Im übrigen ist jene Gesetzgebung so vielförmig, wie die lokalen Verhältnisse es waren; aber so gut wie nirgend fehlt sie; die größte Rolle spielte sie im Wiener Reichstage. Überall geht sie auf Herstellung des Volleigentums, auf freie Bewegung des Menschen und des Bodens, auf Ablösung oder Aufhebung von Diensten und Lasten aus: alles im Sinne der liberalen Epoche, dem schon die Arbeit Schöns und Hardenbergs entsprungen war; Befreiung von Banden, aber auch Freiheit der Verfügung — der einzelne wird auf sich selber gestellt; wenn er dann künftighin seinen Besitz verkauft, das Bauernland im Herrenlande aufgehen läßt, so hindert ihn der Staat auch daran nicht mehr. Die liberale Revolution blieb hier ganz in den Bahnen ihres eigensten Prinzips. Und auch darin blieb sie ihrem allgemeinen Wesen getreu, daß sie hier, auf dem Lande, dem kleineren Besitzer wohl gegen den Edelmann zu Hilfe kam, aber den Landarbeiter seinem Schicksale überließ.

Auch auf dem Lande mögen übrigens mehr oder minder kom=
munistische Wünsche laut geworden sein; sie haben nichts erreicht
und sich nie eigentlich bedeutsam betätigt. Das eigentliche Gebiet
des Kommunismus war die Arbeiterschaft der Städte:
und da ist er keineswegs ganz unbedeutend gewesen.

Diese Arbeiterschaft wird in einer künftigen Geschichte der Re=
volution von 1848 vermutlich eine größere Berücksichtigung fin=
den, als in den früheren. Der Blick hat sich uns, durch unsere
eigenen Erlebnisse, für diese Dinge geschärft. Freilich hinter der
Wirksamkeit des Proletariats in den Pariser Vorgängen desselben
Jahres steht die selbst des Berlinischen unendlich weit zurück. Daß
die Arbeiter wesentlich mitgeholfen haben, die Barrikadenkämpfe
zu führen, ist allgemein anerkannt; seitdem aber haben sie es nie=
mals vermocht, sich irgendwo im Vordergrunde zu erhalten, sie
waren dazu noch nicht stark und nicht geschlossen genug. Sie muß=
ten sich im großen und ganzen den bürgerlichen Aktionsgruppen
angliedern, wenn sie überhaupt wirken wollten; und in der Tat
gehen die Arbeiterführer, selbst die bewußt sozialistischen, zuletzt
mit in den Strom der bürgerlich=demokratischen, politischen Revo=
lution ein und in ihm so ziemlich unter. Indessen haben die
Arbeiter doch, wo sie es vermochten, sich selbst, unter der Fahne
ihres besonderen Programms, zur Geltung zu bringen versucht,
und an Bemühungen, eine Standesorganisation von eigener Kraft
zu schaffen, fehlte es nicht. Die Berliner Revolutionschronik gibt
so mancherlei charakteristische Berichte über die Versammlungen,
die Reden, die Flugschriften der Arbeiter, in denen die stärksten
Forderungen offen ausgesprochen werden; Berlin fühlte sich von
den Arbeitermassen bedroht, suchte sie zu begütigen und im Zaume
zu halten: die bürgerliche Bürgerwehr hat zuletzt doch mit ihnen
in offenen Kampf treten müssen. Und von Berlin aus strebte der
Schriftsetzer Born seine Standesgenossen einheitlich zusammen=
zufassen, nicht ohne Fühlung mit dem unzufriedenen Kleinbürger=
tume, aber zuletzt doch mit ganz proletarischen Sonderzielen. Ein
Arbeiterkongreß tagte, nach mancherlei Vorversammlungen, im
August in der Hauptstadt, ein Zentralkomitee wurde dann in
Leipzig errichtet, eine Zeitung geschaffen, deren Programm sozia=
listisch und revolutionär war, Massenversammlungen, engere land=

schaftliche Kongresse wurden veranstaltet, die Süddeutschen, die
Nordwestdeutschen allmählich an den Bund herangezogen, bis ihn
(seit 1850) die Reaktion zersprengt hat. Und noch weit schärfer,
mit bitterster Leidenschaft, haben von Köln aus Marx und Engels
in ihrer Neuen Rheinischen Zeitung den Kommunismus ge=
predigt und ihn zu organisieren gestrebt; sie erklärten sich für alle
Gegner der bestehenden deutschen Gewalten, auch gegen das
Frankfurter Parlament; Vereine von verwandter Tendenz be=
standen im Rheinlande, in Hessen, auch eine Zeitlang in Berlin.
Und überall, wo die Großindustrie bereits zu Hause war, hat sich,
ob nun im Sinne von Marx oder von Born, der Arbeiterstand
zu sammeln begonnen; der Arbeiterverein von Köln hatte 7000,
der in Breslau 1200 Mitglieder; Sachsen, Schlesien, Berlin, Ham=
burg, die Rheinprovinz und Westfalen gaben den fruchtbarsten
Boden ab. Die Erinnerung an diese Agitation ist der Nachwelt
in dem größeren Bilde der bürgerlichen Bewegungen einiger=
maßen verschwunden und erst spät hat man sie wieder aus=
gegraben. Vergessen wird man sie nicht, auch wenn man sie nicht
überschätzt. Noch war die wirtschaftliche Entwickelung in Deutsch=
land nicht so weit gediehen, um die Arbeiter als solche in die erste
Reihe zu schieben. Errungen haben sie, im Gegensatz zum
Bauerntum, 1848 gar nichts; im Ergebnis bleibt es ganz die
bürgerliche Revolution. Nach oben und nach unten hin hat der
Mittelstand damals sich selber durchgesetzt.

Auch dieser liberale Mittelstand ist natürlich nichts
weniger als eine einheitliche Masse, auch in ihm sind die Schichten
und die Bestrebungen vielfältig geteilt. Er umfaßte einmal die
freien gelehrten Berufe, die Gelehrten im engeren Sinne und die
Schriftsteller, die Juristen und die Ärzte. Die Kreise der höheren
Bildung waren in überwiegendem Maße liberal und national,
die Universitäten in der großen Mehrzahl ihrer führenden Ver=
treter auf der Seite, ja an der Spitze der Bewegung; wie wenige
bedeutende Namen stehen auf der eigentlichen Rechten! Wie iso=
liert ist Leopold Ranke, der konservative Monarchist, unter seinen
historischen Fachgenossen! Selbst seine wissenschaftlich nächsten
Schüler entfernen sich auf diesem Felde weit von ihm. Auf den
Universitäten hatte sich der neue Geist recht eigentlich entwickelt;

die politischen Lehrer der Nation kamen zum guten Teile von ihnen her. Aber auch das Beamtentum entzog sich dem Strome nicht; bis in seine obersten Stufen hinauf war die Überzeugung stark, daß das alte System überlebt sei. Alle diese Berufe vereint lieferten den Grundstock der aktiven Politiker. Hinter ihnen aber stand, ihnen in der Bildung eng verbunden, die eigentlich wuchtige Menge des erwerbenden Bürgertums, die größeren und mittleren Kaufleute, Industriellen und Techniker, und so fort bis in die Schichten des Kleinbürgertums, des Kleinhandels und Handwerks hinunter. Noch hielten sie alle im wesentlichsten zusammen, noch waren sie wohl alle, im weitesten Sinne, liberal. Es wird eine Hauptaufgabe einer wirklichen Geschichte von 1848 sein, nach den Staaten und den Landschaften es möglichst genau festzustellen, ob und wieweit sich hier und dort die politischen Parteien mit jenen sozialen Schichten innerhalb des bürgerlichen Gesamtstandes ge= deckt haben, die Gemäßigten etwa mit den Höheren und Mittleren, die Radikaleren mit den Unteren, und wieweit die politischen Ge= sinnungen doch zugleich über diese äußeren Zugehörigkeiten hin= weggriffen.

Nun versteht sich freilich, daß das Ganze der politischen Ge= sinnungen, das wir Liberalismus nennen, all seine Schattierungen zusammengefaßt, doch auch wieder einen sozialen Charakter hat. Der Liberalismus ist eben, wie bereits ausgeführt wurde, in letzter Linie die Welt=, Staats= und Wirtschaftsanschauung des Bürger= tums, und auch seine speziell politischen Forderungen sind sozialen Inhalts, insofern sie bewußt oder unbewußt zuletzt zu Gunsten des Mittelstandes erhoben werden; so stehen sie den Parteiforde= rungen des Landadels einerseits, der Arbeiter andererseits, als Klassenprogramm gegenüber. Aber noch innerhalb dieses Pro= gramms gab es wirtschaftliche und soziale Forderungen im engeren Sinne. Die sind nach Landschaften und Schichten ver= schieden, und gelegentlich widerstreiten sie einander. Insbesondere taten die Handwerker ihre Klagen und Ansprüche kund. Schon litt das Handwerk an den meisten Orten unter der aufsteigenden Großindustrie, wenngleich die härtesten Zeiten erst noch kommen sollten; schon war die alte Gewerbeverfassung so gut wie überall tatsächlich und auch rechtlich an vielen Stellen gesprengt. Die

Meister tagten jetzt und sprachen neben den konstitutionellen zünftlerische Wünsche aus; Preußen hat ihnen wirklich 1849 eine Einschränkung seiner Gewerbefreiheit zugestanden. Aber sie schwammen gegen den Strom; die herrschende Richtung des Zeitalters ging auf die wirtschaftliche Freiheit hin, und unter deren Zeichen stand doch auch 1848 der Hauptsache nach. Die neue Industrie verlangte, insbesondere in ihren süddeutschen Gruppen, nach außen Schutz gegen die fremde Konkurrenz, innerhalb der Nation aber eine möglichst ungehemmte Bewegung, die diesem schöpferischen Unternehmertume hier wie überall erst die volle Entfaltung seiner starken persönlichen Kräfte und die möglichst rasche und hohe wirtschaftliche Leistung gestatten sollte. Da stieß man sich eben immer noch an den „Polizeistaat", der von seiner alten und ehedem so großen Überlieferung des Regulierens nicht lassen mochte und dabei den weiten Kräften der Zeit unzweifelhaft nicht mehr gerecht wurde. Der Fortschritt lag noch auf der Seite der vollen Freiheit, und nicht so sehr um den Schutz der Arbeiter gegen die Einseitigkeit dieser Freiheit handelte es sich in der damaligen Praxis des bestehenden Staates, als um die Reste unproduktiver Bevormundung und Einschränkung. Der Gang der Dinge hat ja dann wirklich, durch den Zollverein, innerhalb der zwei nächsten Jahrzehnte diese Reste beseitigt und die volle Gewerbefreiheit überall in Deutschland zum Siege geführt: in diese Richtung weisen auch die Bestrebungen von 1848, die „Grundrechte" der Reichsverfassung verlangen Freizügigkeit, Freiheit der Berufstätigkeit, der Vermögensverfügung. Der alte Staat erhielt seinen entscheidenden Stoß; die wirtschaftliche und soziale Wirkung des Revolutionsjahres diente den Interessen der oberen und mittleren Teile des Bürgertums.

Jedoch es ist gewiß: nicht so sehr das Interesse wie die Freiheit selber, als Selbstzweck, als Ideal empfunden, die politische Freiheit, stand während der Revolution im Vordergrunde aller Verhandlungen und im Vordergrunde des liberalen Bewußtseins. Die „Verfassung" war ihm doch das eigentliche Ziel. Und dahin wirkten alle bürgerlichen Elemente zusammen; auch das unklare Drängen der Masse hatte seinen wesentlichen Erfolg in dieser Richtung. Den Hauptbeweis für das gute Recht dieser

Wünsche aber führten die Regierungen selbst. Ihr kläglicher Zu-
sammensturz ist doch nicht das Ergebnis eines Zufalls. Sie waren
innerlich morsch und glaubten nicht mehr an sich selber. Die Notwendigkeit einer Änderung war da. Wie diese Änderung aus-
fallen, wieweit sie gehen sollte, danach schieden sich die Parteien.
Und alle Einflüsse der letzten Jahrzehnte, die radikalen, formalistischen französischen Lehren und Vorbilder, die maßvolleren,
realeren, wenngleich immer noch stark doktrinär aufgefaßten englischen, alle Besonderheiten der einzelnen Teile Deutschlands, alle
Gegensätze, die sich im Parteileben schon herausgebildet hatten,
kamen dabei zu bedeutsamer Geltung. Überall meinte man tief
umgraben zu müssen; selbst wo die Ehrfurcht vor der eingewurzel-
ten Monarchie noch bestand und man die konstitutionelle, nicht
einfach die parlamentarische Staatsform wollte, war man doch
sicher, ganze Arbeit tun zu wollen: der Absolutismus mußte ganz
zerbrochen, das Bedürfnis und der Wille des Volkes über die
alten Gewalten erhöht werden. In diesem Stadium des Kampfes,
nach all den Erfahrungen, die man seit dreißig Jahren und länger
mit dem deutschen Fürstentume gemacht hatte, war das begreiflich
genug. Wo hatte dieses Fürstentum zuletzt noch etwas Selbst-
ständiges geleistet? Wo hatte es wahrhaft geführt? Hatte man
nicht in immer wiederholter Verfolgung und Unterdrückung fast
immer nur die negativen Kräfte der alten Regierungen gespürt?
Hatte nicht Friedrich Wilhelm IV. dem Drängen seines Volkes
nach der Verfassung mit unbelehrbarem Eigenwillen, fast konnte
es den Zeitgenossen scheinen: mutwillig, widerstanden und sich
allein gegen alle behaupten wollen? Da war die Lehre von der
Rückständigkeit, dem deutlichen und unaufhaltsamen Sinken der
Monarchien, von dem inneren Widersinne der Allmacht des Einen
auf den dankbarsten Boden gefallen. Mit wie ernster Warnung
hatte selbst ein Dahlmann auf die Beispiele der englischen Revolution hingedeutet! Jetzt sollte das ewige Recht der Nation, die
Verfassung, gegen die Kronen gesichert werden. Und bei so
mancher Übertreibung, Verirrung und Torheit, welcher ergreifende Glaube an dieses Recht, an den Segen, die Wundertätig-
keit der Verfassung! Wir sind längst ernüchtert worden; wir
glauben nicht mehr an die Allheilkraft der politischen Form; wir

haben den harten und fruchtbaren Erziehungsprozeß durchgemacht, daß wir in schöpferischen inneren und äußeren Kämpfen, die über unser ganzes Dasein entschieden, die beste Kraft und die Dauer gerade auf der Seite der Monarchie gefunden und ihr mit heller Hingabe die Fülle der Macht wieder eingeräumt haben, wie sie die Geschichte und die innere Lebendigkeit ihr zuwiesen. Aber ganz abgesehen davon, daß doch auch heute keiner sogar von den Verächtern der politischen Form mehr in der Luft des alten Staates, des vormärzlichen, zu atmen vermögen würde; daß doch auch uns allen die schließlich gereiften Früchte auch der 1848er Übertreibungen völlig unentbehrlich, daß sie zu unserem täglichen Brote geworden sind — so ist es doch überdies selbstverständlich, daß das historische Urteil hinter der damals modischen, einseitigen Vergötterung der Form, der Paragraphen, der Prinzipien, die sachliche, soziale und historische Notwendigkeit anerkennt, jenes Emporkommen eines neuen Standes, welchem die Verfassung dienen mußte: die Schwärmerei für die Verfassungsform hatte eben doch ihren sehr festen und greifbaren Kern. Und wenn die Übertreibung unleugbar ist, wenn die Mißachtung der Monarchie, aller harten Realität unter den Staatsmännern, oft genug sogar unter den maßvolleren Staatsmännern der Revolution die Kritik des gegenwärtigen Betrachters immer wieder aufruft — wer trug denn die Schuld an jenen Ausschreitungen und Schwächen? War es nicht unvermeidlich, daß die Erfahrungen erst gemacht werden mußten? Und wer hatte die Verantwortung, wenn man sie so, auf dem Boden der Revolution anstatt auf dem der Reform, machen mußte? War der Radikalismus selber nicht ganz wesent= lich durch die Unterlassungssünden der alten Herrscher groß ge= zogen worden? Es ist vielleicht bereits ein Ausweichen aus den Geleisen historischer Auffassung, wenn man so „die Schuld" auf beiden Teilen abwiegt und die des einen mit der des anderen in Verbindung setzt; denn nicht nach der Schuld, sondern nach der Wirkung von Ursachen fragt die Geschichte zuletzt; die Ursachen aber all des oft so tollen Wirrsals von 1848 liegen eben weit hin= auf und keineswegs bloß in einer Umnebelung der Köpfe durch die Tagesphrasen. Und am Ende ist doch der Sieg bei dieser Ver= fassungsbewegung geblieben: für sie macht 1848 durchaus Epoche.

Was Deutschland bis dahin an Verfassungen der modernen Art, an Verfassungen, die dem Bürgertum sein Recht gaben, besaß, war stets unsicher, stets nur halb gewesen; erst 1848 verhalf für unser Vaterland dem Bürgertume zu festem und allgemeinem Anteile an der Leitung des Staatswesens. Erst jetzt wurde die soziale Neubildung politisch anerkannt und eingereiht. Das blieb bedeutsam und entscheidend, wenn auch nachher die Reaktion, wie es zu gehen pflegt, den Sieger auf einige Jahre wieder um ein Stück zurückgedrängt hat. Das Wesentliche blieb auf die Dauer erhalten; der wesentliche politische Ertrag der deutschen Revolution verblieb auch künftig dem dritten Stande.

Allerdings nicht in diesem sozialen und konstitutionellen Erfolge hatten die Patrioten das eigentlich höchste Ziel ihres Ringens erblickt. Ihnen leuchtete, untrennbar von der Freiheit, am allerstärksten doch die nationale E i n h e i t vor. Der Einheitskampf ist auch für die Nachwelt das Reizvollste an dem ganzen Drama geblieben. Er führte für den Augenblick zur Niederlage; er führte auf Probleme, die noch heute zum Teil ungelöst sind. Den, der seinen Schwierigkeiten nachgeht, leitet er — das bleibt stets wahr, auch wenn man die Wichtigkeit der bisher von uns verfolgten, sozialeren Gegenstände ausdrücklich hervorhebt — doch erst zu den größten Erscheinungen und zu den tiefsten Antrieben der Zeit.

3.

Daß man d i e E i n h e i t d e r N a t i o n, die Wiederherstellung des Kaisertums haben wolle, das wußte man, nach all den Ahnungen von 1815 und 1830, seit dem Anbruche der vierziger Jahre überall in Deutschland. Der öffentliche Geist wandte längst die Aufgaben hin und her, er hatte auf jenen vorbereitenden Versammlungen der Jahre 1846 und 1847 das Ideal schon aufgestellt. Der Nationalversammlung in der Paulskirche fiel es zu, es von neuem allseitig durchzuarbeiten, einen umfassenden, klaren Plan zu entwerfen, der jetzt verwirklicht werden oder doch für kommende Zeiten neuen Wartens und Sehnens dem Drange der Nation ein greifbares Ziel verleihen könnte. In zehnmonatlicher Arbeit hat das Parlament die Reichsverfassung aufgebaut;

es hat den denkbar schwierigsten Stoff zum erstenmale bezwungen,
die Vielheit des zerrissenen deutschen Lebens mit einer großen
und wirklich durchgebildeten Einheit zu umspannen; und oft hat
man es preisend hervorgehoben, wie die spätere Geschichte zwar
das allzu straffe Einheitsstreben der Idealisten von 1848 hat fallen
lassen, dafür aber die Grundlinien ihres Aufbaues doch von ihnen
entnommen hat, und wie vor allem dieser erste Plan in den trüben
Jahrzehnten bis 1866 doch immer leuchtend vor den Augen der
Deutschen gestanden hat, als eine Mahnung und eine Tröstung
von unzerstörbarer und wahrhaft lebenschaffender sittlicher Kraft.
Daneben hat sich freilich gerade an das Einheitswerk die Kritik,
auf die ich öfters hinzuweisen gehabt habe, am liebsten und am
dauerhaftesten geheftet. Wir hören es noch heute, wie töricht die
Doktrinäre der Paulskirche gehandelt haben, daß sie im Sommer
1848, zu einer Zeit, wo ganz Deutschland ihnen noch zujubelte
und keine der Gegenmächte sich bereits wieder gesammelt hatte,
die kostbaren Wochen mit der endlosen und akademischen Beratung
der Grundrechte verschwendeten; wie unpraktisch sie waren, immer
zu reden, zu denken und gar nicht zu handeln; wie sie es versäumt
haben, die realen Gewalten in Deutschland, die Fürsten und Re=
gierungen der Einzelstaaten, durch entgegenkommende Verhand=
lung an sich zu ketten. Die Anklage trifft schließlich alle; sie trifft
mit besonderer Härte, und zwar bereits seit dem Augenblicke der
Vorgänge selbst, die Maßlosigkeit der Radikalen, von denen die
Ärgsten gegen die Versammlung, wie gegen jede Ordnung in
Deutschland überhaupt, in wahnwitzigen und blutigen Aufständen
die Waffe erhoben haben, während die immerhin Ruhigeren unter
ihnen, die friedliche Mittel beibehalten wollten, im Parlamente
durch Deklamationen und Anträge extremster Art das schöpferische
Werk der Gemäßigten erschwerten und nur die Reaktion herauf=
riefen. Den Gemäßigten schallt natürlich, von der anderen Seite
her, noch heute der Vorwurf der Schwäche entgegen; aber über=
dies, was mehr besagen will, der Vorwurf der vaterlandzerreißen=
den Gewalttat. Ein Österreicher, wie der milde, wohlwollende,
vornehme Alfred Arneth, der ja Historiker war, hat noch 1893
und später die kleindeutsche Mehrheit zu Frankfurt, deren Kern
jene Gemäßigten bildeten, des unredlichen Verfahrens und eines

unheilvollen Zieles bezichtigt: sie hat, wesentlich Preußen zuliebe, aus altem eroberungslustigem Partikularismus, die nationale Zusammengehörigkeit gesprengt und die Deutschösterreicher aus dem Verbande Deutschlands hinausgestoßen. Uns ist dagegen die (noch soeben frisch vorgetragene) Anklage gegen die Unredlichkeit der Österreicher geläufiger, die nicht einsehen wollten, daß für sie in dem deutschen Staate nun einmal kein Raum sein konnte, und bis zuletzt alles dafür getan haben, dann lieber das Ganze der Neubegründung zu Falle zu bringen. Weiter über die Gruppen der Paulskirche hinausblickend, sieht man Friedrich Wilhelm IV. als den Totengräber der Nationalversammlung und ihrer Ideale: sein „Nein", so hat man immer wiederholt, seine Ablehnung der dargebotenen Kaiserkrone, hat ihr Werk zerstört; die Verantwortung für den großen Mißerfolg sinkt auf seine Schultern. Denn so war es ja verlaufen: das Parlament hat sich (Mai 1848) konstituiert, die provisorische Zentralgewalt (den Reichsverweser) eingesetzt (Juni) und dann durch die Schwankungen der deutschen Ereignisse und auch der äußeren Politik (Juli bis September) wohl mannigfach beschäftigt und erschüttert, aber niemals wirklich abgelenkt, die Grundrechte (Juli bis Dezember) und vom Herbst ab (Oktober bis März) die Reichsverfassung beraten und beschlossen; als diese und das Kaisertum (im April 1849) von Friedrich Wilhelm zurückgewiesen wurde, da brach, inmitten der Aufstände der erregten Massen, die Reichsversammlung auseinander: gerade als alles sich vollenden wollte, erschien, anstatt der Erfüllung und des erträumten Segens, der politische Tod.

Zeitgenössische und heutige Anklage hallen durcheinander. Dreißig Jahre nach den Ereignissen hat ein hervorragender preußischer Parteiführer der Zeit in seinen Denkwürdigkeiten das Urteil gefällt: „Wir alle waren im Jahre 1848 politische Dilettanten, um nicht zu sagen: politische Kinder." Und in der Tat greift heute jeder die Fehler, die damals gemacht worden sind, die Naivität eines Beginnens, das in großen Fragen der Macht und der Welt starke Gegner mit Salven von tönenden Paragraphen niederzuschmettern vermeinte, einigermaßen mit Händen; und wer aus unserem überlegenen Urteil über 1848 den Rückschluß

auf die Höhe und Sicherheit der heutigen politischen Bildung
unseres Volkes ziehen würde, der müßte wohl vor unserer Gott=
ähnlichkeit, mit der wir es so herrlich weit gebracht, ein ehrliche
Hochachtung bekommen.   Hoffentlich wenigstens keine allzu un=
berechtigte — denn wer sollte nicht von ganzer Seele wünschen,
daß wir von dem großen Lehrmeister im Sachsenwalde denn doch
wirklich einiges gelernt haben möchten?   Aber hier mehr wie je
vorher flüchtet sich das historische Urteil aus diesem Schneegestöber
politischer Urteile zu der Bescheidenheit historischen Begreifens,
die wir am Eingange den Menschen und Dingen von 1848 gegen=
über gefordert haben.   Fassen wir die Mächte, die damals die
nationale Aufgabe zu lösen hatten, unbefangen ins Auge.

Da steigt zuerst das große Bild der P a u l s k i r c h e vor
einem jeden empor: der mächtige innere Rundbau der Kirche,
mit ihren weiten Galerien, mit dem stolzen deutschen Schmucke
über der Präsidententribüne, mit den ansteigenden Reihen der
sechshundert Abgeordneten.   Ein riesiger Raum, schwer zu be=
herrschen und dennoch, zuerst von dem schallenden edlen Pathos
Heinrich von Gagerns, nachher von der klugen Sicherheit seines
Nachfolgers Eduard Simson auf das glücklichste beherrscht; an=
gefüllt von den Besten, die Deutschland zu schicken hatte, von einem
beispiellosen Reichtume hoher Menschen und hohen Strebens. Es
ergreift noch den Nachlebenden, wenn er die Ehrfurcht der Zeit=
genossen vor dieser Versammlung spürt, die in ihren ersten Stun=
den E. M. Arndt ihre Huldigung darbrachte und der über allen
Zorn und alle tobende Leidenschaft unvereinbarer Gegensätze
immer wieder der Glockenton eines wundervollen Idealismus da=
hinklang, bis zu den letzten großen Beschlüssen von 1849, als Dahl=
mann und Uhland über den Erbkaiser kämpften und Gabriel
Rießer dem Streite um Österreich so warm und so mild, so liebe=
voll und so entschlossen das ergreifende Schlußwort sprach.   In
der Menge rasch geformter und doch nicht zufälliger Parteien, die
immer in der Umformung blieben und sich später, als es wesent=
lich noch um Preußen und Österreich ging, ganz neu anordneten,
welche Fülle erlauchter Namen, scharf gezeichneter Köpfe!   In
allen diesen Gruppen, tief in die Reihen der äußersten Linken
wie der Katholisch=Klerikalen hinein, bei allen Gegensätzen welche

deutlichen Familienzüge zeitgenössischer Verwandtschaft! In allen,
mag ihre Meinung und ihre Art unserem Auge noch so fremd
oder gar feindlich erscheinen wollen, der doch unverkennbare,
eigenartig große Zug, eine wahre innerliche Lebendigkeit, eine
seltsame Hoheit und Jugendfrische der Seele. In den Verhand=
lungen welches Streben, die großen Fragen alle zu packen und sie,
unverdrossen kämpfend, immer im großen Sinne, zu lösen! Da
lief dann freilich alles immer wieder auf die Frage der Gesamt=
verfassung, der Einheit, hinaus. Und es ist wahr, man hat diese
Frage immer wieder hinausgeschoben: vom Vorparlament auf
das Hauptparlament, in diesem vom Frühjahr auf den Herbst;
man hat dann vom Oktober 1848 bis März 1849 darüber debat=
tiert, unterhandelt, gerungen, innerhalb des Parlaments und nun=
mehr auch außerhalb, im Verkehre mit den deutschen Regierungen:
man ist erst im März zu klarer Entscheidung vorgeschritten. Aber
war denn das zu verwundern? Zuerst galt es ja doch, die Ver=
fassung in der Stille vorzubereiten, die Probleme erst in den Par=
teien selber reisen, sich klären zu lassen; und vor allem, es blieb
auch dann noch die eine traurige Wahrheit bestehen: das Problem
selber war von der Paulskirche aus unlösbar. Begreiflich genug,
daß man es erst vertagte und dann auf die Haltung der außen=
stehenden Mächte, auf Österreich und Preußen, wartete, ehe man
selber etwas Endgültiges beschloß. Diese Verhandlungen alle
spiegeln die unüberwindliche Schwierigkeit der Aufgabe deutlich,
ja erschütternd wieder. Die Preußen Droysen, Beseler, Dahl=
mann, Vincke, die Südwestdeutschen Gagern, Welcker, Rümelin,
Uhland, die Österreicher Schmerling, Arneth, Giskra und so viele
noch haben in ihnen das Wort genommen, alles ist verfochten und
alles versucht worden, Festhaltung Österreichs bei Deutschland,
Ausschluß Österreichs, Zerteilung Österreichs in zwei Hälften:
keine Lösung genügte oder gelang, alle hatten sie recht und alle
unrecht. Es war ja die alte Wahrheit, die über Deutschland
schwebte, sicherlich seitdem es den preußisch=österreichischen Dualis=
mus gab, und die das Dasein des Deutschen Bundes von 1815 ab
in jedem Augenblicke bestimmte: die allen bekannte Wahrheit, daß
es einen wirklichen deutschen Gesamtstaat, der zwei Großmächte
in sich schloß, nun eben einmal nicht geben konnte, sondern nur

einen lockeren Bund. Man weiß es: keine der beiden Großmächte konnte sich der anderen ernsthaft unterordnen, ohne ihren Cha= rakter als Großmacht einzubüßen; der deutsche Bund war allemal zu schwach, um sie beide seinerseits wirksam zu überragen; in ihm konnten sie beisammen bleiben, solange er sie nicht band; wollte er sich zu einem wirklichen Staatswesen entwickeln, das die not= wendigen Hoheitsrechte einer starken Einheit in seiner Hand hielte, so mußte er die Leitung der einen der beiden Mächte überlassen und die andere entweder mit Gewalt unterjochen oder ausstoßen. An dieser Sachlage war nichts zu ändern. Suchte Friedrich Wil= helm IV. den alten Bund zu kräftigen, so tat er das auf Kosten der preußischen Selbständigkeit, und was er dieser entzog, kam zu= letzt unausweichlich doch nur den Nebenbuhlern Preußens, vor allen dem erblichen österreichischen Nebenbuhler zugute. Jetzt versuchte es die einheitliche, souveräne Vertretung der Nation mit den Mitteln, die ihr die natürlichen waren; sie sah zunächst von den Sonderstaaten als solchen ab; sie beanspruchte, die Zentral= gewalt zu errichten, und die Sonderstaaten sollten sich dieser ein= ordnen. Als sie es aber im Sommer unternahm, die Truppen= macht dieser Staaten dem inzwischen gewählten Reichsverweser nun tatsächlich zu unterstellen, da mußte sie sofort erleben, daß Österreich und Preußen sich dieser Zumutung entzogen. Dann nahm die innere Wiederkräftigung der beiden Großmächte, die erst beide kraftlos am Boden gelegen hatten, rasch zu. Im Herbst aber setzten Dahlmann und Droysen in Frankfurt den Beschluß durch, der die deutschen Länder Österreichs dem Reiche zusprach und zwischen ihnen und den anderen Teilen der habsburgischen Monarchie eine Schranke aufrichtete: die deutschen Provinzen sollten eigne Verfassung, Regierung und Verwaltung haben, mit dem übrigen Österreich also nur durch Personalunion verbunden bleiben. Der Beschluß entsprach der streng nationalen Idee, der Souveränität der Nation und ihrer Vertreterschaft. Allein war er durchführbar? Der Österreicher Giskra befürwortete ihn vom liberalen und deutschen Standpunkte aus; würde Österreich ihn aber jemals anerkennen können? Selbst Giskra gab später im wesentlichen zu, daß sein Kaiser es höchstens dann konnte, wenn er auch Deutscher Kaiser werden würde. Und auch für diesen

Fall ist es kaum irgendwie ausdenkbar, wie der Kaiser sich diese tiefe Zerschneidung seiner Monarchie jemals hätte gefallen lassen können, es sei denn in der äußersten Notlage und bis auf den ersten Augenblick, der ihm den Widerruf erlaubt hätte. Der Eintritt Gesamtösterreichs aber in das straffer gewordene, nationale Deutschland war aus hundert Gründen, nationalen, wirtschaftlichen, weltpolitischen ebenso unmöglich: er hätte den deutschen Staat aufgehoben u. s. f. So blieb der Ausweg, den Heinrich von Gagern eröffnete: Deutschland ohne Österreich schließt sich zum Bundesstaate eng zusammen und tritt mit Österreich in ein unauflöslich organisches Bündnis. Damit war die Ausstoßung Deutschösterreichs doch ausgesprochen. Hatten die deutschen Österreicher nicht das Recht, sich mit aller Kraft gegen diese Lösung, die ihnen zum Unheil werden mußte, zu sträuben? Es war, wenn die deutsche Lage überhaupt umgewandelt und verbessert werden, wenn der alte lockere Deutsche Bund nicht zuletzt einfach wiederhergestellt werden sollte, das einzige Auskunftsmittel: alles, was bis zum heutigen Tage geschehen ist, hat immer wieder gebieterisch darauf, d. h. nicht auf den ganzen Plan Gagerns, wohl aber seine negativere Hälfte, die Trennung, zurückgeführt, der ja dann freilich das völkerrechtliche Bündnis des neuen Deutschlands mit Österreich, aber nicht jenes organische Verhältnis, das Gagern erstrebte, nachgefolgt ist. Aber wer gesteht die Unmöglichkeit der liebsten Vorbedingungen seines eignen Daseins freiwillig zu? Die Österreicher beharrten dabei, es m ü s s e einen anderen Weg geben, sie wollten Österreicher und Deutsche zugleich bleiben, und beides ganz. Und neben die Österreicher reihte sich die ganze Schar derer, die entweder die preußische Lösung aus Parteigründen irgendwelcher Art von sich wiesen oder aber in der Trennung von Deutschösterreich eine unerträgliche Verstümmelung des deutschen Volkskörpers erblickten, wie Ludwig Uhland. Und hatten sie denn unrecht? Es war doch die Auslieferung der östlichen Stammesgenossen an ihre slavischen Feinde, es war ein bitterer Verzicht auf einen Zweig unseres Volksganzen; es war doch wirklich ein Kleindeutschland, zu dem man sich alsdann entschloß. Nicht jeder war klar oder einseitig genug, um die Unvermeidlichkeit des furchtbaren Schnittes einzusehen und gar die Einsicht in die Tat

zu übersetzen. Ferner aber, würde denn die Wiener Regierung
diese Hinausdrängung aus Deutschland, das sie bisher doch tat=
sächlich beherrscht hatte, einfach hinnehmen? Es war eine leichtere
Zumutung, als jene Personalunion; aber doch auch eine Zu=
mutung, der sich keine alte Weltmacht fügen konnte, ohne unaus=
weichlich dazu gezwungen zu sein. Heinrich von Gagern wollte,
als Reichsminister, im Auftrage der Paulskirche mit der Hofburg
darüber verhandeln. Konnte jemals solcher Verhandlung ein Er=
gebnis entspringen? Immer, im allerbesten Falle, nur eine ganz
vorübergehende Konzession des Kaisers. Wenn man damit zu=
frieden sein wollte, so waren diejenigen freilich im Rechte, die dem
Parlamente vorwarfen, die günstige Stunde, da Österreich noch
machtlos war, über allerlei unnützen Beratungen versäumt zu
haben. Aber der Gewinn wäre eben auch wieder nur ein vor=
übergehender, nach aller Wahrscheinlichkeit ein nichtiger gewesen:
gleich nach seiner Wiedererstarkung hätte der Kaiser den aufge=
nötigten Vertrag zerrissen; eine günstige Weltlage, die ihm das ge=
stattete, mußte bald wiederkehren. Jetzt, im Winter, war auch
diese, nur möglicherweise und scheinbar günstige Stunde, vorbei.
Österreich dachte gar nicht daran, sich zurückdrängen zu lassen. Es
warf dem Parlamente deutlicher und deutlicher sein Nein, ja seine
Kriegserklärung entgegen; es kündigte ihm an, daß es sich in sich
selber als Einheitsstaat zusammenschließen und so seine Aufnahme
in den deutschen Staat verlangen werde: dann aber blieb für
Deutschland nichts übrig, als besten Falls die Rückkehr zur Nichtig=
keit des Deutschen Bundes — oder der Krieg. Gagerns Pro=
gramm, in welcher Form es immer auszuführen sein mochte, blieb
stets die einzige Möglichkeit zur Bildung eines nationalen deut=
schen Staatswesens; aber diese Möglichkeit war niemals zu ver=
wirklichen ohne den entscheidenden Kampf der Macht mit der
Macht. Das war so klar, daß es die Augen der wirklichen Staats=
männer in der Paulskirche natürlich auch sahen. Aber was konn=
ten sie tun?[1] Der Entschluß, mit Österreich zu brechen, war

[1] Man lese den Bericht, den einer der klügsten und klarsten von allen Abgeord=
neten, Gustav Rümelin, seinen württembergischen Landsleuten, im Schwäbischen
Merkur, am 1. Oktober 1848 vortrug. Er entwarf ihnen einen, in manchen
Zügen allerdings noch unreifen Plan der kleindeutschen Lösung: Bundesstaat im

innerlich hart genug und blieb an Bedenken reich; er war dennoch ganz unerläßlich; er war aber zugleich nutzlos. Zu Taten konnte eben die Versammlung ihrerseits nicht schreiten; und sie blieb gelähmt, was sie auch sprechen und wollen mochte. Es war und blieb eine verzweifelte Lage, ohne die Schuld des Parlaments.

Die gleiche trübe Erfahrung machte es dem kleinen Dänemark gegenüber. Preußen hat, zugleich im allgemeinen deutschen Auftrage, den Kampf gegen Dänemark, für Schleswig-Holstein, auf sich genommen; es schließt, in diesem Kampfe allein gelassen, einen Waffenstillstand, dessen Bedingungen unerträglich scheinen; Dahlmann tritt gegen diesen Vertrag auf und gewinnt in der Paulskirche die Mehrheit. Als er dann aber diesem Kammersiege zufolge ein neues Ministerium gründen soll, bringt er das nicht zustande, und die waffenlose Versammlung muß sich nachträglich dem von ihr gemißbilligten Abkommen dennoch unterwerfen (September 1848). Man kann Dahlmanns Haltung leicht kritisieren. In der Tat hätte er, wenn er geschwiegen hätte, seinem Parlamente die ärgerliche Enthüllung von dessen tatsächlicher Ohnmacht wohl erspart. Das wäre vielleicht klug gewesen. Aber konnte Dahlmann schweigen? Worauf ruhte denn die Gewalt, die der Paulskirche einzig innewohnte, die moralische, wenn nicht auf der Achtung der Nation? In ihrem Sinne handelte Dahlmann. Dabei kam es dann freilich zutage, daß die Stellung des Parlamentes von vornherein eine unmögliche war: voll der höchsten Bestrebungen und Aufträge und doch ohne jede wirkliche Macht; vernachlässigte es jene Aufträge, so verlor es sein Daseinsrecht und ging zugrunde; suchte es sie durchzuführen, so scheiterte es an dem Widerstande der bestehenden Staaten. Da ist leicht tadeln; aber in Wahrheit war in den Fehlern der Versammlung doch weit mehr unvermeidliches Schicksal als eigene persönliche Schuld.

Staatenbunde; er legte ihnen ebensowohl die Notwendigkeit, wie die praktischen Schwierigkeiten dar und schloß mit dem überaus bezeichnenden Satze: „Im ganzen und einzelnen mag sich am obigen Plane vieles ausstellen lassen, aber wer etwas Besseres weiß, der sag' es." Die Schwierigkeiten, die er aufzählte, bedeuteten tatsächlich die Unausführbarkeit des Ganzen; heute liest jeder Kritiker dieses sehr unbeabsichtigte Geständnis zwischen den Zeilen. Aber wer etwas Besseres wußte, der mochte es sagen!

Gewiß kam diese Schuld, d. h. die auch subjektive Unreife des deutschen politischen Wesens, noch dazu. Man erlebte es bei den großen Verfassungsberatungen, wie stark der Formalismus, der Doktrinarismus war, und auch wer alle diese Eigenschaften der Zeit erklärt und würdigt, vermag doch niemals zu leugnen, daß sie oft genug zu den wunderlichsten Lehren, den tollsten Worten, den haltlosesten Vorschlägen geführt haben. Die Verfassung, so wie sie dann herausgekommen ist, litt ganz gewiß an Unverein= barkeit mit den wirklichen Zuständen. Sie trieb die Macht des künftigen Reichstages bis zur Herstellung eines bloßen Schein= kaisertumes ohne eigne Kraft und die künftige Einheit bis zur tat= sächlichen Nullifizierung der vorhandenen Einzelstaaten und ihrer Fürsten. Sie hatte sich, seit den Tagen des Vorparlaments, in dessen Fußstapfen auch der gemäßigte H. von Gagern sofort trat, die Bahnen zur Verständigung mit den Fürsten durch die Ver= kündung ihrer eignen ausschließlichen Souveränität verlegt: „ein= zig und allein" s i e wollte die Verfassung zu bestimmen haben. Aber auch hier nicht lediglich aus Willkür und Selbstübertreibung. Sie war erstens aus dem Willen des Volkes hervorgegangen; ihre von daher erflossene Souveränität war ihr einziges Wirkungs= mittel. Sie sollte zweitens etwas Ganzes und Einheitliches zu= wege bringen; jede Einheit des Entschlusses, ja überhaupt jeder Entschluß, schien aber unmöglich, sobald man die Entscheidung wieder zwischen den Dutzenden der bestehenden öffentlichen Ge= walten zersplitterte. Durfte sie sich jenen Grund ihrer Vollmachten und diese Einheitlichkeit ihres Werkes trüben lassen? Später, als die Dinge reifer geworden waren, hat sie — denn daß er allein zu praktischen Zielen führen konnte, sah man schließlich auch in Frankfurt recht gut ein — den Weg der Verhandlungen mit den Kabinetten doch noch beschritten; hat er zu Ergebnissen geführt? Schon deshalb nicht, weil alle Dynastien dem Parlamente im Grunde feindlich waren und blieben; Vereinbarungen zwischen den beiden Gewalten waren notwendigerweise immer prekär und konnten nur dauern, solange der außergewöhnliche Druck auf den Regierungen lastete. Hätte die Nationalversammlung wirklich mehr erreicht, wenn sie von vornherein ihren einzigen Rechts= grund, den Volkswillen, beeinträchtigt hätte? Nein, ihr Werk war auch in dieser Beziehung unmöglich; was sie auch tat, es konnte nicht zu haltbaren Erfolgen führen. Zwischen ihrem Prinzipe, von dem sie gar nicht los konnte, und der Wirklichkeit klaffte ein Abgrund; nur die Gewalt konnte ihn ausfüllen. Was sich das Parlament auch vorsetzte, es bewegte sich im Kreise. Selber Gewalt zu üben, war es, nach dem Stande der deutschen Verhältnisse, nicht fähig. Suchte es die Gewalt an anderer Stelle, so gab es sich selber auf und wurde schließlich doch noch zurückgestoßen. Nur Eine Macht gab es, durch die das Werk der Paulskirche, wenn überhaupt, verwirklicht werden konnte, Preußen. Preußen hätte es vielleicht, falls es einen Friedrich II. an seiner Spitze gehabt hätte, unter der Bedingung verwirklicht, daß die Führung an Preußen käme und das Parlament diesem nachschritte. Sein eigenstes Wesen, sahen wir, hätte das Parlament damit auch eingebüßt. So wie aber Preußen und dessen König wirklich waren, blieb überhaupt jede Art von Verständigung auch mit ihm und gerade mit ihm für die Paulskirche unmöglich.

Es ist das Ermüdende an der wechselvollen und auch im hohen Sinne inhaltreichen Geschichte der 1848er Revolution, daß diese Unvereinbarkeit von Frankfurt und Berlin vom ersten Augenblicke an sichtbar ist, im Grunde sich niemals verändert und daß so, bei aller Größe der Gedanken und der Anstrengungen, von Anbeginn her der Druck notwendiger Unfruchtbarkeit auf allem liegt, was unternommen wird, eine lastende, unbefriedigende, schwunglose Tragik trotz allen Schwunges und Feuers der Ideale und der Männer. Jeder Anlauf ist vergeblich: das entscheidet sich nicht erst in dem Aufeinanderprall der Kräfte, im freien Kampfe der Taten; es ist sicher von der ersten Stunde ab. Fruchtbare Gedankenarbeit für die Zukunft wurde geleistet, und das Licht einer fernen Erfüllung leuchtet in das Halbdunkel dieses Ringens hinein; für die Gegenwart aber gab es keine jemals begründete Hoffnung: das wollten die Mitkämpfer natürlich nicht glauben, ehe sie es ganz unwiderleglich an sich erfahren hatten, und dann hat es sie mit bitterster Traurigkeit geschlagen. Wir aber erkennen es von vornherein, und das Urteil des Betrachtenden mildert sich, indem er die Tatsache dieses Verhängnisses, das die Grundlage für alle Ereignisse bildet, immer im Sinne behält.

Durch ihren Ursprung, ihre äußere Stellung und innere Gesinnung, durch ihr notwendiges Wesen selber, war die erste deutsche
Nationalversammlung zum Untergange verurteilt.

4.

Neben der Nationalversammlung steht, vom Beginne der Revolution an, König Friedrich Wilhelm IV. im Vordergrunde der Entscheidungen. Das Parlament und er sind die beiden, nach Art und Schicksal so tief verschiedenen und doch so mannigfach verwandten Helden des großen Dramas: auch er, der Ro-
mantiker und Legitimist, gleich jener Körperschaft, der Tochter und
der Hüterin der Revolution, ein Kind der literarisch-doktrinellen
Epoche des deutschen Lebens; auch er, gleich ihr, durch die innerlichsten Kräfte seines Wesens wie seiner Stellung, der Held einer
Tragödie.

Als Herr von Beckerath im April 1849 dem Könige mit ein-
dringlicher Wärme die Annahme der von den Frankfurtern dargebotenen Kaiserkrone an das Herz legte, hat ihm Friedrich Wilhelm tief bewegt die berühmte Antwort gegeben: „Wenn Sie
Ihre beredten Worte an Friedrich den Großen hätten richten können, der wäre Ihr Mann gewesen; ich bin kein großer Regent".
Damals war Österreich zwar noch in Ungarn und schwächer auch
in Italien durch Aufruhr und Krieg gefesselt, aber es hatte sich
bereits wieder aufgerafft, hatte jenes Programm des österreichischen Einheitsstaates drohend verkündigt; es war in der Herstellung, im Emporsteigen begriffen. Auch Preußen hatte längst sein
altes Wesen, d. h. die Selbständigkeit seiner Krone gegenüber den
inneren Gegnern, wiedergefunden. Der Glanz der Paulskirche
war im Verblassen. Nur durch einen Waffengang konnte Preußen die Erbschaft der Revolution für sich erobern. Wenn er im
Augenblicke nicht erforderlich war, bald würde er doch eingetreten
sein; es ist eine oberflächliche Spekulation, dem Könige noch heute
nachzurechnen, daß gerade damals die Machtlage günstig erschien
und daß er nur habe zu wollen brauchen, um Sieger zu werden
— denn die Gefahr blieb eben doch bestehen. Im Hintergrunde
drohte Rußland. Auf die erschöpften und zerwühlten Kräfte der

deutschen Bewegung war kein Verlaß. Das preußische Heer war noch nicht reorganisiert, krankte an alten Versäumnissen, an schweren Mängeln mancher Art. Das preußische Land war voll eigener Kräfte: wie reich diese waren, hat die Folgezeit gezeigt; zu einem großen Unternehmen in Deutschland wären sie wohl hinzureißen gewesen, obwohl die beiden wichtigsten, der Adel und die Armee, damals innerlich oder äußerlich beide noch nicht recht vorbereitet waren. Sie wären ihrem Könige gefolgt, das ist gewiß. In seiner Hand lag damals die tatsächliche Gewalt über Preußen; er hätte sie auch früher nie zu verlieren brauchen. Ein Wagnis jedoch wäre der Kampf um die deutsche Vorherrschaft in diesem Frühjahr 1849 nach allem sicherlich gewesen; wenn Friedrich Wilhelm IV. dies Wagnis jetzt und später von sich wies, so tat er das Begreifliche, das ungefähr Normale, nicht aber das Außerordentliche.

Was an seiner Stelle ein anderer getan haben würde — als verantwortlicher Herrscher, dem wirklich die ganze Last der Entscheidung auf den Schultern lag — das wissen wir nicht. Ein Friedrich II., so hörten wir, hätte anders gehandelt. In der Tat hatte ein König von Preußen, im ererbten Besitze der Staatsgewalt, der Treue seines Landes, er selber die natürliche Verkörperung der gewaltigen, hier aufgesammelten Eigenart und Energie, die im westlichen Deutschland selbst gute Freunde Preußens noch allzu leicht unterschätzten: er hatte die Möglichkeit, auch anders zu verfahren als Friedrich Wilhelm; er hatte eine erheblich freiere Bewegungsfähigkeit als die Nationalversammlung mit ihren so viel näheren und engeren Voraussetzungen. Man kann sich ausmalen, wie Friedrich der Große die Lage von 1848 ausgenutzt, sie beherrscht, gemodelt haben könnte. Immer wäre es ein Spiel um Sein und Nichtsein gewesen. Immer hätte er eine starke, grundsätzliche Kraft des preußischen Wesens, wie es seit vielen Jahrzehnten geworden war, erst überwinden müssen, um dieses konservative Preußen an die Seite der Revolution zu führen. Er hätte damit nichts der großen preußischen Geschichte eigentlich Widersprechendes, aber doch gewiß auch nicht etwas einfach Selbstverständliches getan: das wird man, um Friedrich Wilhelm IV. gerecht zu werden, nicht vergessen dürfen. Aber

gewiß, was dann wirklich in Preußen und durch Preußen, vom
März 1848 ab, geschehen ist, das war ebensowenig selbstverständ=
lich und aus keinerlei sachlichen Verhältnissen allein ableitbar. Es
ist vielmehr auf das tiefste durchtränkt von der ganz eigenen Per=
sönlichkeit König Friedrich Wilhelms.

Den Bedingungen und Zielen dieser Persönlichkeit, dem Gange
der Ereignisse, die unter ihrer unmittelbaren Einwirkung standen,
der preußischen Revolution im engeren Sinne, wendet
sich Frage und Betrachtung noch zu. Es ist die äußerlich ein=
fachere, elementarere Seite der 1848er Vorgänge, denn hier steht,
anders als in Frankfurt, alles auf dem Boden der fest abge=
grenzten Wirklichkeit, der wirklichen, historisch gegebenen Macht;
innerlich freilich ist auch hier alles an Rätseln reich, die vornehm=
lich aus jener Eigenart des führenden Mannes herstammen.

Gewiß, er ist das Gegenbild der idealistischen Reichsversamm=
lung mit ihrem hoffnungslosen Ankämpfen gegen die Realitäten,
dieser reich begabte König mit dem Künstlerherzen und den mysti=
schen Dogmen seiner politisch=religiösen Weltanschauung — im
einzelnen wohl unberechenbar bis über die Schranken des Nor=
malen, des Gesunden hinaus: „des Herrn Kopf ist anders orga=
nisiert als der eines anderen Menschen," klagte schon 1849 sein
Premierminister Graf Brandenburg; im ganzen aber, über Ab=
sprünge und Schwankungen hinweg, ist Friedrich Wilhelm
einheitlich und folgerecht gewesen, nur zu einheitlich sogar.
Immer wieder kehrt er zu seinen Idealen zurück, solange er
überhaupt die Fähigkeit behält, sich nach seinen Wünschen zu
bewegen; und das Eigenste dieser Ideale stand im unver=
söhnlichen Widerspruche mit den nun einmal bestimmenden Ge=
danken und Kräften der Zeit. Er träumt von der Herrlichkeit des
patriarchalisch=ständischen, christlichen Staates, über dessen natür=
lich gegliederten, freien Volkskreisen der Herrscher frei und väter=
lich waltet. Und die Zeit will weder diese Stellung des Herrschers
ertragen noch den ständischen Staat: sie fordert die moderne, libe=
rale Verfassung, die rechtliche Gleichheit anstatt der ständischen
Gliederung nach Landschaften und Geburtskreisen, die straffe, wil=
lenskräftige Einheit anstatt der Auflösung des Staates in seine
„natürlichen" ständischen Gruppen und Bezirke. Er will ihr nur

aus freier Gnade schenken, soviel er mag; sie weist seine Gaben, all jene Versuche ständischer Versammlungen bis zum Vereinigten Landtage hinauf, die wir früher aufzählten, unbefriedigt zurück und fordert die geschriebene, feste, „papierene" Verfassung, die er verabscheut. Solange er durch eignes Gewähren den Sturm beruhigen kann, versagt er; als er nachgibt, ist es zu spät; sein Volk hat ihn gezwungen. Sein Volk, mit dem er sich in mystischer Treue verschmolzen fühlt, es erhebt die Hand gegen seine Krone; es schlägt den ganzen Bau seiner innerlichen Welt in Trümmer.

Wir dürfen glauben, Friedrich Wilhelm IV. in allen seinen entscheidenden Zügen ziemlich gut zu kennen — soweit man eine Natur wie diese eben kennen kann. Wir blicken in seine brief=lichen Bekenntnisse, in seine vertrauten Unterredungen hinein; wir spüren, wie er selbst seinen Nächsten oft nicht ganz durchsichtig ist; das Widersprechende geht in seinen Gedanken und in seinen Hand=lungen jäh durcheinander. Das königliche Bewußtsein hebt ihn zudem über alle empor, er lebt in der Höhe dieser mystischen Stel=lung und seiner Ideale und legt um so weniger auf das Einzelne Gewicht, das unten in seinem Namen durch die Werkzeuge seines Willens geschieht. Die Zeitgenossen, von all diesen Widersprüchen und von jener Unvereinbarkeit seiner Art und seines Strebens mit den Bedürfnissen ihres eignen Daseins hundertmal verletzt, haben ihn bitter gescholten und manchmal sicherlich schwer ver=kannt. Die Historiker haben ihn mit all seinen Eigenheiten und Überraschungen aus dem Ganzen seines Wesens zu begreifen ge=strebt, und Heinrich von Treitschke hat uns, in großer einheitlicher Auffassung, mit zartem Nachempfinden und männlicher Aufrich=tigkeit, ein künstlerisches Bildnis von ihm gemalt, wie unsere Lite=ratur deren nur sehr wenige besitzt. Sobald man den Windungen seiner Politik in das einzelne nachgeht, stößt man dann freilich immer wieder auf Sonderbares und Rätselhaftes. Ihn selber meinen wir zu kennen; seine Geschichte in ihrer schwer faßbaren Beweglichkeit kennen wir noch lange nicht ganz.

Und gegen diesen seinen, wohlwollenden und eigenartigen Herrscher, der schlechterdings nicht aus der Welt seiner Doktrinen in die harte Welt zu seinen Füßen hinuntertreten will, erhebt sich die Berliner Revolution. Auch sie hat noch dunkle Fragen genug.

Es scheint unzweifelhaft, daß sie angelegt, daß die an sich natür=
liche, längst heraufziehende Bewegung von radikalen Verschwö=
rern ausgenutzt und geführt worden ist. In diese Zusammenhänge
blicken wir aber noch lange nicht klar genug hinein, an ursprüng=
lichen Zeugnissen über dieses Verborgene sind wir noch arm. Ber=
lin war seit Jahren in steigender Erregung. Der Vereinigte
Landtag von 1847 hatte sie, durch seine großen und doch unbe=
friedigenden Debatten, durch seine notgedrungene Unfruchtbarkeit
vermehrt. Das Bürgertum grollte dem Könige, der die Ver=
fassung, wie man sie forderte, hartnäckig zurückhielt. Jene wirt=
schaftlichen Vorgänge, von denen früher die Rede war, hatten das
Proletariat der Stadt um die Scharen der Fabrikarbeiter ver=
größert, Ausstände, Unruhen hatte es schon früher gegeben, eine
Reservearmee von leidenden Arbeitern und eine andere von groß=
städtischem Gesindel stand zu allen Taten, sobald die überlieferte
Ordnung einmal wanken würde, bereit. Daß nun hier der Stoß
der allgemeinen Revolution einwirken müßte, war unvermeidlich.
Den März erfüllten die Volksversammlungen, die immer heftige=
ren Reibungen zwischen der Volksmasse und dem Militär. Die
Berliner Bevölkerung in ihren mittleren und höheren Schichten
wollte eine Verfassung; die Minister wollten sie gewähren; eine
Anzahl von Agitatoren wollte mehr. Wir erfahren von Aus=
ländern, von Polen zumal, und von deutschen Radikalen, die nach
Berlin geströmt seien. Es ist nach allem, was wir wissen, plan=
mäßig auf den Aufruhr hingearbeitet worden; zu welchem Zwecke,
das ist nicht genau bestimmbar. Man beabsichtigte dieses König=
tum zu beugen, das festeste Bollwerk der alten Verhältnisse zu
stürmen, ohne Zweifel, und was die Polen dabei gewinnen konn=
ten, liegt auf der Hand. Erstrebte man noch anderes? Ver=
sprachen sich die republikanischen Fanatiker in Preußen einen un=
mittelbaren republikanischen Erfolg? Allerlei weitgehende Wünsche
werden da wohl durcheinander geflutet sein; in diesen Kreisen, das
ist gewiß, suchte man den Kampf. Die große Mehrheit der Ber=
liner Demonstranten suchte ihn nicht: sie wurde durch die Strö=
mung mitgezogen, sie strebte nur nach königlichen Konzessionen,
sicherlich nicht nach der Niederwerfung des Thrones. Sie war be=
reit, so wie es in der Luft lag, auch zu den Waffen zu greifen,

wenn man sie von der Gegenseite aus dazu zwänge, und sie ist ehrlich, ja naiv davon überzeugt gewesen, daß man sie gezwungen habe.

Der Losbruch am 18. März war so der Menge der Berliner eine Tat der Notwehr des Volkes gegen das angeblich angreifende Militär; er beruhte zwischen ihnen und dem Könige wirklich auf einem Mißverständnis, und nur von den revolutionären Leitern war er gewollt worden. Was die liberale öffentliche Meinung forderte, hatte der König zuvor eingeräumt. Aber die Spannung der Gegensätze war freilich bereits sehr heftig geworden; im höheren Sinne angesehen, war es doch kein bloßer Zufall, daß sie sich entlud. Die Böswilligen, die es, soviel wir urteilen können, dahin gebracht haben, rechneten nicht ohne guten Grund mit der jahrelangen, bitteren, mißtrauischen Gereiztheit gegen den König.

Der alte Staat seinerseits hatte sich aufgegeben, ehe der erste Schuß losging; die Raschheit und Vollständigkeit seines Zurückweichens war hier wie anderwärts, ich wiederhole es, das deutlichste aller Zeugnisse für das innere Recht dieser Umwälzung. Die Art aber, wie er nachgab, wurde wieder von der Persönlichkeit des Königs bestimmt. Friedrich Wilhelm war es ein entsetzlicher, ein eigentlich ganz undenkbarer Gedanke, sein Volk wider sich in Waffen zu wissen; er wollte nicht an die Tatsache glauben. Er ist von widerstreitenden Ratschlägen bestürmt und bewegt worden; zuletzt aber hat doch er allein es veranlaßt — er in dem innerlichen Zusammenbruche seines ganzen Empfindens, in dem sieberhaften Drange nach Versöhnung und Vertrauen, in der zitternden Krankhaftigkeit seiner Erregung und seines Jammers, die aber doch eben aus dem Mittelpunkte seiner Empfindungswelt herstammten; er allein hat es veranlaßt, daß seine siegreichen Truppen vor den Barrikadenkämpfern weichen mußten. Er zieht sie zurück; über die militärische Tragweite des Befehls mag er sich nicht ganz klar gewesen sein, und an Mißverständnissen mag es nicht überall gefehlt haben: das aber ist außer Zweifel, daß nur auf ihn allein die furchtbare Selbstdemütigung der Monarchie zurückgeht. Seine Offiziere waren empört und erschüttert: Noons Briefe aus dem nahen Potsdam spiegeln das ergreifend wieder. Friedrich Wilhelm aber bleibt auf der nun eingeschlage=

nen Bahn: er gibt sich seinem Volke anheim, dessen Schutz soll
ihm genügen; er wirft sich der deutschen Bewegung mit jähem
Entschlusse in die Arme — er hat sich in allem verrechnet. Durch
die Macht allein konnte er seinem Volke das Verfassungsleben
schaffen und regeln, das zu gewähren er sich nun endlich entschieden
hatte: durch die Macht allein konnte er Deutschland lenken — und
die Macht hatte er am 19. März selber von sich geworfen, um sie
dann noch lange am Boden hinschleifen zu lassen; er war durch
eigenen Entschluß ein besiegter Mann, und als Besiegten behan-
delte ihn die Welt. Die seelische Notwendigkeit seiner Haltung
kann man überall begreifen. Auch das begreift man, daß er, wie
er war, in der nationalen Frage damals nichts wirken konnte,
nicht nur weil er verspottet wurde und man ihn nicht haben wollte,
sondern weil überdies seine innerste Welt von der der Frankfurter
durch eine unüberbrückbare Kluft geschieden blieb. Denn so oft
er ihnen näher zu kommen schien, im Grunde blieben sie ihm doch
gottlose Empörer gegen eine geheiligte Ordnung, in welche Men-
schenhand nicht hineingreifen darf, und seine Wünsche blieben allezeit auf das alte Reich und dessen mittelalterliche Hierarchie gerichtet, der er sich und seinen modernen Staat gar zu gern eingefügt hätte.

Was der König, seitdem er das von seinen Truppen erst völlig
geräumte, dann nur ganz spärlich und ungenügend wiederbesetzte
Berlin im Mai dauernd verlassen hatte, den preußischen Verhältnissen gegenüber empfunden und erstrebt hat, darüber wage ich
noch kein festes Urteil. Er hatte sich der Berliner Revolution gefügt und ließ sie zunächst gehen; er wollte, scheint es, sein Wort
halten und behielt liberale Minister, denen er freien Raum gab;
er meinte wohl auch, die Bewegung sich in ihren Übertreibungen
erschöpfen zu lassen; die Hauptursache seines Zusehens und Ab-
wartens wird aber doch wohl nicht in bewußten Plänen, sondern
in seiner eigensten Anlage gelegen haben. Die zwang ihn zur
Tatlosigkeit. Er gab seinen monarchischen Anspruch im Tiefsten
seiner Seele nicht auf, er mochte auch rechnen, daß die Zeit kommen würde, ihn wieder hervorzukehren: vor allem aber war er
nicht der Mann, diese Zeit kraftvoll selber herbeizuzwingen. Er
gehorchte seiner Natur und ging nur schrittweise, nur insofern er

gar nicht anders konnte und die Lage selber ihn vorwärts trieb, allmählich wieder voran.

Über diese seelischen Vorgänge mag man streiten und wird sie noch besser aufklären können; die Folgen seines Verhaltens aber für die Berliner Zustände liegen uns bereits deutlich, in einer Fülle lebensvoller Zeugnisse, vor Augen und bilden in der Menge der sonderbaren Schauspiele dieses Jahres wohl das sonderbarste. Wir können die Truppen auf ihren Kämpfen vor und am 18. März begleiten, wir spüren den fanatischen Haß, der sich auch der Ruhigen unter den Bürgern gegen das angeblich mit Mordschuld beladene Militär, gegen die verfemten Offiziere bemächtigt hat; wir haben Schilderungen des Straßen= und des Häuserkampfes mit all ihrem Entsetzen und ihrer Grausamkeit. Wir sehen den Prinzen von Preußen, als der König den Rückzugsbefehl erteilt, seinen Degen in hellem Zorn auf den Tisch werfen, weil er ihn nun nicht mehr in Ehren tragen könne. Wir fühlen nach, was die Soldaten und zumal ihre Führer auf diesem schrecklichen Rückzuge empfanden, sie, die Sieger, bedrängt, umtobt, verhöhnt, beschimpft von dem Volke, das sie soeben geschlagen haben; sie dürfen sich nicht weh= ren, denn jede Antwort wäre neuer Kampf, und den hat der König verboten. In den Kasernen stehen die Offiziere, als das Volk auch diese bedroht, in düsterer Verzweiflung: die Verteidigung ist ja ausgeschlossen; dringen die Scharen ein — so lautet der Befehl des Obersten eines dieser furchtbar hart geprüften Regimenter — so werden sich die Offiziere ihnen wehrlos ausliefern und sich hin= schlachten lassen, um für die Soldaten Schonung zu erwirken. Das war die Folge von Friedrich Wilhelms großherziger Kapitulation. Endlich sind die Regimenter entfernt. Die Bürgerwehr wird organisiert; die wüsten Auftritte der ersten Tage, der Leichenzug im königlichen Schlosse, die Gefährdung des Prinzen von Preußen und seines Palais, sind verrauscht. Da bricht eine Zeit der unab= lässigen Unruhe, der steten Unsicherheit über die Hauptstadt herein, eine Zeit, die wir heute mit Mühe noch verstehen, reich an sehr ernsten und reicher noch an seltsam burlesken Zügen; eine Tragi= komödie sondergleichen. Die Bürgerwehr hat die öffentliche Ruhe zu wahren und ist selber durchsetzt von politischen Klubs; die Arbeiter erheben das Haupt, die Stadtobrigkeit müht sich, sie zu beschäftigen, sie bei guter Laune zu halten; Ausstände, Aufläufe, bedenkliche Wirren brechen immer wieder hervor. Dabei eine leidenschaftliche Preßtätigkeit, Anschläge, Aufrufe, Poesien; es ist kein Äußerstes, das da nicht begegnete, kein Wort des Hasses, das man dem Könige selber nicht entgegenwürfe, bis zu der letzten Drohung des fanatischesten der Gedichte: „Verworfner! ha! du, du mußt sterben!" Anderes klingt, wenn es auch bitterernst gemeint ist, vergnüglicher: „O legen Sie sich schlafen, alter Herr," so ruft ein Blatt, der „Publizist", dem alten Konservativen Bülow-Cummerow zu, der damals seine Stimme zur Versöhnung erhoben hatte: „Die Zeit ist aus den Windeln aufgestanden; der Bart des Mannes ist ihr über Nacht gewachsen, und Sie kennen sie nicht mehr . . ." Die bärtig gewordene Zeit sah sich mannigfach umworben; als der Humorist Glaßbrenner sich als Kandidat für das deutsche Parlament meldete, da kam er, laut seinem Manifeste, „nicht im engen, herzerstickenden Frack, sondern in der Bluse der Menschenliebe" und gab sich das Zeugnis: „Ich bin niedrig geboren, nicht wie so viel Hohe niedrig geworden und geblieben." Das waren schöne Worte, die pathetisch und packend sein wollten; bewußte Witze blieben auch nicht aus. Wie oft löst in den Erzählungen der Zeitgenossen, wenn das Volk sich aufgeregt versammelt hat und irgendeine Wildheit droht, ein Berliner Scherz die Spannung in gutmütiges Gelächter auf! Es war ein Durcheinander von sittlicher Entrüstung, von roher Gewaltsamkeit und von Freude am Ulk, von Fanatismus und Harmlosigkeit, das bei all seinen Schrecken und seinen großartigen Ansprüchen zuletzt immer von neuem einen unwiderstehlich kleinstädtischen Eindruck macht. Auch die Bürgerwehr hat offenbar recht viele von den schlechten Witzen, die man auf sie gemacht hat, durch kleinbürgerliche Naivität, Zuchtlosigkeit und Pulverscheu wohl verdient. Was alles mußten die guten Berliner aber auch durcharbeiten und entscheiden! Die Weltpolitik, insbesondere das Mißtrauen gegen Rußland, beschäftigte Presse und Volksmeinung stark; die polnische Frage wurde mit Vorliebe behandelt, hatten doch Mieroslawski und seine mit ihm aus dem Gefängnisse befreiten Genossen die jubelnde preußische Hauptstadt im Triumph durchzogen, ehe sie nach Posen gingen, um dort gegen die Deutschen Krieg zu führen!

Die Verbannung und Rückkehr des Prinzen von Preußen gab zu einer ganzen Flut von Reden Anlaß, und dabei sammelte sich, obwohl die Angriffe weit überwogen, doch schon ein Teil der Landwehr um den Namen ihres früheren Generals. Mit den Provinzen, deren zurückgebliebene Politiker den Berliner Fortschritt noch nicht so recht mitmachen wollten, setzte man sich in offenen Briefen auseinander. Vor allem aber die preußische Nationalversammlung lieferte (vom 22. Mai ab) den hauptstädtischen Massen einen unerschöpflichen Stoff: die Versammlung, erheblich unbedeutender und haltloser als die deutsche zu Frankfurt am Main, von einem Radikalismus geführt, der hier, wo es nicht im allgemeinsten eine neue Welt zu bauen, sondern im Einvernehmen mit einer nahen und alten Monarchie einem festen bestehenden Staate die neue Verfassung zu schaffen galt, sehr viel vager und unberechtigter erscheint als dort. Niemand wird in die Versuchung kommen, diesem Landtage, so wenig man seinen ernsten Führern wie Waldeck und Unruh die Achtung und das Verständnis verweigern darf, den Charakter tragischen Heldentums und ehrwürdiger Größe zuzusprechen. Dafür halfen die lärmenden Scharen vor der Singakademie den Abgeordneten gern mit handgreiflichem gutem Rate nach, der nicht immer jovial blieb. Die lange Reihe der Konflikte im Parlament und auf den Straßen folgte nun, der heillose Unfug des Zeughaussturmes im Juni, die harten Zusammenstöße der Arbeiter mit der Bürgerwehr im Oktober, die verschärften Auseinandersetzungen zwischen Kammer und König, der Wechsel der Ministerien, die allmähliche Sammlung Friedrich Wilhelms zu dem Entschlusse, endlich einzuschreiten. Sobald der König ernstlich zugriff oder den Seinen gestattete, ernstlich zuzugreifen, verschwand der wüste Spuk dieses Terrorismus, der Berlin durchtobt hatte, außerordentlich rasch, und die Stadt selber atmete auf. Preußische Truppen haben dann, als im Frühjahr 1849 nach dem Zusammensturze der Paulskirchenversammlung die radikale Demokratie sich in preußischen Städten, in Dresden, Pfalz und Baden erhob, die Ruhe hergestellt. Die neue Verfassung, die Friedrich Wilhelm am 5. Dezember seinem Königreiche oktroyiert hatte, hat die Grundlage der inneren Weiterentwickelung für Preußen gebildet; sie war demokratisch genug, derart, daß sie nachher reichlich umgearbeitet worden ist; aber vor allem, sie ruhte auf königlichem Machtspruche: seit dem November 1848 stand in Preußen wieder das Königtum aufrecht an der Spitze.

Daß das Alte, der Absolutismus, gefallen war, entsprach der allgemeinen Notwendigkeit; daß dabei die Monarchie und daß Preußens Macht überhaupt so lange ausgesetzt hatte, entsprang dem Charakter des Königs; und alles, was nun noch, vom Winter ab, zwischen ihm und der deutschen Reichsversamm= lung verhandelt und versucht worden ist, hing wieder ganz an Friedrich Wilhelms Eigenart. Es hat infolgedessen in allen Einzelheiten einen Zug des Irrationellen; aber man muß wieder= holen: im großen und ganzen ist doch der Versuch, zwischen der Paulskirche und Berlin das Bündnis zustande zu bringen, aus sehr begreiflichen Gründen, ja, wohl aus Gründen der vollsten Notwendigkeit, gescheitert. Die Versammlung konnte dem Könige nicht geben, was er für sich und alle Monarchien verlangte; sie hätte das höchstens dann über sich gewinnen können, wenn Preußen ihr Steuerruder mit überlegener Hand ergriffen und sie in seine Bahnen hinübergerissen hätte. Der König aber kam aus seiner tiefen Abneigung gegen die Träger der Volkssuveränität auch jetzt nicht heraus; er ließ sich durch seine Berater und das Bruchteilchen preußischen Ehrgeizes, das in ihm war, gelegentlich weit vorschieben: aber innerlich war er nie entschlossen, zu tun, was man von ihm forderte. Es ist eine Selbsttäuschung gewesen, wenn die Männer der Kaiserdeputation gemeint haben, eine plötz= liche Einwirkung geheimer Ratgeber, ein plötzlicher Umschwung des Königs habe ihr Werk vereitelt. Der Versuch, Friedrich Wilhelm IV. die Frankfurter Kaiserkrone zu bieten, war immer innerlich aussichtslos, und daß er gescheitert ist, ist nicht die Folge zufälliger Einflüsterung. Der König hat dann (April 1849 bis November 1850) seinerseits versucht, das Gagernsche Programm vom engeren Bundesstaate neben Österreich für sich aufzu= nehmen und es, als Fürst, mit fürstlichen und preußischen Mitteln durchzuführen. Es war etwas Fremdes, das zu seinem Wesen nicht paßte; er hielt innerlich nicht daran fest, und als sich der Widerstand der Welt dagegen erhob, gab er es kampflos und

ruhmlos zu Olmütz preis. Diese späteren Zeiten der deutschen Be=
wegung und ihres Nachspieles in der „Union" zeigen bereits alle
Elemente derjenigen Lösung der deutschen Frage, die 1866 Wirt=
lichkeit geworden ist: das kleinere Deutschland unter Preußen,
ein Mittelwesen zwischen dem lockeren alten Bunde und dem uni=
tarischen Gesamtstaate der Paulskirche, aber dem zweiten ver=
wandter als dem ersten, die Leitung ganz beim preußischen König=
tum. Noch aber waren alle diese Elemente nicht reif. Das
preußische Königtum war es weder an politischem Willen noch
an militärischer Kraft; und Deutschland hatte 1848 zwar die Keime
alle in sich aufgenommen, aber es fehlte noch viel daran, daß sie
lebensfähig, daß sie allgewaltig geworden wären. Es brauchte
noch innere Durcharbeitung, harte Erfahrungen, eine lange
Steigerung des Bedürfnisses und der Energie. Dann erst haben
die beiden Gewalten, die Nation und Preußen, die 1848 einander
nicht finden konnten, sich gefunden, und auch dann nicht ohne
bitteren Kampf: Kampf zwischen ihnen beiden und Kampf gegen
eine feindliche Welt ging der Erfüllung vorher; sie selber aber
wurde, nach aller Vorbereitung, erst durch das lebendige Wirken
starker Menschen heraufgeführt.

Das alles sind bekannte Dinge; hier hat darauf hingewiesen
werden sollen, weshalb und wie es 1848 zu früh war, und wie die
besten Kräfte des großen Jahres einem Verhängnis erlegen sind,
das in ihnen und über ihnen waltete und das wir resigniert be=
greifen.

Ich habe davon gesprochen, wie man später gegen 1848 un=
gerecht geworden ist, wie man die Fehler jener ersten Kämpfer
hervorgesucht und verurteilt hat. Da mochten freilich unter den
Ernüchterten und Gereiften — wenn ich einen schönen Ausdruck
Theodor Mommsens aus der Römischen Geschichte, bei dem sein
Verfasser vielleicht doch zugleich an eigenes Erlebnis gedacht haben
mag, auf unseren Gegenstand übertragen darf — „indem sie die
Mangelhaftigkeit jener Anfänge belächelten oder beschalten, doch
auch eben die Geistreichsten es sich gestehen, daß die Jugendzeit
der Nation vorüber war, und vielleicht diesen oder jenen doch
wieder im stillen Grunde des Herzens die Sehnsucht beschleichen,
den lieblichen Irrtum der Jugend abermals zu irren."

Wir haben es heute besser; wir wohnen im festen Hause der Macht, und will's Gott, so werden wir sie männlich mehren und gebrauchen. Aber auch wir stehen, nachdem die Zeiten nach 1870 das alte Ideal erfüllt gesehen haben und auf der Höhe sicher einhergeschritten sind, wieder in neuen Wirren. Die Aufgaben und Ideale des heutigen Tages sind ungeklärt wie die von 1848; die soziale Unruhe der Sturmeszeit begreifen wir ganz; die große nationale Frage, die Frage zumal nach dem Geschicke der Deutsch=österreicher, die damals die Menschen erschüttert hat, greift uns mit all ihrer Tragik und ihren Zweifeln, nach langer Abkehr, heute wieder gewaltig, ja unabweisbar an das eigene Herz. Wir hoffen, daß wir über die Fehler der Kindheitsjahre hinaus sein mögen, aber wir können jene Kindheit wieder besser verstehen, als es inzwischen geschah, ihre Probleme wärmer ergreifen, ihr schmerzliches Suchen, ihre sehnsuchtsvolle Begeisterung müheloser nachempfinden. Und es wird auch einem härter gewordenen Ge=schlechte ein Segen und, wenn ich nicht irre, mehr und mehr eine selbstempfundene Wohltat sein, wenn ihm ein Anhauch des großen Idealismus der Vergangenheit in die Nöte und Hoffnungen seiner Gegenwart herüberweht.

Friedrich Christoph Dahlmann

(1899)

ahlmann, der Hiſtoriker und Politiker iſt einer der bezeichnendſten wie der bedeutendſten Vertreter des Erziehungsprozeſſes und der Er= ziehungsarbeit, welche die Deutſchen zwiſchen 1815 und 1850 aus ihrem literariſchen Zeitalter in ihr politiſches hinüberführte, einer der vor= nehmſten Träger der ſich durchringenden, neuen geiſtig=poli= tiſchen Bildung, einer der wirkſamſten Vorkämpfer der Ein= heit während der Zeiten ihrer mühſeligen und ſo oft noch tragiſch=ſchmerzensreichen Vorbereitung, und in ſich ſelber ein Mann von wundervoller Kraft und Reinheit des Weſens, auch perſönlich mehr als wohl irgendein anderer für die edelſten Kräfte der Epoche charakteriſtiſch, die ſein Mannesalter umfaßt hat.

Er iſt aus aller pommerſcher und mecklenburgiſcher Familie 1785 in dem damals noch zu Schweden gehörigen Wismar geboren, hat in Kopenhagen, Halle und wieder Kopenhagen ſtudiert, iſt von 1812—1829 in dem däniſchen Kiel, von da bis 1837 in dem han= növeriſchen Göttingen, und nach einer mehrjährigen amtloſen Pauſe, die er zu Jena verbrachte, von 1842—1860 in dem preußi= ſchen Bonn Profeſſor der Geſchichte geweſen. Sein äußeres Da= ſein war von mancherlei wichtigen öffentlichen Kämpfen erfüllt, ſein inneres ſpiegelt das wichtigſte wieder, was ſeine Generation in ſich erlebte.

Er ging aus vom klaſſiſchen Altertume und war von dem geiſtigen und ſittlichen Gehalte unſeres großen Humanismus durchdrungen; ſeine wiſſenſchaftlich = kritiſche Schulung verdankte er der Lehre oder dem Beiſpiele von Männern wie Fr. A. Wolf und B. G. Niebuhr. Aber zugleich erzog ihn das Jahrzehnt, in dem er zum Jünglinge und dann zum Manne wurde, die Zeit von Napoleons Größe und Sturz, die Nachwirkung der franzöſiſchen Revolution. Er war, als er ſich 1815 zuerſt, und noch mit der ganzen taſtenden Unbeſtimmtheit des Anfangs, politiſch äußerte, doch bereits ein Wortführer des dritten Standes, der ſeit der Revolution überall in Europa ſeinen Teil am Staatsleben, an der Verfaſſung forderte; und an dieſem Erbe der Revolution und der ſpäteren Aufklärung hat er immer feſtgehalten. Aber nicht im bloßen, formaliſtiſchen Sinne der Aufklärung; ſeine Bildung war von vornherein zugleich durch den Gegenschlag gegen die Aufklärung, durch die historische Weltanschauung des 19. Jahrhunderts beeinflußt worden. Er hat von 1815 ab stets die Anknüpfung alles Neuen an die Vergangenheit, die Anerkennung der tatsächlichen, historischen Gewalten, die organische Weiterbildung gepredigt. Die Äußerlichkeit und den Radikalismus des Vernunftrechts überwand er so durch historische Mäßigung, und in den Jahren unserer innerlichen Wiedergeburt, nach 1806, erlebte auch er sich das Gefühl des Vaterlandes und der Nationalität, das die Leuchte des neuen Jahrhunderts und seiner eigenen Zukunft bleiben sollte. Mit seinem Freunde Heinrich von Kleist, dem Dichter, zusammen ist Dahlmann 1809 in den österreichisch-französischen Krieg hineingewandert, voll unbestimmter Hoffnungen auf eine allgemeindeutsche Erhebung. Er sah dann die französische Zwingherrschaft zusammenbrechen; und seine eigene, engere Lebensstellung brachte ihn alsbald, in Kiel, in Konflikt mit der dänischen Obergewalt über die deutschen Nordmarken. Dahlmann glaubte gern an einen schwedischen Ursprung seiner Familie und war in den Grenzstrichen deutscher und skandinavischer Herrschaft, zum Teil in Dänemark selber, groß geworden: aber er empfand jetzt, daß er ganz Deutscher war. Als Lehrer der Geschichte und als Sekretär der schleswig-holsteinischen Ritterschaft wurde er auf die Verteidigung des historischen und nationalen Rechtes der beiden Elbherzogtümer gegen die Eingriffe Dänemarks hingewiesen; gleichzeitig verfocht er mit wachsender Klarheit jene Gedanken des modernen, freiheitlichen aber gemäßigten Verfassungslebens. Er hat in dem kleinen Kiel ausgehalten, so lange der Prozeß gegen die dänische Regierung, den er beim Bundestage führte, irgendwelche Aussichten hatte; dann erst folgte er einem Rufe nach Göttingen. Aber auch hier nahm ihn der politische Streit alsbald in Anspruch. Er wahrte die Rechte der Ordnung und des Staates mit Schroffheit gegen die Revolte der Göttinger Studenten, arbeitete dann andererseits mit voller Kraft an der Gestaltung des hannöverschen Staats-Grundgesetzes, den Anfängen konstitutionellen Wesens mit. Die willkürliche Aufhebung der Verfassung durch König Ernst August (1837) rief ihn als den wohl leitenden unter den berühmten „Göttinger Sieben" zum Widerstande gegen den Eidbruch auf, zu jenem mutigen Protest, der, aus sittlicher Wurzel entsprossen, für die politische Empfindung des deutschen Mittelstandes und für die Stellung der Nation zu ihren Professoren, weit über die Enge des Göttinger Schauplatzes und des besonderen Anlasses hinweg, so überaus folgenreich geworden ist. Dieser Periode gehört Dahlmanns eine literarische Hauptleistung an, die „Politik", deren erster und einziger Band 1835 erschien. Ihre Tendenz bezeichnet der Titel: die Politik, auf den Grund und das Maß der gegebenen Zustände zurückgeführt. Es ist eine Vereinigung der Anschauungen der historischen Schule, der Errungenschaften der Romantik, mit den Forderungen der lebendigen Gegenwart; eine Staatslehre, die monarchisch-konstitutionell ist, sich das Mögliche und das Sittliche zum Ziele setzen, nicht abstrakt, sondern historisch und praktisch sein will. In all diesen Beziehungen hat sie, nach den Ausschreitungen des Radikalismus und der Restauration, auf das heilsamste erzieherisch gewirkt; Dahlmanns Lehre wurde der beste Ausdruck und die beste Förderung für die Bestrebungen des Bürgertumes. Die prägte er jetzt, sozial wie besonders politisch, in reinen, liberalen Formen aus. Er richtete den Blick mit Vorliebe auf englische Muster und half so die französischen Übertreibungen überwinden. Allerdings, auch das englische Staatsleben hat er idealisiert und es dogmatisch auf Deutschland übertragen zu können gemeint; an diesem Gegner des bloßen Formalismus mag dem Heutigen noch vieles formalistisch-doktrinär und unpraktisch genug erscheinen; einen gewaltigen Fortschritt in der Richtung auf eine mögliche, deutsche Form des werdenden konstitutionellen Lebens hat Dahlmanns Politik dennoch bedeutet. Er ging in der Richtung des Lebendigen und Zukünftigen. Und dabei wirkte vor allem seine eigenste Persönlichkeit. Das Beherrschende ist an ihr eine gesammelte, männliche, sittliche Wucht. Er hatte Freude an der schönen Erscheinung und trug selber ein Stück vom Künstler in sich. Aber all seine Eigenschaften, wissenschaftliche wie künstlerische, traten nur in den Dienst seiner starken sittlichen Kraft. Er war nordisch, ernsthaft, schweigsam, als Schriftsteller nicht eben fruchtbar, als Redner knapp und streng, als Mensch zurückhaltend und

ganz in sich geschlossen. Wenn er im eigenen Hause still inmitten
der Freunde saß, so belebten doch seine seelenvollen tiefen Augen
alles rings um ihn her. Er rang sich jeden Gedanken, jeden Satz
in harter Arbeit ab; aber was er sprach oder schrieb, war dann
auch von monumentaler Macht der Form und ganz durchtränkt
von einer festen Persönlichkeit sonder Menschenfurcht, von einem
starken und ehrfurchterzwingenden inneren Leben. So erscheint
er, in seinen schönen, wahrhaftigen Briefen, in seinem Verkehr
mit den beiden Grimm und mit Gervinus; so in seiner äußeren
Gestalt: fest und ernst auch da, mit dem „Römerkopfe aus der
Zeit der alten Republik", die Lippen zusammengepreßt, die
Furchen tief eingegraben, die Haare widerspenstig gesträubt, die
Augen leuchtend, eindringlich, — nichts Gefälliges, alles Mann=
haftigkeit und Tiefe. Auf die Jugend wirkte dieser vollendet aus=
geprägte Charakter mit hinreißender Macht. Für die Generation,
der er angehörte, war es ein Segen und ein neidenswerter Ruhm,
daß dieser ihr Führer — und nicht er allein — noch so ganz er=
füllt war von dem strengen Idealismus der alten einfachen Tage,
aus denen Deutschland soeben in weitere Bahnen hinausdrängte.
Eine Nachwirkung dieser ethischen Kraft Dahlmanns und der
Seinen möchte man auch dem Werke wünschen, das aus ihrer und
ihrer politischen Gegner Arbeit dann schließlich erwachsen ist, dem
nationalen deutschen Staate.

Die freilich nicht sorgenfreien aber beschäftigungslosen
Jahre, die für Dahlmann nach der gewaltsamen Austreibung
aus seiner Professur und aus Göttingen folgten, haben ihm
wenigstens den Anlaß gegeben, nach mancherlei Vorarbeit
sein bedeutendstes historisches Werk, die Geschichte Dänemarks
bis zur Reformation (1840—43) zu schreiben, ein hervor=
ragendes Buch, dem es dennoch, seinem Gegenstande gemäß,
versagt geblieben ist, stärker auf die Zeitgenossen und die Fach=
genossen einzuwirken. Er faßte das Leben Dänemarks nebst Nor=
wegen und Island in großer Schilderung zusammen. Dahlmann
fühlt sich in diesem nordischen Gegenstande wohl, er entwirft nach
kritischer Forschung ein von schöpferischer verständnisvoller Phan=
tasie getragenes Gemälde. Die Staatsgeschichte bildet den Kern,
aber sie wird nicht isoliert; Dahlmann geht überall von Gesellschaft

und Kultur aus, er steht hier im Zusammenhange der allseitigen geschichtlichen Auffassung, wie sie seine Lehrer, die klassischen, und seine Freunde, die germanistischen Philologen und Historiker besaßen. Seine Darstellung ist auch hier wuchtig und persönlich. Seine Bedeutung für die Geschichtschreibung ruht indes nicht auf diesem Hauptwerke, sondern auf den weit einseitigeren zwei kleineren Büchern der 40er Jahre über die englische und die französische Revolution, die er, auf Grund der Vorlesungen, bereits aus Bonn ausgehen ließ (1844—1845). Sie sind von der leidenschaftlich steigenden politischen Stimmung dieser Zeit hervorgetrieben worden: „Sturmvögel der Revolution", die sich vorbereitete. Sie fassen die großen Bewegungen, die sie erzählen wollen, einseitig verfassungspolitisch auf, legen an alles das Maß des korrekten Konstitutionalismus; hier will die Geschichtschreibung unmittelbar politisch lehren: Verfassung oder Revolution! Diese beiden Bücher bilden die Ergänzung zu seiner „Politik": dort konstitutionelle Staatslehre, begründet auf den geschichtlichen Stoff, hier die Geschichtsdarstellung nach den Gesichtspunkten jener seiner staatlichen Doktrin. Das tagespolitische Interesse überwiegt jetzt; die Rücksicht auf die sozialen Zustände ist zurückgetreten, die Fragen der Verfassungsform, des staatsmännischen Handelns, die seine Gegenwart erfüllten, beschäftigen Dahlmann auch als Historiker ganz. Diese Bücher sind die Vorläufer der „politischen Geschichtschreibung" im engen Sinne. Gewirkt haben sie also auf die deutsche Historiographie stärker als die dänische Geschichte, und auf die deutsche Lesewelt erst recht: sie machten Dahlmann auch als Schriftsteller populär; wissenschaftlich schwach, sind sie innerhalb der Zeit- und Geistesgeschichte Deutschlands unvergeßlich. Sie machen und bedeuten selber Geschichte.

Und schon kam die deutsche Revolution heran, die Dahlmann auch als Handelnden, ganz unmittelbar, auf die Höhe seiner Wirkungen heben sollte. Er bereitete die nationalen Forderungen: Einheit und Verfassung, auf den Germanistentagen vor 1848 vor; er wurde im Beginne der Revolution selber in den Ausschuß der 17 berufen, der die deutsche Verfassung entwerfen sollte. Ihr Entwurf ist wesentlich sein Werk; es geht aus auf den konstitutionellen Einheitsstaat, unter dem die Einzelstaaten, stark geschwächt,

fortdauern sollten. Der Prinz von Preußen stimmte ihm damals
zu, Friedrich Wilhelm IV. nicht. In der Nationalversammlung
der Frankfurter Paulskirche hat Dahlmann den gleichen Idealen
zu dienen fortgefahren. Die Arbeit dieser großen Versammlung,
die dem deutschen Staate die Formen vorsann und die Einheits=
idee der Nation ins Blut trieb, die den Bruch mit Österreich
widerstrebend beschloß, und selber versuchte, den neuen Bau mit
Preußens Hilfe bereits zu errichten, sie hat keinen höheren Ver=
treter als Dahlmann. Auch die Mängel der Zeit besaß er, unleug=
bar ein Stück Doktrinarismus, das dem in der Theorie, auf dem
Katheder, in gebundenen Verhältnissen Altgewordenen natürlich
anhaftete; aber sehr mit Unrecht hat man die „Professoren=Politik"
für das Scheitern der 48er Ideale verantwortlich gemacht. Es
war im wesentlichen nicht die Schuld dieser Politiker, daß sie die
Macht nicht hatten und daß Parlament und Regierungen sich noch
nicht zu finden vermochten, daß die deutschen Verhältnisse noch
nicht reif waren und überdies Friedrich Wilhelm IV. auf dem
preußischen Throne saß. Es war ein tragisches Verhängnis, das
auch die Klügsten, Besten und Staatsmännischsten unter den Ab=
geordneten nicht zu wenden vermochten. Diese Machtlosigkeit hat
auch Dahlmann gelegentlich zu Handlungen gedrängt, die seine
und des Parlaments Unfähigkeit, selber etwas zu erzwingen,
schmerzlich an den Tag brachten; aber daß er dabei unrecht gehabt
hätte, kann die ruhige Betrachtung nicht sagen. Er tat sein Bestes,
so wie er es konnte und mußte; die Erfüllung kam noch nicht
herbei. Was er aber damals, mit seinen Genossen vom Zentrum
und von der Kaiserpartei zusammen, geleistet hat, ist unverloren
und unvergänglich geblieben. Es war von Einseitigkeit, von
Übertreibungen des souveränen Unitarismus und des englisch emp=
fundenen Parlamentarismus nicht frei, es wurde den Wirklich=
keiten des deutschen, zumal des preußischen Lebens, trotz allen
Kleindeutschtumes, noch keineswegs gerecht, aber es war im
großen weise und unendlich viel politischer und klüger,
als die billige realistische Afterweisheit Späterer, die es
leicht hatte abzuurteilen, so oft hat anerkennen wollen. Dahl=
mann war unter den Großen der Paulskirche einer der Maß=
vollsten; in monumentaler Mächtigkeit traten die Gegensätze des

deutschen Empfindens und Denkens, die Temperamente von Nord und Süd, die Grundsätze der Demokratie und des Konstitutionalismus einander gegenüber, als der Schwabe L. Uhland und der Mecklenburger Dahlmann über das Erbkaisertum stritten, jeder von erhabener Höhe der Persönlichkeit und ihres Ausdrucks. Dann wurde Dahlmann auch zum Mitträger der Tragik des Scheiterns: er gehörte zur Kaiserdeputation, und man wird ihn nicht tadeln dürfen, wenn er den Zusammenbruch, den ihm und den Seinen die Zurückweisung der Kaiserkrone durch Friedrich Wilhelm IV. bedeutete, nicht ruhig begriff, sondern hier bitter klagte und verurteilte. Er hat noch eine Weile lang im preußischen Landtage weitergestritten, hat sich dann, tieftraurig und doch niemals ganz hoffnungslos, nach Bonn auf seine Lehrertätigkeit zurückgezogen. Er hat noch das Ende der Reaktion gesehen und nach seiner Art, im Sinne der kleindeutschen Historiker dieser Tage, noch in seinen letzten Lebenswochen in einer Vorlesung über Friedrich den Großen die Gegenwart aus der Geschichte zu unterweisen gestrebt: aus ihr riß ihn der Tod hinweg. Zwischen dem alten literarischen Deutschland, dem er noch entstammte, und dem Deutschland des preußischen Realisten Bismarck steht er in der Mitte; das neue ist ohne die Vorarbeit, die er verkörpert, undenkbar; aber auch in sich selber sind er und seine Genossen eine Erscheinung von eigenem, historischem und menschlichem Rechte. Sie waren auch nur ein Teil der entscheidenden Kräfte ihres Zeitalters; ihr Ideal ist nicht rein verwirklicht worden, aber es hat seine Stelle in allem Nachfolgenden erhalten, und ihre eigene Stelle bleibt ihnen unverkümmert. Einer ferneren Nachwelt wird Dahlmann sicherlich immer — vielleicht mehr als unserer Gegenwart — zu den großen Gestalten seines Jahrhunderts und der deutschen Geschichte zählen.

Heinrich von Sybel

Ein Nachruf 1895

In dieser Zeitschrift hat Heinrich von Sybel vor kurzem noch die letzte Fehde seines kampfreichen Lebens, seinen Streit über den Ausbruch des Krieges von 1870, vor weiterer Öffentlichkeit durchgefochten; eine Fehde, die zugleich wissenschaftlich und politisch war. Er ist sich damit treu geblieben bis an das Ende; seine Gestalt gehört der Geschichte des deutschen Geistes im breitesten Sinne und zumal des deutschen Staates fast ebenso sehr an wie der Geschichte seiner engeren Wissenschaft. Der Historiker und der Politiker durchdrangen sich in ihm ganz, und sie waren beide am besten Leben seiner Zeit genährt, — der großen Zeit von 1840 bis 1880. Die Züge der Generation deutscher Historiker, in deren Mitte er stand, sind schon an anderen seines Kreises nachgewiesen worden; in Sybel aber sind sie besonders scharf ausgeprägt. Man kann wohl sagen, daß, alles in allem genommen, er der sichtbarste Führer und Vertreter dieses glänzenden Kreises war.

Wir dürfen hoffen, daß uns sein Leben einmal genauer erzählt werden wird: es hat bedeutende Beziehungen genug besessen, charakteristische Einflüsse genug empfangen und wiedergespiegelt, und es hat Wirkungen genug geübt, um solche Arbeit reich zu belohnen.

Er war Rheinländer, aus der Generation der rheinischen Liberalen, die unter Hansemann und Ludolf Camphausen gelernt hatte und deren jüngere Mitglieder sich in den vierziger Jahren selbstbewußt regten; einer der Letztüberlebenden und Besten von ihnen, Mevissen, ist Sybel immer freundschaftlich verbunden gewesen. Die Mehrzahl ihrer leitenden Männer bestand aus Kaufleuten und Industriellen; Sybel war der Sohn eines freigesinnten, aber eifrig preußischen Beamten, der Abkömmling westfälisch-preußischer Pastoren. Die Strömungen der Zeit trafen in seiner früheren Entwickelung sicherlich scharf auf einander: der französisch beeinflußte Liberalismus und das landschaftliche Selbstgefühl der Rheinlande, halb liberal, halb katholisch, immer aber oppositionell gefärbt; und im Kampfe damit der staatliche und protestantische Geist des Preußentumes, das diese Lande seit 1815 innerlich zu erobern trachtete. In dieser bedeutsamen Schule, zu-

gleich unter den hellen Eindrücken der Kunststadt Düsseldorf, die
er oft gerühmt hat, wuchs er auf, in einem Elternhause voller
Leben und Anregung; in Berlin erhielt er dann von Savigny und
mehr noch von Leopold Ranke, dem großen Konservativen, den
bestimmenden wissenschaftlichen Anstoß. Es waren die Jahre um
1840 herum, in denen er — 1817 geboren — seine ersten und gleich
für die Zukunft entscheidenden, selbständigen Schritte tat: die
Jahre steigender politischer Leidenschaft und der ersten stärkeren
Regungen eines neuen Realismus, der das deutsche Wesen zu=
kunftsvoll, aber langsam überzog. Sicher, daß Sybels eigenste
Natur gerade diesen Einflüssen bereitwillig und selbsttätig ent=
gegenkam. Reizvoll müßte es sein, die Bildung dieser Persönlich=
keit in ihren einzelnen Phasen verfolgen zu können. Dem ferner
Stehenden stellt sich wenigstens das Ergebnis deutlich dar. Sybel
wird, nach einigen Bonner Lehrjahren, 1845 Professor in Mar=
burg; in dem Jahrzehnt, das er in Kurhessen verbrachte, erscheint
er bereits als der fertige Mann. Er hat vor 1848 mit siegreicher
Schärfe über den Trierer Rock, mit Sicherheit und Reise über das
Parteiwesen der Rheinprovinz geschrieben, die deutsche Revo=
lution — als Mitglied der hessischen Stände zuerst, dann freilich
auch als Mitglied und Redner des Erfurter Parlaments — in
lebhafter Teilnahme und ausgesprochener politischer Gesinnung,
indessen im ganzen doch mehr als Beobachter miterlebt; in die
volle Öffentlichkeit führte ihn erst die Reaktion hinaus. Nirgends
hätte er sie ärger sehen können als in seinem Kurfürstentum: er
hat in Marburg und Kassel unverlierbare Eindrücke gesammelt.
Aber sein Kampf war jetzt der allgemein deutsche, gegen die
staatliche und geistige Restauration hier, gegen die radikale Demo=
kratie dort, gegen den Partikularismus sowohl wie gegen das
Großdeutschtum. Er hat diesen Kampf mit schneidigen publizisti=
schen Waffen geführt, am wirksamsten und bedeutsamsten aber
doch in seiner großen Geschichte der französischen Revolution, die
seit 1853 erschien, ganz gewiß einem der wichtigen Bücher in der
mühseligen politischen Erziehung des deutschen Geistes. Sybel
ging bei seiner Arbeit ursprünglich nicht von der historischen Tat=
sache der Revolution, sondern von dem Einflusse aus, den die
herrschende Verherrlichung der „Ideen von 1789" — und auch

derer von 1793 — auf feine Gegenwart, und gerade auf das deutfche Leben feiner Zeit, noch übte. Die eigentliche Seele feiner Darftellung ift die politifche Kritik, die er, ein dankbarer Lefer und Schüler Edmund Burkes, an der Revolution vornimmt, die Ent= hüllung ihres Doktrinarismus und feiner innerlichen Unmöglich= keiten, die Befreiung des deutfchen Staatslebens von dem Alb des franzöfifchen Mufters, deffen tiefe innere Schäden er mit fchneidender Überlegenheit aufdeckt. Gerade der Rheinländer Sybel, aber auch der preußifche Liberale überhaupt redet, indem er jenen Götzen zertrümmert, mahnend zu feinen Lands= und Parteigenoffen. Er predigt der Vernichtung des Staates gegen= über, wie fie die Anfänge der franzöfifchen Revolution erfüllt, den ftarken und lebendigen Staat als praktifche Notwendigkeit und fittliche Kraft; der Vernichtung der Freiheit gegenüber, wie fie der franzöfifche Gleichheitsfanatismus fchließlich zur Folge hat, die Selbftverwaltung und die reinigende und weiterbildende Er= haltung deutfcher Eigenart; dem Despotismus und der Reaktion gegenüber das Recht des Mittelftandes und der liberalen Idee. Er predigt überall auf das eindringlichfte die Zucht, die Ruhe, das Maß — kurz: überall die Gedanken eines pofitiven mittleren Liberalismus, der zwifchen Revolution und Reaktion feine eigenen Wege fucht, der für das ftaatlofe Volk feiner Deutfchen als die höchfte Segnung den nationalen Staat erfehnt und der deshalb feinem Volke den Blick fchärfen will für das Reale und das Mög= liche. Man wird in der Tat fagen dürfen, daß diefe politifchen Lehren des Sybelfchen Buches — eine klare und nüchternere Wei= terführung der verwandten Arbeit Dahlmanns — für die Bildung unferes politifchen Sinnes genau fo unverloren geblieben find, wie unfere allgemeine Auffaffung der Revolution. In diefer, der hiftorifchen, Hinficht ift feine Wirkung fo durchfchlagend gewefen, daß feine Urteile uns längft beinahe felbftver= ftändlich erfcheinen; die politifche Wirkung näher zu be= ftimmen, müßte eine feine und lockende Aufgabe fein. Ge= wiß ift, daß Sybel jetzt im öffentlichen deutfchen Leben feine fefte Stelle gewann: als einer der erften jener proteftantifch und preußifch, national und gemäßigt liberal gefinnten Ge= fchichtfchreiber, die unter den bedeutenden Vorkämpfern für die

Einigung Deutſchlands, für das Werk von 1866 und 1870, ſo ſicht=
bar hervorragen. Er ſchrieb 1856 dieſer Gruppe der Politiker und
Hiſtoriker, der Duncker, Häußer, Droyſen, Mommſen, das Pro=
gramm, er wurde in München, wohin ihn König Max II. im ſelben
Jahre rief, ihr kämpfender Vertreter, der gehaßte Gegner Öſter=
reichs und der Klerikalen. Er ſuchte, als er 1861 von dort ver=
drängt wurde und nach Preußen, nach Bonn, zurückgekehrt war,
während der wirren Zeiten, die nun folgten, in erbittertem Wider=
ſtande gegen das Miniſterium Bismarck die Sache zu fördern, die
zum Siege zu führen Bismarck allein imſtande war. Die Mäßi=
gung, die er ſelber gefordert hatte, iſt in jenen Tagen des Kon=
fliktes freilich auch Sybel abhanden gekommen. Nach ein paar
Jahren zog er ſich unſicher und verſtimmt zurück; als der Krieg
gegen Öſterreich losbrechen wollte, rückte er, noch widerſtrebend,
an die Seite des Miniſters; und der Sieg entſchied auch über
Sybels Zukunft vollkommen. Er wurde nationalliberaler Abge=
ordneter und bald ein unbedingter Verehrer Bismarcks; er trat
dem Bundeskanzler perſönlich näher und zuletzt nahe.

Ein Lebensgang, wie man ſieht, von beinahe typiſcher Bedeu=
tung für die Epoche, die Partei= und Bildungskreiſe, denen Sybel
entſproß, für das politiſche deutſche Bürger= und Gelehrtentum,
das an der Gründung des Reiches ringend und opfernd, harrend,
irrend und glücklich findend mitgeholfen hat. Und eine Perſön=
lichkeit ebenfalls, die nicht eben in die Höhe des Außerordentlichen
hinaufragt, aber ſicherlich reich begabt, ſtattlich, vielen ein Wahr=
zeichen. Es war in Sybel die bewegliche, elaſtiſche und doch tem=
peramentvolle rheiniſche Art. Er war nicht ohne Leidenſchaft:
manchmal iſt ſie lebhaft hervorgebrochen; aber im ganzen er=
ſchien er eher kühl. Seine Weltanſchauung, ein idealiſtiſch und
religiös gebildeter Optimismus, tritt erkennbar, aber nicht heftig
und niemals dogmatiſch an den Tag. Das Pathos und der ſtra=
fende Ernſt klingen wohl in ihm an, allein er zieht die dialektiſche
Beweisführung, die beißende Ironie vor. Er ſtürzt ſich gern in
den literariſchen Kampf, und im Handgemenge kommt es ihm auf
einen Hieb mehr nicht an. Zuletzt gewinnt man doch den Eindruck
einer Natur, die, bei feſtem Willen und feſtem Ziele, ſich ſelber
und die Dinge mit kritiſcher Klarheit, gelegentlich mit einem Zuge

von Skepsis, bewußt und überlegen beherrscht. So schien er manchem unter seinen Freunden zum handelnden Staatsmanne geeignet; der alte Ranke, hören wir, hat es ihm hoch angerechnet, daß er die Historie nicht gegen einen Ministersessel vertauscht habe. Sybel war offenbar unter den politischen Gelehrten seiner Kreise der staatsmännischeste Kopf; ob er wirklich der Praxis gewachsen gewesen wäre, wird man, nach seiner parlamentarischen Tätigkeit, dennoch bezweifeln dürfen. Er blieb auf seinem, dem literarischen Boden. Er sah 1870 den Triumph seiner Sache, in den Tiefen seines Wesens ergriffen: auch er, der Gehaltene und Kühle, in den Augenblicken des Sieges mit quellenden Tränen. „Und wie wird man nachher leben? woher soll man in meinen Lebensjahren noch einen neuen Inhalt für das weitere Leben nehmen?" Der Inhalt ist ihm nachher doch zugeströmt; ihm blieb es erspart, was manchen seiner Altersgenossen getroffen hat, untätig oder gar trauernd auf den Fortgang des Werkes schauen zu müssen, dem die Arbeit ihrer Jugend und ihrer Manneskraft gehört hatte. Er blieb noch ein Jahrzehnt lang auf der politischen Bühne. Die Leidenschaft des Kulturkampfes riß den alten Feind des Ultramontanismus noch einmal in das dichteste Gewühl des Kampfes hinein. Als die liberale Ära zu Ende ging, zog Sybel sich (1880) aus den Parlamenten zurück: aber auch jetzt ohne Bitterkeit und Mißtrauen. Den Sieg der Persönlichkeit Bismarcks über den Liberalismus nahm er mit Ruhe, wenn nicht mit Zustimmung auf. Zu den sozialen Aufgaben, die seit 1871 immer gebieterischer hereinbrachen und allgemach die alten Interessen in den Schatten drängten, hatte er versucht, sich seine Stellung zu schaffen: 1872 setzte er sich in einer Reihe von Vorträgen mit dem Sozialismus und der Stellung des Staates zu den wirtschaftlichen Fragen auseinander. Er blieb dabei seiner Art getreu: er sprach im Gegensatze zu vielen seiner Parteigenossen dem Staate das Recht und die Pflicht zu, eine positive Sozialpolitik zu treiben. Mit dem unbedingten Individualismus brach er auch hier, die Doktrin sollte ihn nicht fesseln, sein Staat sollte auch hier Leben und Selbständigkeit haben. Aber freilich blieb er dabei liberal auch im Wirtschaftlichen und man merkt es leicht, daß er die Tiefe der neuen Bewegungen nicht nachempfand: nur widerstrebend ließ er sich auf sie ein, sein Herz blieb

ihnen fremd. Innerhalb der Vorgeschichte der neuen Sozial=
politik wird man indessen auch diese Reden des im Rheinlande viel
gehörten Mannes nicht ganz übersehen dürfen.

Wenn er seitdem an manchen Zügen der deutschen Entwicke=
lung keine Freude gehabt haben sollte, so hat er sein Mißfallen
wenigstens nicht öffentlich geäußert. Er hat nicht verhehlt, daß
er ein Feind des allgemeinen Stimmrechtes war; er hatte im
übrigen wohl die Gabe, unangenehme Dinge nicht schärfer zu
fühlen, als er wollte, — vor allem aber hatte er den offenen Blick
für das Große und Lebendige behalten, und er hielt sich, wenn ich
nicht irre, trotz einiger Abweichung, an seinen Bismarck. Seine
eigene Arbeit aber wandte er neuen Dingen zu. Er war viele
Jahre hindurch einer der einflußreichsten akademischen Lehrer ge=
wesen, hatte eine Reihe begabter und getreuer Schüler erzogen, die
seine Art weitertrugen, hatte daneben in München und Bonn stets
Hunderte von Hörern um sich geschart und sicherlich auf sehr viele
wichtig eingewirkt. Das gab er 1875 auf: er trat an die Spitze
der preußischen Archivverwaltung. Von da ab hat er zwei reiche
Jahrzehnte lang bedeutsam in die Organisation unserer historischen
Arbeit eingegriffen, als Archivdirektor, als Mitglied der Berliner
Akademie und der Münchener historischen Kommission, als Be=
gründer des preußischen historischen Institutes in Rom. Überall
hat er große Veröffentlichungen veranlaßt oder mitgeleitet; in=
zwischen stand die 1858 von ihm geschaffene und bis an sein Ende
gepflegte Historische Zeitschrift, wenngleich mit wechselnder Vor=
trefflichkeit, immer im Mittelpunkt der geschichtlichen Studien.
Diese wissenschaftliche Seite seiner Tätigkeit lag ihm wohl näher
am Herzen als die administrative, doch wird von kundigen Beur=
teilern versichert, daß auch seine Verwaltungsarbeit keineswegs
unfruchtbar geblieben sei. Unsere Wissenschaft hat ihm vieles zu
danken gehabt; er selber hat sich in der Machtstellung wohl ge=
fühlt, die ihm vergönnte, etwas zu schaffen und etwas zu bedeuten.
Ein stiller Gelehrter war er einmal nicht; im Mittelpunkte der
Fachgenossen über Deutschland hin einflußreich und geschickt zu
walten, in manchem Sinne ihr erster Mann zu sein, über die
Jugend zu verfügen, wohl auch die Huldigungen hinzunehmen:
das war seine Freude. Auch wer ihm nicht eigentlich nahestand,

hat da wohl den Meister in seinem Zimmer in der Hohenzollern=
straße aufgesucht, und keiner wird das Bild vergessen: die hohe
Gestalt mit dem großen Kopfe, das ausrasierte Gesicht vom weißen
Barte kranzartig umgeben, die gealterten Züge bis zuletzt außer=
ordentlich fein und klug, voll imponierender Freundlichkeit und
mit einem Zuge von heiterer Ironie, die nicht verletzte. Wie an=
mutig und lebendig wußte er zu erzählen! Es war in allem ein
großer Herr, der da empfing, ein Mann von stattlicher Vergangen=
heit, beherrschender Bildung und starkem, zwanglosem Selbstbe=
wußtsein, von früh auf gewöhnt, auf den Höhen des Geistes und
des Lebens sicher dahinzuschreiten; zudem der hohe Beamte, dem
die „Exzellenz" natürlich genug zu Gesichte stand; eine ungesuchte
Würde, unstreitig ein Hauch von großem Stil. Und während er
so, scheinbar in halber Muße, repräsentierte und leitete, plante und
arbeitete er nicht nur an einer großen „Deutschen Geschichte", er
stand überdies in jahrelangem stillem Verkehr mit dem Fürsten
Bismarck — was gäbe man darum, diese Gespräche zu kennen! —
und 1889 erschienen die ersten Bände seines zweiten Lebenswerkes,
der „Begründung des Reichs". Er durfte sein Dasein abschließen
mit der Erzählung des Großen, das zu erleben und fördern zu
helfen der beste Inhalt dieses Daseins gewesen war. Er hat daran
geschrieben bis zuletzt: wer an Heinrich von Sybel denkt, der denkt
heutzutage vornehmlich an dieses Buch.

Die wesentlichen Züge des Geschichtschreibers Sybel sind in
dem raschen Abriß seines persönlichen und politischen Lebens be=
reits zutage getreten. Am wenigsten die des Gelehrten im engeren
Sinne; und doch war Sybel auch dies. Er ist bis in die germa=
nische Urzeit hinaufgestiegen und hat die Ursprünge des deutschen
Königtumes in einer viel umstrittenen Schrift scharfsinnig und
geistreich untersucht. Sybels Geschichte des ersten Kreuzzuges ist
ein bewundertes und weitwirkendes Muster einer schneidigen Kri=
tik der Überlieferung geworden; die erste Handwerksarbeit des
Historikers, die eingehende kritische Prüfung der Quellen, übte er,
im Sinne Rankes, mit Meisterschaft und mit Lust. Wenn er über
„die Gesetze des historischen Wissens" sprach, erörterte er nicht die
großen Fragen etwa von politischer und Kulturgeschichte, von
Sozial= und Individualgeschichte, wie sie heute verhandelt werden:

er sprach einfach über die Kunst, aus den stets entstellenden Berichten über Ereignisse den wahren Hergang dieser Ereignisse herauszuschälen. Indessen forderte und leistete er selber doch von Anfang an sehr viel mehr: die kritisch festgestellten Vorgänge sucht er politisch zu deuten, zu begreifen. Er verlangt vom Geschichtschreiber eine umfassende materielle, eine staatsmännische Bildung, die für alles ein Maß und Urteil schafft. Und noch mehr: er verlangt von ihm stets — und zwar auch innerhalb seiner eigentlichen Berufsarbeit — die lebendige Beteiligung an den großen Aufgaben der eigenen Zeit. Er stellt in jenem Programm von 1856 sich und seine Genossen zu seinem Lehrer Ranke in offenen Gegensatz: das scharf-persönliche Urteil, die greifbare Tendenz, die nationale und parteiliche Farbe, die sie besitzen, preist er der vornehm hohen Zurückhaltung des Meisters gegenüber als einen wichtigen Fortschritt. Und so sind denn unter Sybels zahlreichen und weitgreifenden Aufsätzen und Büchern ganz wenige, die nicht zu den Kämpfen des Tages in deutlicher Beziehung ständen. Selbst jenes Buch über die altgermanische Verfassung steht ihnen nicht fern: es wendet sich gegen die zeitgenössische Romantik und deren ja auch politisch so bedeutsam gewordene Auffassung des Germanentumes; ein großer Plan, den er einmal hegte, den Untergang der antiken Welt darzustellen, hätte ihn sicherlich noch viel weiter mitten in die Gegenwart hineingeführt. Er hat diesen Plan fallen lassen; entsprechend seinen tiefsten Neigungen wandte er sich der Darstellung der neueren Geschichte zu. Ihr gilt seit dem Ende der vierziger Jahre die große Mehrzahl seiner „kleinen historischen Schriften", in denen er sich immer wieder als Meister einer zusammengedrängten und durchsichtigen Darstellung und Diskussion, einer überaus anregenden Popularisierung erwies. Da ist eine Anzahl anmutiger und klarer Charakteristiken, vom Prinzen Eugen an bis herab auf Napoleon den Dritten und den kurhessischen Reaktionsminister Hassenpflug; denn Sybel, obwohl seiner Anlage nach nicht eigentlich Biograph, dachte hoch von der freien Selbständigkeit und von der schöpferischen Bedeutung der lebendigen und vollends der großen Persönlichkeit. Personen und nicht Einrichtungen, so hat er früh gelehrt, bestimmen die Geschicke der Völker. Da greift er ferner unmittelbar in den Streit der Parteien ein, wenn er die klerikale Politik im neunzehnten Jahrhundert, wenn er die Entwicklung der ultramontanen Ideen schildert, wenn er „die christlich=germanische Staatslehre" der Romantik einer zersetzenden historischen Kritik unterzieht. Da ist er mehr als einmal ganz und gar aus dem historischen in das publizistische Fahrwasser übergelenkt: am allerschärfsten vielleicht in einer berühmten Flugschrift, die ein völlig historisches, ja das mittelalterliche Gewand trägt und doch im Wesen völlig modern=politisch ist. Sie erörtert die Wirkung der mittelalterlichen Kaiserpolitik auf die Schicksale Deutschlands und findet in dem internationalen, theokratischen Eroberungsstreben der Kaiser den Grund all unseres inneren staatlichen und nationalen Verfalles. 1861 hat der rheinische Protestant Sybel diese Kampfschrift gegen den westfälischen Katholiken Julius Ficker geschrieben, der preußische Bonner Professor gegen den österreichischen in Innsbruck. Die gesamte Fragestellung ist im Kerne unhistorisch, diese moderne Verurteilung einer Politik, die große Jahrhunderte beseelt hatte, gewaltsam und einseitig, die geschichtliche Beweisführung und These Sybels von den Fachgenossen längst aufgegeben. Trotzdem hat diese Verhandlung über „die deutsche Nation und das Kaiserreich" ihr gutes Recht gehabt. Sie geht aus von den Gegensätzen der groß= und kleindeutschen Tendenz, wie sie 1861 hell aufeinander schlugen, Sybel ficht für die kleindeutsche Lösung der deutschen Frage; indem er mit Unrecht die alte Kaiserherrlichkeit zerschlägt, streitet er — siegreich! — gegen das zeitgenössische Österreich und dessen deutsche Stellung. Sein Buch war eine Waffe. In der Geschichte der historischen Erkenntnis bezeichnet es eine Verirrung, aber der Geschichte unseres werdenden Staates gehört es bleibend und glänzend an.

Über alle diese Nebenwerke, die allein ein Leben hätten ausfüllen mögen, ragen die beiden großen Schöpfungen Sybels hinweg: die Darstellungen der französischen Revolution und der deutschen Reichsgründung, die erste von ihnen das Höchste und Beste, das er überhaupt geschaffen hat. Dreißig Jahre hindurch, von 1850 bis 1880, hat diese „Geschichte der Revolutionszeit", erst von 1789 bis 1795, dann bis 1801 geführt, ihn begleitet; ihre nationale Bedeutung wurde vorhin besprochen, ihre wissenschaftliche

macht Heinrich von Sybel zum großen Historiker. Eine Fülle ge=
leisteter und vergeistigter Arbeit liegt in diesen fünf starken Bän=
den beschlossen; immer von neuem und immer reichlicher hat sie
die archivalischen Stoffmassen herangezogen, während sie zugleich
die bereits vorhandene Überlieferung, Akten und Protokolle,
Briefe, Memoiren und Erzählungen der Zeitgenossen, mit sicherer
methodischer Prüfung durchdrang und erneuerte. Die erste Eigen=
tümlichkeit des Werkes, die sogleich ins Auge springt und die wirk=
lich das Ganze beherrscht, ist die innige Verbindung der inneren
Politik mit der äußeren. Die geradezu entscheidende Wichtigkeit
der europäischen Beziehungen auch für die Pariser Vorgänge hat
Sybel zuerst, nach gut Rankescher Methode übrigens, erwiesen:
seine Schilderung umspannt das gesamte, auch das östliche Europa,
zeigt den französischen, deutschen, polnischen, italienischen Boden
von den selben weiten Erschütterungen bewegt und umgestaltet,
gibt den diplomatisch=militärischen Ereignissen manchmal allzu
breiten Raum. Auf diesem Felde liegen die sichtbarsten Ent=
deckungen des Forschers. Es entsprach freilich seiner Art, daß ihm
auch in diese europäische Politik die Neigungen und Abneigungen
hineindrangen, die ihn selber gerade erfüllten. Er hat für den
Ausbruch des Kampfes zwischen dem revolutionären Frankreich
und seinen monarchischen Nachbarn, in glücklicher Beseitigung der
herrschenden Legende, aber nun auch gleich viel zu einseitig, die
Revolution, insbesondere ganz persönlich die Girondisten, verant=
wortlich gemacht. Er hat die Schuld am Scheitern des europäi=
schen Angriffes mit wiederum einseitiger Schärfe der österreichi=
schen Staatsleitung zugeschoben. Beide Thesen hat er vielfachen
Angriffen gegenüber mit der unbedingten Zähigkeit, der dialek=
tischen Kunst und der Freude am Kampfe festgehalten, die seiner
Polemik überhaupt eigen waren. Das Bedeutendste an seinem
Werke sind dennoch schließlich die innerfranzösischen Abschnitte.
Auch sie hob er in den Zusammenhang der europäischen Geschichte,
der Jahrhunderte hinein, in den weiten Zusammenhang des gro=
ßen Befreiungswerkes, das sich seit dem Ausgange des Mittel=
alters, zumal aber im ganzen Verlaufe der Aufklärung, allerorts
vollziehe. Er bestimmte die Vorgeschichte und die Sonderart der
französischen Bewegung inmitten dieser allgemeineren, und er ver=

266

folgte nun diese französische Revolution durch alle ihre Stadien
hindurch, überall mit historischer Nachempfindung und gleichzeitig
mit wacher Kritik. Wenn man mit Recht von einer Zertrümme=
rung der revolutionären Legende gesprochen hat: nicht etwa erst
Taine, sondern Sybel hat sie zertrümmert. Er zeigt schon in den
glänzenden Anfängen der ersten Nationalversammlung die Ur=
sachen des politischen Scheiterns auf, er legt den Finger von da ab
überzeugend und belehrend an jede Wunde. Aber — und hier
liegt sein höheres Verdienst — er kritiziert eben nicht nur; er er=
zählt an der Revolution, obwohl er ihr zur einen Hälfte Feind ist,
obwohl er ihrer Gewalt und ihren Leistungen oft nicht gerecht ge=
worden ist, dennoch nicht bloß die Geschichte einer nationalen
Krankheit, sondern die Geschichte eines in tausend Beziehungen
eben so heilsamen und großen wie unvermeidlichen Prozesses: er
erzählt, im Gegensatze zu seinem berühmten Nachfolger, wirkliche
Geschichte. Die ganze Notwendigkeit der staatlichen und darüber
hinaus der sozialen Umbildung, deren Fortschritte, die Wandlun=
gen des französischen Organismus in Stadt und Land, die neuen
und besseren Gestaltungen, die der Revolution entstiegen: er schil=
dert sie alle, klar und bewegt. Nicht immer zwar mit der Breite
und Tiefe, die der heutige Beurteiler von einer wirklich orga=
nischen Auffassung fordert. Man ist sicherlich erstaunt, den Bau
von fünf Bänden auf eine Darlegung der Ursprünge und Zu=
stände aufgebaut zu sehen, die nicht mehr als 43 Seiten umfaßt;
die Entwicklung nicht ausmünden zu sehen in eine wirklich um=
fassende Übersicht der diese Entwickelung erst abschließenden bona=
partischen Ordnungen und deren sozialer und politischer Bedeu=
tung. Auch spürt man überall stark die Luft der liberalen Theo=
rien, in der Sybel groß geworden ist: sehr einseitig legt er den
Maßstab der unbedingten wirtschaftlichen Freiheit an die große
Umwälzung an; nur was diese Freiheit befördert, rühmt er, und
was sie befördert, das rühmt er ohne Einschränkung. Er schreibt
durchaus als ein Sohn seiner bürgerlichen Umgebung und Epoche,
als ein Angehöriger und Verteidiger des dritten Standes. Wenn
man das offen ausspricht, muß man allerdings zweierlei hinzu=
fügen. Einmal macht gerade diese Parteistellung den Schrift=
steller in diesem Falle seinem Stoffe ganz besonders kongenial.

Denn die französische Revolution war ja wirklich die Durchbruchs=
bewegung des dritten Standes, und ihre große wirtschaftliche Lei=
stung ist wirklich die Befreiung der wirtschaftlichen Kräfte und
der Individuen aus morsch und drückend gewordenen Banden ge=
wesen; Sybel trägt also mit seinem Urteil nichts Fremdes in die
Dinge hinein, sein Maßstab paßt. Und zweitens: wenn er nun
freilich jenem Prozesse einen absoluten Wert zuspricht, den man
heute bereits nicht mehr anerkennen kann, so wird das zwar der
ewigen Gültigkeit seines Werkes, aber ganz sicher nicht dessen per=
sönlicher und historischer Größe Abbruch tun. Das Urteil jedes
neuen Geschlechtes über jedes vergangene ist ja immer wieder
neu und anders. Sybel hat die Kraft gehabt, das Urteil und die
Erkenntnis seiner Generation stark und maßgebend auszu=
sprechen: deshalb wird er selber, auch als Gelehrter, in der Ge=
schichte fortleben. Und immer von neuem wird man an ihm das=
jenige lernen können, was nicht der einzelnen Zeit, sondern den
immer gleich bleibenden Geboten des wissenschaftlichen Geistes an=
gehört: den eigentlich historischen Blick, der bei allem, selbst leiden=
schaftlichen Aufgehen in den Dingen doch klar und ruhig über die
Dinge hinwegzuschauen weiß, das elastische historische Tempera=
ment, das Gefühl für das Richtige und Gerechte, für das Recht
der Tatsachen. Diese Anschmiegsamkeit an die Ereignisse hat
Sybel, trotz aller Tendenz und manchem Irrtum, in reichem Maße
besessen. Man schätzt sie erst ganz, wenn man sein Werk mit
Taines mächtigem und lehrreichem, aber unendlich einseitigem, ich
glaube, es sagen zu müssen: dem Wesen nach widergeschichtlichem
Nachtgemälde zusammenhält. Unter den neuen französischen Dar=
stellern großen Stils ist erst Albert Sorel, in Sybels bestem Geiste,
über Sybel mannigfach hinausgekommen. Ersetzt hat auch er die
deutsche Schilderung als Ganzes leider nicht: in vielem widerlegt
oder weitergebildet, der Ablösung fähig und vielleicht bedürftig,
ist sie noch heute die beste Gesamtgeschichte des Revolutionszeit=
alters geblieben.

In Sybels Künstlerschaft bezeichnet sie die volle Reife. Man
staunt, zu hören, wie mühselig dieser bewegliche und seine Geist
sich seinen Stil erarbeitet hat. Weder Rede noch Schrift ist ihm
von Hause aus leicht gefallen, und beide hat er in eiserner Selbst=

zucht, in steter Schulung an der Antike sich zu eigen gemacht; noch als Greis hat er sich zur Übung seines Sprachgefühles Abschnitte des Livius ins Deutsche übertragen. Dennoch ist er als Stilist durchaus selbständig und persönlich geworden und manche haben in seiner Art die Vollendung historischer Darstellung erblickt. Das vermöchte ich freilich nicht. Sybel hat weder die monumentale Größe und die unvergängliche, majestätische Weisheit Rankes oder Dahlmanns Wucht und Macht, noch die hinreißende Wärme, den Reichtum und den Glanz der Farben und Gedanken, die Innerlichkeit, wie sie, einem jeden nach besonderer Weise und in anderer Mischung, etwa Treitschke, Mommsen, auch Droysen, Häußer, Freytag eigen sind. Aber er hat seine Vorzüge für sich: eine gewinnende, leichte Harmonie von Inhalt und Form, eine überaus kluge, klare, selbst da, wo er einmal erregt und wo er einseitig ist, stets durchsichtige Art, zu denken, anzuordnen, sich auszudrücken; in Charakteristik und Stil eine maßvolle Anschaulichkeit und, zumal auf der Höhe seines Lebens, eine feste männliche Kraft, gelegentlich einen entzückenden Schimmer von Anmut und Ironie. Er hat einen sicheren und flüssigen Geist, der seiner sehr kunstvollen Darstellung den Reiz des Natürlichen und gewissermaßen Selbstverständlichen verleiht. Er ist ja der Mann des Ausgleiches und der Mitte: auch seine Eigenschaften gleichen sich beneidenswert aus. Man folgt dem Führer, der so elastisch dahinschreitet, mit wachsendem Gefallen und Vertrauen. Er hat, auch als Historiker, nicht die höchsten Eigenschaften besessen, aber was er besaß, in sich zur individuellen Vollendung ausgebildet. Er erweckt nicht den Eindruck des Schöpferisch=Genialen und behält doch neben jenen ersten unserer Meister seinen Platz. Die übrigen aus seiner wahrlich reichen Epoche überragt er wohl alle.

Er hat seine Führerstellung in dem Werke seines Alters, der „Begründung des Deutschen Reiches", behauptet. Es ist in frischer Erinnerung, wie die sieben Bände an das Licht traten, überraschend durch diese unerschöpfte Schaffenskraft eines Siebzigers, überraschend zumal durch den Reichtum und durch die Tatsache selbst der Enthüllungen, die sie an einer so nahen Vergangenheit vollziehen durften: die Zeitgenossen der großen Entwickelungen von 1850 bis 1870 wurden erschüttert durch die helle Beleuch=

tung der gewaltigen Dinge, die sie erlebt und von deren Geheim=
nis sie doch nur so wenig gewußt hatten. Das Werk ist allbekannt:
die weit ausgreifende Einleitung, die so nüchtern und straff, gerade=
zu leuchtend von Klarheit, die politische Vorgeschichte der preußisch=
deutschen Einheit erzählt; dann die eigentliche Darstellung: eine Ge=
schichte der preußischen Politik von 1848 an, im engeren Sinne
bald die Geschichte der Politik Bismarcks von 1862 bis 1870, ge=
schöpft aus den geheimsten Quellen, bis 1866 aus den (gesamten?)
Akten der preußischen Archive, von da ab wenigstens unterstützt
durch die mündlichen Mitteilungen des Helden selbst. Mit aller
Hingabe hat sich der alte Mitkämpfer diesem Stoffe, der ihm am
Herzen liegen mußte wie kein zweiter, zugewandt: mit deutlicher
Liebe und Bewunderung folgt er dem Könige und seinem Mini=
ster. Die schönste Charakteristik ist Wilhelm dem Ersten gewid=
met; unvermeidlich aber trat doch Bismarck in den rechten Mittel=
punkt der Erzählung. Und sicherlich ist die Schilderung seines
Wesens und seiner Taten ein Meisterwerk, mehr Zeichnung als Ge=
mälde, ohne Pathos, ja, nach Sybels ganzer Art, ohne jegliche
mystische, fast sogar ohne ästhetische Bewunderung für den Ge=
nius, der dennoch immer gewaltiger dominiert. Es ist ein Genuß
von besonderer Feinheit, zu beobachten, wie Sybel den Wegen des
großen Staatsmannes spürend und begreifend nachgeht, wie er
mit reifer psychologischer Einsicht Bismarcks Pläne werden läßt,
anstatt sie dilettantisch von vorn herein als feststehendes Programm
einzuführen, — ein um so höherer Genuß vielleicht, weil durch
diese anscheinend so ganz zurückhaltende Schilderung dann doch
die Persönlichkeit des Geschichtschreibers vollerkennbar hindurch=
schaut und weil sich der Leser die Frage immer von neuem vorlegt,
wieviel denn doch am Ende von Sybels eigener Natur in sein
Bismarckbild übergegangen sei. Sybel allein hat das Material
gekannt; ich kann mir trotzdem nicht helfen: der bald erhobene
Einwand scheint mir berechtigt, daß es doch nicht der ganze und
echte Bismarck ist, den wir hier erblicken. Ich sehe davon ab, daß
der Historiker aus Gründen offizieller Rücksicht vielleicht nicht
immer alles hat sagen dürfen oder wollen, was er sehr wohl ge=
wußt hat, so über die Stellung des handelnden Ministers zu seinem
schwer beweglichen greisen Herrn. Ich denke an das Ganze der

Schilderung Sybels. Sein Bismarck ist — wie soll man sagen?
— zu verständig, zu korrekt, zu farblos und zu harmlos, zu zahm.
Der Löwe kommt nicht zum Ausdruck, oder doch nur zu einem er=
heblich verblaßten. Über die Verantwortung oder auch das Ver=
dienst am Ausbruche des Krieges von 1870 schwankt ja noch der
Kampf; ich vermag an die Richtigkeit von Sybels Darstellung, der
alles Grammont und beinahe nichts Bismarck zuschrieb, vorläufig
nicht zu glauben, und bin der Meinung, daß Bismarck durch eine
andere, nicht so völlig unschuldige Deutung zum mindesten nicht
verliert. Und ähnliche Fragen stellt man auch wohl an frühere
Abschnitte. Dabei sind diese diplomatischen Darstellungen zum
guten Teile Meisterstücke unvergleichlicher schriftstellerischer Kunst.

Seine Auffassung ist der Parteilichkeit geziehen worden. Na=
türlich! wie hätte selbst ein anderer als Sybel die Parteilichkeit
hier ganz vermeiden können? Und er bekennt sich im Vorworte
ja ausdrücklich zu seinen alten preußischen und nationalliberalen
Überzeugungen. Er sieht mit preußischen Augen und will so
sehen; er schreibt als der Feind seiner eigenen politischen Feinde,
und überdies mit dem Beistande, also auch halb im Auftrage des
preußischen Ministers: ein Anklang von offizieller Darstellung
dringt zweifellos hindurch; nicht nur der Historiker, auch der
Staatsmann führt bei Sybel die Feder, hier wie immer, und dies=
mal mit einem neuen, mehr diplomatischen Zuge. Andererseits
ist auch der Historiker in ihm vorsichtiger und zurückhaltender ge=
worden. Die Jahre haben ihr Werk getan: Sybel ist ruhiger und
voller ausgereift als in seinen früheren Schriften, Rankischer darf
man wohl sagen, auch gegen den Widersacher und dessen natürliche
Bestrebungen gerechter; mindestens war das, selbst wenn es nicht
überall gelungen ist, sein aufrichtger Wunsch. Schwerer aber als
der Vorwurf der eben unausbleiblichen Tendenz wiegt ein ande=
rer: der Vorwurf der Dürftigkeit. Von Beginn der Reaktionszeit
ab hört das Buch auf, eine volle Geschichte der deutschen Einigung
zu sein: es wird eben nur Geschichte der greifbaren, äußerlichen,
vorwiegend der diplomatischen Politik. Erst von der Gründung
des Norddeutschen Bundes an, da ihm seit 1890 die neue Reichs=
regierung die Archivalien des Auswärtigen Amtes entzog, nimmt
er die innere Politik in breiterer Auffassung wieder hinein, und

erst im letzten Bande streift er einen Teil der tieferen, außerparla-
mentarischen Bewegungen der Nation. Gerade der Absatz über
den Sozialismus zeigt da am deutlichsten, wie einseitig Sybels
Interesse geworden war. „Politischer Historiker" war er immer
gewesen, aber im weiten Sinne: jetzt ist er es im engen. Man
muß das Werk annehmen als das, was es ist: natürlich läßt sich
der verengerte Inhalt mit dem Titel schließlich vereinigen, und
einem Schriftsteller wie diesem dankt man für das, was er hat
spenden wollen, und versteift sich nicht darauf, etwas anderes zu
fordern, als seine Absicht einmal enthielt. Daß aber das neue
Buch hinter der Revolutionsgeschichte an Fülle und Kraft der
Darstellung und mehr noch des Inhalts zurücksteht, das darf man
nicht leugnen wollen: die Größe und die Tiefe der Epoche und
ihrer Kämpfe, die so hart in das deutsche Wesen hineinschneiden
mußten, die Tragik der Abrechnung von 1866, die leidenschaftliche
Erschütterung, aber auch Erhebung aller Gefühle, die Breite des
nationalen Lebens überhaupt kommt nicht zu ihrem Rechte. Die
Darstellung ist, in ihrer inneren Begründung und Ableitung der
Vorgänge und in deren Erzählung, zu dünn und zu glatt und,
wenn man es unmißverständlich so sagen darf, zu oberflächlich
geworden.[1] Sie ist ganz gewiß keine „Aufreihung von Akten-
auszügen" und so, wie sie ist, in ihrer Kühle und Klugheit noch
immer gerade wertvoll genug; gewiß haben wir allen Anlaß, uns
zu freuen, daß wir über unsere neue Geschichte zwei Schilderungen
besitzen, deren Individualität sich so eigen ergänzt wie die von
Sybel und Treitschke: aber der Wunsch bleibt doch bestehen, daß
gerade den Hauptteilen des Sybelschen Werkes, denen von 1850
bis 1870, die Ergänzung und Vertiefung durch das Treitschkesche

---

[1] Sybel hat selbstverständlich gemeint, die Taten Bismarcks seien eben das eigentlich Wichtigste an der „Begründung des Reiches": wer aber Bismarcks Taten einen
volleren und tieferen, einen wirklich lebendigen Hintergrund wünscht, der verringert die Größe des einzigen Genius und seiner Stellung wahrlich nicht. Doch
sei es gestattet, aus einem Brief, den mir Sybel in den letzten Wochen seines
Lebens schrieb, einige bedeutsame Sätze hierherzustellen und so nach der Kritik
ihm selber das Wort zu lassen. Wie viel an diesen kühlen, hellen Sätzen des
siebenundsiebzigjährigen Beobachters, unmittelbar genommen, zugleich unbestreit-
bare Wahrheit ist, liegt auf der Hand. „Ich halte es noch mit Treitschke: es sind
die starken Männer, welche die Zeit machen. Die Masse macht nichts; sie empfindet

Gegenbild, durch die Weiterführung seiner „Deutschen Geschichte", nicht ausbleiben möge.

Das Werk des alten Meisters hat eine kleine Literatur von Lob und Anfechtung nach sich gezogen. Unter den Fachgenossen hat sich, mehr wohl noch im Stillen, manche Opposition geregt; die politische Opposition, die sich von sehr verschiedenen Seiten her, in Deutschland und außerhalb, erhob, hat Sybel am klarsten bezeugt, daß sein Buch, wie er es von jeher gewollt, dem Leben auch der Gegenwart nicht fremd sei und in dieses Leben kräftig hineinwirke: im Sinne des Reiches und seines eigentlichen Schöpfers. Vom Verdunpreis und allem, was darum hängt, will ich nicht reden. Sybel hat ihn nicht nötig gehabt; er hat auch ohne ihn weiter gearbeitet. Und noch aus der Arbeit heraus hat ihn an diesem ersten August der Tod weggerissen.

Die Lücke, die ein so hoch Betagter offen läßt, pflegt, für das Gefühl der Fernerstehenden, wenigstens keine allzu breite zu sein. Freilich vermissen wir in diesem Falle den Abschluß seines Werkes, den achten Band, in dem er zugleich eine Menge persönlicher Erinnerungen und weisen Urteiles hinterlassen haben würde; wer wird ihn so ersetzen? Wir vermissen eine Darstellung seines eigenen Lebens, die er einmal begonnen, deren Vollendung er dann aber hinter die rastlos pflichtgetreue Arbeit an seiner Reichsgründung zurückgestellt hatte. Und wir vermissen den Prediger der Einheit und des nationalen Stolzes selber, den Mitstreiter und Bundesgenossen des Fürsten Bismarck, der doch immer noch eine geistig-politische Kraft über den Jüngeren war. Aber die Generation von 1815 will uns verlassen; wie viele erlauchte Namen hat uns dieses Jahr 1895 geraubt! Sybel hat die Aufgaben und

---

drückende Bedürfnisse in weiten Kreisen; daraus abstrahieren gebildete Männer die Ideale der Zukunft; die Strömung dahin bleibt im Wachsen, schafft allerlei nützliches oder verkehrtes Detail, scheint endlich unwiderstehlich. Aber was geschieht, endlich energisch geschieht, endigt im Fehlschlag. Bis dann der starke Mann erscheint, der nicht blos, wie alle anderen, das Ideal der Zeitströmung erkennt, sondern aus der eigenen Kraft die rechten Mittel zur Verwirklichung des Ideals ergreift. So Bismarck bei der deutschen Einheit. Wann oder wo wird die Sozialreform ihren Bismarck finden? Mir erscheint sie jetzt ungefähr in dem Stadium, in dem sich die deutsche Einheitsbewegung etwa 1844 befand: löbliches Streben, unklare Übertreibungen, falsche Experimente."

Stärken und naturgemäß die Eigenheiten und die Schranken dieses Geschlechtes der bürgerlichen und liberalen Kämpfer geteilt;
der Historiker wird wahrlich in die Krittelei nicht einstimmen wollen, mit der manche der Heutigen sich über die große Generation
erhaben machen möchten. Heinrich von Sybel ist deren geschlosse-
nes und ausdrucksvolles Abbild, ein würdiger Vertreter ihres
Geistes und ihrer Taten; nicht über ihr, aber kräftig in ihr hat er
gestanden. Dabei ein Kind des Glückes, das seine Gaben aus-
leben konnte in reichem Sonnenschein, zu schönem Ebenmaß, zu
einer vollen Persönlichkeit, die sich und ihrem Volke gehörte und
nun in die Geschichte eingegangen ist. Selbst der Abschied ist ihm
leicht gewesen: er war nur einen Tag lang wirklich krank und ist
im Hause seines Sohnes, in seinem altgeliebten Marburg, schmerz-
los eingeschlafen: nach einem Leben, das gelebt zu haben der
Mühe wert war.

Heinrich von Treitschke

Ein Nachruf 20. Mai 1896

Es ist jetzt bald ein Monat, daß Heinrich von Treitſchke geſtorben iſt, und noch immer wird uns ein jedes Wort über ihn zur Totenklage. Das Gefühl der Unerſetzlichkeit dieſes Einen, der doch in den 62 Jahren ſeines Lebens ſich ſo allſeitig ausgelebt und ſo überreich betätigt zu haben ſchien, übertönt noch jedes andere: und ihn ſelber hat bis dicht an die letzte Stunde heran der Gedanke erfüllt, wieviel er noch zu leiſten habe, und der Drang, es noch zu vollbringen.

Vier Jahrzehnte hindurch hat Treitſchke in der deutſchen Öffentlichkeit geſtanden. Die Wandlungen unſeres allgemeinen Lebens haben ſich in dem ſeinigen geſpiegelt. Wir müſſen es uns heute faſt gewaltſam vor Augen halten, daß auch er dereinſt, als er mit „Vaterländiſchen Gedichten“ ſeine Laufbahn begann, den Reiz des revolutionären Polentums empfunden hat; wir wiſſen, daß hundert Äußerungen ſeiner ſpäteren Zeit den Lehren wider= ſprachen — verfaſſungs= und wirtſchaftspolitiſchen, vielleicht ſelbſt den nationalpolitiſchen und wohl auch den religiöſen —, denen er ehedem angehangen hat, und haben es oft genug gehört, wie er des Abfalls von den Freiheitsidealen ſeiner Jugend und ſeiner frühen Manneszeit bezichtigt worden iſt. Und doch empfindet es heute jeder, der ihn verſtehen will, mit überwältigender Sicherheit, daß es ſelten ein bedeutendes Leben gegeben hat, ſo einheitlich, bei all ſeinem überſtrömenden Reichtum ſo ganz aus einem Punkte begreifbar, wie das ſeine. Die Einheit ſeiner deutſchen Nation war der alles beherrſchende Gedanke, die eine Kraft, die ihn bewegt hat, durch alle ſcheinbaren und äußerlichen Wandlungen hindurch, in wunderbarer Folgerichtigkeit und in hinreißender Treue — von jenen trübſten Zeiten an, da der Zweiundzwanzigjährige, in= mitten der Dumpfheit der Reaktion, es zum erſtenmal in die Welt hineinrief, wie „in Zorn und Streit, in Schmerz und Nöten“ und zerſchmelzender Glut ſich doch unfehlbar „die goldenen Tage“ vor= bereiteten,

> Die wir in Zorn und Gram erſehnt,
> Wo nur wie eine finſtre Sage
> Die Mär der deutſchen Schande tönt,

277

und da er trotzig und zukunftssicher den Sieg verhieß:
„Wir bringen's doch zu Ende, wir kommen doch zum Ziel!"
— bis an das letzte Wort hinan, das er, ohne zu ahnen,
daß es sein Abschiedswort sein müßte, zu uns sprach, die
Erzählung vom Eckernförder Kampfe, und durch das noch ein
letztes Mal, mit aller Freude des längst errungenen Triumphes,
die immer neue Mahnung zur Einheit hindurchklang. Es sind
die edelsten Kräfte einer großen Epoche der deutschen Geschichte,
die sich in ihm verkörpert haben, und sie haben keine edlere Ver=
körperung gefunden als diese.

Ein königlicher Mensch von heißer und starker Seele, der sieg=
reich über die Höhen seiner Zeit und siegreich durch alle Tiefen per=
sönlichen Leides dahingeschritten ist, bis an sein Ziel. In dem
großen Jahrzehnt vor 1870, als die deutschen Saaten dem Schnit=
ter zureiften, war er unter allen publizistischen Vorkämpfern des
werdenden Reiches der hellste und unwiderstehlichste: die Zuver=
sicht, daß die alten deutschen Gegensätze schwinden müßten, hatte
er sich in bitterem Kampfe erobert, und er trug sie als Kämpfer,
scharf und rücksichtslos, aber heldenhaft, glücklich, strahlend in die
Welt. Was er da geschrieben hat, bleibt unserer Geschichte ein
lebendiges Vermächtnis von Tagen, deren gleichen wir nicht wie=
der schauen werden. Seinen vorwärtsdrängenden Glauben hat
damals nichts getrübt; auch die Jüngeren fühlen es nach, daß
Treitschke damals, in der ganz ungeteilten Fülle seines Wesens,
auf die, die er zu Deutschen bildete, „einen Eindruck machte, wie
nie ein Mensch" (D. Schäfer). Er hat nachher das neue Werk ausge=
stalten und verteidigen geholfen und die Wendung von 1878 mitge=
macht und wirksam unterstützt; er hat nach heftiger Gegenwehr die
neuen Aufgaben, die der soziale Wandel der Verhältnisse dem neuen
deutschen Staate stellte, anerkannt; er hat sich, als diese neue
Arbeit immer stärker in den Vordergrund trat, von der unmittel=
baren Mitwirkung am Staatsleben zurückgezogen, und sicherlich,
er hat in späteren Jahren vieles mit Zweifel, vieles mit tiefem
Grame geschehen sehen. Aber er blieb auch da er selbst. Er ist
auch da, wo er tadelte und fürchtete, niemals verzagt und hat sich
niemals wirklich verbittert. Ihm blieb die tragische Selbstgerech=
tigkeit fremd, die das Neue nur an dem eigenen alten Ideale zu

messen und dem Werdenden sein Recht nicht mehr zu lassen ver=
mag; aber auch die Unruhe und Friedlosigkeit der neuen Zeit, die
unsicher und fieberisch Neues suchte, erreichte ihn nie: der Kern
seines Wesens, der Ton seines ganzen Wirkens blieb unverwan=
delt, und auch in allem Wechsel der Tagesfragen und der Ge=
schlechter glaubte er an die dauernde und alles überragende und
zusammenhaltende, die unvergängliche Größe seiner ursprüng=
lichen Idee, der nationalen. So ist er doch jung geblieben bis zu=
letzt. Und bewundernswerter fast, als all dies: er hat den Fluch
seines persönlichen Lebens, die wachsende Taubheit, die den Kna=
ben geschlagen hatte und den Mann in der Blüte seiner Jahre von
allen Klängen der Außenwelt ganz abschloß, getragen, ohne sich
ihm zu beugen. Wohl mag ihn diese Krankheit von der Bahn der
Taten, für die er sich im Grunde bestimmt glaubte, abgelenkt
haben, und sicherlich hat sie, indem sie den freien Austausch so
stark beschränkte, die Geschlossenheit und damit die Einseitigkeit
seines Seelenlebens später bedeutsam gesteigert: aber sein Herz
zu vergiften, ihn mißtrauisch zu machen, hat sie nicht vermocht.
Er hat in dem schönsten seiner Gedichte, in ergreifenden Worten,
als Dreiundzwanzigjähriger geschildert, wie ihm allmählich bereits
die Welt verstummte: „die Lust verklang, die Freunde sind ent=
flohn"; und er malt es sich aus:

— Wenn nun das Gräßliche geschieht,
Wenn du dann hilflos stehst, ein armer Tauber?
Wenn du dann einsam brütest, früh ergreist?

Damals verspricht er es sich, sich nicht erdrücken zu lassen: er wird
hören, was den anderen stumm bleibt, im Menschenbusen die ge=
heimsten Töne, er wird des Mutes Flammentröstung in die
Seelen gießen, er wird durch den einen Zauber siegen, der ihm
verliehen ist: das mutig freie Herz. Und das hat er, wenngleich
nicht als der Dichter, der er damals zu werden meinte, wahrlich
getan, und niemand wird den Eindruck vergessen, wie dieser heiß=
blütige Mann lächelnd und heiter sich zwischen denen bewegte, die
er nicht verstehen durfte, ein wahrer Held in dem schwersten
Kampfe, dem alltäglichen. Ebenso heldenmütig hat er Kummer
und Verluste, die ihm in sein engstes Dasein griffen, überwunden:

bitterschwer, denn er empfand stärker als hundert andere; aber er blieb sonnenhaft, ein Mensch der Kraft und des Lebens. Auf starkem Körper der mächtige Kopf, dessen Züge in der Jugend, hager und scharf geschnitten, wie von der Leidenschaft des Hussitenpredigers zu glühen schienen und noch im Alter, breiter und voller geworden, Feuer und stolzes Selbstbewußtsein ausstrahlten; die schweren, glänzenden braunen Augen, das starke Haar, alles mächtig, von großen Verhältnissen, das treueste Bild einer gewaltigen Seelenkraft. Er war ein ganzer Mensch, fähig und freudig zum Genusse, voll sinnlicher Lebensfülle und voll goldenen Humors, kein Kopfhänger, nie ein Gelehrter im engen Sinne; eine erobernde Persönlichkeit, ein Aristokrat von Gottes Gnaden, ein Herrscher, der sich durchsetzte, weil er mußte. Ich unternehme es heute nicht, ihn ausmalend zu beschreiben, wie er mit all dieser Wucht seiner monumentalen Art die ritterlichste und zarteste Güte verband, wie seine eingeborene Selbstherrlichkeit sich ganz durchdrang mit der selbstlosen und furchtlosen Hingabe an Vaterland und Idee; wie das vornehme und lichte Vertrauen des stolzen Optimisten, der über alles Kleine und Gemeine und Hemmende so hoch hinwegschritt, vor sich den Tag und hinter sich die Nacht, hinüberflutete in alle Herzen um ihn her; wie er, der Einsame und Taube, sich noch alljährlich den inneren Reichtum mehrte, sich stählend in kühner Reise durch alle Länder Europas, die er kennen lernen wollte, wie einst die Landschaften seiner deutschen Heimat: ein Mann, der immer noch wuchs und Blüten und Früchte unerschöpflich hervortrieb. Tausende haben das Bild in der Seele bewahrt, haben den Zauber seines hinreißenden Wortes im Tiefsten gespürt, sind von ihm erzogen, erobert worden für sein Ideal, durchglüht worden von seiner Liebeskraft, erschüttert von seinem Freimut und seinem Zorn. Auch von ihm darf man sagen, was er in einer seiner schönsten Schilderungen von dem Freiherrn vom Stein gesagt hat, daß, wer ihn zu ertragen vermochte, „immer leuchtenden Blicks und gehobenen Mutes von dem Glaubensstarken hinwegging."

Der menschlichen Persönlichkeit hat, wie ein jeder weiß, bei Treitschke die wissenschaftliche Zug um Zug entsprochen.

Es mag sein, daß wir ihn in die Geschichte unserer Wissen-

schaft noch nicht ganz einzureihen vermögen: wie seine Lebens=
arbeit da nachwirkt, wieweit seine Richtung fürderhin lebendig
bleibt, können wir noch nicht bestimmen. Aber woher er kam und
wohin er sich stellte, das haben wir bereits vor Augen, und vor
allem erkennen wir auch hier die geschlossene Triebkraft seines
Wesens, aus der sich alles, was der Gelehrte in ihm geleistet hat,
wiederum überraschend einheitlich erklärt. Er ist auch in seinen
historischen Schöpfungen 40 Jahre lang, in allem Wesentlichen und
trotz aller Lebensfülle, genau der gleiche geblieben, und über allem
leuchtet von Anfang bis an das Ende das eine gleiche, beseelende
Ideal.

Seine Habilitationsschrift von 1858, „Die Gesellschaftswissen=
schaft", enthält bereits den ganzen Treitschke. Er bestreitet, gegen
Mohl und Riehl, einer gesonderten Gesellschaftslehre das Daseins=
recht. Er unternimmt es, in allen sozialen und wirtschaftlichen
Gruppen die bestimmende Macht des Staates nachzuweisen. Aus
welchen Wurzeln politischer Gestaltungen und Bedürfnisse und
philosophischer Lehren diese Hervorhebung des Staates als des
Mittelpunktes allen Völkerlebens hervorgegangen ist, das ist hier
nicht zu erörtern. Bei Treitschke tritt der Einfluß etwa Dahl=
manns, Gneists, Roschers unmittelbar an den Tag. Allein in
Klang und Inhalt ist er schon er selber und gibt er hier den Ton
an, der sein Leben erfüllt hat. Roscher vermißte, bei allem Bei=
fall, in der methodologischen Untersuchung das logische Gerüst.
Die Systematik ist in der Tat nicht Treitschkes Stärke: der
Historiker vielmehr, an der Staatswissenschaft gebildet und er=
zogen, aber doch überall der warm und farbig anschauende
Historiker dringt hindurch. Und dazu der Politiker, den der Tag
bewegt. Der Mittelstand steht ihm, wie es der Zeit entsprach, im
Vordergrunde, wenngleich er dem Adel sein Recht läßt; vom
vierten Stande meint er, er führe ein vorwiegend wirtschaftliches
Dasein und stehe dem Staatsleben fern. Scharf wendet Treitschke
sich gegen den Absolutismus. Aus allem steigt die Luft der 50er
Jahre empor. Und was treibt ihn eigentlich? Die Trennung
von Staat und Gesellschaft zu predigen, kann, so meint er am
Schlusse, nur dem Sohne einer Zeit und eines Volkes einfallen,
wo wirklich Staat und Gesellschaft sich nicht decken, wo die Form

der deutschen Einzelstaaten veraltet und die Form des Gesamt=
staates noch ungestaltet ist. Staat ist die einheitlich organisierte
Gesellschaft: auch der deutsche Staat muß werden, was der eng=
lische schon ist, die einheitlich geordnete deutsche Gesellschaft. So
ist der letzte Ausgangs= und der Zielpunkt Treitschkes hier wie
immer, wie in den Gedichten, die dieser Schrift vorausgingen, der
politische: die nationale Einheit. „Die Gerechtigkeit und Herrlich=
keit der politischen Einheitsidee" preist er ausdrücklich als ein
höchstes Ergebnis seiner Darlegungen. Er hat dann, ich weiß
nicht von welcher Zeit ab, seine Vorlesung über „Politik" immer
von neuem gehalten; mir ist sie selbst nicht bekannt, aber ich weiß,
daß sie, in der reichsten historisch=politischen Gedankenfülle, sicher=
lich das vollste und vornehmste Bild deutscher Staatsanschauung
in einer entscheidenden Periode unserer Entwickelung enthalten
hat, daß sie Treitschkes Bestes enthielt, und ich vermute, daß sie
genau auf den Grundlagen seiner Schrift von 1858 erbaut ge=
wesen sein wird, sicherlich gipfelte sie in derselben national=poli=
tischen Spitze wie jene. Unter deren Zeichen stehen doch auch alle
die bedeutenden Abhandlungen und Darstellungen staatswissen=
schaftlich=historischer Art in seinen „Aufsätzen": Bundesstaat und
Einheitsstaat, die Republik der vereinigten Niederlande, Cavour,
auch die über Frankreichs Staatsleben und den Bonapartismus,
über die Freiheit, selbst die über das Ordensland Preußen;
zuletzt ist er dann demselben Gegenstande unmittelbar und publi=
zistisch, auch in großen staatswissenschaftlichen Abhandlungen, zu
Leibe gegangen, dem schon alle jene Arbeiten mittelbar dienen:
den Regeln für den deutschen monarchisch=konstitutionellen
Nationalstaat der Zukunft, der Gegenwart. Ein festes Band hält
all diese weitausgreifenden und sehr tief reichenden Forschungen
gebieterisch zusammen. Ihnen reihen sich, völlig wesensverwandt,
jene glänzenden Porträts an, die den ersten Band seiner Aufsätze
füllen: fast alles Beiträge zur Vorgeschichte des deutschen Staats=
lebens, um dessen Verwirklichung ihr Verfasser in jedem Augen=
blicke, in jeder Richtung seines Denkens und Schaffens immer
rang. Und in allem die Vereinigung des neuen und festen
Staates mit der freien Persönlichkeit, die Treitschke heller gepriesen
hat als irgend ein anderer seit Goethe und Wilhelm von Hum=

282

boldt und die sein Wesen beherrscht, wie der Nationalstaat seinen Willen. Beides ist untrennbar in ihm verbunden.

In welchem letzten, höchsten Werke er diesen doppelten Reichtum zusammenzufassen hätte, ist ihm früh klar gewesen: schon lange vor 1870 arbeitete er an seiner Deutschen Geschichte im 19. Jahrhundert. Ich denke nicht daran, hier all den Wegen nachzugehen, die er nachmals noch eingeschlagen hat, von seinem herrlichen „Pufendorf" an über den „Luther" bis zu den neuesten Schriften und Reden über Gustav Adolf und den 1870er Krieg und zu den tagespolitischen Ergüssen seiner letzten anderthalb Jahrzehnte; sie alle, so vielfältig sie sind, fügen sich schließlich demselben Plane ein. Sein eigentlicher Lebenszweck aber ist seit der Mitte der 70er Jahre handgreiflich die Deutsche Geschichte: ich bin überzeugt, neben Rankes Darstellungen die persönlich größte, die unsere Geschichtschreibung der neueren Zeiten in diesem Jahrhundert hervorgebracht hat.

Die Zusammenhänge, in denen der Historiker Treitschke zur Geschichte unserer Geschichtschreibung steht, liegen in den gröberen Zügen deutlich zutage; er ist der höchstbegabte wie der letzte der großen kleindeutsch = protestantischen Geschichtschreiber, die in den 50er und 60er Jahren fast die wichtigsten der nationalen Schriftsteller überhaupt gewesen sind und die in Sybel und vor allem in ihm bis in den heutigen Tag schaffend hineingewirkt haben. Die Verbindung, die sie alle mit Dahlmann hatten, ist bei ihm besonders stark; persönlich mag er mit Häußer und auch mit Freytag am engsten zusammenstehen; doch gehen die Fäden seiner Art auch zu dem Gegner hinauf, den jene Männer alle befehdeten und den sie verdrängt haben, zu Schlosser; und nach Lebensgang und schriftstellerischem Tone weist vieles an ihm hinüber zu Macaulay, einiges wohl auch zu Michelet und Thiers. Der Biograph, der Treitschke nicht fehlen wird, hat alle diese und sicherlich noch so manche andere Verbindungen erst lebendig herzustellen, nach seinen Schriften und, hoffentlich auch!, seinen wundervollen Briefen. Er wird vor allem betonen, was sich bei wenigen so aufdrängt wie bei Treitschke: daß er wohl Einflüsse erfahren hat, wichtigere vielleicht, als er in stolzem Selbstbewußtsein später selbst gemeint hat; daß aber unvergleichlich be-

deutsamer das war, was er aus seinem Inneren selber hinzu=
brachte, die quellende Fülle seines Wesens in ihrer Allseitigkeit
und ihrer Stärke. „Keines Mannes Schüler": das war er ge=
wiß. In ihm vereinigte sich eben noch einmal die geistige Bildung
und das Ideal der großen Literaturepoche mit dem politischen
Drange der neuen Zeit. Alfred Dove hat ihn als den Schiller der
deutschen Geschichtschreibung neben deren Goethe, Leopold Ranke,
gestellt und so, wie der Vergleich gemeint ist, ist er bezeichnend
und anregend. Treitschke selber freilich mit seiner feurigen sitt=
lichen Leidenschaft — das ist ja kein Widerspruch — ging ganz in
Goethe auf, und manches in seinem besten Wesen sog immer
wieder aus Goethe neue Nahrung.

Er hat noch kurz vor seinem Ende — ungern, denn dem
Künstler in ihm widerstrebte die theoretische Erörterung von Zweck
und Aufgaben seiner Arbeit — es ausgesprochen, wie er von der
Historie dachte. Mit Dichtung und Philosophie zugleich nennt er
sie einen der drei idealen Zweige aller Literatur, die in ihren
Meisterwerken bis an die Höhen der Menschheit hinauf=
reichen und jeden Menschen unmittelbar berühren. Als
„politischer" Historiker wollte er selber dieses Höchste leisten.
Er hatte seiner Geschichtschreibung in seiner Schrift von 1858
bereits das genaue Programm vorgehalten. Wie der Staat
die organisierte Gesellschaft sei, „der Förderer nicht nur, sondern
zugleich das Werk des gesamten Kulturlebens eines Volkes", so
hat der Historiker den Geist und das Leben eines Volkes in allen
seinen Äußerungen darstellend und entwickelnd zu verfolgen, wirt=
schaftlich, geistig, sozial und politisch zugleich; aber im Staate
gipfelt alles; „nach dem übereinstimmenden Gefühle aller Völker,
wogegen keine Doktrin aufkommt, sind die Männer der Tat die
eigentlich historischen Helden". Ihr Leben ist in seinem Verhältnis
zu dem allgemeinen Leben nicht exakt bestimmbar; das Unbeweis=
bare, der ewige Wechsel der Geschicke behält sein Recht. Auch an
eine göttliche Führung der Geschichte hat Treitschke geglaubt und
oft ahnend auf sie hingedeutet. In seiner Stellung zu all diesen
höchsten Fragen war, wie mir scheint, ein starkes Goethisches Ele=
ment. Er war auch der Geschichte gegenüber kein Systematiker
und wollte es nicht sein, so wenig wie in seiner Weltanschauung

im ganzen; aber wie in dieser der protestantische Zug, ein Zug von starkem Individualismus und keusch verhüllter Religiosität, sich doch immer deutlich abzeichnet, so ist auch seine Auffassung der Geschichte und ihrer Aufgaben praktisch durchaus unzweifelhaft. Er ist weder Soziologe noch Wirtschaftshistoriker; die wirtschaftliche Einseitigkeit verwirft er, wie einst in der Lehre so stets in seiner lebendigen Auffassung, und seine wirtschaftlichen Motivierungen behalten etwas Allgemeines und einigermaßen Widerwilliges. Er isoliert nichts, seine Allseitigkeit ist staunenswert. Indessen, „ihm bleibt" — ich wende seine Worte auf ihn an — „sein eigenes Gebiet, wo er der Herr ist, die Welt der politischen Taten und der in ihr waltenden sittlichen Gesetze. Von dieser Warte aus betrachtet er das Völkerleben."

Es ist leider nicht ganz überflüssig, ausdrücklich festzustellen, daß der Gelehrte Treitschke, wie er ein unter uns allen wohl beispielloses, unerschöpflich weites Wissen besaß, ein Wissen voll tiefster Lebendigkeit und innersten Zusammenhanges, so auch in rein gelehrter, wenn man will „kritischer", Arbeit Außerordentliches geleistet hat. An unmittelbarer Mitteilung nicht nur des neuen Stoffes, sondern Herausarbeitung bahnbrechend neuer Einzelerkenntnis ist seine Geschichte überreich. Die Geschichte des Wissens wird ihm nie vergessen dürfen, was er da als erster erschlossen und erkannt, wie viel Schutt er weggeräumt, welche geradezu ehrwürdige Arbeit geduldigen Forschens der ungeduldige feurige Mann, der geborene Darsteller, auf sich genommen hat. Er hat eine Flut von Licht über das Leben unseres Jahrhunderts ausgegossen. Die Hauptsache aber ist — es ist wohl eigentlich banal, es erst zu sagen — weder die gelehrte noch die philosophische Seite seines Schaffens: es ist die persönliche, die künstlerische. Wie er es vom großen Historiker fordert, die starke Persönlichkeit beherrscht das Werk; und in ihr geht mit dem Politiker, der alles nach dem Wertmaße der nationalen Einheit mißt und sein Urteil laut hinausruft, eben der Künstler zusammen, dem über allem Kämpfen, über aller Leidenschaftlichkeit, mit der die Gegensätze der Vergangenheit, die Gegensätze seines Lebenskampfes ihn auch in der Geschichtsbetrachtung von neuem durchschütteln, doch immer die Sonne warmherzigen Begreifens, die helle Freude der An=

schauung und des Gestaltens strahlt. Es ist unnötig und töricht, heute, am Grabe des Geschiedenen, die Bedenken zu wiederholen, die wir Kleineren dem lebenden Treitschke bei aller Ehrfurcht niemals ganz verschweigen durften, die Gewissensbedenken des Historikers gegenüber der Einseitigkeit, von der wir alle wissen, daß sie an ihm war: wir wußten damals, daß sie von seiner Größe untrennbar sei, und dürfen heute rückhaltlos aussprechen, daß sie einen Teil seiner eigensten Größe bildet. Nun er als Ganzes und Vollendetes vor uns steht, dürfen wir ihn ganz frei als Ganzes anschauen. Es ist nichts an ihm zu verhüllen: er ist in allem rein und treu gewesen, auch da, wo er irrte, wo er verletzte, wo man ihm nicht zu folgen vermag; aber es war doch selbst da, wo ihn der Haß und der Zorn hinrissen — entbehren möchte ich sie an ihm nicht —, weit mehr vom echten Historiker an ihm, als man manchmal zugeben will. Denn überall belebt er die Vergangenheit. Nirgends ist er ein kleinlicher Moralist: ganz gewiß nirgends! Seine Leidenschaft hat nichts Totes; er ist ein starker Mensch, der sich am Lebendigen freut, wohin er immer tritt; nichts Menschliches ist ihm fremd, weltlich im Goethischen Sinne ist er durch und durch, und was er ergreift, mag er es auch rütteln und stoßen: es wird zum Leben überall. Lebenerweckend, und keineswegs etwa verführend, hat er denn auch auf die Historiker gewirkt.

Nun ist sein Buch, in aller Pracht seiner Sprache und Farbe, in allem Reichtum an Gedanken und leuchtenden Gestalten, in all der Einheit seines großen Sinnes und seiner künstlerisch sicheren Anlage, unvergleichlich unter den Schöpfungen seiner Zeitgenossen — nun ist es dennoch ein Torso geblieben. Die Zeiten, die er selber durchlebt hatte, hat er nicht mehr darstellen sollen. Daß es niemand so kann und je können wird, wie er es getan hätte, das liegt am Tage. Wenn wir an die zwei Jahrzehnte von 1848 an denken, so ist uns, als trauerten sie mit, daß ihnen nun ihr Gestalter fehlt. Das Blut dieser Zeiten pulsierte noch in ihm; all ihre innere Not und all ihre wunderbare Größe trug er in seinem Herzen. Das alles bleibt uns verloren.

Er hat einst, wie man längst empfunden hat, in dem geborenen Kämpfer, der bis ans Ende unter den Waffen steht, in seinem Pufendorf sich selber gemalt. Er hat da auch — und für Pufen-

dorf wohl nicht ohne dichterischen Zusatz — von dem „tragisch er=
schütternden Kampf mit der trotz alledem geliebten Heimat" ge=
sprochen, der sächsischen Heimat, die ihm mit Pufendorf gemeinsam
war. Es fügt sich seltsam, daß sein letzter Aufsatz in Worten ehr=
erbietiger und dankbarer Liebe als seinen Gewährsmann „seinen
lieben Vater" rühmt, mit dem er ein Menschenalter zuvor, im
nationalen Zusammenstoße, fast gebrochen hatte. Das Ende seines
Lebens knüpft sich da — er selber hätte vielleicht gesagt: geheim=
nisvoll — an den Anfang an; es ist wie ein Klang von Versöhnung
und Abschluß.

Heinrich von Treitschke war noch nicht bereit, abzuschließen.
Er liebte das Leben, das er mit seiner Schöpferkraft durchdrang;
blickte er in die Welt hinaus, so glühten ihm noch immer die Augen
in Kampfeslust und seine Worte, auch die öffentlichen, blieben
furchtlos und frei bis zuletzt. Er hatte viel erlitten und viel ge=
lernt, wohl auch manche Täuschung dahingegeben, und war doch
mit seinen ergrauenden Haaren, seiner wuchtigen Mannheit, noch
immer an Kraft und Weite des Empfindens und des Strebens
ein Jüngling. Er hat vor 40 Jahren seine Lieder in den letzten
Wunsch austönen lassen:

> Nur eins nicht, eins nicht: gleichwie den Sand
> Das Meer abspület am öden Strand,
> So fühlen, wie mir die frische Kraft
> Langsam im alternden Leib erschlafft . . .

Der Wunsch ist ihm besser erfüllt worden als mancher sonst. Es
ist ihm erspart worden, langsam zu erlöschen. Als ein Wirkender
und Lebendiger bleibt er, der Lehrer, Kämpfer und Prophet, in
der Erinnerung und in der Liebe seines Volkes, dem er mit allem
großen Stolze seiner Natur angehört hat und dem sein Werk und
seine Gestalt, über den Widerstreit und den Staub des Tages
reiner und höher emporgehoben, inmitten großer Zeiten aufragen
wird als deren getreues und unzerstörbares Denkmal.

Theodor Mommsen

Ein Nachruf November 1903

in Sechsundachtzigjähriger, ist Theodor Mommsen von seiner großen Lebensarbeit geschieden. Die Trauer um ihn ist ohne den Stachel, der sich an Treitschkes Bahre so schmerzlich in die Seele bohrte: soviel auch er noch zu schaffen und zu sorgen hatte, ist Mommsen doch als ein Voll= endeter von uns gegangen. Dennoch verliert Deutschland mit ihm ein Unersetzliches. Es war eine geistige Weltmacht, unter unseren Gelehrten seit Jahren ohne jeglichen Vergleich der Erste, ein Ruhm seines Vaterlandes und seines Standes, und bis an das Ende eine wirkende Kraft. Seine Arbeit gehört, das wissen wir mit Sicherheit, der Weltgeschichte der Wissenschaften an, er war einer der ganz großen Gelehrten, deren keine Zukunft vergißt; die Wissenschaft vom alten Rom, der er diente, verkörperte sich in ihm, er war ihr Führer, fast ihr Neu= schöpfer. Von ihrem Boden aus werden seine Fachgenossen ver= zeichnen, was er getan hat und gewesen ist. Aber neben ihnen darf und muß, wenn von Theodor Mommsen gesprochen wird, die Historie des neunzehnten Jahrhunderts ihre Stimme erheben: denn auch in das Gesamtbild dieser Zeiten, die seine Gegenwart waren, gehört mitten in der Fülle ihrer Gestalten seine Gestalt untilgbar hinein. Wer sein Leben einmal schreiben wird, wird auch von seiner zeitgeschichtlichen Stellung vieles zu künden und manches seine, seelische Problem näher, als wir es heute ver= mögen, zu erläutern haben; der Wert der Aufgabe, die Größe der Erscheinung ist bereits heute klar.

Sechsundachtzig Jahre! Die Wurzeln dieses Leben ruhten in einer Epoche, die jetzt seit langem Vergangenheit ist.

In den Tagen der Restauration wuchs der Sohn des Gar= dinger Pfarrhauses in Schleswig und Holstein heran, in den Tagen beginnender politischer Bewegung erhielt er zu Kiel seine entscheidenden wissenschaftlichen, staatlichen, kulturellen Eindrücke, trat in die geistigen Kreise Berlins, lernte die Welt des euro= päischen Südens und Westens kennen; in der deutschen Revolu= tion focht der dreißigjährige Redakteur und Professor den politi= schen Kampf für die Freiheit seines engeren, dann des weiteren Vaterlandes mit; die ersten Schläge der Reaktion stießen ihn ge=

waltsam aus seinem Leipziger Amt hinaus in die Ferne. Dann erst, seit 1852 etwa, lenkte sein Lebenswagen in die regelrechten stillen Bahnen der Gelehrtenlaufbahn ein; er wurde Professor in Zürich, Breslau, Berlin, beinahe ein halbes Jahrhundert hat er der Hauptstadt angehört. Er hat in jungen Jahren Gedichte ver= öffentlicht, er lebte und webte in den Schätzen unserer großen geistigen Bildung, er war als Knabe noch ein Zeitgenosse Goethes gewesen. Er hatte als Student und junger Gelehrter die Netze seiner Studien erstaunlich weit gespannt, auch die seiner Fach= studien: um das römische Recht wahrhaft zu begreifen, wurde der junge Jurist Historiker und Philologe, Sprachwissenschaftler und Nationalökonom. Von allen Seiten her ergriff er das Da= sein des römischen Volkes, alles durchdrang er mit lebendiger Kenntnis, Land und Leute, Vorgeschichte, Sprache, Literatur, die Altertümer des privaten und öffentlichen Lebens: er lernte von jedem Vorgänger, er führte dessen Arbeit selbstschöpferisch weiter, zusammenfassend, neuentdeckend; jedes Stück seiner Arbeit hätte einem andern zum Lebenswerk ausgereicht. Er hat Dialekte und Münzwesen, Chronologie und Schriftwesen früh angefaßt und früher oder später in eigenen Werken behandelt; wohin er den Fuß setzte, prägte er seine Spuren dem Erdboden tief und dauernd ein. Und dann trieb ihn mitten in der Frische seiner jugendlichen Manneskraft, in der Rastlosigkeit seines siegreich ausgreifenden Suchens und Forschens sein und unser guter Geist zu dem glän= zendsten seiner Werke: der Römischen Geschichte.

In raschem Anlauf hat er sie, jetzt eben vor einem halben Jahrhundert (1854—56), von den Anfängen bis gegen das Ende der Republik geführt: es bleibt für unsere Literaturgeschichte der Gipfel seiner Lebensarbeit. All jene Allseitigkeit seiner Auf= fassung erfüllt das Werk; was es für die Vorgeschichte und für die älteste historische Zeit, für die Kritik der Überlieferung und das staat= lich=juristische Begreifen des römischen Wesens, was es für die innere Belebung der äußerlich bekannten Zeiträume geleistet, was es wagend und ahnend, mannigfach irrend, manchmal gewaltsam, immer aber genial an Neuem erschlossen hat — dies unmittelbar wissenschaftliche Verdienst abzuschätzen, wage ich nicht, am wenig= sten heute und hier; aussprechen darf man, daß auch dieses riesen=

groß gewesen ist. Auch die Stellung von Mommsens Geschichte innerhalb der Entwickelung der Historiographie, ihre Abhängigkeit, ihre Selbständigkeit, ihre Zukunftswirkung, darf ich heute nicht näher untersuchen: auch da genüge das eine, daß wir noch heute kein Werk besitzen, das zugleich mit so umfassender Kraft und mit so leuchtender Genialität das gesamte Leben einer großen Volksgeschichte in all seinen entscheidenden Richtungen durch die Jahrhunderte hin begleitete, in so einheitlicher Auffassung und so originaler, so tiefdringender und so neuernder Kenntnis, mit einer solchen Wucht des gesamten Wurfes. Es ist der Jurist, der in Mommsens Auffassung schließlich das letzte Wort hat; trotzdem, wie imposant sind seine wirtschaftlichen Abschnitte, wie hinreißend seine literarischen; noch heute sind diese, das bezeugen die Philologen uns, unübertroffen. Noch heute hat jeder Historiker an Mommsen immer von neuem zu lernen; und daß dieses Werk der ersten Hälfte seiner Laufbahn, ja, seines Lebens angehörte, ist, wenn man auf die Beherrschung des Stoffes blickt, wie ein Wunder. Freilich, nur auf der Höhe der Mannesjahre konnte wohl selbst er eine solche Fülle von künstlerischer Kraft und politischer Leidenschaft ausströmen. Und darauf darf ich hier ganz besonders hinweisen: die Römische Geschichte wird, wenn einmal ihr wissenschaftlicher Inhalt ganz veraltet sein sollte, als Denkmal einer Persönlichkeit und einer Zeit unsterblich bleiben, ihr Gegenwartswert ist vielleicht das Eigenste und Größte an ihr. Sie ist ganz ein Werk der fünfziger Jahre; die Erregung der Revolution, der Druck der Reaktion, der Schmerz und die Lehren des gescheiterten Versuches, der Groll über die Ausschreitungen von links und rechts, die Sehnsucht nach der nationalen Befreiung und dem Befreier, der Ärger der dumpfen Gegenwart — das ganze Zeitbild spiegelt sich hier in scharfen Umrissen, in glänzenden Farben. In der Tat, der Künstler und Politiker reden in Mommsen nicht weniger laut als der Gelehrte. Sein politischer Standpunkt ist der eines mittleren, realistischen, nationalen Liberalismus: aber die Persönlichkeit selbst drängt von der mittleren Linie, die der Verstand ihr vorzeichnet, von dem Maße unwillkürlich hinaus in das Extrem. Eine Persönlichkeit voll Blut und Leidenschaft: sie entlädt sich in unablässigen heißen Angriffen auf jeglichen Gegner, auf „Junker und Pfaffen"; sie übersetzt jede Vergangenheit in den Kampf der Gegenwart, sie stößt zu mit Tadel, Anklage, Hohn, sie veranschaulicht in greifbarer Plastik, schildert in glühenden Tönen, sie prägt sich aus in einem Stile voller Pracht, Schärfe und Willkür, unruhig, grimmig, sprühend von Geist und Leben, bissig und begeistert zugleich: aus jeder Seite blicken die starken Augen des Redenden heraus. Mommsen hatte von der Niederlage der 48er Ideologen gelernt, er pries in seinem Cäsar den Mann der Macht. Und doch wirkt der ganze liberale Idealismus seiner Generation in diesem Prediger des neuen Wirklichkeitsgeistes: wie steht in seinem Idealbilde Cäsars, einem der schönsten aller historischen Kunst, hinter dem Realismus die Schwärmerei, die bewußte Schaffensfreude des Dichters, aber, unbewußter vielleicht, doch zugleich jene begeisterte und sehnsüch=tige Hoffnung auf den erträumten politischen Erlöser auch seiner Gegenwart, wie mischen sich in diesem Historiker und Dichter die Züge dessen, was 1850 alt, und was neu war: das alte aber, der idealistisch=liberale Drang, blieb doch die eigentliche Grundkraft von Mommsens Weltansicht.

Die Römische Geschichte ist gewiß das bedeutendste literarische Erzeugnis des deutschen Geistes um die Jahrhundertmitte, ganz ge= wiß das bedeutendste der fünfziger Jahre. Sie berührte den Nerv der Zeit, sie hob ihren Verfasser unter die ersten Schriftsteller seines Volkes, Bewunderung und Haß stritten sich um ihn. Mommsen hat sie, wie man weiß, nicht fortgesetzt. Ich will mich hier nicht in psychologisch tiefer bohrenden Vermutungen ergehen, weshalb er den vierten Band, die vielverlangte Kaisergeschichte, nicht geschrieben hat. Was zutage liegt, ist, daß er seine römische Arbeit von 1856 ab der eigentlich gelehrten Forschung zugewandt hat. Er übernahm die Leitung des Riesenwerkes des Corpus Inscriptionum Latinarum, der Sammlung aller lateinischen In= schriften, aus deren Durcharbeitung sich hundertfältige neue Er= kenntnis allen Lebens der römischen Welt ergab; er arbeitete selbsttätig mit und überwachte die Arbeit eines ganzen Stabes von Gehilfen. Er vertiefte und verbreitete seine Forschungen über das römische Altertum unablässig; er hat eine wahrhaft unermeß= liche Arbeit getan: der Katalog seiner Schriften und Aufsätze füllt

längſt einen Band. Er ſchrieb ſein großes und grundlegendes
Römiſches Staatsrecht, das an gelehrter Bedeutung mit der Römi=
ſchen Geſchichte wetteifert. Er hat noch ſpät ein Römiſches Straf=
recht danebengeſtellt. Er hat das Leben der Provinzen des Welt=
reichs während der Kaiſerzeit in einem fünften Bande ſeiner Ge=
ſchichte (1885) geſchildert, einem weltweiten Zuſtandsgemälde voll
von eigenſter und breiteſter Kenntnis, von Geiſt und Größe:
gegenüber den drei erſten erſchien dieſer Band ihm ſelbſt ein Werk
der Entſagung, obwohl er ein Meiſterwerk von beſonderem Rang
war; immerhin konnte er nicht in die Nation hineinwirken wie
jene. Mommſen beteiligte ſich an der Aufdeckung des römiſchen
Grenzwalles, des Limes, im weſtlichen Deutſchland; er griff immer
tiefer in die ſpäte Kaiſerzeit hinein und wurde einer der be=
deutendſten Mitarbeiter der Monumenta Germaniae. Überall
unvergeßliche Leiſtungen, überall Schaffensdrang; und je älter
er wurde, um ſo höher wurde ſeine Stellung. Sein Stern ſtrahlte
über die Welt; er war jahrzehntelang einer der Leiter der Ber=
liner Akademie, ein Organiſator internationaler gelehrter Tätig=
keit. Er wurde ein Haupt der Gelehrtenrepublik aller Lande; er
ſelbſt blieb durchaus ein Mitglied ſeiner Nation.

Und gerade dem Deutſchen in ihm, man weiß es, hat doch auch
der tragiſche Zug nicht gefehlt. Der Erfolg trug ihn und blieb
ihm treu wie wenigen; die Arbeitskraft blieb ihm treu und die
Geſundheit; er lebte in einem kinderreichen Haus, deſſen Mittel=
punkt er war, in reichbewegtem Verkehr; und er wandelte noch
bei Lebzeiten auf den Höhen zweifelloſer Unſterblichkeit. Ein
Wermutstropfen blieb ihm dennoch nicht erſpart: gegenüber dem
öffentlichen Leben ſeiner Nation eine tiefe und unerfüllte Sehn=
ſucht. Es drängte ihn in die Politik hinein; trotzdem wird man
zweifeln dürfen, ob der große politiſche Hiſtoriker im Innerſten
eine politiſche Natur geweſen iſt. Er iſt Abgeordneter geworden
und den Entwickelungen des Parteilebens gefolgt, er wurde aus
dem Fortſchrittler von 1861 zum Nationalliberalen und freute ſich
des neuen Reichs; der Holſteiner in ihm iſt früh zum Preußen
geworden, und zu einem ganzen Preußen. Allein mit dem Ende
der ſiebziger Jahre trat er in die Oppoſition: er warf ſich der kon=
ſervativen Wendung Bismarcks grimmig in den Weg. Er war

doch eben der alte Liberale, und sein Widerspruch kam aus der
tiefsten Wurzel seines Wesens, aus dem Idealismus seiner
Jugendtage hervor. Wohl war in ihm die Schroffheit des
Juristen, wohl haftete in seiner Natur der Drang zum Kampf,
zur verurteilenden Kritik, zur Schärfe, der sein großes Buch
erfüllt, und gar leicht sprühten bei ihm die Funken; leicht
quoll etwas Heißes und Spitzes aus den immer arbeitenden
Tiefen seiner Leidenschaft empor. Sein Äußeres spiegelte ja dieses
Wesen genau: die gewaltigen, durchbohrenden Augen über der
scharfen Nase inmitten des hundertfach faltigen, bartlosen Gesichts
mit seinen tief eingerissenen Zügen, um die die langen weißen
Haare wallten; die Stirn mächtig, der ganze Kopf wunderbar ge=
zeichnet, unvergeßlich lebensvoll; dazu die leicht vorgebeugte
schlanke Gestalt, die leise spitze Stimme mit ihren holsteinischen
Lauten, die blitzende Lebendigkeit und Angriffslust seiner Unter=
haltung. Er war vielen gütig und war ein Freund seiner
Freunde: aber ein bequemer Feind ist er sicherlich nicht gewesen.
Gewiß, er brauchte den Kampf — aber der Widerspruch, den er
im letzten Vierteljahrhundert seines Lebens den herrschenden
Strömungen seiner Zeit entgegenwarf, kam wirklich von innen
her und war sicherlich nicht arm an inneren Schmerzen. Er ge=
hörte einer Generation an, die zurückgedrängt wurde, der Genera=
tion Gladstone, so könnte man sagen; den Cäsar, den ihm die
Wirklichkeit darbrachte, den Größten seiner Tage, vermochte er
nicht anzuerkennen. Sein Groll, der sich 1881 leidenschaftlich ent=
lud, ist später milder geworden, und schließlich hat er die Größe
Bismarcks gelegentlich noch, nicht ohne rückblickende Sehnsucht,
gepriesen. Aber seine Zeit war es nicht mehr, die ihn umgab,
und er fragte sich, ob er durch die Verwirklichung seiner Jugend=
wünsche, durch den Aufbau und die Weiterentwickelung des natio=
nalen Staates, nicht zugleich bestraft worden sei. Das alles wird
man erst besser begreifen, wenn einst seine Biographie geschrieben
ist, und an ihm wie an so manchem seiner Altersgenossen wird
sich dem historischen Verständnis eben hier ein Stück der ewigen
menschlichen Tragik enthüllen. Zunächst umstreitet die Gegen=
wart seine Äußerungen wohl noch, zustimmend oder tadelnd; eins
aber wird schon heute, über Liebe und Haß hinweg, allen un=

zweifelhaft sein: lebensvoll ist Theodor Mommsen geblieben bis zuletzt. Er mochte den Ankläger machen: zum lähmendem Pessimismus aber war er viel zu groß. Er mochte den Gedanken der Freiheit und der Humanität, er mochte manchem Ideal der Vergangenheit sehnsüchtig huldigen — und blieb dabei doch ein Preuße im Sinne des Königs, den er wohl vor allem liebte, des alten Fritz: nicht nur die Erbschaft der Aufklärung, auch die starke Staatsgesinnung, die doch auch in ihm war, zog ihn zu jenem hin; und er blieb ein Deutscher, an allen Lebensfragen seiner Nation und seiner Gegenwart heiß und stark beteiligt. Immer von neuem stieg er auf den Kampfplatz hinab, mehr als einmal als der Sprecher seines Standes und seiner Bildung, immer aber, wie er auch sprach, ein Mann von starkem Herzen und heißem Vaterlandsgefühl, von großem Sinn und großem Stil. So schafft und so ringt nicht weiter, wer wirklich in der Tiefe seiner Seele an seinem Volk verzagt. Er lebte und kämpfte fort; er arbeitete fort, unermüdet bis über die Grenzen des menschlichen Alters hinaus: er vermochte nicht daran zu denken, daß er ruhen könnte, so lange Atem in ihm wäre. Wie Friedrich II. ist er im Dienst gestorben. Uns bleibt der Stolz, daß er — gerade in all der Schroffheit und Eigenkraft seines Wesens — mit all seinem Können und all seinem Bewußtsein ein Deutscher war. Einer der Großen unserer Nation ist uns in ihm gestorben und bleibt uns in ihm lebendig.

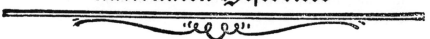

Das neue Deutschland und seine nationalen Historiker

Anzeige von Antoine Guilland, l'Allemange nouvelle et ses historiens (Niebuhr, Ranke, Mommsen, Sybel, Treitschke) Paris 1899

aß die gegenseitige Beeinflussung von Politik und Geschichtschreibung bei den bedeutenden deutschen Historikern des 19. Jahrhunderts besonders deutlich hervortritt, ist oft ausgesprochen und nicht selten im einzelnen begründet worden; unter den Vorkämpfern für die deutsche Einigung stehen die Historiker in der ersten Reihe. Das ist das Thema auch des Guillandschen Buches. Es zeichnet für Anfang, Mitte und Schluß des Jahrhunderts den Hintergrund, die politisch = geistigen Bewegungen in Deutschland; es läßt auf diesem Hintergrunde die Reihe von Gestalten erscheinen, die der Titel aufführt; es behandelt bei jedem Einzelnen Lebensumstände, Herkunft und Umgebung, die besondere Strömung, die ihn trägt, die Persönlichkeit und die entscheidenden Werke; es schildert und kritisiert diese nach ihrem wissenschaftlichen, schriftstellerischen und politischen Charakter. Der Verfasser hat eine stattliche Literatur benutzt und sich bemüht, deutsches Leben und Wesen, im Ganzen und nach seinen Landschaften, warm und farbig zu erfassen, er steht Vorgängen und Personen mit künstlerischer Freudigkeit gegenüber und stellt eine Anzahl lebendiger und seiner Beobachtungen an. Guilland ist Professor der Geschichte am Züricher Polytechnikum; ob er Franzose oder französischer Schweizer ist, weiß ich nicht; seine historische Ausbildung mindestens verdankt er wohl Frankreich: sein Werk ist Gabriel Monod gewidmet. Wir müssen uns freuen, wenn ein Ausländer einer charakteristischen Richtung unseres Geisteslebens mit so unzweifelhaftem Anteile nahe zu kommen strebt; lehrreich ist seine Urteilsweise gewiß. Manches, was uns natürlich ist, erscheint ihm auffällig: gerade dadurch werden wir von ihm lernen, und auch Fehler und Mißverständnisse, die ihm begegnen, können uns warnende Fingerzeige für unsere eigene Auffassung fremder Erscheinungen sein. Das Buch wird gewiß gelesen werden und Aufsehen erregen; auch mir ist es durchaus interessant erschienen, und ich möchte hinzufügen, daß ich persönlich nur Anlaß gehabt habe, Guilland mit Wohlwollen gegenüberzutreten. Aber freilich, „das Buch" über seinen Gegenstand, das, wie er anführt, Hans Delbrück einmal verlangt hat, hat Guilland nicht geschrieben und zwar aus weit allgemeineren und innerlicheren Ursachen, als er selber anzugeben weiß. Überall bei ihm stößt man an; und wenn wir dem Ausländer gerne dankbar sind, so sind wir doch doppelt verpflichtet, Einseitigkeiten und Irrtümer bei ihm abzuweisen, die ihm selber allzuleicht im Lichte rühmlicher Erhabenheit des unbeteiligten Betrachters über nationale Beschränktheiten erscheinen.

Bei weitem nicht tief genug ist Guilland in unsere Geschichte im ganzen eingedrungen; über Preußen und seine Eigenart, sein Verhältnis zum deutschen Geiste, über die Berliner Universität und die Richtung ihrer ersten Lehrergenerationen, über die historische Rechtsschule, Aufklärung und Romantik, über Stein als den eigentlich preußischen Staatsmann entschlüpft ihm eine ganze Menge von Halbwahrheiten. Er sieht die deutschen Dinge, nach Kenntnis und Verständnis, eben doch nur von außen. Er selber steht auf dem Standpunkt eines bestimmten — demokratisch-liberalen — Ideales, von dem aus er alles beurteilt, mit einer naiven Einseitigkeit, die um so stärker hervortritt, da er, selber stark dogmatisch, dennoch den Dogmatismus anderer grundsätzlich verwirft; er glaubt offenbar, wie er denn zweifellos ein gebildeter Mann von ehrlichem kritischem Bestreben ist, ganz sicherlich ein voraussetzungsloser Kritiker zu sein. Dem wachsenden „Realismus" der deutschen Patrioten und Historiker setzt er seinen, reichlich formalistischen Idealismus vorwurfsvoll entgegen, ohne sich recht in die Notwendigkeiten der deutschen Entwickelung einzulassen; die Schätzung der innerlichen Bedeutung des Krieges, die Konstruktionen und Beurteilungen des italienischen und zumal des französischen Volkscharakters, der französischen Art von „Freiheit", wie er ihnen bei den Deutschen von Ranke an bis auf Treitschke immer wieder begegnet, verzeichnet er mit einer Art von Erstaunen, offenbar mit dem Gefühle ihrer ganz selbstverständlichen Unrichtigkeit. Seine Schärfe wächst, je weiter er fortschreitet; das Urteil über Bismarck muß doch auch ein höflicher Kritiker als einfach platt bezeichnen, so verständnislos ist es in seiner moralistischen Überlegenheit. Aber solche Einwände wird Guilland parteiisch nennen; es sind ihm noch andere von rein wissenschaftlichem Inhalte zu machen. Er hat seine These von dem Zusammenhange unserer Historiker mit der Politik, mit der klein-

deutsch = preußischen Politik, viel zu eng gefaßt. Man kann der
Meinung sein, daß die neueste — von Guilland, soviel ich sehe,
niemals erwähnte oder verwertete — methodologische Literatur
den Einfluß philosophischer Theorie auf die Geschichtschreibung
überschätzt, und diese, mit Guilland, lieber unter dem allgemeiner=
historischen, dem politisch=historischen als unter dem speziellen Ge=
sichtspunkte der Geschichte der Philosophie und der Geschichts=
philosophie betrachten; und man wird dennoch finden, daß
Guilland sie der politischen Geschichte viel zu unmittelbar und zu
vollständig einfügt. Oder vielmehr, er begreift die politische Ge=
schichte in zu engem Sinne; er erblickt in ihr immer nur den Ge=
danken der Macht allein. Wie innig alle die Vorkämpfer preußi=
scher Macht, von denen er handelt, zugleich mit dem Ideale der
Humanität verwachsen waren und verwachsen geblieben sind, wie
dieses sich mit dem Preußentume, dem Realismus vertragen und
durchdrungen hat, dieses feinere Problem ist Guilland entgangen:
diese Entwickelung aber gerade hätte er, von Niebuhr bis Treitschke,
vor allem verfolgen müssen; ein ausgezeichnetes Muster für die
Behandlung so zarter und bedeutsamer Beziehungen hätte er in
Meineckes Boyen gefunden. So aber hat er den Liberalismus
der meisten unter seinen Helden erheblich unterschätzt und nirgends
von innen heraus begriffen; bei beinahe jedem einzelnen von
ihnen vermißt man die Hervorhebung des Persönlichkeitsideals
als beherrschender innerer Kraft: und doch geht, wie so vieles
andere, auch ihr getadeltes Urteil über das französische Wesen
eben von diesem Gedanken aus. Guilland packt die Dinge und
Menschen in zu grobe Kategorien; er sieht überall an ihnen nur
die politisch=praktische, realistische Tendenz. Die aber sucht er viel
zu unmittelbar auf: Alles an ihnen muß sich auf kleindeutsche
Rücksichten beziehen lassen. Reim' dich oder ich freß' dich! Der
gesamte geistige Horizont dieser Historiker, der doch sehr weit war,
ihr Weltinteresse kommt nicht zu seinem Rechte.

Und noch in anderem Sinne isoliert er seinen Gegenstand zu
sehr. Von den Vorgängern der hier behandelten Historiker weiß
er zu wenig; die Göttinger nennt er nur nebenbei, Herder fällt
ganz aus, und Niebuhr schiebt er daher zu vieles Neue und Eigene
zu. Dahlmann, der an eine weit frühere und zugleich an eine weit

höhere Stelle gehört hätte, wird erst bei Gelegenheit Treitschkes, recht nebenher und wenig treffend, besprochen, Freytag, den Guilland oft nennt, gerade als Historiker nicht gewürdigt, Droysen, Häußer und Duncker bei weitem zu knapp und keineswegs glücklich; und Waitz und Giesebrecht erscheinen als Mitglieder der Gruppe lediglich im Vorwort. Schließlich hat Guilland die Reihe der politisch-bedeutsamen Historiker, obwohl er über das deutsche Leben bis zum heutigen Tage urteilt, nicht über diese eine Gruppe hinausgeführt: um nur eins zu nennen, Schmoller fehlt. Das Bild bleibt also unvollständig, auch im Sinne des Verfassers. Es bleibt dies andererseits auch darin, daß Guilland die wissenschaftlichen Leistungen der Einzelnen, besonders Niebuhrs und Mommsens, doch offenbar nicht mit fachmännischer Kenntnis zu würdigen weiß. Ich weiß wohl, ich verlange da viel; aber die Geschichte der Geschichtschreibung stellt diese Ansprüche einmal, und man wird schon so pedantisch sein müssen, auch und gerade von dem, der in solchen schweren und feinen Dingen nach dem Allgemeinsten strebt, eine wirkliche und nicht bloß eine halbe Kenntnis des Besonderen zu fordern.

Mit dem Besonderen aber steht es oft recht übel. Daß derjenige, der Sybel und Treitschke persönlich gekannt hat, sie in Guillands Bildnisse nicht immer wiederfindet, ist verzeihlicher; schlimm ist die Unzuverlässigkeit im einzelnen. Die Zitate sind oft schief, so bei Ranke, Treitschke, besonders bei Sybel; es finden sich störende Mißverständnisse deutscher Texte. Der Verfasser hat es sich, alles in allem, doch zu leicht gemacht. Sein Buch enthält Essays, nicht ohne Anregungen und nicht ohne berechtigte Gedanken, aber nach Stoff und Geist reizt es zu vielfachem Widerspruch: nicht bloß durch Kühnheiten, über die sich streiten ließe, sondern auch durch einfache Fehler.

Ich schließe einige Bemerkungen über die einzelnen Abschnitte an. Zuerst die zwei „Vorläufer", Niebuhr und Ranke. Auf die starken zeitgeschichtlichen Beziehungen bei Niebuhr haben schon Frühere aufmerksam gemacht. Was Guilland anführt, liest man mit Vergnügen; die politische Tendenz aber scheint er mir doch zu absichtsvoll zu fassen und in der wissenschaftlichen Charakteristik nicht immer das Entscheidende zu treffen. Rankes Zugehörigkeit

zu einer bestimmten Zeit und auch zu ihren politischen Ideen
möchte auch ich entschieden betonen; aber ich würde sie anderswo
suchen als Guilland. Ranke ist immer der Sohn der Restau-
rationsepoche, der halkyonischen Tage zwischen den Stürmen, geblieben, — man kann es in allem einzelnen nachweisen; von
deren Anschauungen, auch den nationalen, durchdrungen, zugleich
ihrem Temperamente persönlich wahlverwandt. Seine Natio-
nalitätsgesinnung und auch seine preußische Gesinnung ist doch
ohne jede aggressive und aktive Kraft, alles bei weitem mehr Erkenntnis, Überzeugung, Gefühl von wesentlich wissenschaftlicher
Art, als Wille; die legitimistischen Empfindungen persönlich lebendiger in ihm als die eigentlich nationalen und als der preußische
Ehrgeiz. Wohl haben sich auch in ihm die zeitgenössischen Ereignisse und Gegensätze gespiegelt, auch in seiner Geschichtsschreibung:
aber doch etwa so, wie es bei Jakob Bernays der Fall war, wenn
dieser in Kriegszeiten seinen Thukydides, in Zeiten parlamen-
tarischer Debatten seinen Demosthenes vornahm und beschaulich
las. Ranke sucht in der Geschichte die Gedanken auf, die seine
Gegenwart erfüllen, deshalb hat er in der Epoche nach 1848 mit
ihrem Ringen von Volkssouveränität und Monarchie die Französische und die Englische Geschichte geschrieben, und ähnlich steht
es ja mit den Werken der siebziger Jahre: immer aber tut er es
mit lediglich wissenschaftlich-künstlerischem Anteile. Hier sucht nun
Guilland, wenn auch nur unter der Oberfläche, doch viel zu viel
praktische Absicht, und vermag sie doch keineswegs zu erweisen.
Er hat Ranke im übrigen mit Liebe behandelt; ich würde freilich
die Größe an seiner Art stärker betonen als die Anmut und ihm
den Genius sicherlich nicht absprechen. Den geistigen Einfluß, den
Ranke in Deutschland gewonnen hat, unterschätzt Guilland.

Recht in sein Thema kommt er erst bei Theodor Mommsen
hinein: erst nach 1850, so meint er, nicht ohne Übertreibung, beginne in der deutschen Geschichtsschreibung die unmittelbar-
politische Tendenz. Er reiht Mommsen vor allem in die steigende
Bewegung des Realismus ein: ich finde, daß das starke idealistische
Element der Römischen Geschichte dabei zu kurz kommt; und was
den realistischen Zug nach 1848 betrifft, so hätte Guilland ihn in
politischer Hinsicht wohl nicht nur aus den positiven Anregungen

des Revolutionsjahrs, sondern viel mehr aus der negativen Wirkung, dem Rückschlage gegen die bösen Erfahrungen er= klären sollen, die man da mit der Ideologie gemacht hatte. Über Mommsen, den Schriftsteller, der den Gelehrten, den Politiker und den Dichter in sich vereinigt, den Liebhaber der leidenschaft= lichen und starken Naturen, handelt Guilland lebensvoll und interessant; mir ist keine zusammenfassende Charakteristik Momm= sens, die dieser gleichstände, gegenwärtig. Freilich stellen sich auch hier die Bedenken zahlreich ein, wenn Guilland die wissenschaft= liche Leistung der Römischen Geschichte zu bestimmen sucht: — man spürt eben, daß er das nicht ganz vermag und daß er von dem Gelehrten Mommsen doch nur ein Bruchstück zeichnet, wie er denn auch des fünften Bandes mit kurzen und wenig gerechten Worten gedenkt. Vor allem aber, das Bild der politischen An= schauungen, denen die drei ersten Bände dienen sollen, ist wieder viel zu hart umrissen. Mommsen erscheint Guilland als der Ver= fechter der Gewaltpolitik und des schroffen Nationalismus; aus seiner — doch völlig zutreffenden — Charakteristik des römischen Genius wird gefolgert, daß er Rom „nur mäßig liebe" und den deutschen Hochmut gezüchtet habe; der Grundgedanke seines Werkes soll sein, daß bei den Römern Demokratie und Königtum dasselbe sei; Mommsen sei Cäsarist für die Gegenwart und des= halb für die Vergangenheit. Daß Mommsen gegen eine so unmittel= bare Deutung seiner Cäsardarstellung lebhaft genug protestiert hat, rührt Guilland nicht; er bezieht die starken modernen Klänge, die ja aus hundert Seiten der Römischen Geschichte heraustönen, viel zu rasch und zu direkt auf die bestimmten deutschen Kämpfe der 50er Jahre. Daß es an Anspielungen, auch dieser bestimmteren Art, keineswegs fehlt, leugne ich natürlich nicht, aber sie wollen kritischer festgestellt sein; dabei wäre die nichtdeutsche Zeitgeschichte (Frankreich, Amerika) neben der deutschen heranzuziehen. Die volle Stimmung der Zeit wird man sicherlich in dem wunderbaren Buche hundertfältig wiederfinden; die Untersuchung könnte wohl einmal — aber mit Vorsicht! — genauer angestellt werden. Der Historiker, der sie versuchte, würde dabei nur das Recht seiner Wissenschaft ausüben und würde Mommsens Werke sein Recht erweisen: denn daß dieses die bezeichnendste, die persönlich be=

deutendste unter allen literarischen Schöpfungen ihres Jahrzehntes auf deutschem Boden darstellt, ist ja unzweifelhaft. In der Geschichte unseres Geistes- und Staatslebens, auch in der unserer Historiographie wird ihr ein hoher Platz erst noch genauer anzuweisen sein; mir scheint, daß in dieser letzten Hinsicht Mommsens Werk in den Debatten der letzten Zeit lange nicht genug berücksichtigt worden ist. In ihm ist doch, bereits um die Jahrhundertmitte, die vollendetste Leistung einer umfassend organischen Geschichtsauffassung und -darstellung größten Stiles an das Licht getreten, und keiner von den Neueren kann, wenn er die Vorgeschichte neuester Bestrebungen bestimmen will, um dieses Buch herum. Th. Mommsen mag es mit besonderen Gefühlen ansehen, wie das Werk seiner ersten Manneszeit bereits historisch geworden ist: aber dieses Werk und sein eignes Leben wirken, zu unserer Erhebung, zugleich noch heute schöpferisch lebendig fort und in das neue Jahrhundert hinüber.

Bei Sybel wird Guilland aggressiver. Er hätte an Conrad Varrentrapps schöner Biographie einen Führer gehabt von sicherer Zuverlässigkeit im Stoffe, von maßvoller Ruhe im Urteil, liebevoll, aber durchaus nicht blind; ich fürchte, er hat ihn viel zu wenig ausgenützt. Es fällt auf, wie ungenügend das Referat über Sybels älteste Werke ist; der Inhalt des „Deutschen Königtums“ wird geradezu auf den Kopf gestellt; die äußeren Angaben sind nicht immer richtig. Hauptsächlich: die Kritik verfällt hier in offenbare Übertreibung. In Sybels Revolutionsgeschichte ist ja der Einfluß politischer Tendenzen handgreiflich, und der Nachweis der Fehler, die daraus geflossen sind, ist berechtigt und notwendig. Aber Guilland ist hier im einzelnen gereizt und überscharf und im ganzen ungerecht. Abgesehen davon, daß er Sybels Heranziehung der äußeren Politik zum Verständnisse der inneren nicht nach ihrem Werte würdigt und daß er seine Auffassung des wirtschaftlich-sozialen Prozesses der Umwälzung wohl nicht ganz richtig bestimmt, so hat er gerade das geistige Gesamtverdienst Sybels, wie mir scheint, entschieden unterschätzt. Wenn Sybels Urteil so manches Mal gewaltsam ist, so wird man ihm doch nur gerecht, indem man es an den Vorgängern mißt, die er zu verbessern hatte, und an

den Nachfolgern, die ihn übertrieben haben: der Vergleich mit
Taine, den auch Guilland andeutet, erweist doch in Wahrheit, wie
sehr Sybel, trotz seiner politischen Tendenzen, im Gegensatze zu
jenem ein wahrer Historiker gewesen ist. Auch die Einwände
gegen Sybels „Begründung des Reichs" sind sachlich im wesentlichen zuzugeben; Guilland klagt, außer über Parteilichkeit, über
Mangel an Leben und an psychologischer Auffassung. Die intimen
Reize des Buches aber hat dieser Kritiker, der von den andern
überall Gerechtigkeit und Feinheit fordert, bei weitem nicht
herausgebracht. Und seine Ansichten über 1864, 66 und 70 sind
ebenso einseitig, wie die entgegengesetzten Sybels, nur daß sie
oberflächlicher sind; seine Diabolisierung Bismarcks und seiner
Pläne scheint mir höchst übereilt und bedenklich. Und auch Sybels
Persönlichkeit und Stellung hat Guilland viel zu systematisch kon-
struiert. Sybel, den er aus westfälischem Adel und rheinischem
Bürgertum abstammen läßt, soll nach seinem persönlichen Auftreten ein Bourgeois und nach seinen Ideen ein Aristokrat Stein-
scher Richtung gewesen sein; ihm habe der wohlwollende Skepti-
zismus, Humor und Ironie, wie sie dem psychologischen Historiker
nötig sind, durchaus gefehlt: „il fut surtout un homme de foi".
Wer erkennt in solcher Mischung einiges Richtigen mit vielem
Falschen H. v. Sybels Züge wieder? Alles ist zu grob, zu sehr
aus der Ferne gesehen, an die Stelle des lebendigen Menschen
tritt ein vorschnell zusammengequälter Begriff. Dabei ist die eine
allgemeinste Gewalt in Sybels Anschauungen, sein Persönlich-
keitsglaube, von Guilland eben nicht einmal erkannt.

Auch in Guillands Schilderung Heinrich von Treitschkes fehlt
dieser humanistische Kern des Wesens; übrigens ist sein Bildnis mit
Wärme und Schwung gezeichnet, wenngleich auch dieses ohne ein
wirklich intimes Eindringen. Ich kann auf gewisse Fehler in dem
Referate über das Erstlingswerk, vollends in der Bestimmung
und Motivierung der Perioden von Treitschkes politischer Entwicklung hier nicht eingehen; zumal die Erklärung seiner späteren
Einseitigkeiten ist zu eng gefaßt, und das Urteil über den Grad
dieser Einseitigkeiten unerträglich übertrieben. Von dem weltlich-
weitherzigen und künstlerischen Zuge, dem hinreißend freien
Zauber seines Wesens, der dem einzigen Manne immer eigen

blieb, weiß Guilland nichts; nach ihm hatte Treitschkes Leiden=
schaft, vom „Patriotismus zum Borussentume" (?!) überge=
gangen, den Rest von Edlem, der einmal an ihr gewesen
(du moins quelque chose de noble et de généreux), längst abge=
streift. Die literarische Charakteristik Treitschkes ist lebendig und
reizvoll; man sieht mit Vergnügen, wie der Ausländer das
Deutsche an dem Schriftsteller Treitschke herauszuarbeiten sucht.
Auch seiner wissenschaftlichen Bedeutung, der Vielseitigkeit seiner
Erfassung des historischen Lebens wird Guilland gerecht. Und
gewiß ist Treitschke nicht damit abzutun, daß man ihn einsach als
Ausläufer der kleindeutsch=politischhistorischen Schule klassifiziert,
als läge nicht, so sehr er „politischer Historiker" bleiben wollte, in
seiner Praxis zugleich eine starke, auf alle Zeitgenossen wirkende,
durchaus vorwärtsdeutende Steigerung und Vertiefung des kul=
turgeschichtlichen Interesses. In Verbindung steht er gerade da=
bei, wie mir scheint, zumal mit Mommsen, und eine Geschichte der
Historiographie, die deren stetige und ungebrochene Entwicklung be=
greifen will, wird auch diese Reihe zu verfolgen und ihren Wert
für unsere Gegenwart und wahrscheinlich Zukunft sehr zu würdi=
gen haben; diese beiden leidenschaftlichsten und persönlich leuch=
tendsten unter unseren großen Geschichtschreibern, innerlich so
stark verschieden und doch auch da nicht ohne Verwandtschaft, ge=
hören eben nicht nur nach der Macht des Temperamentes, son=
dern auch nach ihrer historischen Richtung in vielem zusammen.

Den zeitpolitischen Zug in Treitschkes Geschichtswerke nebst
allen seinen Folgen darzutun, macht Guilland selbstverständlich
wenig Mühe; die Kritik ist da leicht. Auf den objektiveren Ton
des fünften Bandes der Deutschen Geschichte nimmt Guilland zwar
keine Rücksicht. Vor allem aber die Konstruktion von Treitschkes
Gesamtansicht ist wieder voller Halbwahrheiten und entstellender
Übertreibungen. Treitschke soll den Sieg Preußens durch Zoll=
verein und Heeresreform sich, gewissermaßen automatisch, ohne
notwendiges Eingreifen der Persönlichkeit, vollziehen lassen, als
ein Werk des preußischen Adels; „die Junker haben die Einheit
gemacht"; der „hohe Adel" hat mehr geleistet als das Bürgertum
(das urteilt Treitschke bekanntlich über die Epoche von 1882 und
bezeichnet damit, wie Bismarck, die Dynastien!); Liberalismus

und nationaler Gedanke bedeuten so gut wie nichts; als Beispiel, daß Treitschke keinem Hohenzollern die Wahrheit sagen kann, er=
scheint vornehmlich — Friedrich Wilhelm IV.!

Und auf der Höhe dieser Weisheit steht das Schlußkapitel: Wahres und Falsches dicht durcheinander. Es ist ein rascher Blick auf Friedrich III. und Wilhelm II., die Militarisierung Deutsch=
lands, den Zusammenstoß des jungen Kaisers mit den Trägern des alten Ideals, deren Schüler er gewesen ist und deren Strafe er wird. Guilland glaubt es dem Klatsche, daß Treitschke nur durch den Tod schweren persönlichen Konflikten entzogen worden sei. Und Treitschke hat den Verfall des öffentlichen und sittlichen Le=
bens in Deutschland ja noch selber beklagt: wer aber, meint Guil=
land, sind „die ersten Urheber" davon, wenn nicht die kleindeut=
schen Historiker selbst, die Vorarbeiter und Vergötterer Bis=
marcks? Ich habe hier nicht zu entscheiden, was unserem Volke durch die große Entwicklung seit 1850 zugleich verloren gegangen ist, und ob es dabei auch überflüssige Opfer gebracht hat und wer dafür verantwortlich wäre: die Einseitigkeit und Geistlosigkeit eines Urteils, das eine unendlich komplizierte, wirtschaftliche, so=
ziale, geistige und staatliche Entwicklung einer ganz bestimmten, engbegrenzten, nicht einmal unmittelbar führenden Gruppe von Tendenzen und Männern zur Last legen will, liegt ohnehin am Tage. Ganz ohne persönliches Bekenntnis kann man indes ein Buch wie dieses nicht besprechen, auch nicht an wissenschaftlicher Stätte; und da darf ich Guilland doch die Antwort geben, daß wir in Deutschland durchaus nicht, wie er es annimmt und darstellt, mitten im Bankerotte zu stehen vermeinen: im Gegenteil, der ver=
stimmte Pessimismus einiger Jahre ist dabei, sich zu legen, leben=
dige und allgemeine Aufgaben treten, in Nähe und Ferne, der Nation vor das Auge. Hätte Guilland an der Hand der Ge=
schichtschreibung, „das neue Deutschland", das er beurteilt und verurteilt, ganz begreifen wollen, so hätte er — ich wies darauf hin — noch andere Richtungen unserer Historie erörtern müssen, die für das wirtschaftlich=politische Streben der Gegenwart be=
zeichnend und wirksam sind. Aber auch die großen nationalen Historiker, die er allein behandelt, sind mit ihrer positiven Erbschaft an dem Aufstreben des heutigen Tages lebendig beteiligt: die Er=

zieher, die alten Pfadfinder der Kraft und des Stolzes ihrer Na=
tion. Die Aufgaben wechseln, und manches an der neuen Zeit hat
die Wortführer der älteren gekränkt: das Beste und Stärkste an
ihnen, so dürften wir vertrauen, geht unverloren weiter. Sie sind,
trotz Guilland, noch lange nicht tot.

Die Universität Heidelberg im 19. Jahrhundert

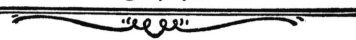

Festrede zur Hundertjahrfeier der Wiederbegründung durch Karl Friedrich von Baden, in Gegenwart des Großherzoglichen Paares gehalten zu Heidelberg 1903

ektor der Univerſität, die wir auf dieſe Art von neuem begründen, wollen wir ſelbſt ſein und unſeren Nachfolgern in der Kur dieſe Würde hinterlaſſen": die Worte aus Karl Friedrichs Organiſationsedikt von 1803 ſind durch dieſe Feiertage in mannigſachem Widerhall hindurchgeklungen: ſie geben den Grundton unſeres Gedenkens an. Die „Gemeinnützigkeit" dieſer hohen Schule „für unſere Lande" hatte der Fürſt durch ſeine Neuordnung zunächſt ſichern wollen. Es war noch dasſelbe Heidelberg, deſſen wohltätige Luft und Fruchtfülle dereinſt im Jahre 1385 Papſt Urbans VI. Stiftungsbrief gerühmt hatte, dieſelbe Univerſität, die er beſtimmt hatte, der anlockende Quell zu ſein, aus deſſen Reichtum ſämtliche ſchöpfen ſollen, die ſich mit wiſſenſchaftlicher Belehrung zu tränken ſtreben. So hatte denn auch Kurfürſt Ruprecht in ſeiner Urkunde die Geſamtheit der römiſchen Kirche dem beſonderen Vaterlande ausdrücklich vorangeſtellt. Seitdem hatte ſeine Schöpfung die großen Wandlungen des allgemeinen Lebens in Geiſt und Staat miterfahren. Sie hatte der Scholaſtik gedient und den Humanismus kommen ſehen, ſie hatte ſich der Reformation geöffnet und deren Kämpfe zu ihrem Teile durchſtritten und durchlitten. Sie hatte Tage von weltweiter Bedeutung erlebt, als Univerſität des kriegeriſchen Calvinismus von Friedrich III. ab, und dann des aufgeklärten Fürſtentumes unter Karl Ludwig. Lange hatte ſolcher Glanz und ſolches Glück ihr beide Male nicht geleuchtet, und ſeit den 80er Jahren des 17. Jahrhunderts ſank die Verdüſterung ſchwer auf ſie herab. Unter den Herrſchern der Neuburgiſchen und der Sulzbacher Linie friſtete ſie, fremdartiger geiſtiger Leitung ausgeliefert, dem Geſamtleben Deutſchlands entrückt, ein dumpfes und unfruchtbares Daſein; und als ſie, nach den Stürmen der Revolutionskriege, 1803 mit den rechtsrheiniſchen Trümmern des pfälzer Staates in die Obhut des Markgrafen von Baden überging, war ſie arm und matt, faſt ohne Lehrer und Schüler, ohne Anſehen und eigenes Daſeinsrecht: das Ende der Pfalz mochte auch ihr Ende bringen, ein ruhmloſes und kampfloſes Erlöſchen. Karl Friedrich, ſo ſchrieb ihm ſein vertrauter Geheimrat Brauer, hatte „mit Heidelberg nicht mehr

315

als ein unentgeltliches Privilegium zur Anlegung einer durchaus
neu zu dotierenden Universität erlangt". Er aber griff es auf;
und Kuno Fischer hat mit eindringlichen Worten die Tiefe des
Einschnittes gekennzeichnet, mit dem das Jahr 1803 die alte und
die neue Universität voneinander scheidet, die kirchliche Weltanstalt,
die herabgesunken war zur engen pfälzischen Landesschule, und die
badische Hochschule, die alsbald emporwuchs zur deutschen Uni=
versität.

Es waren die Sterbezeiten des alten Reichs. Aus seinem unaus=
weichlichen Verfalle stiegen die vergrößerten Einzelstaaten, die deut=
schen Mittelstaaten hervor, seit langem die Träger alles wirklichen
staatlichen Daseins in Deutschland, die Erben sowohl der lebens=
unfähigen Zwerggewalten wie der längst altgewordenen univer=
salen Kaisergewalt im Reich, die Säulen, auf denen noch das Ge=
wölbe des heutigen Reiches zum einen, großen Teile ruht. Das
Baden des Kurfürsten und Großherzogs Karl Friedrich war unter
diesen Bildungen eines einebnenden, zusammenfassenden, patriar=
chalischen Absolutismus, trotz aller bald überwundenen bunten
Sonderbarkeit seiner Gestalt und seiner Elemente, der wohltätig=
sten, lebensvollsten eine und sicher die maßvollste von allen: an
der Grenze und unter der Faust des französischen Nachbarn doch
allezeit, nach Wunsch und Wirksamkeit, ein deutscher Staat, beseelt
von der milden und dennoch schöpferischen Weisheit seines greisen
Herrn. Ordnend und verbindend, im wahrsten Sinne aufbauend,
fügten er und seine hohen Beamten die rasch erworbenen Trüm=
merstücke so vieler Territorien zu einem neuen Ganzen; so reihten
sie auch die alte Universität ihrem Baue ein. Die beste Sprache
des XVIII. Jahrhunderts klingt aus Karl Friedrichs berühmtem
Statut. In seinen 34 Absätzen regelt es, eingehend und sorgsam
nach der Art dieses erleuchteten und wohlmeinenden Fürstentums,
Unterhalt und Verfassung der Hochschule. Es ist nicht alles so ins
Leben getreten, nicht alles in den Formen verblieben, wie es hier
vorgesehen wurde. Weder die etwas umständliche Verflechtung
der vier alten Fakultäten mit fünf neuen, rein wissenschaftlich ge=
gliederten Sektionen, noch die allzustarke Verkürzung der Ferten,
die enge Beschränkung der studentischen Freizügigkeit, die ebenso
engen Regelungen des Aufsichtswesens über den Studienbetrieb

der Lehrer und über die Lebensweise der Schüler hat sich erhalten,
vieles wurde noch unter dem Neubegründer selber wesentlich verändert. Auch der eigentümlichste Zug des Edikts, der Zusammenschluß katholischer, lutherischer und reformierter Professoren in ein
und derselben theologischen Fakultät, erlosch, als 1807 die katholische Theologie in das neuerworbene Freiburg übertragen ward.
Aber der Grundzug blieb: das Privileg verschwand, die Universität wurde staatliche Anstalt. Der Staat gab ihr die Mittel zum
Dasein und nahm dafür die oberste Leitung in seine Hände. Er
ließ ihrer Selbstverwaltung und Selbständigkeit schließlich allen
notwendigen Raum, aber er fügte sie seinen Organen ein: die
Grenzbestimmung zwischen Freiheit und Regiment ist nach dem
Tasten der ersten Tage bald gefunden und durch alle Schwankungen des Jahrhunderts hindurch immer wieder auf das glücklichste hergestellt worden. Und dieser Staat verkündete den
Grundsatz der religiösen Duldsamkeit, er hob seine Universität über
die schmerzensreichen Einseitigkeiten der letzten Jahrhunderte
empor. Er versprach ihr wie geistig so materiell eine ungehemmte
Entwicklung: auch für die Anstalten, deren Forschung und Lehre
bedürfen würden, übernahm er die Sorge. Auf allen Gebieten
griff er alsbald wohltätig ein: er beschnitt mit fester und schonen-
der Hand die argen Auswüchse studentischer Roheit, die aus der
alten Zeit in die neue herüberkamen und mancherlei Nahrung
fanden in der Unsicherheit und Gewalttätigkeit der vielbewegten
ersten Jahre des Jahrhunderts; er gab den Medizinern und Naturforschern ihre ersten Institute, den Theologen und Philologen
ihre ersten Seminare, der Bibliothek ihre sicheren Grundlagen —
alles bescheiden und eng, und doch in bedrängter und armer Zeit
eine wahre Schöpfung. Hervorragende Männer haben von
Karlsruhe aus an diesem Werke geholfen: vor allen anderen Sig-
mund von Reizenstein, der eine von den Mitbegründern des badischen Staats, gelegentlich der gestrenge und eifervolle Kurator
und immer, vierzig lange Jahre hindurch, der beratende, mah-
nende, stützende Freund unserer Universität, der erste Typus des
badischen Staatsmannes, wie ihn das Jahrhundert zum Heile dieses Landes und seiner hohen Schulen noch so mannigfach wieder
erneuert hat, in dem sich mit dem rechnenden Ernste der Verwal-

tungs= und Regierungsarbeit die freie, teilnahmsvoll mitschaffende Freude am Geistigen lebendig durchdrang. Und über allen die Persönlichkeit des Herrschers selbst: sicher und gütig, der ernsthaft schlichte, klare und ehrwürdige Mann, mit seiner hellen und war= men Frömmigkeit, seiner ausgeglichenen und innerlichen Reife, der väterliche Fürst, der seinem Lande in einem langen Leben vor allem ein Mehrer friedlicher Güter sein gewollt und der, als ihn die wilde Woge des Weltkampfes halb wider Willen zu neuer und weiterer Macht emportrug, auch seiner neuen Gewalt den tiefen Stempel friedfertiger Eroberung eingedrückt hat — die schöne, menschlich schöpferische Erbschaft des Zähringer Hauses und des gesamten badischen Staats, die wir als einen Segen des nun voll= endeten Jahrhunderts dankbar und herzlich preisen.

☞ ☞ ☞

Denn ein ganzes Jahrhundert ist es ja, auf dessen Lauf diese Feier die Blicke hinweist: das stolze und reiche XIX. Jahrhundert mit seinem ewig wechselnden und doch so eigenen Inhalt, das da= mals eben emportaucht aus den Wirbeln der Revolution, noch ganz überströmt vom Geiste der Aufklärung und doch schon hin= gewandt auf die Küsten einer neuen Weltansicht, historisch in ihrem Geiste, national und realistisch in ihren Zielen und Formen, Altes und Neues bereits in innerlichem Ringen. Und Altes und Neues, jede entscheidende Phase der anbrechenden Zeit, sollte sich in dem Leben der Anstalt spiegeln, deren Geburtsfest wir begehen: man= nigfach und in anregungsreicher Fülle und beinah Überfülle der Gedanken, der Richtungen, der lebendigen Menschen, so daß in Heidelberg, greifbarer, vielseitiger und stärker, so möchte ich glau= ben, als an den meisten Stätten deutschen Lebens, das Bild des Jahrhunderts sich uns, mit frisch besonderen und doch allgemein= gültigen Zügen, anschaulich, ja leuchtend vor die Seele stellt. Und erst das neue Heidelberg wurde fähig, solch ein Spiegel des Ganzen zu werden: es hatte von Anbeginn her zu seinem Teile den Vorzug der jungen Universität, wie ihn einst Wittenberg, Halle, Göttingen, wie ihn Berlin, Bonn, Straßburg genossen und geübt haben: alles Lebendige ungehemmt bei sich aufzunehmen

und ihm die Wege zu bahnen in die Welt. In der Tat, ein merk=
würdig rasches Erwachen und Regen vom ersten Jahre an. Karl
Friedrich und seine Räte rufen, mit offenem Herzen und offener
Hand, von allen Seiten, für alle Wissenszweige schaffenskräftige
Lehrer; da kommen de Wette und Marheineke, Paulus und Voß,
Creuzer und Böckh, Heise und Thibaut, Klüber und Zachariae,
Nägele und Ackermann — Namen und Gegensätze aus allen Fa=
kultäten. Das erstorbene Heidelberg erhält seine Buchhandlung,
seinen Verlag, seine bedeutsame Zeitschrift; überall sprießen die
neuen Triebe plötzlich auf. Auch die Studenten wandern zu. Das
Edikt von 1803 hatte gemeint, die große Mehrzahl der studieren=
den Jugend mache doch die zu bildende Geistlichkeit aus. Ganz
im Gegenteile waren es die Juristen, die zahlreich kamen, und das
vornehme Göttingen lieferte den reichlichsten Zuschuß; Nord=
deutsche aus allen Landschaften und Staaten vom fernen Osten an
stellten sich ein, bald reichte die Gesamtzahl in die 400 hinein. 1807
zählte man in einer Gesamtheit von 432, wovon ein Drittel Lan=
deskinder waren, volle zwei Dritteile Juristen und Kameralisten,
ein Sechstel Theologen, kaum ein Achtel Mediziner und nur ein
Zwanzigstel Humanisten;[1] in anderen Jahren überwogen die
Juristen noch stärker; immer aber war es eine gesamtdeutsche
Studentenschaft.

Und auf welchen Boden traten alle diese Ankömmlinge? Das
alte Deutschland zerbrach; Klüber und Zachariae lasen das
Staatsrecht des Rheinbundes, und wenn sie Reichsstaatsrecht an=
kündigten, so war es das des französischen Empires; die blauen
Linien jenseits des Rheines — das waren ja französische Berge.
Aber die Luft in Heidelberg war deutsch, deutsch die kleine garten=
durchzogene Stadt am grünen Flusse mit ihren alten Toren und
ihren läutenden Viehherden, mit ihren Wäldern und ihren Ber=
gen, deutsch die Poesie und die Erinnerungsmacht ihres Schlosses,
der Blick auf alle die Stätten einer heiligen Geschichte ringsum.

---

[1] Winter 1807: 432, Abgang 100, Zugang 115, 141 Inländer, 291 Ausländer,
74 Theologen, 223 Juristen, 70 Kameralisten, 51 Mediziner, 14 Philosophen
(Karlsruher General=Landesarchiv: Heidelberg, Studien, die Übersicht der Akade=
miker und Einsendung der Logislisten betr., 1013, 1806—1822. Von 1819 ab:
Adreßbücher der Universität, auf der Heidelberger Bibliothek.)

Man lebte im Rheinbunde und strebte noch kaum hinaus; aber die Empfindung von Vergangenheit und Eigenart, von Volk und Volkstum stellte sich bald ein: aus der Weltbürgerlichkeit und der Verstandesgenügsamkeit der alten Bildung rettete sich in diesem Heidelberg die Romantik des jungen Geschlechts in das Reich der Empfindungen, in Glauben und Geschichte, in Sang und Kunst der deutschen Vorzeit. Der erste Gegenschlag gegen Aufklärung und Fremdherrschaft geschah durch die Poeten. Und hier in Heidelberg zogen sie ein, seit 1804, die Brentano und Arnim und ihre Freunde und Jünger, und die gelehrten Prediger ihrer neuen Weltansicht, die Görres und Creuzer. Die ganze Traumwelt der historisch gewendeten Romantik blühte ihnen aus diesem Erdenwinkel entgegen, der ihnen selber eine Romantik hieß, unter rauschenden Bronnen und grauen Ahnenbildern. Wie hat Clemens Brentano diese Welt geschildert, Brücke und Markt und fröhliches pfälzisches Treiben, und dann den Mondenschein über dem stillen Tal, wo ihm der Gedanke des Vaterlandes in die Seele greift; wie hat Joseph von Eichendorff diese Landschaft lebenslang im Herzen getragen und diese Jahre dargestellt aus strahlender Erinnerung! Aus Heidelberg ging des Knaben Wunderhorn in die deutsche Welt und half ihr das Bewußtsein ihrer Volksart wiederfinden. Und auf das reichste strömte die Anregung der historischen Wissenschaft zu, ein Drang zum Nachempfinden, zum Unbewußten, zur Mystik, aber auch zur innigsten Neubelebung aller Vergangenheit: die Wissenschaft vom deutschen Altertum, vom deutschen Wesen erstand. Die beiden Grimm waren diesem Kreise befreundet; aber auch August Böckh hat sich ihm zugeneigt; und Joseph Görres verkündete den staunenden und gebannten Hörern die Rätsel seiner Naturphilosophie, Creuzer versammelte die breiten Scharen der Studenten, die alle mit ihm nach etwas Neuem, Tieferem, Geheimnisvollem drängten, um seine Religionsgeschichte des Altertums mit ihren wirren Ahnungen und traumhaft weiten Zusammenhängen: von allen tragischen Schwächen der Romantik auch als Mensch berührt, in seiner Wissenschaft mehr ein Prediger als ein Forscher, und doch einer der wirksamen Wortführer des Neuen, wie es sich schäumend Bahn brach über alle die kühle Verständigkeit der letzten Zeiten hinweg.

Das Heidelberg, wie das XIX. Jahrhundert es geliebt hat, als eine Stätte von Schönheit und seelisch-landschaftlichem Reiz, ist damals entdeckt worden. Der Freiherr vom Stein aber hat ihm bezeugt, daß es zugleich eine wirksame Kraft ward für die Gesinnungen und für die Taten: hier habe sich, so hat er geurteilt, ein gutes Teil des deutschen Feuers entzündet, welches später die Franzosen verzehrte. Und auch in Heidelberg sank die Zahl der Studenten in den Kriegsjahren tief hinab.[1] Auch in Heidelberg betätigte sich dann der neue studentische Geist: was die Neubildung der Studentenschaft seit 1803 begonnen hatte, vollendete erst die deutsche Burschenschaft: eine Reinigung und Durchgeistigung des gesamten studentischen Lebens. Sie hat hier die Landsmannschaften, die Korps nicht zu erdrücken vermocht: auch diese blühten vielmehr auf und weiter. Aber ihren Einfluß übte die Burschenschaft auf alle; Idealismus und Poesie blieben in ihrem Gefolge. Nicht politisch war übrigens in Heidelberg ihr vorwiegender Charakter; erst allmählich drangen die politischen, die radikalen Gedanken in der Burschenschaft vor; ihre Anfänge waren, wie bei den Poeten des ersten Jahrzehnts, vor allem vom romantischen Geiste erfüllt und beide zusammen stellen sie die phantastische Kindheit, die aufblühende Jugendlichkeit des neuen deutschen Lebens liebenswürdig dar. Aus Richard Rothes Jünglingsbriefen weht uns noch heute der ganze Reiz dieser Tage mit ihren Träumen, ihrer Weichheit, ihrem hellen, begeisterungsvollen Schwunge bestrickend entgegen. Und schon nahm von 1816 ab, wenngleich nur auf kurze Jahre, der große Ordner Hegel diese Jugend in seine schöpferische Zucht: die Burschenschaft wurde „philosophisch". Dann aber drang in Heidelberg neben und über den Antrieben der Romantik die andere, neuverstärkte Geistesrichtung des Jahrhunderts vorwärts und nahm die Führung: der Liberalismus.

Haben die beiden Mächte doch überall in diesem Jahrhundert, und zumal in unserem Vaterlande, gegeneinander und miteinander wirkend alles Leben beherrscht: neben der historisch-organischen, konservativ gestimmten Richtung, die sich wider die Ein-

---

[1] W. 1809: 437, W. 1812: 324, S. 1813: 276 (91 Inländer, 185 Ausländer), W. 1813: 227 (75 und 152), die aber noch auf 154 sanken, S. 1814: 206 (48 und 158), W. 1814: 328 (63 und 265).

seitigkeiten der Aufklärung erhob, zugleich die liberale, die das unvergeßliche Befreiungswerk der Aufklärung und der Revolution fortsetzte, auf allen Gebieten, in Wirtschaft, Gesellschaft, Staat, Geist. Dem Kampfe und dann dem Ausgleiche der beiden Kräfte sind die eigentlich großen Schöpfungen des Zeitalters entsprossen. Dem deutschen Süden schrieben es die politischen wie die Bildungsverhältnisse vor, daß in seinen Mittelstaaten der liberale Gedanke bald hervortrat. Und man darf es wohl für Heidelberg bezeichnend nennen, daß von hier im Jahre 1814 Thibauts berühmter Aufruf für das allgemeine bürgerliche Gesetzbuch, für die Rechtseinigung der Deutschen erscholl: politisch unausführbar, wie er damals und lange war, wissenschaftlich von den Schwächen naturrechtlicher Vergangenheit keineswegs frei, gab er, aus dem Munde des wesentlich konservativen Juristen, dennoch das Signal alles künftigen Strebens, das von dieser Stätte ausgehen sollte: Einheit der Nation! Das aber war vor allem, soviel auch die Romantik dazu mitgewirkt hat, doch das letzte Ziel der liberalen Gedanken.

Zuerst war es ein sozusagen negativer oder reaktionärer Liberalismus, der sich in Heidelberg den Romantikern entgegenwarf. Da führte aus seinem Turmhause an der Plöck der alte Johann Heinrich Voß den Streit, der hagere, knorrige Niederdeutsche, der seine Ideale der Nüchternheit, gesunde und einseitige, grob und grimmig gegen die Unklarheit und die Unfreiheit, aber auch gegen die Tiefe der Jüngeren verteidigte. Da trat ihm von 1811 ab der Schwabe Paulus zur Seite, der vielverhöhnte Rationalist: unter den Theologen, neben der vollen und warmen Persönlichkeit Karl Daubs, des Vertreters der neuen Religiosität, und seiner erst mystischer, dann hegelisch gefärbten Dogmatik, der Wächter der alten Verstandeslehre, der grundsätzlichen Toleranz, die er mit allen Waffen der Intoleranz verfocht; das kleine scharfe Männlein von Haut und Knochen, mit den großen Augen in dem fleischlosen Gesicht, für den pfälzisch bürgerlichen und protestantischen Liberalismus der wesensverwandte Vorkämpfer, der ewig streitbare Publizist, durch vier Jahrzehnte hindurch stets auf der Bresche, eine nachwirkende Kraft aus überwundenen Tagen.

Nicht diese Männer blieben für Heidelberg charakteristisch. Ein

maßvoller, nicht so sehr rückwärts als vorwärts gewandter Libe=
ralismus, in dem sich bereits dem liberalen ein gewisses historisches
Element beigesellte, in dem die Gegensätze sich bereits leise mischten,
gewann seit den 20er Jahren allmählich die Überhand. Gewiß:
nicht er allein erfüllte die Universität. Wer aus dem Reichtum der
Fächer und der Persönlichkeiten, die sich hier entfalteten, das
Führende knapp herauszuheben trachtet, wird nie verkennen, wie=
viel von wissenschaftlicher und Lehrarbeit, von dem gewichtigsten
alltäglichen Inhalt einer Hochschule sich solchen raschen Formeln
entzieht. Gestalten, deren Wirksamkeit und Bild die anderen un=
mittelbar überstrahlten, wie Thibaut, der große Pandektenlehrer,
der schöne, hohe, vielseitig lebensvolle Mann, der den Studenten
und der Außenwelt gegenüber die Universität beinah verkörperte,
passen sich ihnen nicht ein; an dem originellsten seiner Fakultäts=
genossen, Zachariae, hätte die feinere Schilderung ein interessan=
tes Durcheinander von Altem und Neuem zu entwirren. Für das
Ganze des geistigen Lebens, das hier vorwärts strömte, bleibt es
trotzdem wahr: es stand unter dem Zeichen jenes neueren Libe=
ralismus. Die Forderungen der Zeit wirkten auf ihn ein, die
Fragen der Verfassung des engeren und weiteren Vaterlandes,
seiner Rechts= und Wirtschaftsordnung drängten sich näher und
näher auf; diejenigen unter den Professoren wurden die geistig
führenden, die dieser Hauch der Gegenwart allmächtig ergriff.
Wer der Universität jener Jahrzehnte, bis nahe an die Mitte des
Jahrhunderts heran, gedenkt, dem steigen Namen auf wie der
Mittermaiers, des Strafrechtslehrers, der Strafrecht und =prozeß
in Deutschland nach dem englischen und französischen Muster zu
verbessern wünschte, der die Rechte und Institutionen verglich,
um aus ihnen praktisch zu lehren, ein beweglicher und offener
Geist voll freien und menschlichen Strebens; oder der Name Karl
Heinrich Raus, des Nationalökonomen, der jenem gleich die Volks=
wirtschaftslehre zumal der Engländer auf Deutschland übertrug
und in seinem Lehrbuch lange maßgebend gestaltete: sie zählten
beide von etwa 1820 ab fast 50 Jahre lang zu den Häuptern der
Universität. In manchem träte Zachariae ihnen an die Seite;
und auch die Vermittlungstheologen der Zeit, Ullmann, Umbreit,
würden sich ihnen beiordnen: auch sie, in Abwehr norddeutscher

Restauration, die Männer maßvoll ausgleichender und vorwärts=
schreitender Forschung und Religiosität.

Vor alle aber stellten sich als Träger der heidelbergischen
Eigenart und ihres weiten Einflusses auf die Nation die H i s t o =
r i k e r. Aus dem Drucke der Restauration schritt Deutschland
durch die Erschütterungen, den Aufschwung, die Enttäuschungen
der 30er Jahre immer deutlicher seinem politischen Zeitalter zu;
das Leben der Nation wurde breiter und zugleich zusammenhän=
gender; die Verfassungsstreitigkeiten wuchsen; die Erbitterung
über die Schwäche und Unsicherheit der Gegenwart, die Sehnsucht
nach festem und einheitlichem staatlichem Rechte stieg. Auch in
unser Universitätsleben griffen alle diese Fragen hinein: die Bur=
schenschaft war um 1830 politischer und radikaler geworden, hatte
sich unreif genug an den Wirren beteiligt, der Rückschlag traf auch
Heidelberg, und die Sturmvögel der Revolution regten die Flügel.
Vor allem aber: die politischen Probleme der deutschen Welt riefen
nach Antwort und suchten sie auch bei der Wissenschaft. Die poli=
tische Historie sollte sie erteilen: durch ihre Sprecher ganz beson=
ders gewann Heidelberg für beinahe ein halbes Jahrhundert in
Deutschland den breitesten Widerhall, und nicht der Fachgeist des
Historikers ist daran schuld, wenn er von Schlosser, Häusser,
Treitschke mehr künden zu müssen glaubt als von so manchem sonst.

Welch eine Kette glorreicher Namen! Und in einem jeden von
ihnen, in mächtiger persönlicher Entfaltung, zugleich die Eigenart
einer Generation. Im XVIII. Jahrhundert wurzelt Friedrich
Christoph Schlosser, der 40jährig 1817 hierherkam und erst 1861
starb: einer der Großen unserer Universität. Ein Schüler der
Aufklärung und des kantischen Idealismus, ein Historiker von
universaler Weite, für seine Zeit vornehmlich wichtig durch seine
Geschichte des XVIII. Jahrhunderts: das schildert er als die
Epoche der Auflösung aller mittelalterlichen Mächte, aller Un=
gleichheit und Unfreiheit in Geist, Gesellschaft und Staat, mit
großartiger Einheit und Wucht —, freilich durchaus als Kläger
und als Richter; der Jünger des kategorischen Imperativs, mißt
er die Welt am Maße seiner Moral und sendet Fürsten und Mini=
ster erbarmungslos in die historische Verdammnis. Und diesen
Sohn der versinkenden literarisch=philosophischen Zeit hörte das

vielgequälte Bürgertum der neuen, politischen, und fand in ihm, dem großen Tadler, seinen Propheten. Im Grunde mehr und mehr ein Fremder in der Welt, die ihn umgab; ein geistiger Aristokrat, dem nur die Zartheit des Innerlichen Wert besaß, der hier in Heidelberg, nach außen schroff und stachlig, sein hochgestimmtes Sonderleben führte, hat der strenge Friese mit dem stolzen, scharfgezeichneten weißen Haupt, mit dem feurigen einen Auge, als Lehrer und Schriftsteller von den 20er Jahren an bis an die deutsche Revolution durch die Kraft seiner starken Natur die Zeitgenossen mit sich gerissen, als gehöre er zu ihnen selbst; trotz allem eine der geistigen Großmächte gerade unseres Südens. Seine Erbschaft aber ging schon zu seinen Lebzeiten in zwei Richtungen weit auseinander: sie teilte sich zwischen Gervinus und Häusser. Der erste, wie es im Grunde Schlosser gewesen war, nach seiner eigensten Anlage vornehmlich ein Mann der Literatur, deren Geschichte sein Meisterwerk begründet hat, und dennoch durch den Drang der Zeit, durch Gewissen und Absicht beinah gewaltsam hinübergestoßen zur Politik, so daß er dieser allein noch ein Recht auf die deutsche Zukunft zuerkennen wollte — der zweite durch denselben Strom wieder noch um ein Stück weiter getrieben: weniger bedeutend gewiß als Gervinus, aber einheitlicher und kräftiger, das echte Kind der hellen Pfalz, warmherzig, tapfer und lebensfrisch, ward Ludwig Häusser zum vollen Ausdruck der Jahrhundertmitte, ein Politiker ganz und gar wie seinem Willen, so seinem ursprünglichen Wesen nach, auf jeder Stufe seiner Entwicklung vom Pulsschlag seiner Gegenwart durchbebt, ihr Schüler und ihr Lehrer. Er führte vor nunmehr 60 Jahren, selbst noch ein Jüngling, den jungen Prinzen in die Wissenschaften ein, der später zum Schutzherrn unserer Hochschule ward. Er wuchs mit seiner Generation aus Schlossers Welt völlig in die neue staatliche Wirklichkeit hinüber. Er machte mit Gervinus vereint den idealistischen Versuch, in der kleinen Universitätsstadt eine große allgemein-deutsche Zeitung zu schaffen, und sah ihn scheitern. Er kämpfte und lernte in der deutschen Revolution, deren wirre Bewegung, grotesk und bitterernst, auch unsere Stadt und unsere Hochschule erschütternd ergriff. Er blieb in aller Größe und aller Wüstheit, in aller Sehnsucht und aller Enttäuschung der Sturmes-

jahre dem Streben maßvoller Einheit und maßvoller Freiheit ge=
treu und reifte in ihnen zum Mann. Er ging als ein Banner=
träger des preußisch=deutschen Gedankens, ernüchtert aber ent=
schlossen, hinüber in die Epoche der Reaktion. Er wurde in ihr,
auf seinem Heidelberger Katheder, zum machtvoll werbenden Pre=
diger seiner Idee, zum führenden Lehrer seiner Universität, zu
einem der historisch=politischen Erzieher seiner Nation. Und er
kämpfte den Kampf um deren Zukunft mit den Waffen seiner
Wissenschaft: seine Deutsche Geschichte erzählte den Zeitgenossen,
wie ihre heutige Staatenwelt um die Jahrhundertwende entstan=
den war, und entzündete ihren Zorn, ihre Willenskraft und ihre
Hoffnung durch den klaren und warmen Bericht über die Nieder=
lage und den Sieg von 1806 und 1813. So trat er, der Historiker
und der Realist, in den Vordergrund seines Jahrzehnts.

℞ ℞ ℞

Dieses aber brachte für Heidelberg den Anfang seiner reichsten
Zeit. Wenn es jemals ein Abbild alles deutschen Daseins gewesen
ist, so war es das in diesen Jahren nach der Revolution. Da waren
die Radikalen in Geist und Staat; da kamen die Gäste wie Gott=
fried Keller, Ludwig Feuerbach, David Friedrich Strauß, und
hinter ihnen die Kämpen der Kaiserpartei, die Gothaer, Heinrich
von Gagern, Wilhelm Beseler, und beide fanden sie ihre Genossen
im Schatten der Universität. Beiden entgegen die Männer des
Rückschlages gegen 1848, die Bekehrten und die Eiferer: deren
Führung nahm die Kirche der zwei Bekenntnisse, in engem Bunde
mit der staatlichen Gewalt: Gervinus, Kuno Fischer, Moleschott
traf der Angriff. Und während der politische Kampf damals in
Deutschland erstarrte, der geistige flutete weiter, und in ihm das
Leben. Er durchströmte diese Universität. Ihre Studentenschaft
hatte um 1830 einmal die 1000 erreicht; seitdem trat jede Schwan=
kung der deutschen Geschicke in ihren Zahlen zutage, jetzt sanken
sie wieder um Hunderte herab: Heidelbergs nationale Stellung
aber berührte das nicht.

Über ganz Deutschland ging der Glanz Vangerows, des be=
geisterten und klaren Lehrers des römischen Rechts, der Thibauts

Erbe war; Mittermaier und Rau lehrten fort, Zöpfl vertrat in diesem staatlich-rechtlichen Kreise den großdeutsch-katholischen Zug der Zeit, Robert von Mohl, der Schwabe, dessen kluge und herbe Erinnerungen uns die Bilder dieser Tage besonders lebhaft vorhalten, den Drang auf Einheit und Verfassung im Sinne der Liberalen: Staatsmann und Gelehrter zugleich, umfassend und scharf, durchaus ein Mann dieser Tage des Wollens und des Streits. Auch bei den Theologen die gleichen Zeichen: die friedlichere Richtung wich immerhin einem Bestreben, handelnd einzugreifen, die Kraft der Kirche zu befestigen und in den Gegensätzen zu betätigen; Ullmann, Schenkel, Hundeshagen nahmen, wenngleich ohne einen Bruch mit Heidelbergs Vergangenheit, diesen Weg. Zugleich aber hob sich aus ihrer Mitte in zarter und wunderbarer Blüte der religiöse Genius Richard Rothes hoch empor: der Denker und Prediger, den man unter den Trägern des deutsch-protestantischen Geistes seines Jahrhunderts Schleiermacher am nächsten angereiht hat, der Schüler der Romantik, des Pietismus und Hegels zugleich, der aus allen Einflüssen und Erscheinungen doch nur seiner feinen und tiefen Eigenart mit stiller Sicherheit Nahrung sog; erfüllt von einer alles beherrschenden und verschmelzenden, fraglosen Religiosität, aber Bekenner eines Glaubens, dem die Kirche wenig war neben der Entwicklung der religiösen Innerlichkeit, der das Ewige im Leben der Welt, des Staates, des Alltages suchte und unbefangen hinaussah in alles Streben seiner Gegenwart; ein Mystiker und Poet, ein Dialektiker, der alles Weltleben mitfühlend einfing in seinen großen Gedankenbau, und der praktisch ebendeshalb der Verfechter der geistlichen Freiheit, des unbedingten Rechtes jeder Forschung und Lehre, der Mitarbeit der Gemeinde in seiner Kirche ward: so tapfer und klar wie rein, bescheiden und mild; durch sein Dasein selber ein lebendiges Zeugnis dessen, was er verfocht, der Unsterblichkeit seines Christentums in jeglichem Wandel der Zeit.

So darf man, im Hinblick auf das Neue jener Tage, den Jünger Hegels wohl mit denen zusammen nennen, die damals den allgemeinen Geist des Gegensatzes gegen die idealistische Philosophie, den Wirklichkeitsdrang des fortschreitenden Jahrhunderts, der Hegels Vorherrschaft abgelöst hatte, neben und über den Historikern am gewaltigsten vertraten: mit den großen Naturforschern, die jetzt ihren Einzug hielten in Heidelberg.

Gewiß, auch sie waren auf diesem Boden nicht ohne gewichtige Vorläufer. Die Medizin hatte von Anfang her steigende Pflege genossen. Zuerst freilich faßte wohl ein einziger Professor fünf Lehrfächer in sich zusammen; dann traten nach 1815 eine Anzahl bedeutender Praktiker hervor. Von Tiedemann, dem Anatomen, und Gmelin, dem Chemiker und Physiologen, gestützt, errichteten neben dem genialen Frauenarzt Nägele zumal Chelius und Pu= chelt ihre Kliniken und führten Heidelberg allmählich auf einen ersten Gipfel medizinischer Wirksamkeit. Chelius insbesondere, der Chirurg, erschien in langen Jahrzehnten wie die Verkörperung dieser Blüte, ein vornehmer ruhiger Mann und berühmter Ope= rateur, als Arzt, als Organisator und Schriftsteller ein Repräsen= tant seiner selbständig gewordenen Wissenschaft über Europa hin. Um 1830 erreichte der Besuch der Fakultät eine stattliche Höhe; die Kliniken, anfangs unvollkommen genug, wurden größer und freier, Heidelberg eine vielgesuchte Krankenstadt. Doch diese erste Blüte begann um 1840 zu welken. Die führenden Ärzte wurden alt, der Geist der Medizin wandelte sich, wurde naturwissenschaft= lich strenger und strenger. Auf die symptomatologische Krank= heitserkenntnis und Behandlung folgte die anatomische und die physiologische; nach 1840 drang ein jüngeres Geschlecht auch in Heidelberg ein, ein glänzender Praktiker wie Pfeufer, ein bahn= brechender medizinischer Anatom wie Henle erklärten dem alten Betriebe vom neuen naturwissenschaftlichen Boden her den Krieg, und es gab unbehagliche Zeit. Die beiden Neuerer wichen 1852, und eine zeitgemäße Wiederherstellung gelang erst spät: dazwi= schen lag eine Periode des Niedergangs.

Da waren es die Naturforscher vornehmlich der philosophischen Fakultät, die jener Erhebung vorarbeiteten, und die in sich selber das Höchste erreichten, wovon die Geschichte unserer neuen Uni= versität erzählt. Die drei Großen traten auf ihren Platz. Sie hatten sich alle auch ihrer Fachvorgänger, der Gmelin, Jolly, Ar= nold, wahrlich nicht zu schämen. Aber das große Zeitalter der Naturwissenschaften, das um die Jahrhundertmitte nach lang= samem Aufstiege nun auch in Deutschland mit unvergleichlichem

Glanze kulminierte, die Auswirkung aller Triebe der neuen Zeit, der volle und mächtigste Durchbruch jenes Wirklichkeitsstrebens, das alle Wissenschaften ringsum ergriff: das kam hier doch erst mit Robert Bunsen, Gustav Kirchhoff, Hermann Helmholtz zu seinem Siege. 1852, 1854, 1858 zogen sie in Heidelberg ein, bis 1871 und 1875 blieben sie hier vereint; ein Licht, das die Menschheit umfaßte, strahlte von ihnen aus, und diese Universität trat an die Spitze einer Zeit= und Weltbewegung.

Wie dürfte ich mich vermessen, ihr Werk und ihren Wert, gar ihre Stellung in der Geschichte ihrer Wissenschaften hier umschreiben zu wollen! Aber auch der Laie wird ihr Zusammenstehen dankbar preisen, und wer die Geschichte Heidelbergs berührt, dem treten sie vor das Auge, in ihrer Verschiedenheit und ihrer Einheit — Kirchhoff, der jüngste, der Ostpreuße, zart und klein, von seinen Zügen, mit aller kritischen Bescheidenheit und Sammlung des eigentlichen Gelehrten, in späteren Jahren, so scheint es, skeptisch selbst gegen die mechanische E r k l ä r u n g der Naturvorgänge, die er einst selbst erstrebt hatte, der Meister zumal der theoretischen Physik. Dicht neben ihm der Riese Bunsen, der Niedersachse, voll Lebenskraft und Lebensfreude, mit der ruhigen Sicherheit und der leisen Schalkheit seines Stammes, aber auch mit dessen abwehrender Zurückhaltung im Persönlichen, bei mancher Freundschaft doch sein Leben lang ein einsamer Mann, von „kristallklarer" und dennoch undurchdringlicher Tiefe. Dabei sein Sinn allen Erscheinungen der Welt weit aufgeschlossen, in aller Wissenschaft und Literatur ein rastloser Leser und Genießer, mit aller Natur von früher Jugend tief befreundet. Er wendet sich nach seinen Anfangsforschungen von der organischen zur anorganischen Chemie und bleibt dann ganz bei ihr, als einer — so nennt ihn sein Nachfolger — der größten Chemiker aller Zeiten. Aber bis in sein Alter gehört seine Liebe und der Ertrag seiner Arbeit den Nachbarwissenschaften zugleich, wie einst der Medizin, so nun zumal der Geologie. Ein großer Experimentator und Erfinder von mancherlei Instrumenten, ist er zugleich der Technik ein bedeutsamer Helfer, ein Pfadfinder der Metallindustrie, der Elektro= und der Photochemie; bis dann, der Welt gegenüber, die gemeinsame Leistung von 1859 ihn und Kirchhoff leuchtend emporhob:

die Spektralanalyse, in ihrer chemischen Bedeutung, wie der Fachmann urteilt, als Mittel chemischer Analyse, vor allem wohl Bunsens Werk, von Kirchhoff dann ausgenutzt zu jenen Schlüssen auf
die chemische Zusammensetzung der Sonne, der fernsten Weltkör-
per, die den Nachlebenden noch heute ebenso erhaben sind wie den
staunenden Zeitgenossen. Und zu den beiden Führern der Dritte,
der universalste von allen. Als Physiolog hat Helmholtz in Heidelberg gelehrt. Schon längst der Erfinder des Spiegels, der die
Augenheilkunde umschuf, hat er am Neckar die Lehre von den
Tonempfindungen, die physiologische Optik abgeschlossen, die
Nervenphysiologie bebaut, sich dann aber weiter und weiter gedehnt zur Ästhetik der Musik und der Malerei, zu erkenntnis-
theoretischen Untersuchungen; er griff hinaus in die Prinzipien
der Geometrie und wandte sich der Physik zu, der sein erster großer Wurf gegolten hatte und in der sein Leben gipfeln sollte. Alle
Erkenntnisgebiete durchzog er, alle Erkenntnismittel stellte er herr-
scherhaft in seinen Dienst, in den Dienst der einheitlichen Natur-
erkenntnis, nach der er strebte; er rang danach, seiner Wissenschaft
ihre Ebenbürtigkeit auch in der Weltansicht seines Volkes zu erobern, er sprach zu dessen Gebildeten: ein zentraler Geist von unermeßlichem Umfang und unermeßlicher Wirkung, eine ruhelos
schöpferische Arbeit, umschlossen von einer olympischen Persönlichkeit: würdevoll, schönheitsvoll, mit dem Stempel des Genius
auf der leuchtenden Stirne.

Wohl war dies ein hohes Geschlecht: diese Männer umspannten die Welt, auch die gewaltigen Hergänge des Tages lebten sie
mit; sie wurzelten in dem breiten Boden allgemeinster Geistesbildung, der heroischen Erbschaft von Deutschlands großer Geistes-
epoche; Person und Wissenschaft war da tief miteinander durchdrungen, und das Haupt des Forschers ragt in den Äther menschlicher Ewigkeit hinaus. —

Die Jahre ihrer Siege aber waren die Siegesjahre unseres
Volkes, unseres Reiches. Die Welle, die sie trug, trug auch den
großen Wirklichkeitsbeherrscher, der Deutschland formte, und in
den Gipfelzeiten dieser Naturwissenschaft gipfelte auch — menschlich zugleich und sachlich ihnen vielfach verbunden — die patrio-
tische und die wissenschaftliche Arbeit der politischen Historiker, in

deren Gefolge wir in das sechste Jahrzehnt getreten sind. Ich darf es nicht schildern, aber es auch nicht verschweigen, was nun die 60er Jahre Heidelberg gewesen sind und was Heidelberg in ihnen der Nation war. Ich darf es nicht verfolgen, dieses Erwachen alles deutschen Lebens vom Ende der 50er Jahre ab, und das Erwachen des badischen Staatslebens zur selben Zeit: wie Baden 1860 durch die Entscheidung seines Fürsten, zugleich mit der vollen Entfaltung seiner alten Eigenart, der Eigenart, die Karl Friedrich begründet hatte, seine klassische Stellung in Deutschland gewann; wie dann die Fluten und die Kämpfe stiegen und stiegen, und wie durch Drang und Not, durch Hoffnung und Verstimmung, durch Begeisterung und lebendige Tat, wie durch das Zusammenklingen schöpferischer Kraft und nationaler Sehnsucht und Hingabe, durch tragisch erschütternden Krieg und zukunftsfreudige Arbeit das Höchste sich vollendete, worum das Jahrhundert gerungen. Ein jeder Schlag und Gegenschlag aber von alledem wurde auch hier mit empfunden und auch hier mit geführt. Heidelberg blieb ein Vorort der Einheitsbewegung, und seine geistige Mitarbeit, die nicht berufen sein konnte, das Werk zu vollbringen — sie half doch es vorbereiten, sie begleitete es, sie stand inmitten der besten Kräfte der großen und wirren Zeit. Es blieben die Männer und Richtungen, die wir kennen: ein heftigerer Drang nach links bei den Theologen, ein starker politischer Nachdruck bei den Juristen, in deren Mitte, ganz ein Sohn dieser staatsschaffenden umwälzenden Tage, der Schweizer Bluntschli trat, ein liberaler Politiker in jeder Faser; an der Spitze aber die beiden Historiker. In den Kämpfen bis 1865 trug Ludwig Häusser die Fahne voran, opferwillig und regsam, an jeder Mühe, jeder Erregung, jeder Enttäuschung, jedem Erfolge des nationalen Ringens dicht beteiligt, bis er unter der allzuschweren Last zusammenbrach, im Angesichte des Sieges: von allen denen, die ich zu nennen hatte, nach Herkunft und Wesen und Lebensgang für Heidelberg und für die Pfalz wohl der bezeichnendste Mann. Doch aus den Händen des Sterbenden nahm Heinrich von Treitschke die Waffen und führte sie glorreich weiter: in diesen Jahren harter und dennoch jauchzender Vollendung der rechte Prophet des neuen Reiches, dessen jugendlich schöne und jugendlich siegreiche Männ-

lichkeit hier warb und ſtritt und flammte, ein Wahrzeichen der
Nation, deren Glauben er den Studenten in die Seele grub, von
unvergeßlichem Eindruck, von unverſieglicher Liebesfülle, für jeden,
deſſen Lebensweg er ſtreifte, eine Kraft, die man feſthält, ein
Kämpfer von Geburt, von heißer, manchmal verſengender, aber
zuletzt doch lebenſchaffender Leidenſchaft — den Großen, die ich
eben geſchildert, ebenbürtig als ein reiner und ſtarker Menſch und
als ein Gelehrter, an dem alles umfaſſend, von großem Zuſam=
menhange und hohem Zuge war, wie ſie gegründet in den Tiefen
goethiſcher Bildung, ſprudelnd und ſprühend von echter Genialität,
auch als Geſchichtſchreiber ein voller und höchſter Ausdruck ſeiner
Zeit, ein Vereiniger und Überwinder der alten geiſtigen Gegen=
ſätze von Liberalismus und Romantik: nur daß bei ihm alles
innerliche Feuer doch ſchließlich nur dazu da ſein wollte, um Eiſen
zu ſchmieden für die Schlachten ſeiner Nation, um Erkenntnis und
Anſchauung, die er weitausgreifend ſammelte, mit der Macht des
politiſchen Willens zu durchglühen, um alle Seelenkräfte zu ſtäh=
len zur volksbegründenden Tat.

❧ ❧ ❧

Ich halte inne. Die Grenze von 1871 — drei Jahre darauf
ſchied Treitſchke von Heidelberg — mag ich als erzählender Hiſto=
riker nicht überſchreiten. Ich habe eine reiche Fülle bedeutender
Menſchen zu nennen und ſie in Gruppen und Entwicklungen ein=
zureihen gehabt: denn nur in deren Zuſammenhange entfalteten
ſich dieſe Einzelnen, und nur im lebendigen Einzelnen wurde die
Geſamtheit wirklich und wirkſam. Und was ergab ſich? Durch
zwei Menſchenalter hindurch eine friſche, vielfältige, geiſtige Be=
wegung, eine bedeutſame Vertretung ſo vieler allgemeiner Er=
ſcheinungen in dieſer Sonderuniverſität. Auch dieſe wieder, als
Ganzes, ſteht innerhalb des Ganzen des nationalen und des uni=
verſalen Geiſtesſtroms und leiſtet innerhalb ſeiner doch ihr eigen
Werk. Ich glaube es ohne Überhebung ſagen zu dürfen: wenn
auch gewiß in jeder unſerer deutſchen Hochſchulen der Inhalt des
Jahrhunderts ſich ſpiegelt, ſo charakteriſtiſch und ſo ſtark hat er
ſich damals vielleicht nur noch in einer einzigen wiederholt. Heidel=

berg tritt an historischer Bedeutung unmittelbar neben Berlin — der Süden zum mindesten hatte keine lebendigere Vertretung als hier bei uns. Man hat gelegentlich auf die Verschiedenheiten zwischen den beiden Universitäten hingewiesen: es sind zugleich die charakteristischen von Nord und Süd, von Preußen und Baden. Man denke an manche Zeit der Berliner Theologie im Vergleiche mit der heidelbergischen, man stelle Hegel und Stahl neben Klüber etwa und Mohl, Savigny neben Thibaut, Ranke neben Schlosser. Zwischendurch würden die Verwandtschaften mannigfach heraustreten, und am Ende die Linien sich einander nähern: Bluntschli zu Gneist, Häusser und Treitschke zu Johann Gustav Droysen, Naturforscher zu Naturforschern. Und deutlich würde sich zeigen, wie lebendig am Neckar in all dieser langen Vorgeschichte des Reichs, inmitten des jungen südwestdeutschen Verfassungsstaates, gerade die Disziplinen des öffentlichen Lebens, juristische wie historische, erblühten: überall springt die allgemein-deutsche Leistung Heidelbergs heraus. Sie wird, nach allen ihren Richtungen, in der deutschen Geschichte ihren Platz behaupten: sie war bis 1871 in ihr eine Macht.

Und seitdem?

Die 70er Jahre brachten Heidelberg kein Glück. Persönliche Zwiste vergifteten die Luft; ein Teil seiner besten Lehrer zog, wie schon einmal um 1810, weg nach Berlin. Nicht nur aus persönlicher Unlust: die sachliche Lage verschob sich auch. Die alte Aufgabe für Deutschland, die so nur außerhalb Preußens zu lösen gewesen war, war gelöst; das Reich bestand, und auch der wissenschaftliche Schwerpunkt wollte sich in die Hauptstadt des Reiches verschieben. Es war der Lohn für Heidelbergs lange Mitarbeit, daß es verlor. Die Zahlen sanken tief, die Winter zumal zeigten gegenüber den Sommern eine klägliche Leere. Allmählich hat sich auch das wieder gegeben; die Zahlen sind längst wieder gestiegen, der Höhe der gesamtdeutschen Besucherziffern gemäß; wir haben jetzt das zwei- bis dreifache der 70er Jahre erreicht. Stets sind die Landeskinder hinter dem Zuzuge von außen erheblich zurückgeblieben; längst hat sich neben das einst erdrückende Übergewicht der Juristen eine immer stattlichere Zahl der Mediziner, der Naturwissenschaftler, der Philosophen gestellt; und wie die Hörerschaft, so ist der Lehrkörper unablässig gewachsen. Ich darf die Menge der Bauten, der neuen Institute nicht aufzählen: Regierung und Stände haben reich für uns gesorgt; ich nenne anstatt vieler nur die zwei Namen Julius Jolly und Wilhelm Noff. Der Einzelstaat hat bald gesehen, daß ihm das Reich nicht einen Verlust, sondern einen Zuwachs aus eigener innerer Kulturarbeit bedeutete; und das Werk all seiner Vorgänger, zumal des gütigen Vaters wie des Großvaters, der ihm zum oft bekannten Muster ward, hat rast= los, glücklich und verständnisvoll der Herrscher fortgeführt, der nun seit einem halben Jahrhundert unser Rektor magnificentissi= mus ist.

Hat unsere Universität so viele Wohltaten erwidert durch Taten? An dieser Stelle, wo alles gegenwärtig Persönliche hinter das sachlich Ganze zurücktritt, darf, glaube ich, ihr Redner auch für das letzte Menschenalter antworten: ja! Er darf sich dessen freuen, was diese Anstalt in Stadt und Staat bedeutet. Er darf gern von der Studentenschaft sprechen, die, in den alten und in immer neuen Formen des Zusammenlebens, in frohem Genusse, aber auch in reicher und freudiger Arbeit, in vornehmem Sinne, zu Heidelberg sonnige und seelisch entscheidende Jahre verbringt. Er darf der Ausgelernten gedenken, die als Geistliche und Lehrer, als Richter und Beamte, als Ärzte und Chemiker u. s. f. und als Gelehrte hinaus= gegangen sind in unser Land. Er darf die Heilarbeit und die technische Arbeit der Institute unserer Universität erwähnen. Er darf es noch lauter rühmen, was sie, gleich ihren Schwestern, über den Kreis ihrer Schüler hinaus für die Kultur dieses Landes ist: denn sie muß es sein; er darf von ihr sagen, daß sie ein Stück der Eigen= art Badens bildet und daß sie selber gut pfälzisch und gut badisch ist, so wenig sie jemals seit 1803 im engen Rahmen einer Landes= anstalt gehalten ward. Aber wir preisen es gern, wie auch die . große Zahl der Zugewanderten unter uns dies Land, diese Land= schaft, diese Stadt mit ihrem frischen und lebensvollen Genius im vollen Sinne als Heimat empfinden, in die sie hineinwachsen, rasch und ganz; und wir spüren es als Stolz und als Segen, daß wir aus freiem und ungeteiltem Herzen so gute Badener und so gute Deutsche zugleich sind und sein sollen: wir sind noch immer eine gesamtdeutsche Universität und halten das große Vaterland, gleich unseren geistigen Ahnen, in selbstverständlicher Liebe fest.

Und in den weiten Gemeinschaften der Nation und der Wissenschaft steht auch unsere Arbeit. Ich werfe einen Blick auf den Gesamtfortgang der Studien, die ich zuvor in ihren einzelnen Hauptphasen bis 1871 begleitete: überall neue Zweige, eine lückenlosere Durchbildung von Forschung und Unterricht. Wer in das einzelne eintreten dürfte — hier mangelt die Zeit, und einen Katalog von Namen wünsche ich nicht zu bieten —, der fände wohl die Theologie friedlicher als in den 60er Jahren, aber er fände die alten Züge kritischer Bibelforschung wieder, er schlösse Hitzig und Holsten der alten Reihe an; er fände, hier, wie seit langem in der Rechtswissenschaft, eine stetige Zunahme des geschichtlichen Elements. Er fände bei dieser, auch seit Vangerows Tod, die alte Würde des Pandektenlehrstuhls, er fände im Strafrecht die alte Reformarbeit Mittermaiers durch Rudolf Heinze in neuer Weise fortgeführt, das Staatsrecht seit dem Vollzuge der Reichsgründung, dem Abschlusse des langen Kampfes, vor neuen, reiner wissenschaftlichen Aufgaben, in anderer Richtung, aber in alter Stärke, und doch auch jetzt noch, wie in Georg Meyer, gerne der praktisch-politischen Arbeit nah. Er fände in der philosophischen Fakultät das Fach, das ihr den Namen gibt, erst seit den 60er Jahren an der zentralen Stelle, die ihm gebührt; in allen Zweigen der Philologie ein neues Leben, neue Lehrstellen und Lehrgebiete, und unter den Toten — denn wenige darf ich nur nennen — den Namen eines Erwin Rohde. Er fände neue geschichtliche Teilgebiete abgesteckt, die Kunst, die Erdkunde neu berücksichtigt, im alten historischen Hauptfach den Gegenwartskampf, wie ihn noch Treitschke geführt, seit Erdmannsdörffer und Winkelmann von der gelehrten Forschung still zurückgedrängt. Und die Geschichte ist, auch bei uns, in die Wirtschaftslehre eingedrungen: Karl Knies hat damit einst als erster in seiner Jugend ganzen Ernst gemacht. Und überall auf dem mathematischen, auf dem naturwissenschaftlichen Felde eine starke Mehrung und ein sorgsamer Ausbau jeglichen Einzelgebiets, in vielen ein erhöhter Aufschwung. Ich weise zurück auf klangvolle Namen wie Hofmeister, Hesse, Fuchs, ich weise hinüber auf die Sternwarte auf unserem Königsstuhl;

ich darf es nicht ausführen, wie unter den Erben der ganz Großen Viktor Meyer die Art Bunsens nach Stoff und Lehrbetrieb ergänzte, wie in den verwandten medizinischen Fächern in Willy Kühne ein glänzend geistreicher Forscher die physiologische Nachfolge Helmholtzens antrat, und wie an den vielverdienten Fr. Arnold der große Anatom sich anreihte, der letztbetrauerte unserer Toten, Karl Gegenbaur, der Meister, der die vergleichende Anatomie und die Entwickelungsgeschichte vertiefend miteinander durchdrang, der Mächtigen einer im Reiche der Wissensgeschichte. Längst aber ist die praktische Medizin den theoretischen Schwesterwissenschaften nachgeschritten: seit 1860, von Friedreichs und Simons Tagen an, hat sie in bedeutenden Vertretern, in immer erweiterter Spezialisierung, mit immer reicheren Hilfsmitteln, die alte Höhe der ersten Generation wieder erreicht und übertroffen: von neuem wurde Heidelberg da zu einer Lehr- und Heilungsstätte für die weite Welt.

Gewiß: wissenschaftlich arm geworden ist auch das neue Heidelberg keineswegs. Schon heute spüren wir — ich deutete es an — auch in diesem letzten Menschenalter doch so manchen Zug von alter Heidelberger Eigenart; wie weit sie ging, ob sie das Ganze erfüllte und charakteristisch umschloß wie einst, ob und wieweit Heidelberg aus seiner einst so ausgeprägten Sonderstellung heraustrat, vielleicht herabstieg; wie schwer seine Leistung in der Gesamtleistung der neuesten Wissenschaften wiegt und wie sie sich in sich selber entwickelt hat — all diese seinen Fragen beantworte die Zukunft. Wir sehen heute wohl, auch an dieser Stelle, denselben Wandel, den unser allgemeines Leben, den insbesondere die Wissenschaft dieser Jahrzehnte überall zeigt: Arbeitsteilung und Arbeitsbereicherung, Siege des Realismus, die Leistung breiter und sicherer, der Durchschnitt gleichmäßiger und wohl auch höher als einst; aber freilich — wie ist es mit dem alten Universalismus, dem Zuge ins Große, dem Zusammenhange der Einzelwissenschaft und ihres Jüngers mit den Lebensproblemen des Vaterlandes und der Zeit, dem Zusammenhange der gelehrten Arbeit mit dem tieferen Leben der Persönlichkeit? Ich habe hier nicht zu untersuchen, ob das alles wirklich so gar schwach geworden ist, wie die Klage wohl will, ob wir wirklich verarmt sind an

seelischen Gütern und ob nicht so manche Zeichen auf neue Er=
hebung deuten. Des Einen gewißlich dürfen w i r in dieser
Stunde froh sein: die Geistesstätte, deren Fest wir feiern — wie
auch immer: lebensvoll ist sie geblieben. Hohe Gestalten haben
auch nach 1870 über ihr geragt; eine stolze und stärkende Über=
lieferung und daneben, unverwelklich wie je zuvor, Reiz und
Schönheit in Geschichte und in Natur — sie fesseln auch heute
noch beglückend und zugleich beseelend an Heidelberg und helfen
uns, jung zu bleiben inmitten dieser ewig jungen Welt. Wir
dürfen an unsere Universität und ihre Lebenskräfte glauben: sie
wird bestehen. Diene ihr jeder von uns auf seine Art: wie immer
er jenen weiten Fragen, die ich streifte, gegenübersteht — wenn
er sich selber nur treu bleibt in wacher Selbstkritik, in Wahrhaftig=
keit und wissenschaftlichem Mute, in steter Unzufriedenheit mit der
eigenen Leistung; wenn er vom Boden seiner Weltansicht und
seiner Kräfte aus des Einen nur gewiß bleibt: daß er diese Kräfte
ganz dem Ganzen widme, dem er gehört, der Arbeit, der Lehre,
die er sich wählt; daß er seiner Aufgabe, wie er sie sich auch setze
und begrenze, den vollen Menschen weihe, das ganze Herz: denn
Leben wirkt nur, wer sein bestes Leben darzubringen vermag.
Ich wiederhole den Gruß, der einst als Mahnung, als Gelübde,
der jüngsten unter unseren Hochschulen entgegengeklungen ist:
pectus facit professorem!

Das andere legen wir getrost in die Hände des guten Ge=
schicks, das unsere Universität durch die Jahrhunderte und zumal
durch dieses Jahrhundert trug. Sie hat vor 17 Jahren die Feier
des halben Jahrtausends begangen; wir knüpfen die heutige
freudig an jene an — und spüren es: das heutige Gedenkfest ist
innerlich beinah reicher, als jenes war: denn weitaus die besten
Ruhmestitel Heidelbergs, den wertvollsten Inhalt seiner Geschichte,
umschließt die neue Universität.

Wir denken dieser hundert Jahre, die Heidelberg mit Karl
Friedrichs Staate verknüpfen, der sechzig, die es verknüpfen mit
Karl Friedrichs wesensverwandtem Enkel: wir sehen die Kette
aufleuchten, die dies Jahrhundert unserer Hochschule zusammen=
schließt. Wir freuen uns dieser lebendigen Einheit und des Reich=
tums, dessen Erben wir sind; wir treten aus hellem Gestern zuver=

sichtlich in das Morgen hinüber: wir trauen dem guten Sterne unserer Universität. Leuchte es ihr weiter voran, inmitten unseres Reichs, inmitten unseres Landes, das milde und warme Licht des Zähringer Hauses, leuchte es ihr lange von dem gütigen, dem ehrwürdigen und teuren Haupte her, das über diesem Feste gewaltet hat, und dessen ganzes Leben für sie ein langer Segen war und immer bleibt. Der gute Geist, der sie geleitet hat, er bleibe ihr treu!

Nachweise

1. (Zu Seite 1) Philipp II: zuerst gedruckt in den Preußischen Jahrbüchern 73, 2, 193 ff. August 1893, vgl. Reimanns Deutsche Bücherei 88.

2. (Zu Seite 23) Elisabeth: ungedruckt. Gesprochen im Professorenverein zu Leipzig Dezember 1896, der Keim einer Monographie über „Königin Elisabeth von England und ihre Zeit", Bielefeld und Leipzig 1897. Da dieser Vortrag seinen Aufbau und seine Form für sich besitzt, ist er hier, mit leichten Er=gänzungen, veröffentlicht worden. Der Verlagshandlung von Velhagen und Klasing danke ich für ihre Zustimmung.

3. (Zu Seite 47) G. v. Coligny: ungedruckt. Vgl. meine Biographie Colignys I 1, 1892.

4. (Zu Seite 67) Coligny=Guise: Probevorlesung vor der philosophischen Fakultät der Universität Berlin, gehalten 1887, gedruckt Historische Zeitschrift 62 (1889), 42 ff., nebst kritischen Anmerkungen, die hier weggelassen worden sind. Durch meine Untersuchung im Bulletin de la Société de l'histoire du prote-stantisme français 1891 (40, 144 ff.) wird er nicht berührt.

5. (Zu Seite 85) La Rochelle: Feuilleton der Magdeburgischen Zeitung, 14. Mai 1886 („eine Osterfahrt durch Frankreich").

6. (Zu Seite 95) Kervyn de Lettenhove: Deutsche Literaturzeitung, 16. Juli 1887, 1047 ff. Vgl. Revue Historique 34 (1887), 369—82.

7. (Zu Seite 103) Ludwig XIV. und Straßburg: öffentliche Habilitationsvor=lesung, Berlin 1887. Gedruckt Nord und Süd, 51, November 1889, 221 ff. Vgl. meine Abhandlungen in den Gött. Gel. Anzeigen 1885, 3, 114—42, und in der Zeitschrift f. d. Gesch. d. Oberrheins V 1 (44).

8. (Zu Seite 121) Pitt: gedruckt in Velhagen und Klasings Monatsheften, Januar 1906, 535 ff.

9. (Zu Seite 155) Hohenzollern: ebenda, Januar 1901, 497 ff. Der Schluß=abschnitt steht unter den Gesichtspunkten und der Stimmung der großen Flottenagitation seiner Entstehungszeit. Für die (in der neuen historischen Literatur ja viel umstrittenen) Werte des alten Preußens und sein Ver=hältnis zum neuen verweise ich zugleich auf die allgemeinen Darlegungen des I. Bandes meiner Bismarckbiographie, 1909. Ich habe meiner Hoch=schätzung der alten Monarchie bis heute nichts abzustreichen gefunden.

10. (Zu Seite 197) 1848: ebenda, März und April 1898, S. 100 ff., 169 ff. Die zahlreichen Forschungen seit 1898 habe ich nicht einarbeiten können, ohne den Charakter des Aufsatzes umzustürzen. Doch gehen meine heutigen Ansichten — auch Friedrich Wilhelm IV. gegenüber — völlig in der Richtung, die ich 1898 bezeichnet habe, ich halte meine Übersicht im ganzen noch keineswegs für veraltet. Zum Wirtschaftlichen würde ich ergänzend auf Biermanns Buch über Marlo=Winkelblech verweisen.

11. (Zu Seite 245) Dahlmann: aus dem „19. Jahrhundert in Bildnissen", herausgegeben von Karl Werckmeister, Berlin, Photographische Gesellschaft, Textband (Band II), S. 222 ff. (1899).

12. (Zu Seite 255) Sybel: aus Hardens Zukunft, 26. Oktober 1895. Sybel war am 1. August 1895 gestorben. Ich verweise jetzt auf Conrad Varrentrapps schönes Lebensbild, vor Sybels „Vorträgen und Abhandlungen", 1897.

13. (Zu Seite 275) Treitschke: aus der Deutschen Zeitschrift für Geschichtswissenschaft, VII 1896, Monatsblätter 3, 65 ff.; vgl. Reimanns Deutsche Bücherei 29. Die reiche Treitschke-Literatur zähle ich hier nicht auf, das Wichtigste daraus habe ich in meiner Schrift von 1906 (H. v. Tr., ein Gedenkblatt, Heidelberg, Winter, 85 S.) genannt. Nur meine eigenen älteren Publikationen führe ich hier an: Deutsches Wochenblatt, 10. Januar 1895 (H. v. Tr. und sein neuestes Buch) und Histor. Zeitschrift 1895 (75, 308 ff., Anzeige des 5. Bandes der Deutschen Geschichte). Dazu meine Schriften über H. Baumgarten (vor seinen „historischen und politischen Aufsätzen und Reden", Straßburg 1894) und über L. Häusser (L. H. und die politische Geschichtschreibung in Heidelberg, Heidelberg, Winter, 1903, Sonderabdruck aus „Heidelberger Professoren aus dem 19. Jahrhundert", Band I). — Treitschke war am 28. April 1896 gestorben.

14. (Zu Seite 289) Mommsen (gestorben am 1. November 1903): Nachruf aus der „Woche" vom 7. November 1903, S. 1997 ff.

15. (Zu Seite 299) Guilland: Anzeige aus der Deutschen Literaturzeitung, 1. Januar 1900, 21 Sp. 56 ff.

16. (Zu Seite 313) „Die Universität Heidelberg im 19. Jahrhundert. Festrede zur Hundertjahrfeier ihrer Wiederbegründung durch Karl Friedrich, gehalten in der Stadthalle am 7. August 1903", Heidelberg, Winter, 45 S., 1—3. Tausend; mit Anrede an den Großherzog. Mit leiser Ergänzung abgedruckt in den Acta Saecularia zur Erinnerung an die Zentenarfeier, Heidelberg 1904, 114—139.

Lightning Source UK Ltd.
Milton Keynes UK
UKHW022235291118
333191UK00010B/840/P